나만 몰랐던
1억 모으는 법

I WILL TEACH YOU TO BE RICH: SECOND EDITION

Copyright ⓒ 2009, 2019 by Ramit Sethi
All rights reserved.

This Korean edition was published by RH Korea Co., Ltd. in 2025
by arrangement with Workman Publishing Company, Inc., New York
through KCC(Korea Copyright Center Inc.), Seoul.

이 책은 ㈜한국저작권센터(KCC)를 통한
저작권자와의 독점계약으로 ㈜알에이치코리아에서 출간되었습니다.
저작권법에 의해 한국 내에서 보호를 받는 저작물이므로 무단전재와 복제를 금합니다.

나만 몰랐던
1억 모으는 법

아끼지 않아도 돈이 알아서 쌓이는 현실 재테크

라밋 세티 지음
박세연 옮김
서대리 감수

RHK
알에이치코리아

내 인생 최고의 기쁨인
나의 아내, 커샌드라에게

감수의 글

"딱 1억만 모아라. 인생이 달라진다."

언젠가 한 번쯤 들어 봤을 문장이다. 그런데 요즘은 물가가 올라서 1억 원이 예전만큼 큰돈처럼 느껴지지 않다 보니 온라인에서는 이런 말들을 쉽게 발견할 수 있다.

1억 원 모으기: "언제 다 모으냐?"
1억 원의 상금: "겨우 1억?"
1억 원으로 n년 살기: "1억 가지고 못 살아!"

그래도 여전히 1억 원은 인생을 바꾸는 기준점이다. 0원에서 1억 원을 모으는 과정에서 생기는 습관, 사고방식, 자신감이 인생 전체를 바꾸기 때문이다. 나 역시 2014년 사회초년생 시절 1억 원 모으기를 목표로 재테크를 시작했다. 마침내 자산 1억 원을 달성했을 때, 돈을 바라보는 시선이 완전히 달라졌다. 단순히 '더 모으는 단계'를 넘어 '돈을 불리는 단계'로 자연스럽게 이어졌다. 다만 그 당시에는 이 책처럼 핵심을 짚어 주는 길잡이가 없었기에, 시행착오를 겪으며 직접 체득해야 했다. 그래서 이 책을 처음 읽었을 때 문득 이런 생각이 들었다.

'이 내용을 그때 알았더라면, 훨씬 빨리 1억 이후의 세계로 갈 수 있었을 텐데.'

미국인 저자 라밋 세티의 접근법은 한국 독자에게도 놀라울 만큼 실질적이다. 미국 기반의 제도와 시스템을 소개하지만, 우리나라의 현실에 맞게 각 장의 마지막 부분에 내용을 보완했다. 미국의 금융 시스템 대부분은 이미 우리나라에서도 유사한 형태로 존재한다. 세부 명칭만 다를 뿐 '1억 만드는 핵심 원리'는 전 세계 공통이다. 1억 원을 만드는 일은 결코 쉽지 않지만, 그렇다고 불가능하지도 않다. 이 책이 당신의 첫 1억 원 그리고 이후의 풍요로운 삶으로 가는 여정에 든든한 길잡이가 되길 바란다. 당신의 출발을 진심으로 응원한다.

— 서대리, 《저축은 답답하지만 투자는 무서운 당신에게》 저자

목차

감수의 글 6

프롤로그 섹시해지고 싶은가, 아니면 부유해지고 싶은가? 12

1장 신용카드를 최적화하자
신용카드와의 게임에서 이기는 법

신용카드에 대한 흔한 공포 전략 44 | 내가 바라보는 신용카드 45 | 공격적으로 접근하기: 신용을 활용해 풍요로운 삶으로 나아가는 법 51 | 신용카드로 신용 쌓는 법 55 | 새 카드 발급받기 56 | 신용카드 6계명 64 | 주의해야 할 실수 76 | 빚, 빚, 빚 83 | 빚에서 벗어나는 5단계 98 | 6주 프로그램: 1주 차 플랜 107 | 우리나라에서는 이렇게 하세요 109

2장 은행을 이기자
금리가 높은 계좌를 만들고 수수료를 협상하는 법

핵심 사항 122 | 최고의 계좌 136 | 은행 계좌 최적화하기 139 | 6주 프로그램: 2주 차 플랜 147 | 우리나라에서는 이렇게 하세요 149

3장 투자를 준비하자
401k와 로스 IRA 개설하기

당신의 친구들이 아직도 투자하지 않은 이유 156 | 재테크 사다리 166 | 401k 최대한 활용하기 168 | 부채를 없애라 175 | 로스 IRA의 아름다움 176 | 증권사 선택 시 고려해야 할 요소 181 | 로보어드바이저도 괜찮을까? 183 | 투자 계좌에 돈을 넣자 187 | HSA: 비밀 투자 병기 188 | 은퇴 계좌를 넘어서 194 | 6주 프로그램: 3주 차 플랜 195 | 우리나라에서는 이렇게 하세요 197

4장 의식적인 소비를 하자
마음껏 돈을 쓰면서 매달 수백 달러를 아끼는 법

쪼잔한 사람과 의식적으로 소비하는 사람의 차이 206 | 좋아하는 일에 마음껏 돈을 쓰자 209 | 어떻게 내 친구는 외부 활동에 매년 2만 1,000달러를 쓸까 211 | 의식적인 소비 계획 222 | 의식적인 소비 계획을 최적화하자 232 | 소득이 충분하지 않다면? 243 | 의식적인 소비 계획을 꾸준히 관리하는 법 253 | 의식적인 소비 계획의 핵심 가치 257 | 6주 프로그램: 4주 차 플랜 259

5장 돈은 우리가 잠자는 동안에도 불어난다
계좌들이 알아서 일하게 만드는 법

한 달 90분으로 끝내는 자산 관리 268 | 돈의 자동화 구축하기 273 | 이제 돈은 자동으로 흐른다 287 | 6주 프로그램: 5주 차 플랜 290

6장 금융 전문가를 믿어야 할까
주식 전문가를 이기는 법

전문가도 시장이 어디로 흘러갈지 모른다 297 | 전문가들이 형편없는 실적을 숨기는 방법 301 | 재무상담사는 없어도 된다 306 | 두 명의 자산관리사가 나를 유혹할 때 309 | 적극적 운용 VS. 수동적 운용 316 | 우리나라에서는 이렇게 하세요 325

7장 투자는 부자들의 전유물이 아니다
부자가 되는 가장 간단한 포트폴리오

더 나은 투자 방법: 자동화 투자 330 | 재정적 독립이라는 마법 335 | 편의성이냐 선택권이냐: 당신의 결정에 달렸다 341 | 투자의 구성 요소 344 | 자산 배분: 많은 투자자가 간과하는 중요한 요소 349 | 분산 투자의 중요성 354 | 타깃 데이트 펀드: 손쉽게 투자하기 364 | 투자를 선택하고 시작하기 367 | 일반적인 투자 옵션: 401k 368 | 로스 IRA로 투자하기 369 | 직접 하고 싶다면 374 | 다른 자산군에 대한 투자는 어떨까? 384 | 6주 프로그램: 6주 차 플랜 391 | 우리나라에서는 이렇게 하세요 393

8장 시스템을 유지하고 키워 나가자
재정 시스템을 관리하고 최적화하는 법

더 많은 걸 원하는 진정한 이유는 뭘까? 400 | 시스템에 연료를 주입하라 402 | 투자 리밸런싱 405 | 세금 걱정은 이제 그만 409 | 매도 시점 파악하기 419

9장 풍요로운 삶을 찾아라
인간관계와 결혼, 자동차 및 생애 최초 주택 마련을 위한 재정 계획

학자금 대출: 상환과 투자 중 무엇이 먼저일까? 431 | 쓸데없는 조언은 무시하자 434 | 부모님이 빚으로 어려움을 겪고 있다면 437 | 내 재정 상태를 부모님이나 친구에게 말해야 할까? 440 | 자신에게 중요한 사람과 돈에 관한 이야기 나누기 443 | 두 사람 사이에 소득 격차가 클 때 447 | 배우자가 무분별하게 소비할 때 448 | 왜 결혼식에 위선적인가? 449 | 혼전계약서를 꼭 써야 할까? 455 | 일과 돈 463 | 협상의 기본은 아주 간단하다 465 | 고가의 물건을 살 때 수천 달러를 아끼는 법 472 | 자동차 구매에 대한 새로운 시각 473 | 최대 구매 항목: 집 장만하기 480 | 큰 지출에 대비하기 493 | 사회에 환원하기: 일상적인 목표를 넘어서 495 | 자신과 우리 모두를 위한 풍요로운 삶 497 | 우리나라에서는 이렇게 하세요 499

감사의 글 502

프롤로그

섹시해지고 싶은가,
아니면 부유해지고 싶은가?

왜 그리 많은 사람이 대학을 졸업하면 살이 찌기 시작하는지 항상 궁금했다. 나는 의학적 질환이 있는 사람들 이야기를 하는 게 아니다. 대학 때는 날씬했고 나이가 들어도 '절대로' 살이 찌는 일은 없을 거라 생각했던 일반적인 사람들 이야기다. 대다수 미국인이 대학을 졸업하고 조금씩 살이 찌면서 결국 건강에 치명적인 위험 단계에 이르고 만다.

이 책의 초판을 출간하고 10년 동안 체중과 건강은 논쟁적인 주제라 다음에는 빼는 게 좋겠다는 조언을 종종 받았다. 하지만 영양과 건강 그리고 돈에 관한 내 경험을 바탕으로 나는 그 세 가지가 밀접하게 연결되어 있으며, 얼마든지 통제할 수 있다는 사실을 확신하게 되었다.

살은 하룻밤 새 찌는 게 아니다. 만약 그랬다면, 우리는 알아차리고 대책을 세웠을 것이다. 우리가 차를 타고 출근하는 동안, 그리고 하루에 8~10시간 컴퓨터 앞에 앉아 있는 동안 체중은 조금씩 늘어난다. 그리고 이 변화는 한때 날씬한 몸매를 유지하도록 자극했던 대학 캠퍼스를 떠나 현실 세계로 넘어오면서 가속화된다. 나는 요즘도 대학 시절 친구들을 만나면 체중 감량 관련으로 이러한 이야기들을 심심찮게 듣는다.

"탄수화물을 끊어야 해!"
"자기 전에 먹으면 안 돼. 자는 동안에는 지방 연소가 활발히 이뤄지지 않거든."
"살을 빼는 유일한 방법은 케토 식단이야."
"사과식초가 신진대사를 촉진한대."

이런 말을 들을 때마다 웃음이 난다. 맞을 수도 있고 틀릴 수도 있다. 하지만 정말로 중요한 건 그게 아니다. 중요한 사실은 인간이 사소한 것을 두고 논쟁하기를 좋아한다는 거다.

체중 감량에 관해서 99.99%의 사람들이 알아야 할 것은 딱 두 가지다. 덜 먹고, 더 운동하는 거다. 엘리트 선수가 아닌 이상 이 두 가지면 충분하다. 하지만 우리는 이처럼 단순한 진실을 받아들여 실천하지 않고, 대신에 트랜스지방과 온갖 보충제, 그리고 홀서티 다이어트Whole30 Diet(30일간 건강식품만 섭취하는 식단 프로그램-옮긴이)와 팔레오 다이어트Paleo Diet(수렵채집 시대의 식습관을 모방한 다이어

돈 관리와 식단 관리의 공통점	
식단 관리를 할 때의 모습	돈 관리를 할 때의 모습
칼로리 섭취량을 기록하지 않는다	지출 내역을 기록하지 않는다
생각보다 더 많이 먹는다	생각보다, 혹은 스스로 인정하는 것보다 더 많이 쓴다
칼로리, 식단, 운동 관련 사소한 문제를 놓고 논쟁한다	금리와 요즘 뜨는 주식 종목을 놓고 논쟁한다
검증된 연구 결과보다 남들 말에 더 귀를 기울인다	재테크에 관한 좋은 책보다 친구, 부모, TV 전문가 말에 더 귀를 기울인다

트-옮긴이)를 놓고 열띤 토론을 벌인다.

  돈 관리에 있어 대부분 사람은 두 가지 유형으로 나뉜다. 돈 관리를 회피하면서 죄책감을 느끼는 유형. 그리고 금리나 정치적 위험처럼 금융 관련 구체적인 사안에 집착적으로 관심을 기울이지만, 정작 돈 관리는 하지 않는 유형. 그런데 이 두 가지 유형 모두 결과는 똑같다. 즉, 아무것도 이루지 못한다. 물론 부자가 되기 위해 재무상담사가 되라는 건 아니다. 다만 적절한 은행에 계좌를 만들고 일상적인 자금 관리(각종 고지서 납부와 저축, 그리고 대출이 있다면 대출금 상환 등)를 자동화하면 된다. 그리고 몇 가지 투자 원칙을 이해하고 30년간 투자금이 불어나게 만들면 된다. 하지만 이런 원론적인 이야기는 결코 흥미진진하지 않다. 그래서 사람들은 아무런 책임 없이 시장을 예측하고(실제로 절반 이상 틀린다) 경제와 '올해의 유망 종목'을 전망하는 '전문가들'이 쓴 인터넷 기사에 주목한다. 그들은

"오를 겁니다" 혹은 "아뇨, 떨어질 겁니다"라고 말한다. 그들이 내놓는 이야기에 사람들은 속절없이 휘둘린다.

도대체 왜 이러는 걸까? 그건 우리가 논쟁하기를 좋아하기 때문이다. 이 과정을 통해 우리는 만족감을 느낀다. 똑같은 이야기를 반복하고 상대방을 설득하지 못할지언정, 우리는 대화를 나누면서 자기 의견을 분명히 드러냈다고 생각하며 위안을 얻는다. 어딘가로 나아가고 있다는 느낌을 받는다. 그런데 문제는 이 느낌이 착각에 불과하다는 것이다. 최근에 금융이나 건강에 관한 이야기를 친구와 나눴던 때를 떠올려보자. 혹시 대화가 끝나고 뛰러 나갔는가? 아니면 저축 계좌에 돈을 넣었는가? 물론 아닐 것이다.

사람들이 사소한 논쟁을 좋아하는 이유 중 하나는 실제로 아무 일이 일어나지 않아도 괜찮다는 느낌을 받기 때문이다. 하지만 그런 사소한 논쟁은 바보들에게 맡기자. 나는 지출을 관리하는 쉬운 단계를 시작으로 재테크에 관한 공부를 해보기로 마음먹었다. 살을 빼기 위해 영양사가 되거나 차를 몰기 위해 엔지니어가 될 필요가 없는 것처럼, 부자가 되기 위해 개인 재정에 관한 모든 정보를 알아야 할 필요는 없다. 다시 한번 강조하건대, 부자가 되기 위해 전문가가 될 필요는 없다. 다만 넘치는 정보 속에서 옥석을 가려내고 실행에 나서기만 하면 된다. 이러한 노력은 죄책감을 줄이는 데도 도움이 된다.

대체 왜 재테크가 어려울까?

사람들은 재테크를 하지 않는 것에 대해 온갖 핑계를 댄다. 그중 일부는 타당하지만 대부분 자신의 게으름을 감추기 위한 것이거나 10분만 투자해도 알 수 있는 것들을 들여다보지 않았기 때문이다. 몇 가지 사례를 살펴보자.

정보 과잉

정보가 지나치게 많다는 사실은 재테크를 방해하는 현실적이고 타당한 이유다. 그래도 이렇게 반박하는 사람들이 있다. "라밋, 그런 비판은 미국의 문화를 완전히 부정하는 거예요. 어쨌든 정보가 많아야 좋은 선택을 내릴 수 있잖아요. TV에 나오는 전문가들도 모두 그렇게 말하는 걸 보면 틀림없는 진실이에요." 하지만 안타깝게도 그건 사실이 아니다. 실제 연구 결과를 살펴보면, 정보가 많을수록 결정 장애가 더 많이 발생한다는 사실을 알 수 있다. 다시 말해, 정보가 많을수록 아무런 행동도 시도하지 않을 가능성이 크다는 뜻이다. 사회심리학 교수인 배리 슈워츠 Barry Schwartz는 이 문제를 자신의 저서, 《점심메뉴 고르기도 어려운 사람들 The Paradox of Choice》에서 이렇게 다뤘다.

'401k 플랜이 제공하는 뮤추얼 펀드의 종류가 늘어날수록 직장인들이 펀드(어떤 유형이든)를 직접 선택할 가능성은 줄어든다. 선택이 가능한 펀드가 열 개 늘어날 때마다 사람들이 실제로 선택에 참여하는 비중은 2% 떨어진다. 또한 투자에 관심 있는 직장인들의 경우에도 펀드의 종류가 많아질수록 오히려 안정적인 머니마켓펀드MMF를 선택하려는 경향이 뚜렷하게 드러난다.'

온라인 세상을 돌아다니다 보면 주식, 보험, 해외 투자에 관한 광고를 만나게 된다. 그런데 대체 뭐부터 시작해야 할까? 너무 늦은 건 아닐까? 무엇을 선택해야 할까? 고민만 하다 결국 아무런 결론에 도달하지 못한다. 아무 행동도 취하지 않는 것이야말로 최악의 선택이다. 아래 도표에서 알 수 있듯이, 우리가 할 수 있는 최고의 선택은 일찍 투자하는 것이다.

아래 도표를 한번 살펴보자. 영리한 샐리는 실제로 더 적게 투자했지만, 총자산은 8만 달러나 더 많다. 그녀는 35~45세에 걸쳐 매월 200달러를 투자하고 그냥 내버려 뒀다. 반면 어리석은 댄은

적게 일하면서 친구들보다 6만 달러를 더 버는 방법		
	영리한 샐리	어리석은 댄
투자를 시작한 나이	35세	45세
투자 기간	10년	20년
투자 금액	월 200달러	월 100달러
65세 기준 계좌 잔액 (연 수익률 8% 기준)	18만 1,469달러 :와우! 일찍 시작한 효과	11만 8,589달러 :샐리에 비해 2배나 오래 투자했지만 6만 달러나 더 적다!

45세가 되어서 돈에 관심을 기울이기 시작했다. 그리고 그때부터 65세까지 매달 100달러씩 투자했다. 다시 말해 영리한 샐리는 10년간 투자했고 어리석은 댄은 20년간 투자했다. 그런데 더 많은 돈을 모은 쪽은 샐리다. 겨우 매달 200달러씩 투자했을 뿐인데 말이다! 부자가 되기 위한 핵심 덕목은 일찍 시작하는 것이다.

투자를 일찍 시작할수록 자산은 더 늘어난다. 그러나 나이가 많다고 실망할 이유는 없다. 며칠 전 40대 여성에게서 메시지를 받았다. 그녀는 내가 제시한 데이터에 이렇게 불만을 털어놨다. "이러한 숫자를 보여 주는 이유는 뭔가요? 남들보다 한참 뒤처졌다는 생각에 기분만 나빠졌어요."

그런 기분을 모르는 바는 아니다. 하지만 그렇다고 수학을 외면할 수는 없다. 나는 객관적인 사실을 보기 좋게 포장하는 것보다는 통장 잔고를 실질적으로 늘리는 방법을 있는 그대로 보여 주는 게 더 중요하다고 믿는다. 투자를 시작하기에 가장 좋은 시점은 10년 전이었다. 그리고 두 번째로 좋은 시점은 바로 지금이다.

언론의 책임

금융 관련 웹사이트에 들어가면 이런 제목의 기사를 보게 된다. '금융에서 앞서 나가는 열 가지 쉬운 절약법', '오늘부터 바뀌게 될 상속세 조항' 등 이런 제목들을 훑어보고 있으면, 왜 기자들이 이런 기사를 쓰는지 이해하게 된다. 조회 수를 높여 광고를 따내기 위해서이다. 하지만 절약법에 관한 기사를 읽는다고 해서 우리가 바뀌지 않으리라는 건 모두 잘 알고 있다. 그리고 상속세에 영향을 받는 사람은 전체 인구의 0.2%도 되지 않는다. 그런데도 이러한 기사 제목은 사람들을 유쾌하게도 화나게도 만든다.

나는 조회 수를 올리거나 분노를 조장하는 일에는 관심 없다. 당신도 나와 같다면, 돈이 어디로 흘러가는지 이해하고 자신이 원하는 방향으로 흐름을 바꾸는 일에 더 관심을 둘 것이다. 우리가 정말로 원하는 것은 수수료가 낮은 계좌를 활용해서 돈이 저절로 불어나게 만드는 일이다. 금융 전문가가 되는 게 아니란 말이다.

피해자 문화의 유행

냉소적인 젊은이들 가운데 자기 삶을 바꾸기보다 비판적인 시각으로 사회를 바라보는 이들이 많다.

"하! 투자하라고? 피자 사 먹을 돈도 없어."
"뭐! 일자리를 알아보라고? 대체 어느 세상에 살고 있는지…."
"이게 다 베이비붐 세대 때문이야…."

마치 누가 더 큰 피해를 보았는지 '경쟁'하는 듯하다. 엥? 26살에 방 네 개짜리 집을 살 형편이 안 돼서 아쉽다고? '난 종이 상자에서 살 형편도 안 된다고!' 음, 파티에 가서 새로운 사람을 만나는 걸 좋아한다고? '부럽군. 난 대인 공포증이 있어서 말이야.'('병원에서 진단받았냐고? 그냥 내 생각이야.')

그런데 진짜 피해자가 누군지 아는가? 바로 나다. 나는 상처받았다는 사람들의 말에 상처받았다. 아무런 근거 없는 지금의 피해자 문화에 큰 상처를 받았다. 어떻게 한 달에 20달러도 저축할 돈이 없냐고 따져 물을 생각은 없다. 이 책의 초판이 나왔을 때, 수백 통에 달하는 분노의 메일을 받았다. 그들은 조금이라도 저축하고 투자하라는 조언이 그저 운 좋은 소수만의 이야기라고 나를 몰아세웠다. 하지만 냉소로 가득한 그들의 비난은 잘못된 방향으로 향했다. 그들은 항상 부정적인 이야기만 늘어놓는 사람들과 어울리면서 근거 없는 주장을 받아들였고, 결국 큰 대가를 치르고 있으며 수십만 달러를 벌 기회를 놓치고 말았다. 그들이 그러는 동안에 성실한 독자들은 열심히 노력해서 각자 풍요로운 삶을 향해 나아가고 있다.

우리는 선택해야 한다. 냉소주의자로 살 것인가, 아니면 이러저러한 실수를 할 수 있다는 사실을 알지만 주어진 기회를 신중하게 평가해 조금씩 성장해 나갈 것인가. 물론 나는 후자를 선택했다.

쉬운 문제는 아니다. 그렇다. 사회경제적 정책과 기술 접근성, 그리고 운도 따라야 한다. 만약 부모 밑에서 대학을 졸업하고 사회생활을 시작한다면, 전 세계 대부분의 사람보다 운이 좋은 편이다.

하지만 우리는 주어진 패로 게임을 시작할 수밖에 없다. 그렇기에 자신이 통제할 수 있는 요소에 먼저 집중해야 한다. 예를 들어 내가 절대 NBA 농구 선수가 되지 못할 거라는 사실은 유치원 시절부터 분명했다. 좋다. 그래도 철자 맞히기 게임은 내가 우리 반 최고였다. 그것도 좋다. 그런데 좀 애매한 영역도 있었다. 가령 창업이나 건강 혹은 연애가 그랬다. 이를 위해서는 많이 배우고 열심히 노력해야 했다.

바로 이러한 영역에서 피해자 문화가 고개를 든다. 많은 이가 자신의 노력을 생각하지 않고 정치와 사회 문제만 비판한다. 그리고 실패 위험이 보이면 쉽게 포기해 버린다. 물론 인생이라는 배에서 그저 승객으로만 있겠다면 상관없다. 그냥 가만히 있어도 좋다. 하지만 나는 때로 항로를 이탈하더라도 승객이 아니라 선장이 되는 게 훨씬 더 흥미진진할 거라고 확신했다.

차차 알게 되겠지만, 나는 주변 상황에 대해 불평만 늘어놓고 아무런 행동도 하지 않는 사람들을 별로 동정하지 않는다. 그래서 이 책도 썼다. 인생의 출발점이 어디였든 간에 나는 사람들이 어려운 상황을 헤쳐 나가도록 힘을 불어넣고 싶다. 그리고 대형 월스트리트 기업과 무분별한 언론 기사, 그리고 인간 심리와도 맞서 싸울 수 있게 도움을 주고 싶다.

이제 돈에 관련된 몇 가지 피해자 문화의 사례를 공유하겠다.

저축할 돈이 없어요: 몇 년 전 경제위기가 닥쳤을 때, 나는 '30일 만에 1,000달러 모으기 챌린지'를 시작했다. 이를 위해 새로운 심리 기법을 사용해서 돈을 저축하는 전략적인 방법을 사람들에게 소개했다. 그 결과, 실제로 수천 명이 챌린지에 참여했고 1,000달러 저축에 성공했다. 그런데 몇몇 예외도 있었다. 대부분 챌린지에 적극적으로 참여했지만, 많은 이가 '30일 만에 1,000달러 모으기'라는 표현에 부정적인 감정을 느꼈다는 말을 듣고 깜짝 놀랐다. 그 이유는 한 달에 1,000달러도 벌기 힘든 상황이거나 챌린지 주제가 너무 뻔하다고 생각했기 때문이었다. 하지만 여기서 내가 말한 '저축'이란 비용을 줄이고, 소득을 높이고, 소비를 최적화하는 행동 모두를

포괄하는 개념이었다. 몇 가지 불만 사례를 살펴보자.

"제겐 불가능한 일입니다. 챌린지에 참여할 만큼 소득이 없어요."
"좋은 아이디어이기는 한데, 이곳 오하이오주에서 최근 가구 연소득 중간값은 5만 8,000달러 정도에 불과해요. 월급에서 세금을 떼고 나면 3,400달러밖에 남지 않죠. 이게 중간값이란 말이죠. 즉, 오하이오 가구 절반은 그보다 적은 돈으로 살아간다는 뜻입니다. 아이들을 팔아넘기지 않은 다음에야 한 달에 1,000달러를 모을 방법은 없어요."
"좋네요. 나중에 한 달에 1,000달러를 벌게 되면 도전해 볼게요. 지금은 대학생이라…."

분노에 가득 찬 사람들의 특유한 화법을 발견했는가? 그들은 언제나 말끝을 얼버무린다. 누군가 "부러운데…" 혹은 "힘들겠지만…"이라는 표현을 써서 메일을 보낸다면, 그는 어쩌면 조만간 당신의 집을 찾아와 현관문을 두드리고 당신의 피부로 비옷을 만들어 걸치고 다닐 연쇄살인마일지 모른다.

또한 사람들은 자신이 처한 상황을 핑계 삼아 다른 사람들처럼 성과를 올릴 수 없다고 변명하길 좋아한다. 가령 오하이오주나 말레이시아에 살아서, 혹은 아이비리그를 나오지 못해서라고 둘러댄다. 그러면 나는 그런 지역에 살면서도 놀라운 성과를 올린 이들의 사례를 보여 준다. 그렇게 하면 종종 이런 대답이 날아온다. "그들에게도 어릴 적 이사를 세 번이나 다녔거나 손가락이 열한 개이거나 이해하기 힘든 문제가 있었던가요?" 아니라고 하면 곧바로 이렇게 잘라 말한다. "그렇죠? 그럴 줄 알았다니까요." 냉소주의자들이 원하는 건 성과가 아니다. 그들은 스스로 행동하지 않아도 될 핑계만 원한다. 아이러니하게도 그들은 억지 논쟁에서는 이겼겠지만, 삶에서는 졌다. 자신이 만든 사고의 감옥에 갇혔기 때문이다.

세상이 절 도와주지 않아요: 그렇다. 오늘날 세상에는 수많은 사회 문제가 존재한다. 그럼에도 나는 개인 재정과 관련해서 내가 통제할 수 있는 부분에 집중한다. 그러나 부정적인 사람들은 내 생각을 수용하지 않는다. 그들은 지금의 상황을 바꿔 보라는 조언에 언제나 반사적으로 대응한다. 즉, 자신이 할 수 없는 이유를 만든다. 예전에는 대부분 개인적인 핑계를 들었고("시간이 없어서요"), 최근에는 피해자 문화가 유행하면서 정치적 올바름과 관련된 외부 요인을 들먹인다. 예를 들어 중위소득이나 경제정책을 거론한다. 물론 개인 재정을 정비하려면 부단한 노력이 필요하다. 다만 그에 따른 보상은 엄청나다.

부정적인 사람들은 핵심을 놓치고 있다. 한 달에 1,000달러 저축하기는 분명히 합리적인 목표이면서 동시에 도전적인 목표다. 1,000달러가 힘들다면, 500달러는 어떨까? 아니면 200달러는? 지난해 돈 관리에 부정적이었던 사람들은 아마도 여전히 불평을 늘어놓고 있을 것이며, 챌린지에 참여한 사람들은 지금쯤 수백 달러, 혹은 수천 달러를 모았을 것이다.

돈 관리와 관련해서 사람들이 대는 공통적인 핑계

스스로 돈 관리를 하지 않는 것에 대해 사람들이 공통으로 대는 핑계들이 있다. 그러나 조금만 들여다보면 아무런 근거가 없다는 사실을 알게 된다.

학교에서 배운 적이 없어요: 20대 중 상당수가 대학에서도 개인 재무 관리 교육을 해야 한다고 주장한다. 그런데 아는가? 대학들 대부분 그런 과목을 가르친다. 수강하지 않았을 따름이다!

카드회사와 은행이 우리를 착취하고 있다: 그렇다. 그들은 우리를 이용해 먹는다. 그러니 불평을 멈추고 어떻게 해야 이용당하지 않을지 공부하자.

돈을 날릴까 봐 겁난다: 맞는 말이다. 특히 글로벌 금융위기 이후로 손실 위험이 더 증가했다. 기사에 '폭락'이나 '잃어버린 세대'라는 말이 심심찮게 등장한다. 그러나 경제는 성장과 침체라는 사이클을 주기적으로 반복하기 때문에 장기적으로 바라봐야 한다. 만약 2009년에 주식 시장에서 돈을 뺐다면, 역사상 가장 오래 이어진 호황기 중 하나를 놓친 셈이다. 두려움은 투자하지 않은 선택에 대한 핑계가 될 수 없다. 명심하자. 우리는 다양한 투자 방식을 선택할 수 있다. 공격적인 방식도 있고 보수적인 방식도 있다. 자신이 얼마나 위험을 감수할 것인지에 따라 결정하면 된다. 그리고 재테크를 자동화해 두면, 다른 사람들이 겁먹고 움츠러들어 있을 때 저축과 투자를 그대로 이어 나가면서 유리한 자리에 오를 수 있다. 다른 사람들이 한발 물러서 있을 때, 기회는 찾아오는 법이다.

한 달에 100달러를 더 벌 수 없다면?: 사실 1센트도 더 벌 필요는 없다. 나는 기존의 지출 패턴을 바탕으로 투자 자금을 마련하는 법을 보여 주고자 한다. 내가 제시하는 'CEO 방식'을 따라서 비용을 줄이고(Cut), 더 많이 벌고(Earn), 지출을 최적화(Optimize)해 보자.

내가 원하는 건 평균 수익률이 아니다: 우리 사회는 평범함을 무시한다. 누가 평범한 관계를 원하는가? 누가 평범한 수입을 원하는가? 금융 기업은 이처럼 평범함을 무시하는 사람들의 심리를 이용한다. 그들은 평균은 시시하고 재미없으며, 당신은 그보다 더 잘할 수 있다고 강조한다. 실제로 한 유명 로보어드바이저 기업은 "평균보다 더 나은 삶을 살아라!"라는 슬로건을 내세워 광고 마케팅을 벌이기도 했다. 그러나 평균 수익률을 넘어서기란 쉽지 않다. 실제로 연평균 8%는 대단히 높은 수익률이다. 아이러니하게도 '평균에 머무르기'를 두려워하는 사람들은 평균보다 '낮은' 실적을 올린다. 그들은 사고팔기를 자주하고, 높은 세금을 물고, 불필요한 수수료를 낸다. 명심하자. 인간관계와 업무에서는 평균 이상을 추구해도 좋다. 하지만 투자에서만큼은 평균은 충분히 좋은 성과다.

당신은 피해자가 아니다. 자신의 상황을 얼마든지 통제할 수 있다. 이 사실을 받아들이면 적극적으로 행동하게 된다. 돈 관리를 본격적으로 시작하기도 전에 개인 재정의 모든 영역을 완벽하게 정리해야 한다는 강박에 사로잡히지는 말자.

치즈샌드위치를 만들자고 최고의 요리사가 되어야 할까? 아니다. 일단 요리를 시작하면 점점 더 어려운 요리에 도전하게 된다. 마찬가지로 부자가 되기 위해 우리가 가장 먼저 할 일은 가장 똑똑한 사람이 되는 게 아니라 일단 시작하는 것이다.

핑계는 이제 내려놓자

계속 핑계만 대는 사람들은 잘 보길 바란다. 여기는 당신의 할머니 집이 아니다. 나는 당신을 위해 쿠키를 굽거나 응석을 받아 줄 생각이 없다. 지금 당신이 겪고 있는 온갖 돈 문제는 한 사람 때문에 벌어졌다. 바로 당신이다. 주변 상황이나 기업들 탓은 이제 그만하고 자신이 바꿀 수 있는 부분에 집중하자. 다이어트 산업이 너무 많은 선택지를 제시해서 우리를 질리게 만드는 것처럼, 금융 산업 역시 과장된 광고와 미신, 노골적인 속임수로 우리를 좌절하게 만든다. 심지어 우리에게 충분히 노력하지 않았거나 제대로 대처하지 못했다는 죄책감마저 심어 준다. 재정 상황의 문제점과 자기 모습을 진지하게 들여다본다면, 결코 외면할 수 없는 진실에 직면하게 된다. 그건 문제를 일으킨 사람도, 그걸 해결할 사람도 바로 '나 자신'이라는 사실이다.

핑계는 이제 내려놓자. '지난달에는 이 정도 썼겠지'라는 짐작으로 넘어가기보다 돈을 어떻게 쓸 것인지 의식적으로 결정하면 어떨까? 그리고 모든 계좌를 유기적으로 연동하고 저축이 자동으로 이루어지게 만들어 주는 시스템을 구축한다면? 또한 아무런 고민 없이 간단하고 규칙적으로 투자한다면? 얼마든지 가능하다. 지금부터는 당신이 버는 돈을 자신이 원하는 방향으로 흘러가게 만드는 방법을 알려 주고자 한다. 또한 경제 상황과 무관하게 장기적으로 돈을 크게 불릴 수 있는 방법도 함께 알려 줄 것이다.

이 책의 핵심 메시지

나는 작은 실천의 중요성을 믿는다. 가장 먼저, 우리를 질리게 만드는 선택의 수를 줄여야 한다. 다음으로 세상에서 가장 좋은 펀드를 찾느라 시간을 허비하기보다 지금 바로 시작해야 한다. 이 책은 그 첫걸음에 주목한다. 그리고 당신의 돈 관리를 가로막는 장애물을 인식하고, 이를 제거해서 원하는 방향으로 돈을 흘러가게 만드는 과제에 주목한다. 솔직하게 말해서, 당신의 목표는 재정 전문가가 되는 건 아닐 것이다. 대신에 돈을 제대로 활용해서 원하는 삶을 누리기를 바랄 것이다. 그렇다면 "돈을 얼마나 많이 벌어야 할까?"라고 묻기보다 "인생에서 무엇을 하고 싶은가? 이를 위해 돈을 어떻게 사용해야 할까?"라고 물어야 할 것이다. 그리고 막연한 두려움을 떨치고 투자와 성장에서 역사가 우리에게 보여 준 교훈을 따라야 할 것이다.

돈을 주제로 한 책들이 시장에 너무 많이 나와 있다. 그러다 보니 정작 '반드시' 읽어야 할 책은 읽지 못한다. 무엇을 읽어야 할지 선택조차 버겁다. 내가 바라는 것은 당신이 100달러만 갖고서도 자동화 계좌를 만들고 투자를 시작하는 것이다. 이를 위해 이 책의 핵심 메시지를 먼저 간략하게 소개하고자 한다.

85% 법칙: 많은 이들이 돈을 완벽하게 관리해야 한다는 생각에 사로잡혀 결국에는 아무 일도 시도하지 않는다. 그러나 돈을 관리하기 위한 가장 쉬운 방법은 완벽은 잊고 한 번에 하나씩 시작하는 거다. 나라면 완벽하게 하려다가 아무것도 하지 못하는 것보다 지금 85%라도 하는 쪽을 선택할 것이다. 85%는 0%보다 훨씬 낫다. 일단 쓸만한 재테크 시스템을 구축해서 목표의 85%를 달성한다면, 우리는 정말로 원하는 일을 하면서 인생을 즐길 수 있다.

실수해도 된다: 적은 돈으로 시작하면서 실수하는 게 낫다. 그래야 더 많은 돈이 생겼을 때 무엇을 조심해야 하는지 알고 있기 때문이다.

좋아하는 것에는 마음껏 쓰고 그렇지 않은 것에는 가차 없이 아끼자: 이 책은 라테를 줄이라는 이야기를 하지 않는다. 대신에 자신이 좋아하지 않거나 의미 없는 일에 지출을 끊고 좋아하는 일에 더 많이 쓰라고 말한다. 생각해 보자. 우리는 모든 걸 최고로 누리고 싶어 한다. 외식을 자주 하고, 고급 아파트에 살고, 새 옷을 사고, 새 차를 몰고, 원할 때마다 여행을 떠나길 원한다. 그러나 모든 것을 다 할 수는 없기에 우선순위를 정해야 한다. 언젠가 내 친구 짐이 전화를 걸어와 연봉이 올랐다는 소식을 전했다. 그런데 바로 그날 그는 더 작은 아파트로 이사하기로 했다. 왜 그랬을까? 그건 짐이 집에는 별로 신경 쓰지 않지만, 캠핑과 자전거는 정말로 좋아하기 때문이다. 이게 바로 내가 말하는 의식적인 소비 conscious spending다(211쪽에서는 매년 2만 1,000달러를 외식에 의식적으로 소비하는 내 친구의 또 다른 사례를 확인할 수 있다).

섹시함과 부유함의 차이를 알아야 한다: 지난주 어떤 주식을 사고팔 거나 공매도를 했는지 등 사람들의 이야기를 듣다 보면, 내 투자 방식이 좀 재미없다는 느낌이 든다. 나는 사람들에게 이렇게 말한다. "음, 저는 5년 전 몇몇 우량 펀드를 사서 그냥 놔두고 있습니다. 자동 시스템으로 몇 가지 펀드를 추가로 산 게 전부죠." 그런데 사실 투자의 목적은 섹시해지는 게 아니라 부유해지는 것이다. 투자 관련 논문을 살펴봐도 매수 후 보유 전략이 장기적으로 승리한다는 사실을 알 수 있다.

스프레드시트 안에서 살지 말자: 나는 사람들에게 재정 시스템을 구축하고 나서 인생을 즐기라고 말한다. 이 말은 '스프레드시트 안'에서 살지 말고 지출과 시장의 사소한 변화에 민감하게 반응하지 말라는 뜻이다. 물론 그런 삶은 지금으로서는 아주 멀어 보일 것이다. 하지만 이 책을 다 읽고 났을 때면, 돈과 투자를 더 편안하게 느끼게 될 것이다. 내가 아는 많은 이가 순자산에서 발생하는 모든 변

내가 저지른 최고의 실수

고등학생 시절, 우리 부모님은 나에게 대학에 가고 싶으면 장학금을 받아서 가라고 말씀하셨다. 그래서 착한 인도인 아들인 나는 장학금을 신청하고 또 신청했다. 그렇게 60번 정도 시도한 끝에 총 수십만 달러에 달하는 장학금을 받았다.

가장 기억에 남는 장학금은 처음에 받았던 2,000달러였다. 그 장학금 단체는 내게 직접 수표를 발행해 줬다. 나는 그 돈으로 주식 투자를 했고 순식간에 절반을 날려 먹었다. 오, 세상에. 그때 나는 돈에 관한 공부를 시작하기로 다짐했다. 재테크 책을 읽고, TV 프로그램을 보고, 잡지를 샀다. 그리고 내가 배운 것들을 사람들에게 공유하기 시작했다. 스탠퍼드에서 친구들을 대상으로 비공개 강의까지 했다(물론 처음에는 아무도 들으려 하지 않았다). 이후 2004년부터 '부자 되는 법을 가르쳐드립니다'라는 이름으로 블로그를 시작하면서 저축과 계좌, 예산 및 투자에 관한 기본적인 정보를 소개했다. 그리고 흔히 말하듯 그다음은 역사가 되었다.

동을 추적하고, 엑셀 파일로 다양한 시나리오를 작성하고, 언제쯤 은퇴할 수 있을지 계산하면서 살고 있다. 그런 삶을 살지 말자. 그러다 보면 언젠가 사회적으로 좀 이상한 사람처럼 비춰질지도 모른다. 그리고 더 중요한 사실은 그럴 필요가 없다는 거다. 내가 제시한 방향을 따라간다면, 돈을 자동으로 흘러가게 만들어 스프레드시트에서 벗어나 풍요로운 삶으로 나아가게 될 테니 말이다.

수비 말고 공격부터 하자: 너무 많은 이들이 재정과 관련해서 수비만 한다. 월말이 돼서야 지출 명세서를 들여다보고 어깨를 으쓱하며 이렇게 말한다. "좀 많이 썼군." 아무런 근거 없는 수수료도 그냥 넘긴다. 도무지 이해할 수 없는 복잡한 조언도 그냥 받아들인다. 하지만 나는 신용카드와 은행 계좌, 투자, 그리고 돈에 대한 인간의 심리에 이르기까지 모든 무기를 동원해 공격하는 방법을 알려 주고자 한다. 내 목표는 당신이 9장까지 읽고 나서 스스로 자신만의 풍요로운 삶을 설계하도록 만드는 일이다. 공격적으로 움직이자! 누구도 당신을 대신해 주지 않는다.

이 책의 목적은 돈을 활용해서 풍요로운 삶을 설계하는 것이다: 이 책에서는 계좌를 개설하고 최소한의 노력만으로 작동하는 자동 재정 시스템을 구축하는 방법을 소개한다. 나아가 경계해야 할 위험, 재정 관련 논문들이 발견한 놀라운 사실(부동산은 정말로 좋은 투자처인가?), 그리고 재정과 관련된 흔한 실수를 피하는 법도 알려 준다. 이제 당신은 사소한 문제를 놓고 고민하는 대신, 지금 당장 시작하는 법을 깨닫게 될 것이다. 이 모든 걸 6주 동안 배우고 풍요로운 삶으로 나아가는 여정에 올라설 것이다. 설레지 않는가?

왜 부자가 되려고 하는가?

지난 15년간 나는 웹사이트와 강연을 통해 개인 재정을 주제로 100만 명이 넘는 사람들과 수많은 이야기를 나눴다. 사람들을 만날 때마다 나는 두 가지 질문을 던진다.

① 왜 부자가 되려고 하는가?
② 부자가 된다는 건 당신에게 어떤 의미인가?

'부자'가 된다는 게 자신에게 무엇을 의미하는지 생각하지 않는 사람이 많다. 결론을 말하자면, 사람마다 다르고 여기서 돈은 일부에 불과하다는 것이다. 내 친구들도 가치 있게 생각하는 대상이 저마다 다르다. 폴이라는 친구는 미슐랭 별을 받은 레스토랑에서 한 끼에 500달러가 넘는 식사를 즐긴다. 니콜은 여행을 자주 다닌다. 그리고 닉은 옷 쇼핑을 무척 좋아한다. 그런데 자신이 생각하는 진정한 '부유함'이 무엇인지 고민하지 않는다면, 결국 친구들의 행동을 무작정 따라 하게 될 것이다. 내가 생각하는 부유함이란 다음과 같다.

- 돈 때문이 아니라 내가 원해서 경력과 관련된 결정을 내릴 수 있다.
- 부모님이 일하기를 원치 않는다면 은퇴 생활을 즐기시도록 도움을 드릴 수 있다.

- 좋아하지 않는 일에는 가차 없이 돈을 아끼나 좋아하는 일에는 마음껏 돈을 쓴다(가령 뉴욕의 멋진 아파트에 살지만 차는 없다).

나는 12월이 되면 아내와 함께 내년 계획을 신중하게 세운다. 어디로 여행을 갈까? 누구랑 함께 갈까? 앞으로 50년간 기억될 추억을 만들려면 뭘 해야 할까? 풍요로운 삶을 의식적으로 설계하는 이 시간은 우리가 부부로서 함께 경험하는 가장 즐거운 일이기도 하다.

다음으로 넘어가기 전에 당신이 꿈꾸는 풍요로운 삶이 무엇인지 생각해 보길 권한다. 왜 부자가 되길 원하는가? 부를 통해 무슨 일을 하고 싶은가?

최대한 구체적으로 생각하자. 자신이 생각하는 풍요로운 삶이 '버스를 타지 않고 택시를 타는 것'이라면, 그렇게 적어라. 언젠가 나는 뉴욕에 살면서도 문화적인 혜택을 충분히 누리지 못한다는 사실을 깨달았다. 그래서 분기에 한 번은 미술관 전시나 브로드웨이 공연을 보기로 결심했다. 이후로 문화생활은 나에게 있어 풍요로운 삶의 일부가 되었다. 꿈은 사소해도, 거창해도 좋다. 내가 꿈꾸는 풍요로운 삶이 무엇인지 처음으로 적었던 한 가지는 레스토랑에서 애피타이저를 주문하는 것이었다. 어릴 적에는 한 번도 하지 못했기 때문이었다. 그리고 시간이 흐르면서 목표도 점점 더 커졌다. 당신이 꿈꾸는 풍요로운 삶에서 자신은 무슨 일을 하고 있는가?

풍요로운 삶을 위한 열 가지 규칙

1. 풍요로운 삶이란 자신이 좋아하지 않는 일에는 최대한 지출을 줄이면서 좋아하는 일에는 마음껏 돈을 쓰는 삶을 말한다.

2. 빅 윈 Big Win(재정적으로 중대한 영향을 미치게 될 성과-옮긴이)에 집중하자. 저축과 투자를 자동화하고, 마음에 드는 일자리를 구하고, 연봉 협상에 적극적으로 임하는 것처럼 스스로 가치 있게 여기는 결과를 가져다줄 여러 가지 과제에 주목하자. 이처럼 중요한 과제에서 성공을 일궈 냈다면, 라테 정도는 얼마든지 마셔도 좋다.

3. 투자는 매우 지루하면서 장기적으로 수익성이 높은 활동이다. 사실 나는 투자 수익률을 확인하는 것보다 타코를 먹는 게 더 즐겁다.

4. 줄일 수 있는 비용에는 한계가 있지만 벌 수 있는 소득에는 한계가 없다. 연소득이 5만 달러인 사람도 있고 75만 달러인 사람도 있다. 그래도 그들은 똑같은 빵을 산다. 지출을 줄이는 노력도 중요하지만, 소득을 높이는 노력도 마찬가지로 중요하다.

5. 당신이 재정 계획을 실행에 옮기려 할 때부터 친구와 가족들은 수많은 '팁'을 주려고 할 것이다. 겸손한 마음으로 귀 기울이되 자신의 계획에 집중하자.

6. 뭔가를 사야 할지 고민될 때마다 활용할 수 있는 '지출 기준'을 마련하자. 대부분 구체적인 기준('외식을 줄여야겠어')을 활용하

지만, 미리 '보편적인' 기준을 정해 둘 수도 있다. 나의 경우, 책 구매에 관한 기준이 있다. 그건 어떤 책이 눈에 들어오면 곧바로 산다는 것이다. 5초도 고민하지 않는다. 구매한 책에서 한 가지라도 새로운 아이디어를 얻었다면, 그걸로 만족한다(이 책도 그럴 것이다).

7. '고급' 기술을 끊임없이 찾으려는 욕망을 경계하자. 사람들은 한 걸음씩 나아가는 현실적이고 체계적인 방법보다 수준 높은 특별한 해결책을 찾으려 애쓴다. 보스턴 마라톤에서 우승하는 꿈도 좋지만, 그보다 매일 아침 일어나 10분간 조깅하는 게 더 중요하다. 어쩌면 기본 원칙에 충실한 게 가장 힘든 일일지 모른다.

8. 스스로 통제할 수 있다. 우리가 사는 현실은 디즈니 영화가 아니다. 누구도 당신을 구하러 오지 않는다. 그래도 다행스러운 소식은 우리가 스스로 재정 상태를 통제해서 풍요로운 삶을 열어갈 수 있다는 사실이다.

9. 풍요로운 삶을 만들어 나가기 위해서는 당당하게 남들과 다르게 행동할 용기가 필요하다. 돈이 주요한 제약 조건이 아니게 될 때, 당신은 풍요로운 삶을 설계할 자유를 얻는다. 그러한 삶은 틀림없이 다른 사람들이 꿈꾸는 삶과 다를 것이다. 그건 풍요로운 삶에서 가장 흥미로운 부분이기도 하다.

10. 스프레드시트에 갇힌 삶에서 벗어나자. 이 책에서 소개하는 시스템을 바탕으로 돈 관리를 자동화하고 나면, 풍요로운 삶에서 가장 중요한 부분은 스프레드시트 밖에 있다는 사실을 깨닫게

> 될 것이다. 인간관계와 새로운 경험, 그리고 자신이 받은 도움을 되돌려주는 삶의 자세가 그러한 부분에 포함된다. 당신은 풍요로운 삶을 누릴 자격이 있다.

이 책에서 무엇을 얻을 것인가?

사람들 대부분 투자라고 하면 '주식 매수'라고 생각한다. 마치 아무 주식을 샀다가 팔면 마법처럼 수익이 난다고 생각하는 듯하다. 그러나 투자를 종목 선택이라는 잘못된 가정에서 출발한 사람들은 '헤지펀드'나 '파생상품', 혹은 '콜옵션'과 같은 화려한 용어들의 미궁 속으로 빠져들고 만다.

문제는 근본적인 가정이 틀렸다는 것이다. 투자는 종목을 고르는 활동이 아니다. 정말로 중요한 것은 개별 투자 행위가 아니라 투자 계획이다. 하지만 안타깝게도 사람들 대부분이 부자가 되려면 투자 전문가 수준에 도달해야 한다고 믿는다. 그건 다른 사람들이 매일 온라인상에서 복잡한 이야기를 주고받기 때문이다. 하지만 당신이나 나와 같은 개인 투자자에게 복잡한 이론은 아무 의미가 없다.

개인 투자자들이 복잡한 개념들을 놓고 논쟁하는 모습은 좀 멋져 보이기는 하나, 사실 초등학교 테니스 선수 둘이 라켓 줄의 강도를 놓고 말싸움하는 것과 다르지 않다. 물론 조금은 중요할 수도 있겠지만, 그것보다 매일 코트에 나가서 몇 시간씩 공을 치는 게 훨씬 더 중요하다.

실제로 단순하고 장기적인 투자가 성공을 거둔다. 하지만 이런 말을 하면, 사람들 대부분이 하품하거나 눈만 껌벅거린다. 선택은 당신의 몫이다. 난해한 용어를 구사하면서 논쟁을 벌이는 사람들 사이에서 강한 인상을 남기고 싶은가? 아니면 나처럼 황금 왕좌에 앉아 포도를 먹으면서 야자잎 부채질을 받고 싶은가?

이 책은 돈이 어디로 흘러가는지 이해하고 자신이 원하는 곳으로 방향을 바꾸도록 도움을 줄 것이다. 중국 여행을 위해, 혹은 결혼식을 위해 돈을 모으고 싶은가? 아니면 그저 자산을 불리고 싶은가? 이 책에서 소개하는 6주 프로그램을 따른다면, 목표를 분명히 이룰 것이다.

또한 월스트리트의 일반적인 포트폴리오를 이기는 자동화된 저비용 포트폴리오를 구축하는 법을 배울 것이다. 그리고 최소한의 노력으로 자산이 자동으로 불어나는 시스템을 구축해서 투자를 장기적으로 이어 가는 법을 터득할 것이다. 나아가 차를 어떻게 사야 할지, 결혼 자금은 어떻게 마련해야 할지, 연봉 협상은 어떻게 시작해야 할지처럼 돈에 관련된 다양한 질문에 대한 해답을 들을 것이다.

이 책을 읽고 나면, 99% 사람들보다 재정 관리를 더 잘하게 될 것이다. 그리고 개설해야 할 계좌, 은행에 수수료를 물지 않는 방법, 투자 방법, 돈을 바라보는 방법, 매일 온라인에서 접하는 과잉 정보를 걸러내는 방법을 배우게 될 것이다.

사실 부자가 되는 비밀 같은 건 없다. 다만 몇몇 실천 단계와 원칙을 이해하고, 약간의 노력만 있으면 된다. 자, 이제 시작이다.

실천 단계

1주차 신용카드를 정리하고, 카드 빚을 갚고(있다면), 카드 사용 내역을 확인하면서 무료 혜택을 확인한다.

2주차 필요한 은행 계좌를 개설한다.

3주차 401k 계좌와 투자 계좌를 개설한다(100달러로도 할 수 있다).

4주차 지출 내역을 확인한다. 그리고 자신이 원하는 방향으로 돈이 흘러가게 만든다.

5주차 계좌들이 유기적으로 연동되는 자동화 시스템을 구축한다.

6주차 투자란 종목 고르기가 아니라는 사실을 이해한다. 그리고 최소한의 노력으로 최고의 수익을 올리는 법을 배운다.

1장

₩100,000,000

신용카드를 최적화하자

신용카드와의
게임에서 이기는 법

문짝이 두 개 달린 쿠페형 자동차를 모는 인도인은 아마도 본 적이 없을 것이다. 정말이다. 한번 살펴보라. 이웃 중에 인도 사람이 있다면(그의 이름을 라즈라고 하자) 대개 혼다 어코드나 도요타 캠리 같은 문짝이 네 개 달린 실용적인 차를 타고 있을 것이다. 게다가 인도인들은 실용적인 자동차를 선택하는 것에서 그치지 않는다. 그들은 차를 살 때 한 푼이라도 더 깎으려 든다. 가령 우리 아버지를 보자. 아버지는 자동차를 사려고 5일 동안 흥정을 벌였다. 덕분에 나도 그 일주일 내내 아버지를 따라다녀야 했다. 그리고 마침내 계약서에 서명하려는 순간, 아버지는 갑자기 50달러짜리 차량용 매트를 공짜로 달라고 요구했고, 딜러가 거절하자 그냥 매장을 나와 버렸다. 가격을 깎으려고 5일이나 허비해 놓고서 말이다. 아버지 손에 이끌려

영업소를 빠져나오면서 충격에 빠진 나는 멍하니 먼 곳만 바라봤다.

아마도 짐작했겠지만, 나 역시 자동차를 사러 가서 흥정하는 유서 깊은 인도 전통에 익숙해진 상태였다. 나는 눈 하나 깜짝하지 않고 터무니없는 요구를 하고 딜러의 거절에 아랑곳하지 않는 법을 알고 있었다. 하지만 좀 더 현실적인 방법을 선택하기로 했다. 일주일 동안 여러 영업소를 돌아다니지 않고, 북부 캘리포니아에서 활동하는 딜러들 17명을 대상으로 입찰 경쟁을 벌이도록 유도했다. 그동안 나는 집에 가만히 앉아 인터넷 화면을 들여다보면서 딜러들이 보내오는 메일과 팩스(정말로 보내왔다)를 차분히 살펴보기만 했다. 최종적으로 팰로앨토 영업소 딜러가 가장 좋은 조건을 제시했고, 나는 계약서에 서명할 준비를 하고 그곳을 찾았다. 모든 과정은 순조로웠다. 그 딜러가 내 신용 등급을 확인할 때까지는 말이다. 그는 미소를 지으며 이렇게 말했다. "젊은 나이에 이렇게 신용 점수가 높은 분은 처음 보네요."

나는 "하하. 저도 그렇게 생각합니다"라고 우쭐대고 싶었지만, 그냥 "감사합니다"라고만 대답했다. 어쨌든 나는 높은 신용 점수에 대한 자부심에도 문이 네 개 달린 어코드를 선택한 특이한 20대 청년이었으니 말이다.

그런데 딜러의 반응은 뜻밖이었다. "흠…."

나는 물었다. "흠이라뇨?"

그는 말했다. "신용 점수는 좋은데 대출이 가능한 곳이 그리 많지 않군요."

그의 설명을 요약하자면, 애초에 이야기했던 저금리 혜택을 받을 수 없다는 거였다. 1.9% 대신 4.9%를 적용해야 했다. 크게 중요하지 않아 보였지만, 그래도 나는 노트를 꺼내 곧바로 계산했다. 자동차 할부 기간에 2,200달러 정도만 더 내면 되었다. 자동차 가격을 이미 많이 깎았기에 그 정도 이자율도 괜찮은 거라고 위안을 삼았다. 그리고 할부 계약서에 서명했다. 하지만 찜찜한 기분이 가시질 않았다. 신용 점수가 높은데 왜 2,000달러가 넘는 돈을 더 내야 한단 말인가?

물론 모두가 나와 같은 환경에서 자란 건 아니다. 그래서 많은 이가 가격 협상을 꺼린다는 점을 이해한다. 특히 미국인들이 그런데, 미국인들은 가격을 깎을 때 뭐라고 말해야 할지 모른다. 그리고 그 과정에서 많은 스트레스를 받는다. 그들은 스스로 이렇게 묻는다. "꼭 그렇게까지 깎아야 할까?" 그러고는 불편한 긴장감에서 벗어나기 위해 "그럴 필요는 없어"라고 결론을 내리고 원래 가격을 그대로 낸다.

하지만 나는 새로운 관점을 제시하고자 한다. 그건 물건을 살 때마다 가격을 흥정할 필요는 없지만, 흥정으로 '빅 윈 big win'을 거둘 수 있는 영역이 우리 삶에 분명히 존재한다는 사실이다. 이 장에서는 공격적인 접근법으로 신용카드사로부터 최대한의 보상과 혜택을 얻어 내는 방법을 소개하고자 한다. 이제 당신은 카드사들을 이기게 될 것이다. 그리고 협상의 짜릿함을 난생처음 맛보게 될 것이다.

신용카드에 대한 흔한 공포 전략

많은 책이 신용카드를 다루면서 다음 세 가지 공포 전략을 활용한다.

섬뜩한 통계 자료: 프로스페리티 나우 스코어카드Prosperity Now Scorecard(미국 비영리단체 프로스페리티 나우Prosperity Now가 발표하는 경제 안정성 및 전망에 관한 지표-옮긴이)에 따르면, 미국 가구들이 지고 있는 카드 빚의 중간값은 2,241달러이고 학자금 대출의 중간값은 1만 7,711달러다. 이에 대해 미 연방준비제도는 다음과 같이 설명했다. "2017년 기준으로 성인 열 명 중 네 명은 4백 달러를 갑자기 지출해야 하는 상황이 발생했을 때, 돈을 빌리거나 물건을 팔아야 한다. 그렇지 못하면 대처가 아예 불가능한 상태다."

무시무시한 언론 기사: CNBC는 "미국인들은 다가오는 부채 위기에 심각한 타격을 입게 될 것"으로 전망했다. 또한 워싱턴포스트는 "부채 위기가 고개를 들고 있다"라고, 그리고 비즈니스인사이더는 "미국의 학자금 대출 위기는 우리가 생각하는 것보다 훨씬 더 심각한 수준이다"라고 보도했다.

부정적인 감정: 언론들은 혼란과 불안, 거짓말로 부정적인 감정을 자극하면 조회 수가 오르면서 광고가 몰려든다는 사실을 안다.

이런 공포 전략을 마주하면 어떤 느낌이 드는가? 대부분 생각을 멈추고 문제를 외면하는 식으로 대응한다.

언론들은 부채는 절대 피할 수 없는, 그리고 우리 삶을 구속하는 원흉이라며 불안과 공포를 자극함으로써 수익을 올린다. 해결책은 제시하지 않는다. 기껏 내놓는 조언이라고는 외식을 줄이라는 뻔한 말뿐이다. 참으로 감사하다.

그렇게 우리의 마음속에서 부정적인 감정의 소용돌이가 인다. 곧 무력감과 분노를 느낀다. 대체 누구의 잘못인가? 잘은 모르지만, 어쨌든 누군가는 책임져야 한다. 그러나 우리는 아무것도 시도하지 않는다. 이것이 바로 '분노 문화'가 작동하는 방식이다. 우리는 분노와 무력감을 느끼지만, 그것으로부터 벗어나려는 노력은 하지 않는다.

이제 완전히 다른 접근법을 보여 주고자 한다.

내가 바라보는 신용카드

신용카드는 수천 달러에 달하는 혜택을 제공한다: 연체만 없으면, 무이자 단기 대출을 받을 수 있다. 그리고 현금을 쓸 때보다 지출 내역을 더 쉽게 확인할 수 있고, 거래 내역에 관한 자료를 무료로 받을 수 있다. 또한 카드로 구매한 제품에 대해 보증기간을 연장하거나 렌터카 보험 무료 가입 혜택도 받을 수 있다. 수백에서 수천 달러 수준의 혜택이나 포인트도 얻을 수 있다.

그럼에도 신용카드는 사회적으로 사람들의 비난의 대상이다. 실제로 많은 이가 신용카드를 사용하면서 연체 수수료나 무단 결제, 혹은 과소비와 같은 부정적인 경험을 한다. 그리고 많은 전문가는 당연하다는 듯 반사적으로 신용카드를 비난한다. 그들은 신용카드 사용이 최악의 선택이며 신용카드를 모두 잘라 버리라고 한다. 간단한 해결책을 원하거나 신용카드로 얻을 수 있는 다양한 혜택을 알지 못하는 이들에게 너무나 유혹적인 메시지가 아닌가.

하지만 신용카드의 진실은 이러한 두 극단 사이 어디엔가 있다. 신용카드는 잘 관리하기만 하면 생각보다 유용하다. 그러나 결제일에 통장 잔액이 부족할 경우, 통상적으로 연체 금액의 14%에 달하는 높은 이자를 물어야 한다. 여기에 적용되는 이자율을 흔히 연이율^{annual percentage rate}, 혹은 줄여서 APR이라고 한다. 그리고 연체할 때마다 높은 수수료까지 부담해야 된다. 게다가 신용카드를 사용하는 많은 미국인이 그러하듯, 흥청망청 쓰다가 빚더미에 올라앉을 위험도 크다.

여기서 나는 신용카드를 사용하지 말라는 이야기를 하려는 게 아니다. 오히려 신용카드를 멀리하는 방어적인 자세를 취하기보다 공격적인 자세로 전환하여 신용카드를 적절히 활용하면서 최대한 많은 혜택을 끌어내야 한다고 강조한다. 이를 위해 먼저 자신이 보유한 신용카드를 최적화해서 전반적인 신용 점수를 끌어올려야 한다. 이 장을 다 읽고 나면, 불필요한 수수료를 하나도 내지 않으면서 카드사가 제공하는 중요한 혜택을 빠짐없이 얻는 방법을 알게 될 것이다. 또한 카드를 사용하는 과정에서 모두에게 너무나 중요한 신용 점수를 높이는 방법을 이해하게 될 것이다. 여기서 나는 카드사와 협상하는 방법과 아무도 공유하지 않는 은밀한 혜택을 공개할 것이다. 덤으로 신용카드를 최대한 활용해서 다양한 혜택과 캐시백

> 약혼녀와 함께 그녀의 가족을 만나러 두바이에 갔습니다. 거기서 저는 사막 한가운데 위치한 7성급 리조트를 3박 예약해서 그녀를 깜짝 놀라게 했죠. 두바이 사막이 내려다보이는 전통 베두인 스타일의 프라이빗 빌라와 전용 수영장, 그리고 리조트에서 제공하는 모든 식사를 함께 즐겼습니다. 비용은 1박에 2,000달러가 넘었지만, 포인트로 다 해결했답니다.
> ― 네이션, 29세

> 이번 가을에 2주간 여행을 떠나려고 샌프란시스코에서 이탈리아를 오가는 왕복 항공권 두 장을 얼마 전 예약했습니다. 신용카드 포인트를 사용해서 전부 무료로 말이죠.
> ― 제인, 30세

> 작년에 비즈니스 좌석으로 스페인에 가서 일주일간 고급 호텔에 묵었죠. 그리고 여자친구와 함께 태국 여행을 갈 때도 비즈니스 좌석을 이용했어요. 어머니가 80세 생일을 맞은 외할아버지를 보러 독일로 떠났을 적에도 제가 비즈니스 좌석을 끊어드렸죠. 내년 봄에는 마일리지로 부다페스트 여행을 떠날 계획입니다.
> ― 조던, 27세

을 받는 방법도 구체적으로 제시할 것이다. 나는 카드 포인트만으로 무료 항공권이나 고급 호텔 숙박권을 얻는다.

학자금 대출은 훌륭한 선택이다: 언론은 학자금 대출 '위기'에 관한 기사를 즐겨 다룬다. 그러나 잘만 하면 학자금 대출은 인생 최고의 투자가 될 수 있다. 그건 대졸자가 고졸자보다 평생에 걸쳐 평균 100만 달러(약 14억 원) 넘게 더 번다는 사실이 입증한다. 물론 대출을 받는다는 건 기분 좋은 일이 아니다. 하지만 돈에 눈먼 많은 대학과 대학원들은 미국 청년들에게 졸업장의 가치를 거짓으로 강조한다. 이는 교육과 산업이 손잡고 저지르는 용납할 수 없는 범죄다. 성실하나 순진한 많은 학생이 실제로 진로 상담사나 대학, 심지어 그들의 부모로부터 잘못된 정보를 듣고 아무런 쓸모도 없는 졸업장을 따려고 학자금 대출을 받는다.

그러나 염려하는 것보다 학자금 대출을 빨리 갚을 수 있다(자세한 내용은 431쪽에서 소개한다). 그리고 대학 졸업장은 분명히 그만한 가치가 있다. 평생 친구를 사귀고, 무엇보다 중요한 자기관리 규칙을 배우고, 또한 지식인으로서 새로운 세상을 접할 수 있다는 장점은 접어 두고서 오로지 투자 수익만 생각해도 그렇다. 그러니 학자금 대출 '위기'에 관한 언론의 공포 전략은 무시하자. 아직 학자금 대출을 갚지 못했다면, 이 책에서 소개하는 방법에 따라 상환 계획을 세우자.

대다수가 게임을 잘못하고 있다: 나는 말 그대로 빚을 떠안고 있는 수천 명과 이야기를 나눴다. 그중 일부는 예기치 못한 질병에 걸리거나, 노부모를 보살펴야 하거나, 혹은 갑작스러운 지출로 인해 어려움을 겪고 있었다. 그리고 솔직히 말해 게임을 잘못하고 있는 사람들도 있었다. 그들은 주말에 재테크 관련 책을 읽으려는 노력조차 하지 않았다. 심지어 자신의 부채가 전부 얼마인지도 알지 못했다. 게임에서 이기기 위해 공격적인 자세를 취하기보다 불평만 내뱉었다. 마치 모노폴리 게임을 하면서 규칙을 잘 알지 못해(설명서를 읽지도 않고) 화를 내고 판을 뒤집어엎으려는 네 살배기의 모습이다. 그들을 위해 게임에서 이기는 방법을 보여 주고자 한다.

학자금 대출이나 신용카드에 있어 나의 목표는 당신이 방어적인 태도에서 벗어나게 만드는 것이다. 그 대신 공세로 전환하는 방법을 보여 주고자 한다. 먼저 학자금 대출은 공격적인 상환 계획으로 바꿔 이자로 나가는 돈을 최대한 줄이자. 신용카드는 가능한 한 모든 혜택을 최대한 받자. 기본적으로 나는 카드사들이 나를 싫어하는 것처럼 당신도 싫어하도록 만들고 싶다.

여기서 가장 놀라운 사실은 돈 관리에 대한 자세를 방어 모드에서 공격 모드로 전환하기만 해도 재정 상황이 금방 달라진다는 것이다.

> 이 책을 읽고 3년 6개월 만에 카드 빚 1만 4,000달러와 학자금 대출 8,000달러를 모두 갚았습니다.
> ─ 라이언, 27세

뱅크오브아메리카는 나를 싫어한다

세계에서 가장 나쁜 은행이기도 한 뱅크오브아메리카^{BoA}는 나를 싫어한다. 그건 내가 그 은행을 최악의 은행 중 하나로 꼽았기 때문이다. 그래도 좋은 소식이 있다. 뱅크오브아메리카는 그로부터 10년이 흐른 지금도 내 독자들을 끊임없이 등쳐 먹는 은행 목록에 이름을 올리고 있다(웰스파고 Wells Fargo와 함께). 나는 은행들과 거래하지 않는다. 그래서 최고의 금융기관과 최악의 기관을 독자들에게 솔직하게 밝힐 수 있는 것이다.

다들 짐작하겠지만, 최악의 기업들은 '뉴욕타임스 베스트셀러'에 선정된 책이 그들의 이름을 거론하는 것을 달가워하지 않는다. 뱅크오브아메리카가 나를 싫어한다는 사실을 알게 된 것은 거기서 일하는 내 친구 덕분이었다. 어느 날 그는 내게 전화를 걸어와 이렇게 물었다. "뱅크오브아메리카의 인플루언서 리스트에 네 이름이 올라와 있다는 사실을 알고 있었어?"

나는 놀랐다. 내가? 감히 내가? 그는 덧붙여 말했다. "그런데 말하자면 '블랙' 인플루언서 리스트야."

일평생 나 자신이 그토록 자랑스러웠던 순간은 없었다.

공격적으로 접근하기: 신용을 활용해 풍요로운 삶으로 나아가는 법

부자가 되려는 사람들은 매력적인 투자처를 꼽거나 부실 채권 및 EBITA Earnings Before Interest, Taxes, Depreciation, and Amortization(이자와 세금, 감가상각비 등을 차감하기 전 영업이익-옮긴이)와 같은 전문용어를 종종 들먹인다. 오히려 너무 단순하거나 기본적이어서 진짜 중요한 것들은 쉽게 무시한다. 대표적으로 신용이 그렇다. 아이러니하게도 신용은 부자가 되기 위해 대단히 중요한 요소다. 하지만 사람들은 이해하기 어렵다는 이유로 신용의 중요성을 간과한다. 그러니 지금부터는 정신을 차리고 신용에 주목하자. 부자가 되기 위한 첫 번째 단계가 바로 좋은 신용을 구축하는 일이기 때문이다. 한번 생각해보자. 값비싼 물건을 살 때면 대개 신용 거래를 한다. 여기서 신용이 높다면 수만 달러를 절약할 수 있다. 신용(혹은 신용 이력)은 두 가지 핵심 요소로 구성된다. 그것은 신용 보고서와 신용 점수다.

먼저 '신용 보고서'에는 당신과 당신의 계좌, 상환 내역 등 대출 기관이 알아야 할 기본적인 정보가 들어 있다. 이는 신용카드와 대출 현황처럼 신용 관련 활동을 추적하며, 특히 최근 활동에 더 가중치를 둔다.

다음으로 '신용 점수'(페어 아이작 코퍼레이션 Fair Isaac Corporation에서 처음 개발했기 때문에 흔히 피코 FICO 점수라고도 한다)는 대출 기관에 대한 개인의 신용 위험도를 나타내는 것으로, 알기 쉽게 300~850 사이의 점수로 표기한다. 신용 산업이 매기는 SAT 점수 정도로 생각해도 좋겠다(높을수록 좋다). 대출 기관은 이러한 신용 점수를 기반으로 연봉이나 나이와 같은 여러 정보를 참조하여 신용카드나 주택담보대출, 혹은 자동차대출의 형태로 돈을 빌려줄 것인지 결정한다. 또한 신용 위험도를 의미하는 신용 점수를 기준으로 대출 이자율도 결정한다.

신용 점수와 신용 보고서는 쉽게 확인할 수 있으니 지금 당장 해보자. 미국의 경우, 애뉴얼크레디트리포트 annualcreditreport.com에서 1년에 한 번 신용 보고서를 확인할 수 있도록 법으로 보장하고 있다. 신용 보고서를 통해 개인의 모든 계좌 및 금융 활용에 관한 기본 정보를 확인할 수 있다. 그리고 신용 점수는 크레디트 카르마 Credit Karma(creditkarma.com)에서 무료로 확인할 수 있다. 그러나 나는 마이피코 MyFico(myfico.com)에서 공식 신용 점수를 확인하기를 권한다. 약간의 수수료가 있지만, 더 정확하다.

신용 보고서와 신용 점수가 중요한 이유는 뭘까? 신용 점수가 높으면 수십만 달러에 달하는 이자 비용을 줄일 수 있기 때문이다. 어떻게 그런 일이 가능할까? 신용 점수가 높다는 말은 대출 기관 측면에서 위험이 낮다는 말이며, 그래서 더 낮은 이자율로 돈을 빌려줄 수 있기 때문이다. 지금 당장은 대출이 필요 없다고? 3~4년 후에 차나 집을 살 수 있다. 그러므로 이 이야기를 흘려듣거나 무시하지 말자. 필요하기 전에 미리 계획을 세운다는 것은 부자와 가난한 사람의 중요한 차이점이다.

신용 점수 VS. 신용보고서	
신용 점수 산정 방식	신용 보고서에 담긴 정보
납부 이력 35% (얼마나 성실하게 납부했는가. 연체는 중요한 감점 요인)	기본적인 신원 정보
신용 활용률 30% (대출 한도 대비 실제 대출 금액)	모든 대출 계좌 목록
신용 기간 15% (신용을 얼마나 오래 유지했는가)	신용 내역 (대출 기관과 상환 내역 및 연체 여부)
신규 신용 10% (신뢰도를 보여 준다는 점에서 오래된 계좌일수록 유리)	대출 금액
신용 유형 10% (신용카드나 학자금 대출 등 유형이 다양할수록 유리)	신용 조회 기록 (대출 기관들이 신용 정보를 요청한 내역)
마이피코에서 소액의 수수료로 확인 가능	애뉴얼크레디트리포트에서 매년 1회 무료 조회 가능

대출 이자율이 그렇게 큰 차이를 만들어 내는지 의심이 든다면, 다음의 도표를 살펴보자. 30년 만기 주택담보대출의 경우, 신용 점수에 따라 상환해야 할 금액에서 얼마나 차이가 나는지 비교해 보자. 쉽게 확인할 수 있듯이, 신용 점수가 높으면 평생에 걸쳐 수만 달러(주거비가 높은 지역이라면 더 높다)를 절약할 수 있다. 많은 이가 할인 쿠폰을 사용하고, 식료품점에서 저가 브랜드를 살지 고민하고, 아침에 라테를 포기할지 고민하지만, 정작 큰 그림을 잘 보지 못

한다. 지출을 꼼꼼히 관리하는 것도 좋지만, 그보다 더 중요한 요소, 즉 '빅 윈'에 주목해야 한다. 지금부터는 절약에 대한 조언보다 훨씬 더 중요한 신용 점수 높이는 전략을 파헤쳐 보자.

신용 점수에 따른 상환액 차이		
FICO 신용 점수	연이율(20만 달러, 30년 만기 기준)	총 상환액
760-850	4.279%	35만 5,420달러
700-759	4.501%	36만 4,856달러
680-699	4.678%	37만 2,468달러
660-679	4.892%	38만 1,773달러
640-659	5.322%	40만 804달러
620-639	5.868%	42만 5,585달러

※ 2018년 8월 기준

> 제 실수는 신용카드를 너무 늦게 만들었다는 거죠. 계좌에서 잔액이 마이너스가 되는 걸 막으려고 카드를 만들었는데, 처음에는 관리가 힘들더군요. 결제일을 깜빡해서 연체된 적도 있었죠. 신용카드로 신용 점수를 올릴 수 있다는 사실을 10년 전에 알았더라면 좋았을 텐데 말이죠. 그랬더라면 카드도 일찍 발급받고, 활용법도 배우고, 어처구니없는 실수도 금방 바로잡았을 겁니다.
> ― JC, 29세

신용카드로 신용 쌓는 법

신용은 자동차 할부나 주택담보대출 등 다양한 형태의 대출에서 모습을 드러낸다. 특히 신용카드는 개인의 신용을 최적화할 수 있는 가장 빠르고 확실한 수단이기 때문에 대부분 한 장씩은 갖고 있다. 다만, 대다수가 신용카드를 사용하면서 한두 가지 중대한 실수를 저지른다. 그래도 신용카드의 작동 방식을 조금만 공부하면 실수를 쉽게 바로잡을 수 있으니 걱정하지 말자.

신용카드로 물건을 사는 비용은?

신용카드의 중요한 문제점은 숨겨진 비용이 존재한다는 것이다. 카드를 사용하면 쉽게 물건을 살 수 있지만, 매월 결제일에 전액을 납부하지 않고 리볼빙 서비스를 받으면 생각보다 큰 비용이 발생한다.

구매 상품	리볼빙 서비스 이용 기간	이자 총액
1,000달러짜리 아이폰	9년 2개월	733달러
1,500달러짜리 컴퓨터	13년 3개월	1,432달러
1만 달러짜리 가구	32년 2개월	1만 3,332달러

※ 연이율 14%, 최소 결제금액 2%로 가정

1만 달러짜리 제품을 구매하고 매월 최소 금액만 결제할 경우, 완납까지 무려 32년이 걸리고 이자만 1만 3,000달러 이상을 내게 된다. 제품 가격보다 더 높은 금액이다. 게다가 그에 따른 '기회비용'도 고려하지 않았다. 만약 30년 넘게 갚아야 할 1만 달러짜리 소파를 사지 않고 그 돈을 투자해서 연 8% 수익률을 올렸다면, 2만 7,000달러로 불어났을 것이다! 이처럼 물건을 구매할 때 실제로 비용이 얼마나 발생하는지 알고 싶다면, 뱅크레이트 Bankrate 서비스를 활용하자 (bankrate.com/brm/calc/minpayment.asp).

새 카드 발급받기

신용카드는 무엇을 기준으로 선택해야 할까? 신용카드 사용에 있어 내가 지키는 몇 가지 규칙을 소개한다.

- 우편물로 홍보하거나, 혹은 갭 Gap이나 노드스트롬 Nordstrom과 같은 매장에서 권유하는 신용카드는 거들떠보지 않는다.
- 사용하는 신용카드의 혜택은 최대한 받는다.
- 좋은 카드를 선택했다면, 더 이상 고민하지 않는다.

이제 구체적인 방법을 살펴보자.

카드 사용에 따른 혜택을 챙기자: 카드별로 제공하는 혜택이 천차만별이다. 어떤 카드는 아주 기본적인 혜택만 제공하는 반면, 다른 카드는 연간 수백 달러에 달하는 혜택을 준다. 또한 사용 금액에 따라 수천 달러까지 주기도 한다.

먼저 캐시백이나 마일리지 적립 등 어떤 형태로 혜택을 받을 것인지 정하자. 나는 캐시백을 선호하는 편이다. 직관적으로 이해할 수 있는 좋은 카드들이 많이 나와 있고, 최대한 활용하려면 복잡한 절차를 거쳐야 하는 마일리지 혜택보다 더 간단하기 때문이다(마일리지를 최대한 활용하려면, 온라인 사이트에서 '신용카드 교체 전략credit card churning'(카드 혜택을 노리고 발급과 해지를 반복하는 전략-옮긴이)을 알아보자).

혜택 유형을 정했다면 뱅크레이트와 같은 금융 상품 비교 사이트에 들어가서 자신이 선택할 수 있는 카드 종류를 살펴보자. 혜택이 좋은 카드들 대부분 연회비가 있고, 연회비를 낼 가치가 있는지 판단을 내리기 위해서는 계산이 필요하다. 5분이면 충분하다. 내가 경험을 통해 얻는 간단한 원칙을 소개한다. 한 달에 카드로 수천 달러를 쓴다면, 연회비를 낼 가치가 충분하다. 그러나 그만큼 쓰지 않거나 연회비에 관한 판단이 서지 않는다면, 몇 분만 투자해서 인터넷에 '신용카드 혜택 계산기'를 검색하여 간단한 분석을 해보자. 사용 금액만 입력하면 어떤 카드가 자신에게 적합한지 바로 확인할 수 있다.

결론적으로 말해서, 혜택을 제공하는 카드는 대부분 도움이 된다고 할 수 있다. 다만 꼼꼼히 비교해서 자신에게 맞는 카드를 선택하는 게 중요하다.

매장에서 권유하는 카드는 만들지 말자: 이런 카드를 보면, 그 위에 '당신은 이제 큰일 났습니다'라는 문구가 큰 글씨로 쓰여 있는 느낌이 든다. 나는 매장 계산대에 줄을 서서 저렴한 티셔츠 한두 장을 사러 온 사람들이 이런 카드를 발급받는 모습을 수도 없이 지켜봤다. 거기서는 뻔한 대화가 오간다. 먼저 이번 달 실적을 채워야 하는 점원이 이렇게 묻는다. "신용카드를 만드시겠어요? 10% 할인 혜택이 있거든요."

그러면 나는 어금니를 꽉 깨물고는 이렇게 중얼거린다. "라밋, 괜히 나대지 마. 아무 말도 하지 마. 원치 않는 조언을 듣고 싶은 사람은 없어."

계산대 앞에 선 손님은 이렇게 대답한다. "음…. 좋아요. 만들어 주세요. 뭐 손해 볼 일은 없겠네요."

그렇게 신용카드를 만든 이들에게 두 가지 이야기를 하겠다.

① "뭐 손해 볼 일은 없겠네요"라고 말할 때마다 정말로 손해 볼 일이 생긴다. 그리고 정말로 손해 볼 일이 생길 때마다 사람들은 중대한 실수를 저지른다.
② 단돈 4달러를 아끼겠다고 세상에서 가장 나쁜 카드를 만들었다. 오, 이런. 푼돈을 아끼려면 차라리 더러운 하수구에 손을 넣어 동전을 주워야 했다. 적어도 나중에 재정적 손실은 입지 않을 것이기 때문이다.

온라인으로 신용카드 찾기

신용카드 업계에는 한 가지 비밀이 있다. 온라인으로 신용카드를 비교할 때, 우리는 카드 추천 대가로 돈을 버는 SEO^{Search Engine Optimization}(검색 엔진 최적화-옮긴이)와 제휴 수수료가 뒤얽힌 어둠의 세상으로 들어서게 된다. 다시 말해 신용카드 비교 서비스를 제공하는 사이트들은 카드 추천으로 수익을 올린다. 물론 이런 사이트에서도 정말로 좋은 카드를 찾을 수 있다. 그러나 카드 사용 금액이 많은 사람이라면 몇 분만 투자해서 더 검색해 보는 게 좋다. 예를 들어, 나는 결혼식을 준비하면서 캐시백 혜택이 가장 좋은 카드를 찾아봤다. 그리고 어떤 온라인 게시판 구석에서 앨리언트 크레디트 유니언 Alliant Credit Union에서 발행하는 캐시백 신용카드를 발견했다. 이 카드는 발급 첫해에 사용액의 3%를, 이후로 2%를 캐시백으로 지급했다. 당시로서 최고의 캐시백 카드였지만, 일반적인 온라인 검색으로는 찾을 수가 없었다.

자신만의 기준이 필요하다. 처음 팔꿈치를 스친 사람과 결혼하지는 않는다. 그런데 왜 연회비는 높고 연이율은 폭리에 가까운, 게다가 혜택은 형편없는 매장 발급 카드를 그렇게 쉽게 만든단 말인가? 신용카드 홍보물도 마찬가지다. 조금만 찾아봐도 그보다 좋은 카드를 얼마든지 발견할 수 있다. 참고로 신용카드 홍보물이나 스팸 메일이 너무 많이 온다면, 마케팅 수신을 거부하자.

내가 사용하는 신용카드

몇 년 전 나는 신용카드 혜택을 최대한 활용해 보기로 했다. 당시 비즈니스와 개인적인 지출 용도로 캐시백 카드와 여행 카드 두 장을 사용하고 있었는데, 사실 그때까지도 혜택의 95% 정도는 활용하고 있었다. 그래도 나머지 5%까지 알뜰하게 활용하고 싶었다. 내가 운영하는 회사의 규모가 수십 명의 직원을 거느릴 정도로 성장하면서 지출 규모도 크게 늘었기에 그만큼 카드 혜택도 많아졌고, 그래서 모든 혜택을 최대한 누리고 싶었다.

언젠가부터 우리 회사는 광고비로 매달 4만 달러 이상을 지출하고 있었다. 일반적으로 이 정도 규모에서 포인트 활용을 극대화할 필요는 없었을 것이다. 하지만 왠지 흥미를 느꼈고, 내가 배운 것들을 사람들과 공유하고 싶은 마음도 있었다. 나는 이런 점이 궁금했다.

- 카드 사용으로 받을 수 있는 모든 혜택을 내가 누리고 있을까?
- 결혼식이나 팀 워크숍처럼 큰 비용이 드는 행사에서 어떻게 카드를 사용해야 할까?
- 캐시백 카드와 여행 카드는 각각 어떤 경우에 사용할까?

가장 중요한 질문은 이것이었다. 내가 놓치고 있는 게 있을까? 알지 못해서 활용하지 못했던 멋진 혜택이 또 있을까? 이 질문에 대한 대답을 찾기란 생각보다 어려웠다. 가장 먼저 페이스북에 글을 올려 혹시 내 지출 내역을 분석해서 카드 사용에 관한 조언을 줄 전문가가 있는지 물었다. 초반에 연락이 온 사람들은 대부분 포인트를 사용해서 여행 경비를 줄이는 방법에 관해 설명해 줬다. 물론 그것도 좋았다. 하지만 내가 정말로 원한 것은 그게 아니었다.

얼마 후 크리스라는 사람과 전화로 특별한 이야기를 나누게 되었다. 그는 이렇게 말했다. "저도 카드를 효과적으로 관리해 왔습니다. 그래도 '정말로 잘' 관리하고 싶은 마음이 들었죠. 그런데 당신이나 나와 같은 사람들은 계속해서 카드를 만들고 해지하는 게임을 할 시간적 여유가 없죠."

그 말을 듣는 순간 귀가 솔깃했다. 크리스는 어떻게 카드 혜택을 활용해서 수백만 포인트를 적립했는지 내게 이야기를 들려줬다. 호기심이 일었다. 동시에 그가 자신이 하는 이야기를 분명하게 이해하는지 확인하고 싶었다. 우리는 이런 대화를 나눴다.

크리스: 신용카드로 포인트를 최대한 받는 법을 알려드릴까요?
라밋: 물론이죠.
크리스: 어떤 호텔은 객실 청소를 받지 않으면 하루에 500포인트를 줍니다. 그래서 혼자 여행할 때면 침대가 두 개인 방을 잡아서 침대와 수건을 번갈아 쓰는 방식으로 500포인트를 벌죠.

이 말을 들었을 때, 나는 무릎을 쳤다. 그는 수건을 사용하는 데까지 신경 쓸 정도로 치밀하고 꼼꼼했다. 나의 영웅을 만난 것이다. 나와 이야기를 나눈 크리스 허친스 Chris Hutchins는 젊은 전문가를 대상으로 하는 재무 설계 서비스인 그로브 Grove의 CEO였다. 그리고 여행 혜택을 최대한 활용하는 고수이기도 했다.

나는 일상과 비즈니스 모두에서 혜택을 극대화하는 신용카드 사용 지침서를 만들고 싶었다. 그래서 비서인 질에게 몇 주간 크리스와 함께 일하면서 내 지출 내역과 향후 비용을 분석하게 했다. 그렇게 해서 15쪽짜리 지침서가 완성되었다. 그 내용은 이렇게 요약할 수 있다.

'여행이나 외식에는 여행 카드를 사용해서 혜택을 극대화할 것. 그 밖의 경우에는 캐시백 카드를 사용할 것.'

이후로 나는 여행이나 외식의 경우에 체이스사파이어리저브 Chase Sapphire Reserve 카드를 쓴다. 그리고 그 외 경우에는 얼라이언트캐시백 카드를 쓴다. 또한 비즈니스 용도로는 캐피털원 Capital One 캐시백 비즈니스 카드를 사용한다. 마지막으로 추가 혜택을 위해 아멕스플래티넘 Amex Platinum 카드도 한 장 갖고 있다.

이러한 노력으로 나는 매년 수천 달러의 캐시백과 함께 수백 포인트를 쌓고 있다. 그리고 MBWOSIS라는 새로운 인생의 모토가 생겼다. 이 말은 스위트룸에서만 잔다는 뜻이다 My Body Will Only Sleep in Suites.

신용카드를 너무 많이 만들지 말자: 이제 카드에 관심이 생겼으니 아마도 온갖 카드 혜택에 호기심이 들기 시작할 것이다. 과욕은 금물이다. 최적의 카드 수에는 정답이 없지만, 카드가 늘어나면 돈관리가 더 복잡해지기 마련이다. 그만큼 관리해야 할 항목도 늘어나고 실수를 저지를 위험도 커지기 때문이다. 경험적으로 두세 장이 가장 적당한 듯하다(미국인들의 평균 카드 수는 네 장이다).

신용카드 외에도 신용에 영향을 미치는 다양한 요소가 있다는 사실을 명심하자. 가령 할부(자동차 할부 등)와 마이너스 통장, 주택

> 온라인 비즈니스 계정에 주소를 업데이트하지 않는 바람에 카드 청구서를 받지 못했던 적이 있습니다. 나중에 확인해 보니 은행 계좌에서 무려 34개월 동안 결제 대금이 빠져나갔더군요. 그래도 별로 신경 쓰지 않았고 쉽게 해결되리라 생각했어요. 은행과의 관계가 좋아서 돈을 모두 돌려받을 거라고 확신했죠. 그러나 결국 상황을 파악하기 위해 지점들을 방문하고 다섯 개 부서에 전화를 걸었습니다. 그런데 아무 소용이 없었죠. 결론적으로 말해서, 2,000달러 잔액이 그렇게 사라지고 난 뒤 카드 한 장만 남기고 모두 해지해 버렸습니다. 엄밀하게 말해서 내게 이익이 되었지만, 그래도 낼 필요도 없고, 또한 제대로 관리했으면 100% 피할 수 있었던 2,000달러를 그냥 날렸다는 생각에 화가 납니다.
>
> ― 하산, 36세

담보대출, 후불 서비스(공과금 등)와 같은 것들이 있다. 개인의 신용 점수는 이러한 요소들 모두를 고려해서 산정된다. 페어 아이작 코퍼레이션의 크레이그 와츠 Craig Watts는 신용에 영향을 주는 요소를 신경 쓰지 말라고 한다. 대신에 이렇게 말한다. "신용을 얼마나 오랫동안 유지해 왔는지에 따라 다릅니다. 신용 보고서에 기록된 내역이 적을수록 신규 정보는 더 큰 영향력을 미치게 됩니다. 예를 들어 자신의 명의로 발급받은 카드가 한 장인 상태에서 카드를 추가로 만들면 10년 뒤에 그렇게 할 때보다 신용 점수에 훨씬 더 큰 영향을 미치게 됩니다." 간단하게 말해서, 좋은 카드를 두세 장 선택적으로 사용해서 혜택을 극대화하자. 그리고 이러한 카드들이 자신의 전체 재정 시스템의 일부라는 사실을 명심하자.

신용카드 6계명

이제 카드를 최대한 활용할 차례다. 일상적인 구매를 그대로 이어가면서 자동으로 포인트를 쌓고 신용 점수를 올릴 수 있다. 다만 몇 단계 과정이 필요하다. 그중 가장 중요한 것은 부채에서 벗어나는 단계로, 이 장 마지막 부분에서 자세히 설명한다. 그래도 가장 먼저 할 일은 신용카드 결제를 자동이체로 설정해서 연체를 막는 것이다. 다음으로 수수료를 줄이고, 더 나은 혜택을 받고, 카드사가 제공하는 모든 서비스를 얻는 방법을 차례로 살펴보자.

1. 카드 청구서를 제때 처리하자

신용카드 결제 이력이 신용 점수에서 35%로 가장 큰 부분을 차지한다는 사실은 아마도 잘 모를 것이다. 신용 점수를 높이기 위해 해야 할 가장 중요한 일은 카드 청구서를 제때 처리하는 것이다. 대출 기관은 카드값을 제때 갚는 사람을 좋아한다. 그러니 결제일을 며칠 넘기는 실수로 카드사들이 연이율을 높이고 신용 점수를 낮출 여지를 주지 말자. 이는 흥미로운 이야기는 아니지만, 그래도 당신을 부자로 만들어 줄 대표적인 행동 원칙이다. 옷이나 여행 상품을 쇼핑하면서 최저가로 사기 위해 모든 웹사이트를 뒤지는 친구들을 생각해 보자. 그들은 아마도 10달러를 아낀 것에 잔뜩 들떠서 자신이 찾은 특별한 조건을 떠벌리고 다니겠지만, 당신은 보이지 않는 신용의 중요성을 이해하고 청구서를 제때 처리함으로써 신용 점수를 올려 수천 달러를 조용히 절약할 수 있다.

요즘 대부분 카드 결제 대금을 온라인으로 처리한다. 아직 자동이체로 처리하지 않는다면, 신용카드사 홈페이지에 들어가서 그렇게 설정해 두자. 참고로 당장 통장에 잔액이 부족하다고 걱정하지는 말자. 카드사가 매월 결제일 이전에 보내는 명세서를 참조해서 통장 잔고를 관리하면 될 일이다.

끔찍한 결과

한 번이라도 카드 대금을 연체하면 다음과 같은 끔찍하고 치명적이고 불행한 상황에 직면하게 된다.

1. 신용 점수가 100점 넘게 하락해서 30년 만기 고정 금리 주택담보대출에서 매달 이자가 평균 227달러 늘어난다.
2. 연이율이 최대 30% 높아진다.
3. 일반적으로 35달러 정도 연체 수수료가 발생한다.
4. 그동안 연체한 적 없는 다른 카드의 연이율까지 올라간다.

하지만 너무 걱정하지 말자. 신용 점수가 하락했더라도 몇 달 만에 회복할 수 있다. 며칠 연체한 경우, 수수료는 발생하겠지만 일반적으로 신용 기관까지 보고되지는 않는다.

> 카드 결제일을 깜빡했던 적이 있었습니다. 카드사에서는 연체 수수료뿐 아니라, 이번 달과 지난달 사용 금액에까지 이자를 부과했더군요. 카드사 고객센터에 전화해서 지금까지 성실한 고객이었으니 수수료를 면제해 줄 수 없는지 물었습니다. 다행히 상담원은 연체 수수료를 면제해 줬고, 20달러 이자도 제 계좌로 환불받았어요. 전화 한 통으로 총 59달러를 돌려받았죠.
> — 에릭, 25세

2. 신용카드 수수료 면제가 가능한지 알아보자

신용카드를 효과적으로 활용하기 위한 방법이다. 면제가 가능한 경우라면, 카드사가 모두 알아서 처리해 줄 것이다. 카드 뒷면에 적힌 전화번호로 연락해서 연회비나 서비스 요금 등 자신이 어떤 수수료를 내고 있는지 문의하자. 대화는 이런 식으로 진행된다.

당신: 제가 사용하는 카드에 따로 부과되는 수수료는 없는지 확인하고 싶습니다.
담당자: 연회비 100달러가 있는데, 이 정도면 저렴한 편입니다.
당신: 연회비를 내고 싶지 않은데요. 면제받을 방법이 있을까요?

앞서 카드 혜택이 좋다면 연회비를 낼 만한 가치가 있다고 설명했다. 그건 사실이다. 하지만 그렇다고 연회비 면제 요청을 해서는 안 된다는 말은 아니다. 카드사들은 서로 치열하게 경쟁하고 있으며 이러한 사실은 사용자에게 도움이 된다는 점을 잊지 말자. 연회비가 청구되기 한 달 전에 카드사에 전화를 걸어서 혹시 면제가 가능한지 문의해 보자. 성공할 수도, 아닐 수도 있다.

만일 자신이 사용하는 카드가 수수료만큼 가치가 없다고 생각한다면, 카드사에서 무엇을 제공해 줄 수 있는지 물어보자. 연회비를 면제해 준다면 성공이다. 그렇지 않다면 연회비가 없는 카드로 갈아타자. 그래도 복잡한 게 싫다면, 카드사를 옮기지는 말자. 지금 카드를 해지하고 다른 카드사로 옮길 경우, 일시적으로 신용 점수가 하락할 수 있다.

3. 연이율 인하를 요구하자

연이율APR이란 카드사가 당신에게 적용하는 이자율을 말한다. 연이율은 계속 변동하지만, 일반적으로 13~16% 수준이다. 아주 높다. 그러므로 카드 대금을 매달 전액 갚지 않으면, 꽤 높은 비용이 발생한다. 주식시장의 평균 수익률이 약 8%인 점을 고려할 때, 카드사는 결제를 유예해 주는 대가로 폭리를 취하고 있는 셈이다. 만약 투자로 14% 수익률을 올린다면, 무척 기쁠 것이다. 카드사에 내는 아까운 돈으로 투자해서 수익을 올려야 한다.

그러니 카드사에 전화해서 연이율을 낮춰 달라고 요청하자. 고객 담당자가 이유를 묻는다면, 지난 몇 달간 카드 대금을 착실하게 냈고 지금 연이율보다 더 좋은 조건을 제시하는 카드들이 시중에 많이 나와 있다고 대답하자(간단한 대본은 101쪽에 나와 있다). 내 경험상, 이런 요구는 절반 정도 성공한다.

물론 카드 대금을 매달 전액 납부하고 있다면 연이율은 별 의미가 없다. 연이율이 2%든 80%든 상관없다. 어쨌든 연체 이자는 내지 않을 것이기 때문이다. 그래도 전화 한 통으로 쉽고 빠르게 도움을 얻을 수 있다.

> 당신의 책을 읽고 이자 비용으로만 1만 5,000달러에서 2만 5,000달러를 아꼈습니다. 자동차 할부나 학자금 대출, 주택담보대출 등 대출을 받을 때마다 협상했거든요.
> ― 라일라, 30세

4. 주사용 카드는 오래 유지하면서 단순한 방식으로 관리하자

대출 기관은 신용 내역이 오래될수록 선호한다. 다시 말해 하나의 카드를 오랫동안 사용할수록 신용 점수에 유리하다. 가입 혜택이나 낮은 연이율에 현혹되지 말고, 지금 사용하는 카드에 만족한다면 계속 유지하자. 일부 카드사는 일정 기간 카드를 사용하지 않으면 자동으로 해지한다. 카드를 잘 사용하지 않아서 해지되는 경우를 방지하려면, 자동결제를 설정해 두자. 나는 자주 사용하지 않는 카드에 매월 정기구독으로 12.95달러가 결제되어 입출금 계좌에서 자동으로 돈이 빠져나가도록 설정해 뒀다. 여기서 내가 할 일은 없다. 그래도 내 신용 보고서는 내가 이 카드를 5년 넘게 사용하고 있다는 사실을 반영할 것이며, 이는 신용 점수에 도움이 된다. 특정 신용카드를 안전하게 유지하고 싶다면, 적어도 3개월에 한 번은 자동결제가 되도록 설정하자.

결제일을 깜빡했다면

완벽한 사람은 없다. 내 경고에도 불구하고 예기치 못한 일로 결제일을 놓치는 상황이 벌어질 수 있다. 그럴 때, 나는 인도인 특유의 기지를 발휘하여 카드사와 협상한다. 물론 당신도 할 수 있다.

당신: 결제일을 놓친 걸 지금 알았습니다. 혹시 신용 점수에 영향이 있을지 알고 싶습니다.

담당자: 확인해 보겠습니다. 아, 연체료는 나오겠지만 신용 점수에는 영향이 없을 겁니다.

(참고로 결제일이 지나 며칠 안에 납부하면, 일반적으로 신용평가기관까지는 보고되지 않는다. 그래도 확인하자.)

당신: 감사합니다! 신용 점수에 영향이 없다니 다행이네요. 그런데 연체료 말씀인데요. 늦은 건 사실이지만, 이번은 면제해 주셨으면 합니다.

담당자: 네?

> **당신**: 실수였어요. 다시는 그런 일 없을 겁니다. 그러니 이번 수수료는 면제해 주시길 바랍니다.
>
> (주의: 단호하게 말하자. "면제해 주시면 안 될까요?"가 아니라 "면제해 주시길 바랍니다"라고 하자) 여기까지 왔다면 50%는 성공한 셈이다. 하지만 까다로운 담당자를 만났다면, 이렇게 하자.
>
> **담당자**: 죄송합니다만 환불은 불가능합니다. 대신 최근에 나온 이러저러한 혜택을 드릴 수는 있습니다.
>
> **당신**: 하지만 저는 4년 동안 성실한 고객이었고, 이번 일 때문에 카드를 해지하고 싶지는 않습니다. 연체 수수료를 면제받을 방법이 없을까요?
>
> **담당자**: 한번 확인해 보겠습니다. 다행히 이번에는 면제해 드릴 수 있을 것 같아요. 계좌로 환불 처리해 드리겠습니다.
>
> 너무 간단해서 못 믿겠다고? 정말 간단하다. 누구든 할 수 있다.

이제 마지막 난관이 남았다. 새 카드를 발급받기로 했다면 기존 카드는 해지해야 할까? 일반적인 조언을 하자면, 카드는 오래 유지하는 게 좋다. 하지만 사용하지 않는 카드가 많다면, 고민할 필요가 있다. 어떤 독자는 포인트를 쌓기 위해 스무 장이 넘는 카드를 가지고 있다. 자신이 어떤 카드를 만들었었는지 기억하기 힘들 정도다. 위험과 혜택, 그리고 편리함과 복잡함 사이에서 선택을 내려야 한다. 많은 이가 신용카드는 없애지 말라고 조언한다. 그러나 카드 연체 없이 신용이 좋다면, 오래된 카드를 해지하더라도 신용 점수에 장기적으로 큰 영향을 미치지 않는다.

균형에 주목하자. 대부분 두세 장의 카드로 충분하다. 만약 사업체를 운영하거나, 혹은 신규 가입 혜택을 위해 많은 카드를 만들어야 할 특별한 이유가 있다면 괜찮다. 그러나 카드가 너무 많아 관리가 안 될 정도라면, 사용하지 않는 카드는 해지하자. 신용만 좋으면 카드 해지에 따른 장기적인 영향은 미미하다. 그리고 재정 시스템을 관리하기 쉽게 단순한 형태로 만들어 놓으면 더 편안한 마음으로 푹 잘 수 있다.

5. 신용을 높이자 (주의! 대출이 없는 경우에만)

이 조언을 위해 옛날이야기를 꺼내야겠다. 아는 사람이 거의 없겠지만, 1980년대 전설적인 여성 트리오인 솔트앤페파Salt-N-Pepa가 부른 푸시잇'Push It'이라는 곡의 가사에는 개인 재정에 관한 훌륭한 전략이 담겨 있다. 그 가사는 이렇게 말한다. 이 춤은 아무나 출 수 있는 게 아니라 '오직 섹시한 사람들만' 출 수 있다고.

그렇다. 나는 정식으로 출판된 이 책에서 솔트앤페파의 노랫말을 인용했다. 이 책의 주제와 관련해서 '오직 섹시한 사람들만'이라는 가사의 진정한 의미는 '이 방법은 오직 재정적으로 책임감 있는 사람들만을 위한 것이다'라는 뜻이다. 나는 진지하게 당부한다. 지금 소개할 이 방법은 카드 빚이 없고 결제 대금을 꼬박꼬박 내는 사람들만을 위한 것이다. 자신이 여기에 해당하지 않는다면, 시도하지 마라.

이 방법의 핵심은 신용 이용률 credit utilization rate 을 개선해서 신용 점수를 높이는 것이다. 신용 이용률이란 실제로 대출받은 금액을 신용 한도로 나눈 값을 말한다. 신용 이용률은 개인의 신용 점수에서 30%를 차지한다. 예를 들어 당신의 신용 한도가 4,000달러인데 신용 대출로 4,000달러를 받았다면, 당신의 신용 이용률은 100%(=4,000/4,000×100)다. 매우 높은 수치다. 그러나 신용 한도가 똑같이 4,000달러인데 신용 대출이 1,000달러라면, 신용 이용률은 훨씬 더 건전한 25%(=1,000/4,000×100)가 된다. 신용 이용률은 낮을수록 좋다. 대출 기관들은 신용 한도를 채워서 대출받는 사용자를 좋아하지 않는다. 그들은 이러한 사람들이 돈을 갚지 않을 위험이 크다고 판단한다.

신용 이용률을 개선하는 데에는 두 가지 방법이 있다. 우선 신용카드를 너무 많이 사용하지 않는 것이다(매달 전액을 결제한다고 해도). 다음으로 신용 한도를 높이는 것이다. 앞서 당부했듯이 이 글을 읽고 있다면 카드 빚이 전혀 없는 상태이니 해야 할 일은 신용 한도를 늘리는 것뿐이다. 방법은 이렇다. 카드사에 전화해서 신용 한도를 늘려 달라고 요청하는 것이다.

당신: 안녕하세요. 신용 한도를 높이고 싶은데요. 현재 한도가 5,000달러로 되어 있는데 1만 달러로 조정했으면 합니다.
담당자: 신용 한도를 늘리시려는 특별한 이유가 있을까요?
당신: 18개월 동안 매월 꼬박꼬박 전액 결제했고 조만간 큰 구매

계획이 있거든요. 신용 한도를 1만 달러로 높이고 싶은데 가능할까요?

담당자: 네, 알겠습니다. 요청대로 신청해 놓았습니다. 아마도 7일 후에 반영될 겁니다.

나는 6~12개월에 한 번씩 신용 한도를 상향 조정해 달라고 요청한다. 신용 이용률이 신용 점수에서 30%를 차지한다는 점을 명심하자. 신용 이용률을 높이려면 가장 먼저 카드 빚을 갚아야 한다. 그래야 신용 한도 조정을 요구할 수 있다. 같은 이야기를 계속 반복해서 미안하지만, 그만큼 중요하다.

6. 신용카드의 숨겨진 혜택을 활용하자

카드사의 리워드 프로그램을 살펴보기에 앞서 한 가지 언급할 사항이 있다. 자동차 보험과 마찬가지로 카드도 책임감 있게 사용하는 고객은 좋은 혜택을 얻을 수 있다. 실제로 신용 점수가 높은 사용자는 꽤 많은 선택권을 누릴 수 있다. 자신의 신용 점수가 높다면, 1년에 한 번은 카드사나 대출 기관에 전화를 걸어 어떤 혜택을 받을 수 있는지 문의해 보자. 그러면 수수료를 면제받거나, 신용 한도를 늘리거나, 다른 회원들은 접근할 수 없는 특별 프로모션 제안 등 좋은 소식을 들을 수 있다. 전화를 걸어 다음과 같이 말하자.

"안녕하세요. 제 신용 점수를 확인해 봤더니 750점으로 꽤 좋더라고요. 4년 동안 꾸준히 이 카드를 사용했는데 제가 받을 수 있는 혜택이나 프로모션이 있는지 알고 싶어서요. 고객 유지 차원에서 제공하는 수수료 면제나 특별 행사 같은 것들 말이죠."

카드사들이 캐시백이나 항공권 등 다양한 혜택을 제공하지만, 대부분이 이러한 것들을 제대로 누리지 못하고 있다. 예전에 나는 결혼식에 참석하기 위해 위스콘신에 있는 유명하지 않은 마을에 갈 일이 있었는데, 신용카드의 여행 포인트를 사용해서 무려 600달러 넘게 항공료를 아꼈다. 이는 아주 단순한 사례다. 그런데 신용카드에는 그 외에 더 많은 혜택이 있다. 카드사들이 고객에게 꽤 유용한 소비자 보호 서비스도 제공한다는 사실을 알고 있었는가? 사람들이 잘 모르는 몇 가지 사례를 소개한다.

- 자동 보증 연장 서비스: 카드사 대부분 구매한 물품에 대한 보증기간을 연장해 준다. 아이폰을 카드로 구매했는데 애플의 보증기간이 지나서 고장이 난 경우, 신용카드는 그 기간을 1년 더 연장해 주는 서비스를 제공한다. 거의 모든 신용카드가 거의 모든 상품에 대해 자동으로 연장해 준다.

- 렌트카 보험: 렌트카 이용 시 업체에서 권하는 추가 사고 보험에 가입할 필요가 없다. 그야말로 돈 낭비다. 우선 기존 자동차 보험으로 보장받을 수 있고, 여기에다가 신용카드로 최대 5만 달러까지 추가 보장을 받을 수 있기 때문이다.

- 여행 취소 보험: 휴가를 위해 항공권을 예매했는데 갑자기 일이 생겨 떠날 수 없을 때, 일정을 변경하려면 꽤 많은 수수료

를 물어야 한다. 그럴 때 신용카드사에 전화해서 여행 취소 보험을 신청하면, 일반적으로 여행 한 건당 3,000~1만 달러의 수수료를 면제받을 수 있다.

- 컨시어지 서비스concierge service(주로 프리미엄 카드에서 제공하는 것으로, 예약을 대신해 주거나 정보를 찾아 주는 맞춤형 서비스-옮긴이): LA 필하모닉 공연 예매에 실패했을 때, 나는 카드사에 컨시어지 서비스를 요청했다. 그리고 이틀 뒤 티켓을 구했다는 담당자의 전화를 받았다. 수수료는 높았지만(실제로 꽤 비쌌다) 누구에게서도 받을 수 없는 도움을 받았다.

무엇보다 중요한 사실은 신용카드를 사용하면 지출 내역을 자동으로 추적할 수 있다는 것이다. 소프트웨어를 다운로드 받으면, 모든 지출 내역을 손쉽게 정리할 수 있다. 그래서 나는 특히 구매 금액이 클 때는 언제나 신용카드로 결제한다.

> 카드 포인트로 3주간 신혼여행을 다녀왔어요. 퍼스트 클래스, 뉴욕에서 라스베이거스까지의 왕복 항공권, 베네시안 호텔의 고급 스위트룸, 고급 렌터카와 숙박, 관광 및 식사에 들어간 모든 비용을 포인트로 결제했죠. 말 그대로 한 푼도 쓰지 않았어요. 블랙잭이 터져서 오히려 200달러를 벌어서 돌아왔죠.
> ─ 테, 34세

매년 연인과 함께 하와이와 이탈리아, 유럽 여행을 거의 포인트로만 다녀와요. 사치스럽게 사는 것처럼 보일지 몰라도, 지난 9일간 이탈리아 여행에 들어간 돈은 350달러가 전부였습니다. 그마저도 시에나 호텔에서는 카드 포인트를 사용할 수 없어서 들어간 비용이었죠.
— 로빈, 45세

주의해야 할 실수

신용카드를 해지하기 전에 충분히 고민하자: 자동차나 집, 학자금 등 중요한 대출을 신청할 계획이라면 적어도 6개월 전에는 카드를 해지하지 말자. 대출을 신청하는 시점에 신용 한도가 높을수록 유리하다. 물론 카드가 많으면 더 소비할 위험이 있다. 그게 신경 쓰인다면 카드를 해지하자. 신용 점수에 조금 영향이 있겠지만, 장기적으로는 문제가 되지 않는다. 과소비보다는 훨씬 나은 선택이다.

금융기관과의 통화 내용은 꼼꼼히 기록하자

카드 사용자에게는 안타깝게도, 신용카드사는 과도한 연체 수수료로 돈을 버는 선수들이다. 반대로 카드사에게 안타깝게도, 이러한 수수료를 돌려받을 방법이 있다(69쪽 참조). 바로 카드사와 은행, 투자사 등 거래하는 모든 금융기관과의 통화 내용을 일일이 기록해 두는 것이다. 나는 문제가 생겨서 금융기관에 전화할 때마다 통화 시간과 담당자 이름, 해결 상황 등의 정보를 스프레드시트에 자세하게 기록해 놓는다. 만약 범죄자들이 나만큼 치밀했다면 세상은 어떻게 되었을까? 다음과 같이 스프레드시트를 작성하자.

카드사 통화 기록				
통화 날짜	시간	담당자 이름	담당자 ID	통화 내용

카드 청구서와 관련해서 전화를 걸 때, 지난번 통화했던 담당자 이름과 통화 일시, 통화 내용을 언급하면 얼마나 효과가 좋은지 아마도 믿지 못할 것이다. 우리를 상대하는 담당 직원들 대부분이 상대가 만만치 않은 사람임을 간파하고는 쉽게 요구를 들어줄 것이다.

지난번 통화 내용을 가지고 카드사나 은행에 전화할 때, 당신은 원하는 바를 얻을 가능성이 크다.

청구 금액에 이의 제기하기: 카드사 조직을 활용하라

한 번은 휴대전화 서비스를 해지하려고 했더니 160달러 수수료가 발생한다는 답변을 들었다. 나는 물었다. "이유가 뭐죠?"

잠시 후 이런 대답이 들려왔다. "조기 해지 수수료입니다."

뭐라고? 나는 약정에 가입하지 않았다. 조기 해지 수수료를 물지 않기로 이미 확답을 받았었다. (통신사들은 사용자들을 지치게 해 돈을 지불하게 만드는 방식으로 폭리를 취한다.) 하지만 나는 호락호락한 상대가 아니다. 그 통신사가 나를 속이려 했던 3년 전부터 그들과 나눈 모든 통화 내용을 기록해 뒀다. 고객 서비스 담당자는 정중했지만, 수수료를 없앨 방법은 없다고 했다.

언젠가 경험했던 시나리오였다. 그래서 나는 작년에 작성한 노트를 펼치고 공손한 목소리로 담당자에게 또박또박 읽었다. 그렇게 하자마자 담당자에게 수수료를 없애는 능력이 기적처럼 생겨났다. 수수료는 2분 만에 사라졌고 통화는 끝났다. 놀랍다. 담당자님, 고마워요.

그렇게 이야기가 끝났다면 정말 행복하지 않았겠는가? 그랬을 것이다. 하지만 그들은 수수료를 없애 주겠다고 말하고선 다시 청구했다. 이쯤 되니 나도 진력이 났고 결국 최후의 카드를 꺼내 들 수밖에 없었다.

많은 사람이 신용카드에 놀라운 고객 보호 기능이 있다는 사실을 알지 못한다. 나는 이러한 기능 때문에 목돈이 들어가는 구매를 할 때는 꼭 신용카드로 결제하라고 사람들에게 당부한다(현금이나 체크카드가 아니라).

나는 카드사에 전화를 걸어 청구 금액에 이의를 제기하고 싶다고 말했다. 그들은 말했다. "네, 알겠습니다. 고객님의 주소와 해당 금액을 말씀해 주시겠어요?" 나는 통신사와 겪었던 일을 설명했고, 카드사 담당 직원은 자체적으로 환불 조치를 해주었다. 그리고 나는 직원의 요청대로 양식지에 불만 사항을 적어서 메일로 보냈다.

2주일 후, 문제는 내 요청대로 해결되었다. 이런 분쟁이 발행할 때, 카드사는 고객을 대신해 가맹점과 싸워 준다. 모든 카드가 이런 서비스를 해준다. 앞으로 구매와 관련해서 문제가 발생할 경우를 대비해 꼭 기억해 두자.

카드 대금 선결제로 신용 점수를 유지하자: 피코^{FICO}의 크레이그 와츠는 이렇게 설명한다. "카드를 해지해도 빚을 갚아서 신용 이용률을 그대로 유지하면 신용 점수에는 영향이 없습니다." 예를 들어 신용 한도가 2,500달러인 카드가 두 장 있는데 총 카드 사용 금액이 1,000달러라면, 신용 이용률은 20%다(카드 사용 금액 1,000달러/신용 한도 5,000달러). 그런데 여기서 카드 한 장을 해지하면 신용 이용률은 40%로 높아진다(1,000달러/2,500달러). 그러나 카드 사용 금액 500달러를 미리 결제하면, 신용 이용률은 다시 20%(500달러/2,500달러)로 떨어져서 신용 점수에 영향을 주지 않는다.

무이자 게임에 휘말리지 말자: 단기 대출이나 현금서비스 무이자 게임에 뛰어드는 사람들이 있다. 그들은 신용카드를 새로 발급받으면 일정 기간(대개 6개월 정도) 주어지는 무이자 혜택을 활용해서 대출받고는 그 돈을 이자율 높은 단기 적금에 넣거나 주식에 투자한다. 그리고 혜택 기간이 끝나면 대출을 상환해서 이자를 챙긴다. 나는 이러한 무이자 카드 게임이 그저 시간 낭비에 불과하다고 본다. 물론 1년에 몇 달러, 운이 좋으면 몇백 달러를 벌 수 있다. 하지만 거기에 들어가는 시간, 그리고 그 과정에서 실수를 저지르거나 신용 점수를 깎아 먹을 위험을 고려할 때, 그만한 노력을 들일 가치가 없다. 더 중요한 문제는 단기적인 성과에만 집중하게 만든다는 것이다. 이러저러한 수법으로 몇 달러를 벌기보다는 장기적인 성장을 추구하는 개인 재정 시스템을 구축하는 편이 훨씬 더 낫다. 개인 재정 분야의 유명 저자이자 라디오 진행자인 데이브 램지 Dave Ramsey 역시 먼저 부채에서 벗어나는 게 중요하다고 강조한다. 그는 이렇게 덧붙였다. "재정 상담사로 일하는 동안 많은 백만장자를 만나봤지만, 카드 보너스 포인트로 부자가 되었다고 말하는 사람은 한 명도 없었습니다."

신용 점수가 떨어졌어요

심리학에서 말하는 A형 성격 유형에 해당하는 사람들은 신용 점수가 떨어질까 봐 지나치게 걱정한다. 만약 신용 점수가 갑자기 하락했다면, 가장 먼저 해야 할 일은 신용 보고서와 신용 점수를 확인해서 이유를 파악하는 것이다. 다음으로 중요한 것은 앞으로의 대처 방안이다. 카드 결제를 제때 하는 것처럼 긍정적인 정보가 전달되면 신용 점수는 곧바로 회복되기 시작한다. 그러므로 자신의 신용 상태를 똑똑하고 꾸준하게 관리하는 노력이 무엇보다 중요하다. 피코의 크레이그 와츠는 이렇게 지적한다. "신용 점수는 원래 천천히 높아집니다. 800대 중반으로 올리려면 어떻게 해야 하나고요? 수년 동안 자신의 신용 상태를 꾸준히 관리하는 방법밖엔 없습니다."

이자율 추적자: 한 달에 25달러를 벌기 위한 시간 낭비

내 블로그 구독자인 마이크는 이자율을 좇는 자신의 이야기를 공유해 줬다. 그의 사례는 신용카드가 아니라 저축 계좌에 관한 것이었지만, 그래도 핵심은 똑같다. 그는 조금이라도 더 많은 이자를 받기 위해 이 계좌 저 계좌를 부지런히 옮겨 다닌다고 했다.

마이크는 이렇게 말했다. "저는 이자율 추적자입니다. 비상금

4만 달러로 운용 중인 MMF 계좌보다 0.65~0.85% 정도 이자율이 더 높은 계좌로 끊임없이 갈아타고 있죠. 그렇게 해서 1년에 300달러를 법니다. 제 생각에 4~6개월마다 계속 은행을 옮겨 다닐 필요가 있어요."

나의 답변: "마이크, 비상금으로 4만 달러를 모아둘 정도로(어쨌든 놀랍군요) 똑똑한 사람이라면 1년에 300달러를 버는 것보다 더 가치 있는 일을 해야 합니다. 장기적으로 더 많은 돈을 벌 수 있는 투자 같은 것 말이죠. 지금은 하루에 겨우 0.82달러를 버는 수준에 불과해요. 그 시간을 활용해 자산 배분 최적화 시스템을 구축하는 게 어떨까요? 그러한 노력만으로 1년에 수천 달러를 더 벌 수 있을 겁니다. 혹은 부업을 시작해 보는 건 어떨까요? 아니면 가족과 더 많은 시간을 보내는 건요? 당신이 무엇을 중요하게 여기는지 모르겠지만, 제가 보기에 이러한 시도들 모두 1년에 300달러를 버는 것보다는 훨씬 가치가 있을 겁니다. 특히 당신처럼 남들보다 앞서가려는 사람이라면요. 그냥 제 짧은 조언입니다. 당신이 오늘 번 수익의 1/40 정도의 가치밖에 안 되겠지만요(죄송하지만 농담입니다)."

의미 있는 성과를 원한다면 빅 윈을 추구하자. 계좌를 끊임없이 옮겨 다니며 몇 달러를 버는 것처럼 즉각적인 흥분감은 들지 않겠지만, 빅 윈은 당신을 보다 장기적으로 부유하게 만들어 줄 것이다.

빚, 빚, 빚

통계적인 관점에서 볼 때, 빚을 지는 것은 정상이다. 하지만 한 번 생각해 보자. 자신이 가진 것보다 더 많은 빚을 지고 있는 상태가 정말로 정상일까? 물론 집이나 교육처럼 특별한 경우는 그럴 수 있다. 하지만 신용카드로 닥치는 대로 물건을 사는 바람에 막대한 빚이 생겼다면?

어떤 이들은 장기적으로 가치가 올라가는지(교육), 혹은 떨어지는지(자동차)를 기준으로 '좋은 빚'과 '나쁜 빚'을 구분하기도 한다. 반면 빚은 모두 나쁜 거라고 말하는 사람도 있다. 어떤 경우든 대부분 많은 빚을 지고 있다. 빚을 진다는 건 사실 썩 그리 좋은 기분은 아니다.

여기서는 사람들이 떠안고 있는 두 가지 대표적인 부채인 학자금 대출과 신용카드 빚에 관해 이야기하고자 한다. 먼저 분명한 사실 하나를 짚고 넘어가자. 우리는 부채가 좋은 것은 아니라는 사실을 알고 있다. 그리고 어떻게 대처해야 하는지도 잘 안다. 그렇다면 무엇이 우리의 행동을 가로막고 있을까? 그 대답은 돈이 아니라 '인간의 심리'에서 찾을 수 있다.

방법은 아는데 왜 하지 못할까?

나는 신용과 관련된 세상에 존재하는 모든 정보를 전해 줄 수 있다. 하지만 돈에 관한 인간의 심리를 이해하지 못한다면, 아무 소용이 없다. 사실 많은 정보를 이미 알고 있는 사람들도 여전히 부채에 허덕이면서 혜택은 별로 없는 데도 수천 달러 수수료를 부과하는 나쁜 신용카드를 버리지 못하고 있다.

대체 무엇이 사람들의 발목을 잡는 걸까? 그건 지식이 아닌 다른 뭔가다. 재무 심리학 전문가인 브래드 클론츠$^{Brad\ Klontz}$ 박사는 자신이 만들어낸 '보이지 않는 돈의 각본$^{invisible\ money\ script}$'이라는 개념을 바탕으로. 무의식적으로 형성되어 세대에 걸쳐 이어지는 돈에 대한 믿음을 설명한다(여기서 각본^{script}이란 특정한 상황에서 사람들이 갖게 되는 전형적인 생각을 말한다-옮긴이). 이 믿음은 놀랍게도 강력한 힘을 발휘한다. 내면에서 그 믿음을 발견할 때, 자기 행동을 더 잘 이해할 수 있다.

부채와 관련하여 오른쪽에 위치한 일반적인 '보이지 않는 돈의 각본' 몇 가지를 살펴보자.

음, 정말로 우울한 이야기다. 하지만 나는 돈에 대한 보이지 않는 믿음이 은밀하면서도 강력하게 우리 행동에 영향을 미친다는 사실을 보여 주기 위해 몇 가지 사례를 소개했다.

보이지 않는 믿음은 특정한 행동으로 이어진다. 사람들은 자신이 돈 관리를 제대로 하지 않고 있다는 사실을 '알지만' 기존의 방식을 버리지 못한다. 객관적으로 보면 도통 이해할 수 없는 모습이다. "아직 빚이 남아 있잖아! 그런데 왜 주말여행을 가서 800달러를 쓰냐고?"

그러나 인간은 그리 이성적인 동물이 아니다. 돈에 대한 보이지 않는 믿음을 인식할 때, 우리는 왜 그토록 많은 사람이 빚을 지고 있으면서 카드 청구서를 열어보려 하지 않는지 이해할 수 있다. 어

카드 빚에 대한 각본	
내용	진정한 의미
"그렇게 심각하지는 않아. 카드 빚은 누구나 있어. 적어도 미셸보다는 낫다고."	인간은 본능적으로 자신을 다른 사람과 비교한다. 그런데 흥미로운 사실은 문제가 심각할수록 자신의 상황이 '그렇게 나쁘지는 않다'라고 말해줄 비교 대상을 열심히 찾는다는 것이다. 그런다고 문제가 해결되지는 않지만 기분은 좀 나아진다.
"이걸 꼭 사야 하는 건 아니지만, 100달러는 지금 카드 빚에 비하면 푼돈에 불과해. 그러니까…."	문제가 심각할 때, 사람들은 조금의 노력으로는 상황을 바꾸기에 충분하지 않다며 합리화하는 경향이 있다(그러나 중대한 변화는 조금의 노력을 계속 쌓아나가야 이뤄진다). 빚에 허덕이는 사람들과 비만에 걸린 사람들은 의사결정을 내리는 과정에서 많은 유사성을 드러낸다.
"이자도 일종의 수수료 같은 거야."	이러한 생각으로 부채에 따른 이자가 그리 나쁜 것만은 아니라고 합리화한다. 나는 그렇게 생각하는 사람 중에 14% 이자율의 정확한 의미를 이해하는 이를 한 명도 보지 못했다.
"카드사들이 놓은 덫이야."	이는 자신의 의사결정에 대한 책임을 회피하는 말이다. 주변 친구와 가족 모두 빚에 허덕이고 있을 때, 사람들은 종종 이런 태도를 드러낸다. 물론 카드사는 최대한 많은 수수료를 챙기려 든다. 그래도 애초에 카드 빚을 선택한 것은 당신이다. 그 책임을 외면하려 할 때, 카드사는 그저 쉽게 비난할 수 있는 적일 뿐이다.
"빚이 전부 얼마인지도 모르겠어."	더욱 절망적인 단계로 넘어갔다는 신호다. 내가 추산하기로, 빚을 지고 있는 사람 중 75% 이상이 자신의 총부채가 얼마인지 모른다. 그건 현실을 마주하기 두려워서 확인조차 못 하기 때문이다. 그러나 문제를 파악하고 계획을 세울 때, 진정한 변화의 힘이 생긴다.
"최선을 다하고 있다고."	가장 절망적인 단계. 자포자기의 심정으로 "더 이상 재정 문제를 관리할 힘이 없어. 인생이 다 그렇지 뭐"라고 인정하는 것이다. 이 지경에 이르렀다면, 변화는 더 힘든 과제가 된다.

1장 신용카드를 최적화하자

쩌면 이렇게 쉽게 말할지 모른다. "청구서를 그냥 열어! 그리고 빚을 갚아! 뭐가 어려워!"

하지만 '청구서=나쁜 것'이라는 이야기를 20년 넘게 스스로에게 했다면, 내면의 각본을 떨쳐버리기는 쉽지 않다. 이 책에서 내 목표는 우리가 얼마든지 이러한 내면의 각본을 바꿀 수 있다는 사실을 알려 주는 것이다.

당신은 빚에 관해 지금까지 자신에게 어떤 이야기를 해왔는가?

사람들은 빚이 정확하게 얼마인지 모른다

뉴욕타임스의 베냐 아펠바움 Binyamin Appelbaum은 이렇게 썼다. "미국인들은 자신이 얼마나 빚을 지고 있는지 잘 모르는 듯하다. 가구 중 50%가 카드 빚이 있다고 보고했지만, 카드사들의 발표에 따르면 76%의 가구가 카드 빚을 지고 있다."

믿기 어렵겠지만, 내 경험에 따르면 사람들 대부분 자신의 부채가 정확히 얼마인지 모른다. 나는 빚을 지고 있는 사람들로부터 매일 메일을 수십 통 받는다. 그런데 부채가 얼마인지 물었을 때, 정확하게 답하는 사람은 25%도 안 된다. 그리고 빚을 언제까지 갚을 거냐고 물으면, 95%가 모르겠다고 답한다.

나는 빚을 지고 있는 사람들의 어려움을 이해한다. 어떤 이들은 정말로 힘든 상황에 놓여 있다. 다른 이들은 신용카드가 뭔지도 잘 모른다. 그리고 또 다른 이들은 부채가 여러 카드와 학자금 대출에 나뉘어 있어서 총금액이 얼마인지 정확하게 파악하지 못한다. 그래도 대부분 문제를 해결하기 위해 안간힘을 쓴다.

하지만 아무런 계획 없이 불만만 늘어놓는 사람들까지 동정할 생각은 없다. 계획이 있다는 말은 자신의 부채가 전부 얼마인지, 그리고 언제 모두 상환할 것인지 안다는 뜻이다. 그러나 이러한 의미에서 계획을 세워 둔 사람은 거의 없다. 계획을 세우면, 부채는 감정적인 '뜨거운' 문제에서 수학적인 '차가운' 문제로 바뀐다. 나는 강의를 할 때면 항상 이렇게 강조한다. "그건 마술이 아니라 수학입니다."

기업체를 세우는 일도, 그리고 빚을 갚는 일도 마찬가지다. 무엇보다 계획을 세우면 통제력이 생긴다. 빚을 모두 갚는 데 3개월이 걸릴 수도, 혹은 10년이 걸릴 수도 있다. 그래도 계획을 세우고 이 책에서 제시하는 조언을 따라 재정을 자동화하면 풍요로운 삶으로 나아갈 수 있다. 이제 그 구체적인 방법을 알려 주겠다.

학자금 대출에 대한 부담감

솔직히 학자금 대출 상환은 쉽지 않다. 사람들은 대학을 졸업할 때, 평균 약 3만 달러의 학자금 대출을 떠안고 있다. 내 친구들 중에는 10만 달러가 넘는 경우도 꽤 있었다. 아쉽지만 한 방에 갚을 방법은 없다. 개인 파산을 신청했어도 학자금 대출은 끝까지 갚아야 한다. 학자금 대출이 아무리 많이 남았다고 해도 매월 얼마씩 상환할지 신경 써야 한다. 대출금이 커도 한 달에 100달러씩 더 갚으면 상환 기간을 대폭 줄일 수 있기 때문이다.

한 가지 사례를 살펴보자. 내 친구 토니는 3만 달러의 학자금 대출이 남았다. 상환 기간을 10년으로 잡을 경우, 매월 약 345달러를 내야 하고, 그동안 총 1만 1,428달러를 이자로 지불하게 된다. 그런데 여기서 매월 100달러를 추가로 더 갚는다면, 상환 기간은 7.2년으로 줄어들고 이자 또한 7,897달러로 낮아진다.

사람들 대부분 학자금 대출을 어쩔 수 없는 것으로 받아들인다. 매월 고지서가 날아오는 대로 납부한다. 대출에 대한 부담감은 들지만, 그저 어깨를 으쓱할 뿐 자신이 할 수 있는 일은 없다고 체념한다. 그런데 학자금 대출을 상환하는 방식을 바꿀 수 있다면?

먼저 뱅크레이트와 같은 사이트에서 제공하는 금융 계산기 프로그램을 사용해서 학자금 대출과 관련해 자신이 할 수 있는 일이 있는지 확인하자. 매월 상환금을 변경해 보면서 총상환액이 어떻게 변하는지 비교해 보자.

다음으로 매월 50달러 이상 추가로 상환하는 방법을 생각해 보자. 적극적으로 빚을 갚고 있다는 생각에 심리적인 성취감을 얻을 수 있을 뿐 아니라, 부채 단계에서 투자 단계로 더 빨리 넘어갈 수 있다. 그리고 상환금이 계좌에서 자동으로 빠져나가게 자동이체를 설정해 놓자(자동이체 설정은 5장에서 설명한다).

저축과 부채에 관해 흔히 듣는 이야기

나는 인터넷 커뮤니티 게시판에서 이런 장면을 100만 번은 넘게 본 것 같다. 누가 35세와 40세, 그리고 50세가 되면 각각 얼마나 저축해야 하는지 질문을 올린다. 그러면 자본주의와 세계정세, 그리고 베이비붐 세대를 비난하는 수백 개의 댓글이 순식간에 달린다.

도움을 주려는 사람: "10%만 저축해서 투자를 시작해 보세요."

댓글에 짜증 난 500명: "하! 저축이라고? 지금 종이 상자 안에서 살고 있다고! 말도 안 되는 소리야."('좋아요'가 200만 개 달린다.)

도움을 주려는 사람: "그러면 매월 20달러라도 시작해 보세요."

분노한 사람: "당신이나 하쇼. 1년에 50센트 모으기도 어렵다고."

도움을 주려는 사람: "안타깝군요. 저도 처음에는 조금씩 저축하면서 그중 일부로 투자를 시작했어요. 연 수익률을 8%로 가정하면, 몇 년 후에는 아마도…."

분노한 사람: "8%라고? 정말로 그래 봤으면 좋겠네. 이상한 데 투자했다가 9년 동안 0.0000023% 수익률을 기록했다고. 8%라니 부럽구먼."

도움을 주려는 사람: "S&P 500 지수에 투자해서 인플레이션을 고려하고도 평균 8% 수익률을 기록했어요. 아니면 인덱스 펀드로 직접 투자하는 방법도 있죠."

> **분노한 사람**: "네? 정말요? 자세히 좀 알아보게 링크 공유해 줄 수 있어요?"
>
> 분노의 댓글을 다는 사람들은 인터넷 게시판에 항상 불평만 늘어놓으면서 수십 년 동안 수천 달러의 이자를 낸다. 그러면서 재테크에 관한 책은 한 권도 읽지 않는다. 하지만 당신은 더 나은 선택을 할 수 있다.

마지막으로, 아무리 계산을 해도 부채를 만기 안에 갚지 못할 것 같다면, 이제 대출기관에 전화할 때다. 여태껏 자세히 들여다보지 않았던 고지서에서 전화번호를 찾아보자. 이건 아무리 강조해도 지나치지 않을 만큼 중요하다. 꼭 전화하자. 대출기관들은 아마도 "이번 달 상환이 힘들 것 같아요"에서 "대출이 다섯 개 있는데 하나로 통합하고 싶어요"에 이르기까지 온갖 질문을 다 들어 봤을 것이다. 가령 이런 질문을 하자.

- "매달 100달러씩 더 상환하면 어떻게 될까요?"(자신의 상황에 맞게 금액을 조정하자)
- "상환 기간을 5년에서 15년으로 늘리면 어떻게 될까요?"
- 구직 중이라면 이렇게 물어볼 수 있다. "지금 일자리를 구하는 중이라 3개월 동안은 상환이 힘들 것 같은데요?"

대출기관은 더 나은 상환 방식을 안내할 것이다. 일반적으로 월 상환금이나 상환 기간을 조정해 준다. 한번 생각해 보자. 전화 한 통으로 수천 달러를 아낄 수 있다.

> 1만 달러의 학자금 대출을 다른 대출 상품으로 갈아타면서 이자율을 8%에서 6%로 낮췄습니다. 결론적으로 전체 상환 기간 동안 약 2,000달러를 아끼게 되었습니다.
> — 댄, 28세
>
> 학자금 대출 기관에 전화를 걸어 상환 기간을 20년에서 10년으로 변경했습니다. 처음에는 차이를 몰랐는데, 결국 1만 달러 넘게 절약했더군요. 단지 한 달에 50달러씩 더 갚았을 뿐인데도 말이죠.
> — 라일라, 30세

신용카드 관련 문제가 발생할 때

신용카드 관련 문제는 하룻밤 새 발생하지 않는다. 사소한 문제들이 조금씩 쌓이다가 결국 상황이 심각해졌다는 사실을 깨닫는다. 지금 카드 빚이 있다면 아마도 부담될 것이다. 〈닥터 필 Dr. Phil〉(미국 심리학자 필 맥그로 Dr. Phil McGraw가 진행하는 토크쇼 프로그램-옮긴이) 같은 프로그램을 보면, 대답이 뻔한데도 왜 사람들이 문제를 해결하지 못하는지 답답한 마음이 든다. '저런 남자랑은 헤어져야 해! 8년 동안 놀기만 했잖아! 생긴 것도 쥐를 닮았어. 저렇게 남자 보는 눈이 없나?' 하지만 문제가 정작 자기 일이 되면 해결이 그리 간단하지 않다. 어떤 방법이 좋을까? 평소에 돈 관리를 어떻게 해야 할까? 상황은 왜 계속 더 나빠질까? 그래도 좋은 소식은 계획을 세우고 부지런히 실천하면 카드 빚은 얼마든지 해결할 수 있다는 사실이다.

빚을 청산할 수 있다는 사실을 깨달은 순간

나는 독자들에게 언제 빚을 모두 갚을 수 있겠다는 생각이 들었는지 물었다. 몇 가지 대답을 소개한다.

사귀게 된 여자친구는 제 수입의 1/3 정도밖에 벌지 못했지만, 알고보니 1년 치 연봉에 해당하는 돈을 저축했더군요. 빚만 4만 달러 있는 제가 창피하더라고요. 그래서 이 책에서 배운 원칙에 따라 빚을 갚기 시작했고, 결국 2년 만에 모두 상환했습니다.

— 션, 39세

아, 빚은 정말로 지옥이었어요. 몇 번이나 울었답니다. 주립대 등록금 전액, 가슴 수술, 매트리스, 게다가 매일 쇼핑몰을 돌아다니는 사치스러운 습관까지 더해지면서 빚은 쌓여만 갔죠. 변해야겠다는 결심이 섰을 때, 이 책을 서둘러 읽었고 정말로 많은 걸 깨달았습니다. 지금은 빚은 모두 갚았고 로스

> IRA도 만들었습니다.
> — 스테파니, 27세
>
> 항상 자신감이 부족해서 삶의 기회를 모두 놓치고 있다는 생각이 들었습니다. 그런데 이 책을 읽고 나서(지금은 빚도 다 갚았답니다!) 자신감이 생겼고, 이제는 제가 정말로 중요하게 생각하는 경험과 사람, 물건에 돈을 쓰며 살고 있습니다.
> — 저스틴 카, 28세

카드 빚처럼 죄책감을 들게 만드는 것도 없다. 미국인 75%는 카드 대금을 당월에 갚을 수 없으면 목돈이 들어가는 구매에 카드를 사용하지 않겠다고 말했다. 하지만 실제 소비 행동을 들여다보면, 70%가 카드 잔액을 이월한다. 그리고 카드 빚을 친구에게 기꺼이 공개할 의향이 있는 사람은 절반도 안 된다. 뱅크레이트의 부사장이자 수석 재무 분석가인 그레그 맥브라이드Greg McBride는 이러한 결과가 많은 미국인이 자신이 빚을 지고 있다는 사실을 수치스럽게 생각한다는 점을 보여 준다고 설명한다. 그는 이렇게 말했다. "사람들은 이름과 나이, 심지어 자세한 성생활까지 공개하려 하면서도 카드 빚에 대해서는 좀처럼 말하려 하지 않습니다."

어쨌든 빚을 진 사람들은 수치심 때문에 악순환을 끊어 낼 기회를 종종 놓친다. 그리고 정보와 자제력이 부족한 이들을 먹이로 삼는 카드사의 교묘한 상술에 쉽게 넘어간다. 카드사는 그들에게서 돈을 뜯어내는 데 대단히 능숙한 반면, 사람들은 이에 대처하는 데 너무나 서툴다.

대표적인 예가 리볼빙 서비스다. 즉, 매월 카드 잔액을 다 갚지 않고 다음 달로 이월하는 것이다. 놀랍게도 이러한 리볼빙 서비스를 이용하는 미국인 1억 2,500만 명 가운데 절반이 매달 최소 결제 금액만 내고 있다. 물건을 사고 나중에 조금씩 갚아 나가는 거라고 쉽게 생각하겠지만, 카드사들이 적용하는 미친 이자율 때문에 그 선택은 최악의 실수가 된다.

다시 한번 강조한다. 신용카드를 알뜰하게 사용하는 핵심 원칙은 매월 전액을 갚는 것이다. 테이블 옆 사람에게 소금을 건네 달라는 것처럼 대수롭지 않게 말하지만, 사실 이 원칙은 너무나 중요하다. 카드 빚이 1만 2,000달러나 되는 친구에게 어쩌다가 그렇게 되었는지 물어보라. 아마도 겸연쩍은 표정으로 매월 최초 결제 금액만 냈다는 이야기를 들려줄 것이다.

똑같은 이야기를 계속 반복해서 미안하지만, 내가 이야기를 나눠 본 사람 중 놀라울 정도로 많은 이가 실제로 얼마나 이자를 내게 될지 모른 채 카드를 사용하고 있다. 신용카드를 사용하면서 최소 결제 금액만 낸다는 것은 어릴 적 등교 첫날에 불량배에게 점심값을 빼앗기고 나서 이후로도 매일 돈을 뜯기는 것과 같다. 한번 엉덩이를 걷어차이고 끝나는 게 아니라 똑같은 상황이 앞으로 계속 반복된다. 이 시스템이 어떻게 돌아가는지 이해해야만 카드사들이 놓은 덫에서 최대한 빨리 빠져나올 수 있다.

빚은 공격적으로 갚자

많든 적든 카드 빚이 있다면 다음의 삼중 고통을 겪게 된다.

- 첫째, 남아 있는 잔액에 대해 높은 이자를 물어야 한다.
- 둘째, 신용 점수가 떨어진다. 부채 규모가 신용 점수에서 30%를 차지하기 때문에 주택이나 자동차, 아파트를 구매할 때 더 많은 이자를 물어야 하는 고난의 소용돌이로 빨려 들어간다.
- 셋째, 가장 치명적인 것으로, 심리적인 압박감을 받는다. 그래서 카드 청구서를 확인하지 못하고 더 많은 연체와 추가적인 빚의 악순환에 빠진다.

최대한 빨리 빚을 갚기 위해 자신을 희생할 시간이 왔다. 그렇게 하지 않으면 더 큰 대가를 치르게 된다. 미루지 말자. 복권 당첨으로 갑자기 100만 달러가 생기거나 자신의 재정 상태를 살펴보는 '시간적 여유'가 찾아오는 마법의 순간은 앞으로도 없을 것이다. 3년 전에도 똑같은 말을 하지 않았던가! 지금보다 나은 삶을 살고 싶다면 돈 관리를 최우선 과제로 삼자.

한번 생각해 보자. 신용카드 연이율은 대단히 높아서 잔액을 이월하면 엄청난 이자를 물어야 한다. 예를 들어 연이율 14%인 카드에 5,000달러가 잔액으로 남아 있다고 가정하자. 만약 어리석은 댄이 최소 결제 금액인 2%만 매달 낸다면, 빚을 모두 갚기까지 25년이 넘는 세월이 걸린다. 오타가 아니다. 정말로 25년이다. 그리고 그 과정에서 6,000달러를 이자로 물어야 한다. 원금보다 더 많은 돈을 이자로 내는 셈이다. 그것도 빚이 추가로 늘어나지 않는 경우를 가정한 것이다. 그러나 댄의 빚은 틀림없이 늘어날 것이다. 이런 이야기를 들으면 화가 난다. 당연하다. 많은 사람이 실제로 평생 그렇게 카드 빚을 떠안고 살아간다. 하지만 다른 선택도 있다.

똑똑한 샐리는 빚에 지친 나머지 공격적으로 갚기로 결심한다. 그녀에겐 몇 가지 선택지가 있다. 만약 매달 100달러씩 갚는다면, 이자로 약 2,500달러를 내면서 6년 4개월 만에 모두 상환할 것이다. 이는 왜 우리가 신용카드를 사용하면서 최소 결제 금액보다 더 많이 내야 하는지 보여 준다. 이러한 방식에는 또 다른 장점이 있다. 그건 5장에서 소개하는 자동화 시스템과 잘 어울린다는 점이다.

다음으로 똑똑한 샐리가 좀 더 공격적으로 갚기로 했다고 해보자. 가령 매달 200달러를 갚기로 한다. 그러면 이자로 950달러를 내고 2년 6개월 만에 모두 갚을 수 있다. 완전히 다른 결과다. 나아가

> 취직만 하면 금방 갚을 수 있다는 생각에 대학 시절 내내 빚을 쌓아가며 살았습니다. 봄방학이 되면 라스베이거스나 멕시코, 마이애미로 여행을 갔었죠. 구두도 마놀로 블라닉을 신었습니다. 하지만 빚을 갚기까지 졸업하고도 5년이 걸릴 줄은 미처 알지 못했습니다. 그동안 여행도, 브랜드 신발도, 외식도 누리지 못했어요. 마지막으로 남은 빚을 갚으면서 이제 더 이상 카드 빚은 지지 않기로 결심했어요. 다시는 옛날로 돌아가지 않을 겁니다.
>
> ― 줄리, 26세

더 공격적으로 한 달에 400달러씩 갚는다면? 그러면 총 400달러가 조금 넘는 이자를 내고 1년 2개월 만에 빚에서 벗어날 수 있다.

그 차이는 매달 100달러를 갚느냐, 혹은 200달러를 갚느냐에 달렸다. 그런데 200달러를 갚을 능력이 안 된다고? 그렇다면 50달러는 어떤가? 아니면 20달러라도? 매달 조금만 더 갚아도 상환 기간

멍청한 댄 VS. 똑똑한 샐리: 연이율 14%의 빚 5,000달러 갚기		
멍청한 댄은 매달 최소 결제 금액만 낸다.		
첫 달 납부 금액	빚을 모두 갚기까지 걸린 기간	총 지불 이자
100달러*	25년 이상	6,322달러
똑똑한 샐리는 고정 금액을 낸다.		
매달 납부 금액	빚을 모두 갚기까지 걸린 기간	총 지불 이자
100달러**	6년 4개월	2,547달러
더 똑똑한 샐리는 매달 두 배의 고정 금액을 낸다.		
매달 납부 금액	빚을 모두 갚기까지 걸린 기간	총 지불 이자
200달러**	2년 6개월	946달러

* 최소 결제 금액은 잔액이 줄어들수록 낮아진다(가령 잔액이 4,000달러로 줄어들면 80달러로 낮아진다). 최소 결제 금액이 낮아지면 상환 기간이 늘어나고 그만큼 더 많은 이자를 물게 된다. 핵심: 최소 결제 금액보다 항상 더 많이 내야 한다.

** 고정된 금액이다. 잔액이 줄어도 똑같은 금액을 내기 때문에 상환 기간이 짧아지고 그만큼 이자도 줄어든다.

은 크게 줄어든다.

자동이체를 설정하고 매월 카드 사용 금액 전액을 낼 경우, 이자를 물 필요도, 연체 걱정도 없다. 나아가 자유롭게 자산을 불려 나갈 수 있다. 카드사들은 이런 사용자를 '데드비트^{deadbeat}'(원래는 책임감 없는 사람이라는 뜻-옮긴이)라 부른다. 매달 제때 돈을 갚아서 사실상 아무런 수익도 가져다주지 않는 고객들에 대한 별명으로는 좀 이상하다. 카드사가 보기에 가치 없는 사람일지 몰라도 내가 보기엔 완벽한 사람이다. 카드사를 이기려면 그게 얼마든 지금 짊어지고 있는 빚을 모두 갚는 일을 우선 과제로 삼아야 한다.

빚에서 벗어나는 5단계

하루라도 빨리 카드 빚에서 벗어나는 게 이익이라는 사실을 이해했다면, 지금부터는 실행에 옮기기 위한 구체적인 단계를 살펴보자. 이 책에서는 6주 프로그램을 제시하지만, 아마도 빚을 모두 갚기까지는 이보다 더 오랜 시간이 걸릴 것이다. 카드 빚이 없다고 해도 끝까지 읽어 보자. 재정 시스템을 자동화하고 소비를 의식적으로 줄이는 의미 있는 방법을 소개하고 있으니 말이다. 빚을 모두 갚을 때까지 내가 추천하는 공격적인 투자 전략은 일단 미루자. 기분이 좋지는 않겠지만, 그래도 카드 빚을 해결하려면 감내해야 한다. 자, 이제 무엇을 해야 할지 알아보자.

1단계: 빚이 얼마인지 확인하라

놀랍게도 많은 사람이 빚이 얼마나 남았는지도 알지 못한 채 무작정 갚으려 애쓰고 있다. 이는 카드사들이 원하는 바다. 당신이 앞으로 그들의 주머니를 계속 불려 줄 것이기 때문이다. 빚이 얼마인지 정확하게 알기 전에는 구체적인 상환 계획을 세울 수 없다. 물론 진실을 마주하는 일은 고통스럽다. 그래도 이겨내야 한다. 그러고 나면 나쁜 습관을 끝내는 게 그다지 힘든 일이 아님을 깨닫게 될 것이다. 여기서 카드사의 도움을 받을 수 있다. 신용카드 뒷면에 나와 있는 번호로 전화를 걸어 정확한 금액을 확인하자. 그리고 다음과 같이 단순하게 스프레드시트를 작성해 보자.

카드 빚이 얼마나 남았나?			
신용카드 이름	총 부채액	연이율	최소 결제 금액

축하한다. 스프레드시트를 작성했다면 가장 힘든 첫 번째 단계를 넘어선 것이다. 이제 카드 빚이 얼마나 남았는지 정확하게 알게 되었다.

2단계: 무슨 카드부터 갚을지 정하자

모든 빚이 다 똑같은 건 아니다. 카드마다 이자율이 다르므로 어떤 카드부터 갚을지 선택해야 한다. 여기서 두 가지 접근법이 있다. 일반적인 방식은 모든 카드에 최소 결제 금액을 내면서 남는 돈으로 연이자율이 가장 높은 카드를 갚는 것이다. 즉, 가장 큰 비용이 발생하는 카드부터 해결하는 것이다. 다음으로 데이브 램지가 제시한 스노볼 snowball 방식은 모든 카드에 최소 결제 금액을 내면서 남는 돈으로 카드 빚이 가장 적게 남은 카드를 먼저 갚는 것이다. 다시 말해 가장 빨리 갚을 수 있는 카드부터 해결하는 것이다.

	빚 상환 우선 순서 정하기	
	스노볼 방식 (잔액이 적은 것부터)	**일반적인 방식** (연이율이 높은 것부터)
작동 방식	모든 카드에 최소 결제 금액을 내면서 카드 빚이 가장 낮은 것부터 갚아 나간다. 그렇게 하나를 갚았다면 다음으로 낮은 카드로 넘어간다.	모든 카드에 최소 결제 금액을 내면서 연이율이 가장 높은 카드부터 갚아 나간다. 그렇게 하나를 갚았다면 다음으로 연이율이 높은 카드로 넘어간다.
효과적인 이유	심리적 요인과 작은 승리에 주목하는 방식이다. 일단 하나를 해결하고 나면 다음으로 넘어갈 강한 동기를 얻는다.	수학적인 관점에서 가장 큰 비용을 발생시키는 카드부터 해결하는 방식이다.

우선순위를 둘러싸고 치열한 논쟁이 벌어지고 있다. 엄밀하게 말해서, 스노볼 방식은 가장 효과적인 접근법은 아니다. 카드 빚이

가장 적은 카드와 연이율이 가장 높은 카드는 다를 것이기 때문이다. 그래도 하나를 완전히 해결했다는 사실은 심리적으로 큰 보상을 준다. 그리고 다른 카드도 서둘러 갚아야겠다는 동기를 부여한다. 그런데 여기서 중요한 점은 카드의 우선순위를 정하는 과제에 5분 이상 허비하지 않는 것이다. 우리의 목표는 최고의 상환 방식을 고르는 게 아니라, 당장 카드 빚을 갚아 나가는 것임을 명심하자.

> 3,000달러 넘게 돈을 모아서 3,000달러가 넘는 카드 빚을 모두 갚았습니다. 작은 것부터 시작해서 큰 것으로 넘어가는 스노볼 방식을 알고 나서 카드 빚 상환에 대한 제 생각이 크게 달라졌습니다.
> — 션, 31세

3단계: 연이율 협상하기

성공 확률이 반반이고 5분 투자로 큰 성공을 거둘 수 있다면, 나는 무조건 도전해 본다. 연이율을 낮춰 달라는 요청도 그렇다. 놀랍게도 성공률이 꽤 높다. 그리고 실패한들 어떤가? 아래 대본을 참조해서 카드사와 통화하자.

당신: 다음 주부터 카드 빚을 본격적으로 갚을 계획인데 연이율을 낮추어 주셨으면 합니다.
담당자: 특별한 이유가 있으실까요?
당신: 말씀드렸다시피 좀 더 적극적으로 카드 빚을 상환해 보려

고요. 다른 카드사들은 현재 절반 정도의 연이율을 적용하고 있더군요. 지금 이자율에서 50%, 혹은 40%라도 낮추어 줄 수 없을까요?

담당자: 고객님의 카드 사용 내역을 살펴보니 연이율을 낮춰드리기는 힘들 것 같습니다. 대신에 신용 한도를 늘려드릴 수는 있습니다.

당신: 아뇨. 그건 아무 의미가 없어요. 앞서 말씀드렸듯이 다른 카드사들은 12개월 무이자 혜택과 함께 절반 수준의 연이율을 제시하고 있습니다. 저는 지금까지 몇 년 동안 이 카드를 사용해서 이자율 조건 때문에 다른 카드로 옮겨야 하는 상황은 원치 않습니다. 연이율을 다른 카드사보다 더 낮게 혹은 동등하게라도 맞춰 주셨으면 합니다.

담당자: 알겠습니다. 다시 검토해 보도록 하겠습니다. 아, 다행스럽게도 연이율을 낮춰드릴 수 있는 조건을 확인했습니다. 곧바로 적용해 드리겠습니다.

공항 서점에서 이 부분을 읽고는 곧바로 카드사에 전화해서 대본대로 이야기를 나눴습니다. 그리고 정말로 연이율을 낮추는 데 성공했죠. 게다가 지난 몇 년간 냈던 이자까지 계좌로 환급받았습니다(비록 몇백 달러긴 하지만). 통화를 마치고 책도 샀습니다.

— 크리스, 33세

물론 항상 이렇게 흘러가지는 않는다. 그래도 성공하면 5분 통화만으로 엄청난 비용을 절약하게 된다. 그러니 도전해 보자. 성공할 경우, 카드 빚 스프레드시트에 연이율을 수정하는 것도 잊지 말자.

4단계: 어떤 돈으로 카드 빚을 갚을지 선택하라

카드 빚 상환의 걸림돌은 어디서 돈을 마련하는가에 관한 문제다. 연이율이 낮은 다른 카드에서 돈을 빌려 갚을 것인가? 401k나 저축 계좌에 넣어 놓은 돈으로 갚아야 할까? 매달 얼마를 갚아야 할까? 무척 고민되는 문제다. 그렇다고 여기서 포기하지는 말자.

다른 카드 활용하기: 많은 이가 연이율이 더 낮은 카드에서 돈을 빌려 카드 빚을 상환하려고 한다. 그러나 이 방법은 별로 추천하지 않는다. 물론 몇 달간 이자 비용을 어느 정도 줄일 수 있다. 특히 카드 빚이 많은 경우에는 도움이 된다. 하지만 중대한 문제(카드 빚이 많다면 주로 소비 습관)에 대한 임시처방일 뿐이다. 연이율을 조금 낮추는 것만으로는 이 문제를 해결하지 못한다. 게다가 그 과정에서 카드사가 놓아둔 온갖 보이지 않는 덫에 걸려들기 쉽다. 실제로 내가 아는 사람들은 카드 빚을 갚기보다 더 좋은 조건을 찾아 헤매느라 많은 시간을 허비했다. 앞서 살펴본 것처럼, 카드사에 전화를 걸어 연이율을 낮춰 달라고 요청하는 게 더욱 현실적인 방안이다.

401k 계좌나 주택담보대출 활용하기: 특히 이 방법은 권하지 않는다. 중요한 것은 복잡성을 높이는 게 아니라 낮추는 것이다. 비용이

좀 더 든다고 해도 말이다. 문제의 핵심은 개인의 행동 패턴이다. 카드 빚이 많은 사람은 소비를 줄이는 데 어려움을 겪는다. 그러므로 401k 계좌나 주택담보대출을 이용해서 카드 빚을 갚는다고 해도 또다시 카드 빚 수렁에 빠져들 위험이 크다. 게다가 주택담보대출로 카드 빚을 갚으려고 할 경우, 대출 규모가 점점 늘어나면서 집을 날릴 위험까지 있다.

소비를 줄이고 카드 빚 상환을 우선순위로 삼기: 카드 빚 상환을 위한 가장 장기적인 방법은 그리 매력적으로 보이지는 않는다. 연이율이 낮은 카드나 주택담보대출을 활용하는 방법과는 달리, 소비를 줄여 카드 빚을 갚는 방법은 아마도 당연한 말처럼 들릴 것이다. 그렇지만 가장 확실한 방법이다.

한 가지 질문이 있다. 요즘 100달러를 벌면 그중 얼마를 빚을 갚는 데 쓰는가? 2달러? 혹은 5달러? 만약 10달러를 갚는다면? 놀랍게도 많은 경우에 소비를 크게 줄이지 않아도 얼마든지 빨리 카드 빚을 갚을 수 있다. 다만 계획 없는 지출을 멈추고 카드 빚 상환을 최고의 우선순위로 삼아 자동이체를 통해 공격적으로 갚아 나가기만 하면 된다. 물론 쉬운 일은 아니다. 실제로 카드 빚 상환은 대단히 힘든 과제다. 그래도 많은 이들이 이미 성공을 거두고 있다. 이 책을 읽으면서 카드 빚을 갚기 위한 자금의 출처를 발견하는 과정을 보물찾기라고 생각하자. 특히 다음에 주의를 기울여 보자.

- 268쪽에서 소개하는 '다음 100달러$^{Next\ \$100}$'라는 개념
- 222쪽에서 소개하는 '의식적인 소비 계획'을 활용해서 카드 빚을 갚는 데 얼마를 쓸 수 있는지 확인하기
- 21쪽에서 소개하는 '30일 만에 1,000달러 모으기' 챌린지
- 273쪽에서 소개하는 자동이체 설정 방법
- 추가 정보: iwillteachyoutoberich.com/bonus

지금쯤이면 아마도 내가 카드 빚을 갚는 간단하면서 귀에 쏙 들어오는 비결을 제시하지는 않는다는 사실을 눈치챘을 것이다. 그런 비결이 세상에 존재하지 않기 때문이다. 그런 게 있다면 제일 먼저 소개했을 것이다. 솔직히 현실적인 계획을 세우고 끈기 있게 실천하는 것밖에는 방법이 없다. 처음 몇 주간은 힘들겠지만, 매달 카드 빚이 조금씩 줄어드는 것을 지켜보면서 느끼는 안도감을 떠올려 보자. 언젠가 틀림없이 빚에서 해방될 날이 올 것이다! 그때가 되면 미래를 바라보며 투자하고 풍요로운 삶에 모든 에너지를 집중하게 될 것이다.

5단계: 시작하기

카드 빚을 갚기 위한 노력을 지금부터 일주일 안에 시작하길 바란다. 일주일 넘게 머뭇거리고 있다면, 그건 생각이 너무 많아서다. 85% 법칙의 의미를 잊지 말자. 우리의 목표는 상환 자금을 어디서 끌어올 것인지를 놓고 가용한 모든 정보를 철저히 조사하는 게 아니라, 당장 행동에 들어가는 것이다. 총 부채 금액을 확인하고 어떻

게 갚을지 결정하자. 그리고 연이율 인하를 요청한 뒤 바로 시작하자. 세부적인 계획이나 상환액은 나중에 얼마든지 수정할 수 있다. 그리고 의식적인 소비 계획은 4장에서 자세히 살펴볼 것이다.

> 빚을 진다는 건 선택권이 사라진다는 말입니다. 즉, 빚을 갚기 위해서 싫은 직장도 다녀야 하고 저축 계획도 세울 수가 없죠. 제가 저지른 가장 치명적인 실수는 미래를 생각하지 않고 신용카드로 감당하지도 못할 사치스러운 삶을 살았다는 겁니다. 20대 중반에 옷이나 외식, 영화 등에 아무 생각 없이 소비하고, 소비하고, 또 소비하면서 빚의 늪에 빠지고 말았습니다. 하지만 현실을 자각하고 난 뒤로는 엄격한 예산과 분수에 맞는 생활로 2년 안에 카드 빚을 모두 갚기 위해 노력하고 있습니다. 그리고 아직 남은 카드 빚은 모두 연이율이 0~4.99%입니다. 또한 미미한 수준이지만 저축 계좌와 401k 계좌의 잔액을 조금씩 늘리고 있고, 재정적인 자유를 얻기 위한 계획도 세웠습니다.
>
> — 멜리사, 28세

1주 차 플랜

1 **신용 점수와 신용 보고서 확인하기**(1시간): 신용 점수와 신용 보고서를 살펴보고 문제점이 없는지 확인하자. 자신의 신용에 익숙해지자. 신용 점수와 신용 보고서는 마이피코와 같은 사이트에서 확인할 수 있다. 그리고 신용 보고서는 애뉴얼크레디트리포트와 같은 사이트에서 무료로 받아볼 수 있다.

2 **신용카드 설정하기**(2시간): 신용카드사에 전화를 걸어 수수료를 내고 있는지 확인하자. 새로운 카드를 발급받으려면, 뱅크레이트와 같은 금융 비교 사이트에서 적합한 카드를 고르자.

3 **신용카드를 효과적으로 관리하는지 확인하기**(3시간): 신용카드 사용 금액이 매월 전액 결제되도록 자동이체를 설정하자(카드 빚이 있다면, 여유가 되는 만큼 최대 금액으로 설정하자). 수수료 면제가 가능한지 물어보자. 카드 빚이 없다면, 한도 상향을 요구하자. 신용카드가 제공하는 혜택을 모두 받고 있는지 점검하자.

1장 신용카드를 최적화하자

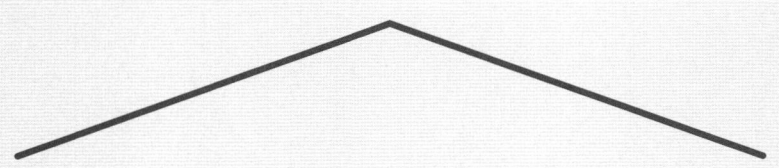

4 카드 빚이 있다면 바로 상환 시작하기(일주일간 계획을 세운 뒤 곧바로 실행에 들어가기): 내일도 다음 주도 아니다. 오늘 시작하자. 일주일간 카드 빚이 전부 얼마인지 확인하고 카드사에 전화해서 연이율을 낮춰 달라고 요구하자. 혹은 학자금 대출이 있다면, 상환 방식을 변경해 달라고 요청하자. 그리고 매월 상환액을 지금보다 높이고 자동이체를 설정하자.

이제 끝났다! 신용카드를 활용해서 신용 점수를 높이는 방법을 배웠다. 그리고 카드 수수료를 면제받고, 연이율 인하를 요구하고, 자동이체를 설정하는 방법까지 배웠다. 또한 카드 빚이 있는 경우, 완전히 갚기 위한 첫 번째 단계에 착수했다. 축하한다! 다음 장에서는 은행 계좌를 최적화하는 방법을 살펴볼 것이다. 더 높은 이자를 받고, 수수료를 내지 않고, 별 쓸모없는 기존의 당좌 계좌와 저축 계좌보다 훨씬 더 나은 계좌로 업그레이드하는 방법을 배울 것이다. 신용카드와 은행 계좌의 문제점을 해결했다면, 이제 투자를 통해 자산을 늘릴 준비가 모두 끝난 것이다.

우리나라에서는 이렇게 하세요

by 서대리

한국도 신용카드를 좋지 않게 보는 편이다. 기본적으로 우리나라는 부채를 금기시하는 분위기라 재테크 관련 책을 보면 '신용카드부터 잘라서 소비를 통제하라'는 이야기가 많다. 하지만 이 책에서 이야기했듯이 신용카드를 잘 사용한다면 자본주의 세상에서 조금 더 유리한 입장으로 생활할 수 있다. 신용카드 사용으로 '신용'을 올릴 수 있고 여러 금전적인 혜택도 누릴 수 있기 때문이다.

일단 우리나라에서 나의 신용 점수를 조회하려면 KCB나 NICE 둘 중 하나를 보면 된다. 요즘은 대부분의 은행 혹은 페이앱에서 신용 점수를 조회할 수 있어 쉽게 확인할 수 있다. 물론 NICE지키미, KCB 올크레딧 홈페이지에 방문해서 무료로 확인도 가능하다.

KCB와 NICE는 비슷해 보이지만 약간의 차이가 있다. KCB 신용 점수는 코리아크레딧뷰로Korea Credit Bureau에서 제공하는 신용 점수다. 신용거래 형태(신용카드, 대출 등)와 부채 수준을 중시하며, 대출 금리, 신용카드 할부, 현금서비스 사용 빈도 등 리스크 또한 중요하게 평가한다. NICE는 상환 이력(연체 여부)과 부채 수준을 가장 중점적으로 본다. '연체 여부'를 매우 중요하게 보는 만큼 연체가 없으면 대출이 많아도 점수가 높을 수 있다. 금융기관별 대출 시 참고하는 신용 점수가 다를 수 있어 기본적으로 둘 다 관리하는 것을 추천한다. 신용 점수가 높을수록 대출 우대금리가 적용될 수 있다. 같은 돈을 빌리는데 다른 사람보다 대출금리가 낮다면 당연히 이자가 줄어들고, 그만큼 나의 가처분 소득이 늘어나는 결과로 이어진다.

신용카드는 자본주의 세상에서 중요한 신용 점수 관리의 시작점이다. 그래서 신용카드를 무조건 쓰지 않는 것보다는 나에게 유리한 혜택을 누르면서 사용하는 편이 좋다. 나의 경우는 고정 생활비를 줄이는 혜택이 있는 신용카드를 1순위로 사용한다. 통신비, 아파트 관리비 등 숨만 쉬어도 나가는 비용을 신용카드 포인트나 혜택으로 줄일 수 있다. 전월 카드사용 실적이 필요하나 어차피 쓸 돈이라면 신용카드를 사용해 신용 점수도 쌓고 금전적인 혜택도 받는 게 무조건 이득이다. 나는 소비 자체에 큰 뜻이 없어 고정비를 지원해 주는 신용카드를 1순위로 선택했지만 각자의 소비 우선순위에 따라 신용카드를 선택하면 된다. 다만 사람들이 신용카드 사용을 경계하는 이유는 역시 무분별한 사용일 텐데, 이 부분에 대한 대책은 이 책에서 확인할 수 있다.

2장

은행을
이기자

금리가 높은 계좌를 만들고
수수료를 협상하는 법

첫 번째 주에는 신용카드를 정리했다. 2주 차에는 은행 계좌를 올바로 정리하는 법을 알아볼 것이다. 은행 계좌는 개인 금융 시스템의 근간이다. 그러므로 조금 시간을 들여 적절한 계좌를 선택해서 최적화하고, 불필요한 수수료를 내고 있지 않은지 확인해 볼 필요가 있다.

우선 좋은 소식은 일주일 동안 몇 시간만 투자하면 이 과제를 모두 처리할 수 있고, 또한 그렇게 해두면 은행 계좌들이 저절로 알아서 굴러간다는 사실이다. 다음으로 나쁜 소식은 당신이 보유하고 있을 은행 계좌가 내지도 않아도 될 수수료 및 최소 잔액 요건과 같은 것들로 가득할 것이라는 사실이다. 은행은 평범한 고객을 좋아한다. 다시 말해 다른 은행으로 계좌를 옮기지 않고, 매월 부과되는 수수료나 당좌 보호 기능과 같은 정보를 잘 모르는 사람을 선호한다. 그러나 이번 장에서 상황은 바뀔 것이다. 여기서 나는 가장 좋은 은행과 계좌를 선택해서 최대한 높은 이자를 받는 방법을 보여 주고자 한다.

일반적인 비즈니스에서는 고객들을 잘 대우할수록 기업의 성과도 좋아진다. 당연한 소리 아닌가? 합리적인 생각이다. 아마존 CEO 제프 베이조스Jeff Bezos도 이런 말을 했다. "고객에게 멋진 경험을 선사하면 그들은 서로 그 이야기를 나눌 것이다. 구전효과는 엄청나게 강력하다." 그리고 아마존은 세계 역사상 가장 성공적인 기업으로 폭발적인 성장을 이룩했다.

> 제 자신의 경험으로 은행을 혐오하게 되었습니다. 저는 그들이 고객을 속이고, 솔직하게 말하지 않고, 일부 정보만 선택적으로 알려 준다고 생각합니다. 그들이 말하는 '조언'이란 언제나 고객의 이익이 아니라 그들의 이익에 부합합니다. 한번은 임대료로 냈던 제 수표가 부도난 적이 있었습니다. 이유는 은행의 터무니없는 수수료 때문에 제 저축 계좌에 초과 인출이 발생하면서 당좌 계좌에서 임의로 돈을 빼내 갔기 때문이었죠. 수수료는 고작 5달러였는데 말이에요. 또 언제는 암에 걸린 할아버지를 위해 대신 재산 관리를 맡게 되었는데, 은행이 제가 노인을 학대한다며 고발했더군요. 아마도 지옥에 그 은행원을 위한 특별석이 마련되어 있을 겁니다.
>
> — 제이미, 36세

그런데 예외가 있다. '고객을 이롭게 하는 것이 기업에도 좋다'라는 원칙을 교묘히 거스르는 기업들이 있다. 어딘지 짐작이 가는가? 한 가지 사례를 생각해 보자. 가령 고객을 형편없이 대하는 기업이 있다. 그 기업은 말도 안 되는 수수료를 부과한다. 고객 서비스는 끔찍한 수준이다. 게다가 수백만 명의 고객을 대상으로 마음대로 계좌를 개설하는 불법을 자행하기까지 한다. 대체 어떤 기업이 그런단 말인가? 정답은 바로 은행이다.

나는 올바른 계좌를 선택하기 위해 적극적으로 조사한다. 전혀 어렵지 않다. 은행들의 과거 행적만 살펴보면 된다. 좋은 은행은 훌륭한 서비스를 제공하고 수수료를 부과하지 않는다. 반면 나쁜 은행은 수수료를 계속 인상하면서 필요도 없는 상품을 권한다. 그리고 아주 독창적인 기술을 동원해서 고객의 돈을 뜯어 간다.

그런데 아는가? 사람들은 이런 사실을 잘 알면서도 신경 쓰지 않는다. 그들은 훌륭한 고객 서비스를 원한다고 말하면서도 기존의 끔찍한 은행을 수십 년 동안 바꾸지 않고 거래한다.

30초 테스트

나는 식당에 들어서고 30초 만에 모든 걸 파악할 수 있다는 말을 믿는다. 한번은 기차를 기다리다가 배가 고파 작은 식당에 들어갔다. 그런데 입구에 서 있던 직원이 나를 못 본 채 딴청을 피웠다. 그리고 샌드위치 코너에 있던 직원은 뒤로 걸어 들어가더니 다시는 나오지 않았다. 또 다른 직원은 앉아서 TV만 보고 있었다. 손님이 들어왔는데 세 명의 직원이 모두 사라진 것이다.

내 이론은 이렇다. 식당에 들어서고 30초 동안 긍정적인 인상을 받지 못했다면 더 이상 기대할 게 없다는 것이다. 좋은 식당이라면 친절하고 카리스마 넘치는 직원이 고객을 반겨 맞이할 것이다. 그렇지 않다면, 주방에서 무슨 일이 벌어지고 있는지 누가 알겠는가?

이 이야기의 교훈은 다음과 같다. '기업이나 사람이 자신의 본래 모습을 드러낼 때, 그걸 절대 부정하지 마라.'

웰스파고는 사기를 저질렀고 연방 당국으로부터 벌금 10억 달러를 부과받았다. 그렇다면 우리는 그들이 기회가 있을 때마다 고객을 등쳐 먹는 교활한 은행이라는 점을 있는 그대로 받아들여야 한다. 다음으로 TIAA는 예전에 신뢰할 만한 투자사였다. 그래서 나는 초판에서 그 기업을 추천했다. 하지만 무리하게 매출을 밀어붙이면서 고객에게 불필요한 상품을 강요했다는 혐의로 소송전이 벌어지고 난 뒤로 나는 그들을 더 이상 추천하지 않는다.

반대로 최고의 가치를 꾸준히 보여 주는 기업도 있다. 가령 슈왑Schwab은 업계 최고의 혜택을 무료로 제공하고 있다. 몇 년 전에는 금리가 아주 높은 당좌 계좌를 출시하기도 했다. 그리고 문제점을 보완하면서 개선해 나가고 있다. 이러한 점에서 나는 슈왑을 신뢰하고 지금도 그들의 당좌 계좌를 보유하고 있다. 다음으로 뱅가드Vanguard는 저렴한 수수료와 더불어 고객 우선 원칙을 오랫동안 꾸준히 지켜 오고 있다. 그들은 수수료를 한발 앞서 인하한다. 나는 그들을 신뢰하기 때문에 내 투자금을 맡기고 있다.

내가 이 이야기를 하는 이유는 금융기관을 신중하게 선별하여 거래하라는 당부를 전하기 위해서다. '당신의 돈'이 달린 아주 중요한 문제다. 그러니 기업의 가치와 고객을 대하는 태도를 기준으로 자신이 거래할 금융기관을 선택하자.

대형 은행이 어떻게든 당신을 등쳐 먹기 위해 최선을 다한다는 사실은 이미 알고 있을 것이다. 그들은 계속해서 수수료를 부과할 뿐 아니라 마케팅 행사를 내세워 필요 없는 서비스에 가입하도록 유도한다. 만약 사람들이 약관을 제대로 이해한다면 절대 동의하지 않을 그런 서비스를 말이다. 실제로 웰스파고는 350만 명의 고객을 대상으로 사기 계좌를 개설하기까지 했다.

이에 대해 포브스는 이렇게 보도했다. "웰스파고 직원들은 고객의 동의도 받지 않은 채 153만 4,280건에 달하는 계좌를 무단으로 개설했고, 그중 8만 5,000개의 계좌에서 총 200만 달러의 수수료를 부과했다."

이러한 사기가 미친 피해는 고객들의 신용 점수 하락만이 아니었다. CNN은 이렇게 보도했다. "웰스파고는 대출을 받은 57만 명을 대상으로 필요하지도 않은 자동차 보험에 가입하도록 강요했음을 시인했다. 이들 고객 중 약 2만 명은 불필요하게 발생한 보험료 때문에 자동차를 압류당했을 것으로 보인다."

은행들은 어떻게 돈을 버는가

기본적으로 은행은 당신이 맡긴 돈을 다른 이에게 빌려주면서 돈을 번다. 가령 당신이 1,000달러를 저축했다면, 대형 은행은 그 대가로 당신에게 소액의 이자를 지급하고는 주택담보대출을 받으려는 사람에게 훨씬 더 높은 이자를 받고 빌려준다. 그렇게 돈을 빌린 이들이 모두 성실하게 빚을 갚는다면, 은행은 단순한 차액 거래를 통해 엄청난 수익을 올린다. 하지만 은행이 더욱 막대한 수익을 올리는 방식은 따로 있다.

수많은 수수료: 2017년에 은행들은 초과 인출 수수료만으로 340억 달러가 넘는 돈을 벌어들였다. 예를 들어 당신이 체크 카드를 사용하고 있는데 실수로 계좌에 들어 있는 잔액보다 더 많은 금액을 결제할 경우, 아마도 은행이 승인을 거절할 것으로 생각할 것이다. 하지만 그렇지 않다. 은행은 이런 경우도 거래를 승인해 준다. 대신에 초과 인출에 대해 건당 30달러에 달하는 수수료를 부과한다. 때로는 하루에만 몇 건의 수수료를 잇달아 부과해서 일일 수수료가 100달러를 넘는 끔찍한 경우도 일어난다.

초과 인출은 그만: 한 번의 초과 인출 수수료로 1년 동안 받은 이자를 몽땅 날리게 되면, 이미 싫어하는 은행을 더 싫어하게 될 것이다. 내가 강연에서 이야기를 나눈 사람들 중 절반 이상이 이러한 경

험을 한 적이 있다고 했다. 어느 날 나는 한 친구(편의상 엘리자베스라고 하자)와 만나 식사를 하며 이야기를 나눴다. 그녀는 내게 초과 인출에 관해 여러 가지 질문을 했다. 그런데 대화가 점점 복잡해지자 나는 점차 이상한 기분이 들었다. 엘리자베스가 매우 자세한 부분까지 알고 있었기 때문이다. 나는 물었다. "초과 인출을 몇 번 했어?" 그러자 엘리자베스는 갑자기 입을 다물었다. 하지만 나는 더 호기심이 일었다(청개구리 같은 내 심보를 부디 이해해 주길). 그녀는 대학 4년 동안에 초과 인출로 400달러 넘게 수수료를 물었다고 했다. 그건 계좌에 잔액이 얼마 남았는지 제대로 확인하지 않아서 생긴 일이었다. 엘리자베스는 카드사에 요청했지만, 안타깝게도 처음 몇 번의 수수료만 돌려받을 수 있었다. 이후로 그녀는 이런 문제가 다시 발생하지 않도록 계좌 설정을 바꿨다. 은행과의 수수료 협상은 141쪽을 참조하자.

명심하자. 은행 수수료는 그들이 지급하는 이자보다 큰 영향을 미친다. 가령 은행에 1,000달러를 넣어 뒀는데 다른 은행이 이자율을 1% 더 지급해도 그 차이는 1년에 10달러에 불과하다. 하지만 초과 인출로 인해 발생하는 수수료는 그 금액의 세 배에 달한다. 수수료는 그만큼 중요한 문제다.

웰스파고의 속임수로 차를 압류당한 사람들은 누굴까? 그들은 맨해튼에 거주하는 헤지펀드 거물이 아니다. 바로 일반 시민이다.

> 뱅크오브아메리카는 아무런 근거 없이 새로운 수수료를 부과합니다. 때로는 예고도 전혀 하질 않죠. 저축 계좌에 관리 명목으로 5달러 수수료를 부과하다뇨? 이자보다 더 많은 금액입니다. 당좌 계좌 잔액이 250달러 미만일 때 부과하는 12달러 수수료는 또 어떻고요? 얼마 안 된다고 생각할 수도 있겠지만 어떤 이들에게 5달러나 12달러는 꽤 큰 비용이며, 그 돈이 없어 청구서를 처리하지 못할 수도 있어요. 은행 잔고가 적은 사람들이 항상 피해를 보는 것 같아요.
> — **브리짓, 26세**

나는 주도면밀한 금융기업이 복잡한 상품을 이해하지 못하는 사람들을 이용해 먹는 장면이 너무나 혐오스럽다. 그런데 사람들은 이처럼 나쁜 행동 패턴을 분명하게 드러낸 은행들과 '여전히' 거래한다. 나는 웰스파고나 뱅크오브아메리카 같은 악덕 은행을 떠나지 않는 몇몇 독자에게 그 이유를 물었다.

> 웰스파고와 20년 가까이 거래했거든요. '매번 일어나는' 그런 일쯤으로 여기고 별로 깊이 생각하지 않아요.
> — **익명의 독자**

> 예전에 은행을 옮긴 적이 있는데 새로 거래를 시작하기가 너무 힘들더군요. 일종의 감정적 애착이라고나 할까요?
> — 익명의 독자

더 괜찮은 은행으로 옮기라고 아무리 말해도 독자들 대부분 그냥 흘려듣는다. 좋다. 대신에 당신의 명의로 가짜 계좌를 만들고, 착취에 가까운 수수료를 부과하고, 지금, 혹은 5년 후에라도 당신을 등쳐 먹을 방법을 연구하는 은행과 계속 거래해야 할 것이다. 오, 세상에. 반면 내 조언을 따른 독자들 대부분은 만족감을 드러냈다.

> 당신의 추천 덕분에 슈왑과 몇 년 동안 거래하고 있어요. 서비스는 언제나 만족스럽습니다. 몇 가지 문제가 있었지만, 항상 깔끔하게 처리해 주더군요.
> — 릭, 27세
>
> 몇 년 전 당신의 조언에 따라 슈왑으로 옮긴 이후로 하나도 아쉬움이 없어요.
> — 라이한, 29세

당신이 아직 은행을 옮기지 않은 이유	
보이지 않는 돈의 각본	나의 조언
"은행을 바꾸려니 골치가 아파요."	충분히 이해한다. 당신은 이미 계좌를 만들었고 잘 사용하고 있다. 그런데 굳이 옮겨야 할까? 내 생각은 이렇다. 꼭 바꿔야 하는 건 아니지만, 하루 정도 시간을 투자하면 든든한 금융 시스템 근간을 확고히 마련할 수 있다. 여기서 추천하는 은행들은 편리하고, 비용이 저렴하고, 대형 은행들보다 더 나은 혜택을 제공한다. 돈이 불어나면서 자신이 최고의 은행과 거래하고 있다는 사실을 깨닫게 될 것이다.
"어느 은행으로 옮겨야 할지 모르겠어요."	쉽게 고를 수 있다. 이 장의 뒷부분을 읽으면서 내가 추천하는 최고의 은행들을 살펴보자.
"제 첫 은행이라서요."	이런 대답은 딱 한 번 들어 봤지만, 너무 어처구니가 없어서 함께 실었다. 그러면 첫 압정도 평생 사랑할 것인가? 아니지 않는가? 그런데 왜 '첫 은행'만 그리 집착한단 말인가? 말도 안 되는 소리다.

핵심 사항

은행에 대한 불평은 여기까지 하고, 계좌에 관한 핵심 사항으로 넘어가자. 모두 아는 내용이라고 생각할 수도 있겠지만(실제로 많은 이들이 그럴 것이다), 조금만 참고 내 이야기를 따라가 보자.

입출금 계좌

입출금 계좌는 개인의 재정 시스템의 기반이다. 가장 먼저 돈이 입출금 계좌로 들어오고 난 뒤, 저축 계좌나 투자 계좌 그리고 죄책감을 느끼지 않는 소비처럼 다양한 곳으로 '선택적으로' 흘러간다. 이러한 점에서 입출금 계좌를 잘 선택하는 것이 무엇보다 중요하다.

아시다시피 입출금 계좌가 있어야 직불카드나 수표, 온라인 이체를 통해 돈을 입금하거나 인출할 수 있다. 그래서 나는 입출금 계좌를 메일함이라 생각한다. 일단 입출금 계좌로 돈이 들어오면, 나는 자동이체 방식으로 저축 계좌나 투자 계좌 같은 다양한 계좌로 송금한다. 대부분의 결제는 신용카드를 이용하지만, 임대료나 자동차 할부처럼 카드를 사용할 수 없을 때는 자동이체 방식으로 입출금 계좌로부터 돈이 직접 빠져나가도록 한다. (이체나 고지서 납부를 자동으로 처리하는 방법은 5장에서 다루겠다.) 혹시 입출금 계좌에 불필요한 수수료가 부과되고 있는 것은 아닌지 필히 확인할 필요가 있다. 만약 그렇다면 바로 잡아야 한다.

저축 계좌

저축 계좌는 단기 저축(한 달)과 장기 저축(5년)을 위한 계좌를 말한다. 저축 계좌를 통해 휴가나 명절 선물에 필요한 돈을 모을 수 있다. 혹은 결혼이나 주택 마련처럼 좀 더 장기적으로 필요한 돈을 모을 수도 있다. 입출금 계좌와 저축 계좌의 핵심적인 차이점은 굳이 말하자면 저축 계좌의 이자율이 더 높다는 데 있다. 여기서 내가 '굳이 말하자면'이라는 표현을 쓴 이유는 저축 계좌가 지급하는 이자는 사실 큰 의미가 없기 때문이다.

　이 책의 초판에서는 대형 은행에서 지급하는 이자(보잘것없지만)와 더 높은 이자율을 제공하는 온라인 은행에서 지급하는 이자를 비교하는 도표를 실었다. 그런데 지난 10년간 이자율이 계속 달라지면서 내가 언급한 이자율을 대체 어느 은행에서 받을 수 있는지 묻는 수천 통의 메일을 받았다.

　이를 통해 나는 두 가지 사실을 배웠다. 첫째, 책에서 절대 이자율을 언급해서는 안 된다. 그리고 둘째, 저축 계좌의 이자율이 별 의미가 없는 이유를 제대로 설명하지 못했다. 예를 들어 저축 계좌에 5,000달러를 비상금으로 넣었다고 가정해 보자.

　은행이 3% 이자율을 제공한다면 1년에 150달러, 혹은 한 달에 12.50달러를 이자로 받는다. 반면 이자율이 0.5%라면 1년에 25달러, 혹은 한 달에 2.08달러를 받는다. 과연 관심을 기울일만한 차이일까? 우리는 평생에 걸쳐 수십만 달러를 이야기하고 있다. 그렇게 본다면 12.50달러와 2달러의 차이는 아무 의미 없다.

> 이 책을 읽기 전에 제 재정 상태는 말씀드리기 부끄러울 정도였습니다. 연체 수수료와 초과 인출 수수료, 카드 연회비 등으로 많은 돈이 빠져나가고 있었죠. 그런데 이 책을 읽고 나서는 재정 시스템을 자동화해서 초과 인출 수수료와 연체 수수료를 더 이상 물지 않게 되었습니다. 예전보다 두 배나 더 많이 매달 빚을 갚고 있어요.
> 　— 조, 29세

(엄밀하게 말하자면, 흥미롭게도 많은 이가 저축 계좌에 돈을 넣어 놓고 매일 손해를 보고 있다. 인플레이션이 돈의 실질 구매력을 계속 갉아먹기 때문이다. 그렇기에 우리는 저축 계좌에 들어 있는 돈의 상당 부분을 투자 계좌로 옮겨야 한다. 이와 관련해서 자세한 내용은 7장을 참조하자.)

이 책에서 단 하나의 교훈만 얻어야 한다면, 그건 미시적인 접근법에서 거시적인 접근법으로 전환해야 한다는 사실이다. 푼돈에 신경 쓰는 작은 승리가 아니라 풍요로운 삶을 열어 나가는 중대한 승리, 빅 윈에 주목하자. 투자 계좌를 만들고 자동화한 이후로, 나는 저축 계좌에서 500년 동안 받을 이자를 1년 만에 벌어들였다. 그렇다. 잘못 들은 게 아니다. 그러니까 저축 계좌의 이자율을 높이기 위한 자잘한 방법에 집착하지 말자. 괜찮은 은행에서 저축 계좌를 개설했다면, 그냥 다음 단계로 넘어가자.

입출금 계좌와 저축 계좌가 모두 필요한 이유

현실적인 관점에서 입출금 계좌와 저축 계좌의 가장 중요한 차이는 인출 빈도에 있다. 입출금 계좌에서는 돈을 빈번하게 인출하지만, 저축 계좌는 그렇지 않다. 입출금 계좌는 말 그대로 잦은 인출을 위한 계좌다. 입출금 계좌가 있어야 직불 카드와 ATM을 편하게 이용할 수 있다. 반면 저축 계좌는 일종의 '목표' 계좌다. 다시 말해 주택이나 휴가, 비상금 등 특정한 목표를 위해 돈을 넣는 계좌다.

아마도 내가 입출금 계좌와 저축 계좌는 같은 은행에서 만들라고 권할 것으로 예상할 것이다. 그런데 아니다. 나는 두 계좌를 '서로 다른' 은행에 두는 방식을 선호한다. 그 이유는 이렇다. 두 계좌를 서로 다른 은행에 두면 심리적인 차원에서 저축을 더 열심히 하게 된다. 기본적으로 저축 계좌는 돈을 넣는 계좌고 입출금 계좌는 돈을 빼는 계좌다. 친구들이 금요일 저녁에 놀러 가자고 할 때, "저축 계좌에서 돈을 인출하려면 시간이 걸리니까 좀 기다려 줄래?"라고 말할 사람은 없을 것이다. 자유롭게 인출이 가능한 입출금 계좌에 잔고가 바닥났다면, 우리는 더 이상 쓸 돈이 없다는 사실을 분명히 깨닫게 된다. 이렇게 입출금 계좌를 따로 관리하면, 친구들과 어울려 술 마시느라 돈을 모두 쓰는 대신에 이미 세운 장기적인 목표에 더 집중할 수 있다. 마지막으로 내 경험에 비추어 볼 때, 입출금과 저축 및 투자 계좌를 모두 제공하는 은행의 경우, 세 가지 계좌 모두 별로인 경우가 많다. 내가 원하는 것은 최고의 입출금 계좌와 최고의 저축 계좌 그리고 최고의 투자 계좌다. 중요한 건 계좌지 은행이 아니다.

> 예전에는 쇼핑과 대출금 상환, 신용카드 대금에 돈을 다 썼습니다. 저축은 전혀 하지 않았죠. 항상 수입이 부족하다는 느낌이었습니다. 앞으로 더 많이 벌면 저축도 하고 재정 상황도 나아질 거라고 막연히 생각만 했었죠. 그런데 그건 제 착각이었어요. 아무리 많이 벌어도 계획이 없으면 수입이 부족하다는 느낌은 절대 사라지지 않더군요. 결국 지난 4개월 동안 모든 빚을 갚았습니다. 저축 계좌도 만들고 투자도 시작했죠. 기분도 좋아졌고 전반적으로 제 인생도 나아질 거라는 확신이 듭니다.
>
> — 록사나, 27세

어쩌면 지금도 이런 생각이 들지 모른다. '300달러밖에 없는데 굳이 저축 계좌를 만들어야 할까?' 나는 항상 이런 이야기를 듣는다. 맞는 말이다. 그 정도 금액으로 얻는 이자는 미미하다.

그러나 핵심은 지금의 수입이 아니라 올바른 습관을 형성하는 것이다. 예전에 다른 은행으로 계좌를 옮기거나 투자 계좌 자동화 방법을 왜 아직 실행에 옮기지 않았는지 독자들에게 물어본 적이 있었다. 그중 한 사람은 가진 돈이 너무 적어서 별 의미가 없다고 생각했기 때문이라고 답했다.

오히려 돈이 적을 때가 적기이다. 돈이 없을 때 적절한 계좌를 개설하고 저축 및 투자 계좌를 자동화하는 좋은 습관을 마련해 놓으면, 돈이 생겼을 때 그 습관은 탄탄한 재정적 기반이 된다.

사실 우리 모두 적은 금액으로 시작한다. 그러나 저축 계좌가 5,000달러에서 1만 달러, 10만 달러, 그리고 100만 달러 이상으로 늘어나면서 좋은 습관은 큰 효과를 드러내기 시작한다. 지금 시작해야 나중에 돈이 불어났을 때 어떻게 관리해야 할지 알 것이다.

완벽한 계좌 구성

앞으로 몇 쪽에 걸쳐 내가 선호하는 계좌를 소개하고자 한다. 그런데 자신이 원하는 특정 은행이나 계좌를 찾아 나서기에 앞서, 잠시 큰 그림을 떠올려 보자. 우리는 개인의 성향에 따라 계좌를 골라야 한다. 그러려면 먼저 자기 자신을 잘 알아야 한다. 나는 단순한 시스템을 좋아하는가? 아니면 조금 시간을 들여 다소 복잡한 시스템을 구축해서 높은 수익을 얻고자 하는가? 아마도 대부분 양극단

사이에서 '기본 구성+약간의 최적화' 형태를 선택할 것이다.

가장 기본적인 형태(게으른 사람들에게 추천): 가까운 은행에 가서 입출금 계좌와 저축 계좌를 만드는 방식. 그야말로 최소한의 구성이다. 이미 계좌를 개설했다면, 따로 수수료가 부과되고 있는 건 아닌지 은행에 꼭 확인해 보자.

기본 구성+약간의 최적화(대부분에게 추천): 가까운 은행에서 수수료 없는 입출금 계좌를 만들고 온라인 은행에서 이자율 높은 저축 계좌를 만드는 것처럼 서로 다른 금융기관에서 두 계좌를 개설하는 방식이다. 입출금 계좌로 자유롭게 돈을 인출하면서 이자율 높은 온라인 저축 계좌에 무료로 이체할 수 있다. 물론 현금 입금도 가능하다. 이 두 계좌를 이미 만들었다면, 잘했다! 다만 불필요한 수수료가 나가는 건 아닌지 은행에 전화해서 확인하자.

고급 설정+완전 최적화(《라이프해커》나 《나는 4시간만 일한다》 같은 책을 읽는 사람에게 추천): 이 시스템은 서로 다른 은행에서 개설한 여러 입출금 계좌와 저축 계좌로 구성된다. 이렇게 구성하는 목적은 주로 여러 은행이 제공하는 최고의 이자율과 서비스 혜택을 받기 위한 것이다. 예를 들어, 나는 한 온라인 은행에서 만든 이자가 붙는 입출금 계좌 그리고 다른 온라인 은행에서 만든 저축 계좌를 사용한다. 온라인으로 자동이체를 설정할 수 있기는 하지만, 이처럼 여러 은행에 계좌를 개설하면 여러 웹사이트와 서비스센터 전화번호를 이용

나의 계좌 구성 방식

내가 계좌들을 구성한 방식을 간단히 소개할까 한다.

내가 사용하는 계좌: 이자가 붙는 슈왑 온라인 입출금 계좌로 모든 돈이 들어오고 나간다. 현금을 넣거나 수표 사진을 찍어 슈왑 앱에 올리는 방식으로 입금할 수 있다.

나의 시스템: 내 재정 시스템은 매월 자동으로 필요한 곳에 송금한다. 입출금 계좌에서 다른 계좌들로 돈이 흘러가는 방식이다. 예를 들어 입출금 계좌에서 캐피털원 360 저축 계좌로, 그리고 투자 계좌로 매달 돈이 빠져나간다(자세한 사항은 3장을 참조). 그리고 고지서 납부나 일반적인 결제는 신용카드를 사용한다. 그렇게 하면 카드 혜택도 받고 지출 내역도 쉽게 추적할 수 있다. 게다가 소비자 보호 서비스는 덤이다. 신용카드 결제 금액도 온라인 입출금 계좌에서 매달 자동으로 빠져나간다. 현금이 필요할 때, 미국 전역의 ATM에서 돈을 인출한다. 여기서 발생하는 수수료는 매월 말에 자동 환급 처리가 된다. 캐피털원 360 저축 계좌는 주로 입금만 한다. 입출금 계좌의 잔고가 바닥나거나 여행처럼 목돈이 들어가는 경우가 아니면, 이 계좌에서는 돈을 인출하지 않는다.

해야 하고 비밀번호를 따로 관리해야 하는 번거로움이 있다. 어떤 이들은 이런 방식이 지나치게 복잡하다고 느낄 것이다. 당신도 그렇다면, 계좌를 완벽하게 활용해야 한다고 생각하지 않는다면, 기본적인 형태로만 계좌를 구성해도 좋다(나 역시 단순한 시스템이 유용하다고 생각한다).

선택지는 넓고 시간은 부족하다

전체 재정 시스템에서 지금 소개할 부분은 어떤 계좌를 보유하고 있는지, 그리고 어떻게 관리하고 있는지에 따라 기존 계좌에서 몇 가지만 수정하는 쉬운 과제일 수 있다. 아니면 새로운 계좌를 개설해야 하는 부담스러운 일이 될 수도 있다.

일반적으로 금융 문제로 의사결정을 내리고자 할 때, 우리는 지나치게 다양한 선택지에 직면한다. 그리고 대부분 가장 이상적인 결정에 이르지 못한다. 예를 들어 많은 이가 대학생 시절에 만든 은행 계좌를 평생 사용한다. 그보다 더 좋은 계좌들이 많이 나와 있지만, 은행들 대부분 그런 정보는 고객에게 잘 제시하지 않는다.

은행들 대부분 고객의 요구와 자산 규모에 따라 다양한 종류의 입출금 계좌와 저축 계좌를 제공한다. 가장 먼저, 학생 계좌가 있다. 수수료와 최소 예치금 및 부가 서비스가 없는 가장 기본적인 형태의 계좌다. 일반적으로 청년층을 위한 것이다. 다음으로 수수료가 부과되는 계좌가 있다. 그러나 급여 이체와 같은 자동 입금을 선택하거나 최소 잔액 기준을 충족하면 수수료는 면제된다. 월급을 그 계좌로 받는다면 좋은 선택지가 된다. 마지막으로 5,000~1만 달러의 최소 잔액 기준을 요구하는 프리미엄 계좌도 있다. 이러한 계좌는 무료 주식 거래(그러나 은행 계좌로 주식에 투자하지는 말자)나 우대 금리, 주택담보대출 할인 등 다양한 서비스를 제공한다. 그러나 사실 이러한 서비스는 별로 의미가 없다. 그러니 이런 프리미엄 계좌는 굳이 만들지 말자. 이런 계좌에 넣어 둘 여윳돈이 있는 독자들을 위해 7장에서 더 높은 수익을 얻는 방법을 소개한다.

신용조합은 어떨까?

한때 나는 신용조합credit union의 열렬한 팬이었다. 무엇보다 그 취지가 마음에 들었다. 실제로 이 책의 초판에서는 신용조합을 적극적으로 추천했다. 심지어 몇 년 전에는 전국 신용조합 콘퍼런스에서 강연도 했다.

신용조합은 은행과 비슷하지만, 비영리기관으로서 고객(신용조합 용어로 '조합원')이 지분을 갖고 있다. 그러므로 이론적으로 고객에게 더 나은 서비스를 제공할 수 있다.

하지만 안타깝게도 나는 이러한 기대를 끝내 접어야 했다. 독자들이 실제로 관심을 기울이는 해결책이나 서비스를 제공하기보다 조직의 입장만 두둔하는 변명("조합원 소유 방식이 좋은 이유에 대해 자세히 설명해 드릴테니 잠시만 기다려 주세요")만 계속 늘어놓는 모습에 크게 실망했기 때문이다. 신용조합은 뱅크오브아메리카나 웰스파고와 같은 탐욕스럽고 사기성이 농후한 은행들과 차별화할 수 있는 소중한 기회를 놓치고 말았다. 부디 앞으로는 달라진 모습을 보여 주길 바란다.

고객을 속이는 은행의 마케팅 기술

1. **미끼 이자율**('첫 두 달간 6% 이벤트'): 이런 마케팅에 속지 말자. 첫 두 달 이자는 아무 의미 없다. 정말로 중요한 것은 오랫동안 거래할 수 있는 좋은 은행을 선택하는 일이다. 기껏해야 25달러(어쩌면 3달러)밖에 안 되는 이자율 이벤트가 아니라 전반적으로 훌륭한 서비스를 제공하는 은행을 골라야 한다. 이자율 마케팅을 벌이는 은행은 애초에 피하는 게 상책이다.

2. **최소 잔고 기준**: 입출금이나 이체 서비스를 '무료'로 제공하는 조건으로 이러한 기준을 요구하는 은행은 멀리하자. 나는 이러한 기준을 받아들일 생각이 없다. 그냥 다른 은행으로 옮기면 그만이다.

3. **업셀링** up-selling: 더 값비싼 계좌로 옮기도록 권유하는 판매 기술이다. 이런 '프리미엄 계좌'들 대부분이 별 쓸모없는 서비스로 높은 수수료를 부과하기 위해 개발되었다. 나는 내 자녀들이 세 살이 되었을 때 웰스파고 사무실에 들어가 물고 있던 막대사탕을 지점장에게 집어 던지며 "이런 계좌는 완전히 사기잖아요!"라고 외치는 모습을 꼭 보고 싶다. 꼬마 라지, 잘했어.

4. **핑계 대기**: 은행들은 수수료나 최고 잔고 기준이 없는 통장은 더

이상 나오지 않는다고 말한다. 하지만 그런 계좌는 있다. 처음에는 그런 계좌를 개설해 주지 않으려고 버티지만, 고객이 강하게 나가면 결국 만들어 준다. 끝까지 거절한다면, 다른 은행으로 가자. 선택지는 매우 넓고, 지금은 고객이 우선인 세상이다.

5. **신용카드 끼워 팔기**: 은행 계좌를 개설해 주면서 그 조건으로 카드 발급을 강요하는 수법이다. 그 은행에서 신용카드를 만들 생각이 애초에 없었다면, 절대 받아들이지 말자.

여러 은행을 비교할 필요가 있다. 적어도 한 시간 이상 투자해서 각 은행의 웹사이트를 둘러보자. 은행을 선택할 때는 그들이 제시하는 계좌들의 유형만 살펴보는 것으로는 부족하다. 나는 은행의 신뢰도와 편리함, 그리고 기능을 두루 살핀다.

신뢰도: 나는 오랫동안 웰스파고 계좌를 이용했다. ATM 사용이 편리했기 때문이었다. 그러나 이제는 이런 대형 은행들을 신뢰하지 않는다. 나만 그런 생각을 하는 게 아니다. 그건 이들 은행이 다른 은행의 ATM을 이용할 때 은밀하게 이중 수수료를 부과하고, 또한 그렇게 해도 고객들이 항의하지 않는다는 점을 이용해 돈을 착취하기 때문이다. 그래도 괜찮은 은행도 있다. 이러한 은행을 찾는 쉬운 방법은 친구들에게 정말로 만족하는 은행이 어디인지 물어보는 거다. 그리고 주요 은행들의 웹사이트를 둘러보는 것도 도움이 된다.

계좌와 수수료에 대한 정책을 투명하게 공개하는지 5분만 살펴봐도 어떤 은행의 신뢰성이 높은지 쉽게 알 수 있다. 최소 잔고 기준이나 각종 수수료로 푼돈을 뜯어가는 은행은 절대 신뢰할 수 없다. 다양한 서비스에 관해 자세한 설명을 제공하는지, 설정을 쉽게 변경할 수 있는지, 그리고 24시간 전화 서비스가 가능한지 홈페이지를 통해 살펴보자. 마지막으로 한 가지가 더 있다. 혹시 매주 홍보 우편물을 발송하는 건 아닌지 확인하자. 나는 이런 우편물을 끔찍이 싫어한다. 그리고 교차 판매도 싫다. 실제로 홍보 우편물이 일주일에 세 번씩 날아오는 바람에 자동차 보험을 다른 곳으로 바꾼 적도 있다. 이후로 21세기 보험 21st Century Insurance 은 다시는 쳐다보지 않는다.

편리함: 서비스가 불편하면 아무리 이자를 많이 줘도 소용없다. 결국에는 사용하지 않게 될 것이기 때문이다. 은행은 내 돈을 관리하는 최전선이므로 입출금과 이체가 간편해야 한다. 또한 웹사이트가 원활하게 돌아가고, 메일이든 전화든 필요할 때 즉각 도움을 받을 수 있어야 한다.

기능: 이자율에서 경쟁력이 있어야 한다. 이체는 간편하면서 수수료가 없어야 한다. 자주 사용하기 때문이다. 그리고 고지서도 무료로 납부할 수 있어야 한다. 또한 은행의 앱이나 웹사이트 이용에 어려움이 없어야 한다.

이자율만 쫓아다니지 말자

한 가지 부탁이 있다. 다른 은행이 지금 은행보다 조금 더 높은 이자율을 제공한다고 해도 은행을 쉽게 옮기지 말자. 대략 절반의 확률로 높은 이자율은 신규 고객을 유치하기 위한 미끼인 경우가 많고, 그러면 이자율은 6개월 후 다시 낮아질 것이다. 나는 이자율이 좀 낮더라도 좋은 서비스를 장기적으로 제공하는 신뢰 있는 은행을 선호한다. 그런데 많은 이가 매일같이 은행 홈페이지를 돌아다니며 가장 높은 이자율을 찾아 이곳저곳 은행을 옮겨 다닌다. 그들은 말한다. "세상에! 앨리은행이 이자율을 2.25%에서 2.75%로 올렸어! 캐피털원 360보다 무려 0.02%나 높다고! 당장 옮겨야겠어!" 당신도 그렇게 하고 있다면, 똑같은 부류다.

어느 은행이 조금이라도 더 이자율이 높은지 살펴보면서 살고 싶은가? 시간 낭비에 불과하다. 이자율이 0.5% 더 높다고 해도 한 달에 몇 달러 차이밖에 안 난다. 게다가 이자율은 끊임없이 변한다. 그러므로 이자율을 쫓아다니는 것은 아무런 의미가 없다. 나는 지금 은행과 앞으로 몇십 년 동안 더 거래하고 싶다. 이자율을 분석하는 시간에 더 가치 있는 일을 하자. 이자율 변동이 아니라 빅 윈에 주목하자.

최고의 계좌

지금까지 살펴본 것처럼 올바른 계좌를 찾으려면 노력이 필요하다. 여기서는 내가 개인적으로 선택한 계좌와 함께 많은 이에게 적합하다고 생각하는 몇 가지 선택지를 보여 주고자 한다.

입출금 계좌

슈왑은행 투자자용 입출금 계좌와 슈왑 원 브로커리지 계좌(schwab.com/banking): 내가 사용하는 입출금 계좌다. 슈왑 계좌들은 놀랍게도 수수료와 최소 잔액 기준이 없으며, 초과 인출 보호와 공과금 납부, 수표 발행, ATM 카드 및 자동이체 서비스를 무료로 제공한다. 그리고 무엇보다 어느 ATM을 이용하든 수수료를 무제한 환급해 준다. 다시 말해 어떤 은행의 ATM으로 인출해도 수수료를 물지 않는다. 내가 이 계좌를 발견했을 때, 결혼이라도 하고 싶은 마음이 들었다.

모든 수수료를 면제받으려면 투자 계좌인 슈왑 브로커리지 계좌Schwab brokerage를 함께 개설해야 하지만, 투자 계좌를 꼭 사용해야 하는 건 아니다. 돈을 하나도 넣지 않아도 슈왑 입출금 계좌의 놀라운 기능을 모두 사용할 수 있다. 계좌이체나 자동이체로 입금할 수 있고, 또한 모바일 앱을 사용하면 수표 입금도 가능하다. 그런데 한 가지 주의할 점이 있다. 이 계좌에는 현금을 직접 입금할 수는 없다. 그래서 현금 입금을 자주 한다면 또 다른 입출금 계좌를 만드는 게 좋다(나는 현금을 거의 사용하지 않는다. 사용한다고 해도 입금이 아니라 인출만 한다. 현금이 남으면 그냥 침실 서랍에 넣어 둔다. 부디 그 돈을 노리는 사람이 없기를).

수수료와 최소 잔액 기준이 없는 지역 은행 입출금 계좌: 현금을 자주 입금하는 예외적인 경우라면, 이 글이 도움이 될 것이다. 하지만 그렇지 않다면 지역 은행에서 굳이 입출금 계좌를 따로 만들 이유는 없다. 독자들에게 이유를 물어보면, "편리해서"라거나 "슈왑은 현금 입금이 불가능해서"라는 대답을 듣는다. 어쨌든 지역 은행에서 입출금 계좌를 만들기로 했다면, 다음 기준 중 하나를 충족하면 수수료와 최소 잔액 요건 없이 계좌를 만들 수 있다. 첫째, 학생인 경우. 둘째, 급여 이체를 하는 경우. 셋째, 기준 이상의 잔액을 넣어 둘 경우. 이러한 계좌들 대부분 공과금 납부나 수표 발행, ATM 카드 서비스를 무료로 제공한다. 이자율은 매우 낮거나 없지만, 여기에 많은 돈을 넣어 두지는 않을 것이므로 문제가 되지는 않는다. 앞서 소개한 기준을 참조해서 만족할 만한 지역 은행 계좌를 찾아보자.

저축 계좌

일반적인 대형 은행의 저축 계좌는 별로 추천하지 않는다. 온라인 저축 계좌들이 이자율이 더 높고 편리하기 때문이다. 그리고 저축 계좌는 주로 출금이 아니라 입금이 목적이므로, 인출에 3일이 걸린다고 해도 큰 문제는 아니다.

캐피털원 360 저축 계좌(capitalone.com/bank): 내가 사용하는 저축

계좌다. 이 계좌를 사용하면 가상 하위 계좌를 만들어서 비상금이나 결혼, 주택자금 등 특정한 용도로 지정할 수 있다. 자동이체 설정도 가능하다('매월 첫째 날 입출금 계좌에서 저축 계좌로 100달러 이체' 혹은 '매일 5일에 투자 계좌로 20달러 이체'처럼 말이다). 이 계좌는 수수료와 최소 잔액 기준이 없으며, 복잡한 업셀링이나 귀찮은 프로모션 같은 것도 없다. 항상 가장 높은 이자율을 제공하지는 않지만, 그에 가까운 수준을 유지한다. 말 그대로 단순한 형태의 실용적인 저축 계좌다.

앨리 온라인 저축 계좌(ally.com/bank): 역시 추천할 만하다. 수수료도 없고 여러 개의 하위 저축 계좌를 만들어서 시스템을 자동화할 수 있다. 이자율과 편의성이 높다.

고려할 만한 또 다른 저축 계좌로는 골드만삭스$^{Goldman\ Sachs}$의 마커스^{Marcus}, 그리고 아메리칸익스프레스$^{American\ Express}$의 퍼스널 세이빙스$^{Personal\ Savings}$가 있다.

이제 새로운 입출금 계좌와 저축 계좌를 개설하는 데 필요한 모든 정보를 갖췄다. 계좌 조사에 세 시간. 그리고 계좌 개설과 입금에 두 시간이면 충분하다. 기존 계좌에서 새 계좌로 이체할 경우, 신규 은행으로부터 도움을 받을 수 있다. 여기서 기존 계좌에 소액의 잔고를 남겨두길 권한다. 그 계좌에 연동된 자동이체가 있을 수 있기 때문이다. 달력 앱에 60일 후 알람을 설정해 놓고 기존 계좌를 해지하자. 이제 다음 단계로 넘어가자!

> 목표별로 어떻게 따로 저축해야 할지 하나도 몰랐습니다. 저축 계좌가 하나뿐이라 계속 머릿속으로만 돈을 분류해야 했죠. 그런데 이 책을 읽고 나서 비상금과 은퇴, 여행 및 기부 등 여러 가지 목적에 따라 다양한 계좌를 만들었습니다.
>
> — 에밀리, 33세

은행 계좌 최적화하기

새로 만든 계좌든 기존에 보유한 계좌든 입출금 계좌와 저축 계좌는 최적화 작업이 필요하다. 다시 말해, 불필요로 한 수수료나 최소 잔액 요건을 없애야 한다. 최적화 작업에서 가장 중요한 부분은 대면이든 통화든 고객 서비스 담당자와 직접 대화를 나누는 것이다. 실제로 전화를 걸어야 한다는 말이다. 그런데 내 친구 중 절반은 전화 통화를 꺼린다. 한 친구는 얼마 전 은행 계좌 비밀번호를 잊어버렸는데, 보안상 이유로 은행에 직접 전화해서 신원을 인증해야 했다. 하지만 그는 마치 스톡홀름 증후군Stockholm syndrome(인질이 인질범에게 정서적으로 동조하는 심리 현상–옮긴이)에 걸린 것처럼 내 앞에서 연신 이렇게 중얼거렸다. "별로 중요한 일은 아냐. 은행 말이 맞아. 나중에 은행 갈 일이 있을 때까지 기다리지 뭐." 결국 그는 4개월 동안 비밀번호를 사용하지 못했다. 대체 왜 그러는 걸까? 전화 통화를 싫어할 수도 있지만, 이 책에서 내가 소개하는 특별한 혜택 대부분은 대면이나 전화 통화로 직접 대화를 나눠야 얻을 수 있다.

매달 부과되는 수수료 면제받기

어쩌면 내 기대가 큰 것일 수도 있겠지만, 그래도 나는 은행이 내 돈을 다른 사람에게 빌려줘서 돈을 벌고 있다면, 내게 따로 수수료를 부과해서는 안 된다고 본다. 한번 생각해 보자. 대형 은행이 매달 5달러 수수료를 부과한다면, 그건 기본적으로 이자를 상쇄하는 것이다. 그래서 매달 부과되는 수수료, 초과 인출 수수료, 혹은 계좌 개설 수수료 등 모든 형태의 수수료가 하나도 붙지 않는 입출금 계좌와 저축 계좌에 열을 올리는 것이다.

만약 자신이 좋아하는 은행에 계좌를 갖고 있는데 매달 수수료가 있다면, 한번 면제를 요청해 보자. 가령 계좌에 급여 이체를 연결하면 수수료를 면제받는 경우가 종종 있다. 또한 '최소 잔고 기준'을 요구하기도 한다. 이 말은 수수료를 면제받거나 공과금 납부와 같은 '무료' 서비스를 받으려면 특정 기준 이상의 금액을 통장에 넣어 둬야 한다는 말이다. 이것 역시 말이 안 된다고 생각한다. 은행이 이자도 거의 주지 않는 입출금 계좌에 최소한 1,000달러를 넣어 놓아야 한다고 강요한다고 해보자. 만약 그 돈을 투자했다면 이자의 20배에 달하는 수익을 올렸을 것이다.

은행이 "수수료가 없는 계좌는 없어요"라고 말할 때

지금 사용하는 입출금 계좌에서 수수료가 빠져나가고 있다는 사실을 발견하고는 계좌를 바꾸려 한다고 해보자. 은행에 전화를 걸었더니 수수료가 없는 계좌는 없다고 한다. 그 말을 그냥 받아들여야 할까? 그렇지 않다. 이제 공격적으로 나가야 할 때다. 다음 대화를 살펴보자.

당신: 안녕하세요. 제 입출금 계좌에 수수료가 부과되고 있더라고요. 연회비와 수수료, 최소 잔액 요건이 모두 없는 계좌로 바꾸고 싶습니다.

은행 직원: 죄송하지만, 그런 계좌는 지금 나오지 않습니다.

당신: 정말요? 이상하네요. [경쟁사 이름]에서는 정확히 그런 유형의 계좌를 저한테 제안하고 있거든요. 다시 한번 확인해 주시고 비슷한 조건의 계좌가 있는지 알려 주시겠어요?

(이쯤 되면 열에 여덟은 좋은 조건의 계좌를 개설해 준다. 만약 아니라면, 관리자를 바꿔 달라고 하자)

관리자: 안녕하세요. 무엇을 도와드릴까요?

당신: (처음부터 다시 이야기를 시작하자. 관리자도 거절하면 이렇게 해보자.) 저는 수년 동안 거래해 왔고 이 문제를 꼭 해결하고 싶습니다. 고객 한 명을 유치하려고 수백 달러를 투자한다고 알고 있

> 습니다. 제가 계속 남아 있도록 도움을 주실 수 있을까요?
> **관리자**: 아, 놀랍게도 마침 좋은 소식이 있네요. 컴퓨터를 들여다보니 고객님께서 요청한 바로 그 계좌가 올라와 있습니다!
> **당신**: 감사합니다. 친절하시군요(여유롭게 다르질링티를 음미하며).
>
> 은행은 당신을 고객으로 만들기 위해 이미 많은 돈을 썼다. 그래서 매달 5달러 수수료와 같은 사소한 문제로 당신을 잃기를 원치 않을 것이다. 금융기관에 전화를 걸 때마다 이러한 사실을 적극 활용하자.

직장에서 급여 이체를 해주지 않거나 은행이 최소 잔액 요건을 면제해 주지 않을 경우, 수수료와 최소 잔액 기준이 모두 없고 이자율이 높은 온라인 계좌로 바꿀 것을 추천한다.

주의할 점이 있다. 받아들여야 할 수수료도 있다. 가령 머니 오더 money order(지불 보증이 된 선불 수표-옮긴이)나 수표책 재발급에 따른 수수료는 타당하다. 그러니 제발 수표책 주문에 수수료를 부과하더라도 무작정 "라밋이 수수료를 내지 말라고 그랬어요"라고 소리치지는 말자. 그래도 혹시 그렇게 할 작정이라면, 부디 그 영상을 찍어서 인스타그램이나 X에(@ramit)에 올려 주길 바란다.

대부분의 은행 수수료는 협상이 가능하다

일반적으로 가장 부담스러운 수수료는 초과 인출 수수료다. 이는 당좌 계좌로 결제하는 과정에서 잔액이 부족할 때 은행이 부과하는 수수료다. 물론 이 수수료를 물지 않는 최고의 방법은 애초에 잔액이 넉넉하도록 계좌를 관리하는 것이다. 자동이체를 설정해서 항상 잔액이 어느 정도 이상이 되도록 유지하자(나는 당좌 계좌에 항상 1,000달러 정도를 예치해 둔다). 그러나 누구든 실수할 때가 있다. 은행들도 이러한 사실을 알고 있으며, 처음으로 초과 인출이 발생한 경우라면 고객 요청 시 면제해 준다. 처음이 아니라면 좀 힘들지만, 그래도 타당한 이유가 있으면 면제받을 수 있다. 은행은 고객을 어떻게든 붙잡아 두려 한다는 사실을 잊지 말자. 전화 통화에서 납득할 만한 근거를 제시하면 상황이 바뀔 수 있다. 무엇보다 전화를 건 목적(수수료 면제)을 인식하고 은행의 거절에 쉽게 물러서지 말자.

예전에 내가 초과 인출 수수료 20달러와 금융 수수료 27.10달러를 놓고 웰스파고(당시 거래했던)와 협상했던 사례를 소개한다.

당시 나는 일시적인 잔액 부족을 막기 위해 저축 계좌에서 당좌 계좌로 이체했지만, 처리가 하루 늦게 되었다. 그 때문에 부과된 초과 인출 수수료를 확인하니 한숨만 나왔다. 나는 당장 웰스파고에 전화를 걸었다.

라밋: 안녕하세요. 초과 인출 수수료가 나왔는데 면제를 받고 싶습니다.
은행 직원: 확인해 보겠습니다. 네, 그렇군요. 안타깝게도 수수료

는 면제해 드릴 수 없을 것 같습니다. 그건 [면제가 불가능한 말도 안 되는 이유] 때문입니다.

이럴 때 해서는 안 되는 말:

"정말 안 될까요?": 은행 직원이 고객의 요청을 더 쉽게 거절하게 만든다.

"다른 방법은 없을까요?": 당신이 고객 서비스 담당자라면 이 질문에 뭐라고 답하겠는가? 아마도 더 쉽게 거절할 수 있을 것이다. 그렇게 해서는 곤란하다.

"《나만 몰랐던 1억 모으는 법》이라는 책에는 된다고 나와 있던데요.": 아마도 관심을 보이지 않을 것이다. 그래도 수많은 고객이 은행에 전화해서 이렇게 말한다면 좋겠지만 말이다.

"알겠습니다.": 그렇게 쉽게 포기해서는 안 된다. 그냥 물러서면 마음은 편하겠지만, 더 나은 타협점이 분명히 있을 것이다.

대신에 이렇게 말하자:

"수수료가 나왔는데 꼭 면제받고 싶습니다. 도움을 주실 수 있을까요?"(불만 사항을 한 번 더 언급하고 건설적인 방향으로 해결할 방법을 물어보자.)

이렇게까지 했다면 85% 확률로 수수료를 환급받을 것이다. 실제로 수백 명이 큰 비용을 아꼈다는 증언을 내 블로그에 남겼다. 그래도 은행 직원이 고집을 부린다면 다음으로 넘어가자.

은행 직원: 고객님, 죄송하지만 수수료 환불은 어렵습니다.

라밋: 이해합니다. 하지만 제 거래 내역을 살펴봐 주세요. 3년 동안 이 은행과 거래했고 앞으로도 계속 거래하고 싶습니다. 그러니 꼭 수수료를 면제해 주시길 바랍니다. 한 번의 실수였고 다시는 그런 일이 없을 겁니다. 도움을 주실 수 있을까요?

은행 직원: 음, 살펴보니 정말로 우수고객이셨군요. 관리자와 함께 논의해 보겠습니다. 잠시 기다려 주시겠어요?

(은행은 장기 고객일수록 더 중요하게 여긴다. 그래서 하나의 은행을 정해서 오랫동안 거래를 이어나가는 게 중요하다. 또한 직원의 거절에 바로 물러서지 않음으로써 99%의 다른 고객과 자신을 차별화할 수 있다.)

은행 직원: 관리자와 함께 검토해서 수수료를 면제해 드릴 방법을 찾았습니다. 도와드릴 또 다른 문제가 있을까요?

내가 한 일은 그게 다였다. 이 방법은 단지 초과 인출 수수료에만 적용되는 것은 아니다. 특정한 업무 처리 수수료, 연체료, 심지어 ATM 수수료도 면제받을 수 있다. 여름 동안 인턴 직원으로 일하면서 뉴욕에 머물렀던 적이 있었다. 그동안 나는 그 지역에서 따로 은행 계좌를 만들지 않았다. 시간도 걸리고 무엇보다 귀찮았기 때문이었다. 그래서 그냥 동네에 있는 아무 ATM을 이용했는데, 인출할 때마다 수수료가 3달러씩 붙었다(내가 거래하는 은행에서 부과한 1.5달러에다가 ATM이 부과하는 1.5달러). 지금 생각하면 참 어리석었다. 얼마 전 뉴욕에 몇 달간 머물렀던 친구와 이야기를 나눴는데, 그녀 역시 짧은 체류 기간이라 따로 은행 계좌를 만들지 않았다고 했다. 하지만 그녀는 어깨를 으쓱하며 "그런데 말이야"를 시작으로 자신의 경험담을 늘어놨다. 그녀는 기존에 거래하던 은행에 전화를 걸어 뉴욕에 머무르는 동안 사용했던 ATM의 수수료를 면제해 달라고 요청했다. 그러자 은행은 "물론입니다"라며 그녀의 요구를 들어줬다. 전화 한 통으로 250달러가 넘는 돈을 아낀 것이다. 은행들은 신규 고객을 유치하기 위해 100달러 넘는 돈을 쓴다는 사실을 기억하자. 그래서 은행은 고객을 놓치고 싶어 하지 않는다. 이러한 점을 염두에 두고, 다음에 수수료가 나오면 꼭 은행에 전화하자.

> 많은 은행이 말도 안 되는 수수료를 부과하지만, 그래도 우수고객은 기꺼이 면제해 주기도 하더군요. 한번은 바보처럼 잘못된 계좌로 수표를 발행했다가 부도가 난 적이 있었어요. 그래도 그 은행과 5년간 거래를 했기에 은행을 찾아가 수수료를 면제해 달라고 요청했습니다. 그랬더니 그 자리에서 곧바로 처리해 주더군요. 설득하거나 다른 이유를 댈 필요도 없었어요.
>
> ─ 애덤, 22세

2주 차 플랜

1. **입출금 계좌를 새로 개설하려거나 이미 있다면 확인해 보자(1시간)**: 자신에게 적합한 계좌를 선택하고 은행에 전화를 걸어(혹은 방문해서) 계좌를 만들자. 이미 계좌가 있다면 수수료는 없는지, 그리고 최소 잔액 요건은 없는지 확인하자. 어떻게 하냐고? 마지막으로 받은 은행 명세서를 보거나, 그게 없다면 전화를 걸어서 이렇게 말하자. "제 계좌에 수수료는 없는지, 그리고 최소 잔액 요건은 없는지 확인하고 싶습니다." 지금까지 수수료를 내고 있었다면, 141쪽에서 소개하는 협상 전략을 활용해서 수수료와 최소 잔액 요건이 없는 계좌로 옮기자. 은행에서 요구를 들어주지 않으면, 다른 은행으로 옮기겠다고 강하게 나가자.

2. **이자율이 높은 온라인 저축 계좌를 만들자(3시간)**: 온라인 저축 계좌는 일반적으로 이자율이 더 높고, 입출금 계좌와 분리해 놓으면 심리적으로 안정감이 든다. 일반적인 방식으로 쉽게 인출할 수 없기에 더 꾸준히 저축하게 된다.

    한두 시간을 투자해서 136쪽에서 소개한 은행들을 살펴보자. 더 많

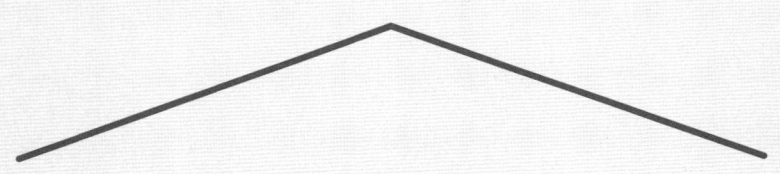

은 계좌를 살펴보고 싶다면, 뱅크레이트와 같은 금융 비교 사이트를 방문하자. 아니면 내 웹사이트에서 독자들이 남긴 여러 은행 계좌에 대한 후기를 읽어 보자.

2-1 [선택 사항] 온라인 입출금 계좌 만들기(2시간): 꼭 필요한 작업은 아니지만, 좀 더 서비스가 좋고 이자율이 높은 입출금 계좌를 원한다면 온라인 은행에서 찾아보자. 온라인 입출금 계좌의 장점은 이자율이 높고 이러저러한 수수료가 없다는 것이다. 지금 사용하는 입출금 계좌가 마음에 들지 않는다면, 바꿔 보자. 시간도 그리 오래 걸리지 않는다. 좋은 입출금 계좌를 마련해 두면, 앞으로 몇 년 동안 재정 시스템을 더욱 부드럽게 운용할 수 있다.

3 온라인 저축 계좌에 돈을 넣자(1시간): 입출금 계좌에는 한 달 반 정도의 생활비를 넣어 놓자. 그래도 남은 돈은 저축 계좌에 넣자. 30달러라도 괜찮다.

우리나라에서는 이렇게 하세요

by 서대리

은행도 신용카드와 마찬가지로 나에게 도움이 되는 곳으로 선택해야 한다. 주거래 은행 기준이 부모님이 이용하는 곳을 그대로 따라가거나 대학교나 첫 직장의 거래 은행을 관성적으로 쭉 사용하는 경우가 대부분이다. 하지만 책에서 이야기했듯이 수수료가 상당한 곳이 많은 만큼 이 부분을 비교해서 나에게 알맞는 은행을 선택해야 한다.

요새는 은행들 사이에 경쟁이 치열해 기본적으로 이체 및 출금 수수료가 없는 곳이 대부분이다. 하지만 신규 고객이 아닌 기존 고객에게는 각종 수수료를 물리는 은행이 많다. 그렇기에 당장 본인의 은행 수수료를 한번 확인해 보고 만약 존재한다면 다른 은행을 알아보자.

책에서는 브랜드 이미지가 좋은 뱅가드와 슈왑을 추천하지만, 대한민국 국민이라면 주거래 금융사로 이용하기 어렵다. 국민, 하나, 우리, 신한 등 한국 금융사를 이용해야 하는데, 아쉽게도 한국 금융사 중에는 뱅가드, 슈왑처럼 긍정적인 이미지가 강한 곳은 없으니 철저하게 수수료 관점으로 접근하자.

3장

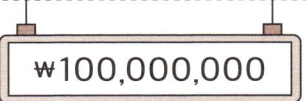

투자를
준비하자

401k와 로스 IRA 개설하기

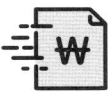

인도 부모들에게는 특이한 점이 있다. 혹시 주변에 인도 학생이 있다면, A학점으로 가득한 성적표를 들고 들뜬 마음으로 집으로 돌아갔을 때 무슨 일이 있었는지 한번 물어보자. 아마도 부모님은 자랑스러운 미소를 지으며 포옹을 한 뒤에 인상을 쓰며 이렇게 물었을 것이다. "비제이, 아주 잘했구나! 그런데 이게 뭐니? 여기 A-는 어떻게 된 거야?"

아마도 짐작하겠지만, 인도 부모의 이러한 태도는 자녀가 조금은 삐딱한 시선으로 세상을 바라보게 만든다. 나도 언젠가 미래의 내 아이들에게 꼭 그렇게 하고 싶다. 아직 태어나지도 않았지만 벌써 실망할 준비가 되었다.

사람들이 이제 자신의 재정 상태를 고민하기 시작했다고 말할 때, 나는 6초 정도 축하한 뒤에 속으로 그들을 평가한다. 그건 아마도 그들이 충분한 노력을 기울이지 않았다고 생각하기 때문이다. 이러한 나의 태도는 틀림없이 인도 부모의 세계관에서 비롯되었을 것이다. 《투자 대가들의 위대한 오답 노트》의 저자 마이클 배트닉Michael Batnick은 이렇게 썼다. "56~61세 미국인들의 은퇴자금 중간값은 2만 5,000달러다. 이는 1980년부터 60/40 포트폴리오(주식과 채권을 6:4로 자산을 구성하는 전통적인 투자 전략-옮긴이)로 한 달에 6달러씩 투자했다면 누구나 모을 수 있는 금액이다."

지난 장에서는 저축에 관한 이야기를 했다. 내 조언에 따라 이자율 높은 저축 계좌를 만들었다면, 나는 뿌듯한 마음이 들 것이다. 진심이다. 하지만 그걸로 충분하지 않다. 여기저기 조금씩 저축하는 것만으로는 부족하다. 비록 지금까지 읽은 수많은 책과 블로그에서 절약을 위한 비법과 사례를 아무리 강조한다고 해도 말이다. 그런 글들은 이렇게 말도 안 되는 주장을 펼친다. "오렌지주스를 한꺼번에 200상자씩 사면 5%를 아낄 수 있어요. 대단하죠."

이런 말에 속지 말자. 안타깝게도 최소한의 금액만 저축해서는, 그리고 절약을 통해 매달 100달러씩 온라인 저축 계좌에 넣는 방식으로는 그리 인상적인 결과를 얻을 수 없다.

이자율이 높은 저축 계좌에 돈을 넣는다고 해도, 의미 있는 성과를 얻으려면 오랜 세월이 걸릴 것이다. 이자율 높은 저축 계좌보다 더 높은 수익을 올리려면, 돈이 당신을 위해 일하도록 만들어야 한다. 이를 위한 첫 번째이자 최고의 방법은 투자다. 알베르트 아인슈타인은 이렇게 말했다. "복리는 인류의 가장 위대한 발명품이다. 확실하고 체계적으로 부를 축적하도록 만들어 주기 때문이다."

저축 계좌로 소소한 이자를 버는 게 아니라, 장기적으로 투자하면 연 8% 정도의 수익을 올릴 수 있다. 20세기 전반에 걸쳐 주식시장의 평균 연수익률은 11%였고, 물가상승률 3%를 고려해도 8%에 달한다. 35세인 사람이 1,000달러의 투자 자금을 갖고 있다고 가정하자. 그리고 저축 계좌의 평균 이자율은 3%고, 주식시장에 장기적으로 투자한다면 인플레이션을 감안하고도 8% 수익률을 올릴 수 있다고 해보자.

이제 계산해 보자. 그 돈을 그냥 저축 계좌에 넣어 둔다면 30년 후에 어떻게 될까? 1,000달러는 명목상 2,427달러로 불어났을 것이다. 하지만 인플레이션이 그 수익률을 '깎아 먹을' 것이다. 다시 말해 훌륭한 선택처럼 보이지만, 인플레이션까지 고려하면 그 돈의 실질 구매력은 30년 전과 비슷하다. 결코 좋은 성과라고 할 수 없다.

여기서 반전이 있다. 만약 그 돈으로 투자를 한다면, 30년 뒤에 1만 달러 넘게 불어났을 것이다. 무려 10배가 넘게 성장한 것이다. 인플레이션을 고려해도 놀라운 결과다. 그것도 단 한 번의 투자로 말이다.

투자는 엄청난 노력이 필요해 보이지만, 사실 그렇지 않다. 여기서 나는 투자의 단계를 상세히 보여 주고자 한다. 이번 장을 다 읽었을 무렵에는 당신도 투자 계좌를 개설해 놓았을지 모른다. 어디에 투자할 것인지 걱정할 필요는 없다. 그 내용은 7장에서 다룬다. 다만 지금은 올바른 투자 계좌를 만드는 일에 집중하자. 그래서 투자할 준비가 되었을 때, 자동이체 기능을 '실행'하는 것만으로 돈이 매달 투자 계좌로 흘러 들어가게 만들어 두자.

> 이 책을 읽은 지도 벌써 6년이 지났군요. 제가 가장 잘한 일 중 하나는 18살 때 일찍 은퇴 계좌를 만들어 놨다는 겁니다. 그 계좌에 넉넉한 돈이 들어 있다는 사실을 떠올릴 때마다 저절로 입꼬리가 올라갑니다. 그런 생각만으로 해방감을 느끼죠. 덕분에 인생의 다양한 영역에서 과감하게 도전할 수 있게 되었습니다. 앞으로 한 푼도 저축하지 않아도 99% 사람들보다 형편이 더 나을 거라는 안도감에 사업을 공격적으로 추진하면서 마음 편히 소비하고 있습니다.
>
> ─ 알렉스, 25세

당신의 친구들이 아직도 투자하지 않은 이유

다음 주제로 나아가기에 앞서 왜 청년들이 투자하지 않는지 이유를 짚고 넘어가자. 그 과정에서 당신은 밀레니얼 세대 대부분이 가장 잘하는 일, 즉 남들 평가하기를 하게 될 것이다. 얼마나 투자하고 있는지 물어보면, 젊은이들 대부분 이렇게 대답한다. "무슨 말이세요?" 혹은 "투자할 만큼 수입이 없어요."

그중에서도 가장 흔하면서도 아이러니한 대답은 이거다. "어떤 주식을 선택해야 할지 모르겠어요."

그러나 투자는 주식을 고르는 일이 아니다. 물론 일부는 401k와

401k에 관한 놀라운 통계

401k도 투자 계좌라는 사실을 명심하자. 그것도 이 책 169쪽에서 소개하는 엄청난 혜택을 제공하는 투자 계좌다. 그런데 이와 관련해서 놀라운 사실이 있다.

- 전제 미국인 중 401k에 가입한 비중은 3분의 1에 불과하다.
- 연소득이 5만 달러 이하인 사람 중 96%가 401k에 최대 납입 한도액을 채우지 않는다.
- 더욱 충격적인 것은 회사 부담금을 전부 받을 수 있을 정도로 자기 부담금을 내는 근로자는 다섯 명 중 한 명에 불과하다는 사실이다. 401k에 대한 기업 지원은 말 그대로 공짜로 주는 돈이다. 다시 말해, 근로자 80%가 매년 수천 달러를 손해 보고 있다.

같은 은퇴 계좌에 돈을 넣고 있겠지만, 아마도 그게 투자의 전부일 것이다. 하지만 분명한 사실은 젊은 시절이야말로 인생에서 투자하기에 가장 중요한 시기라는 점이다.

사람들이 투자하지 않는 또 다른 이유는 돈을 잃을지 모른다는 두려움 때문이다. 하지만 투자하지 않으면 '분명히' 돈을 잃을 거라는 사실을 알면서도 주식 시장에서 '어쩌면' 돈을 잃을지 모른다고 걱정하는 모습은 아이러니하다.

사람들은 위험에 관해 다소 왜곡된 믿음을 갖고 있다. 가령 상어에 물릴까 봐 걱정한다(그러나 정말로 걱정할 것은 심장질환이다). 그리고 달걀이나 닭고기 가격이 내려가면 기뻐하면서 주식 시장이 떨어지면 슬퍼한다(장기 투자자라면 시장 하락을 반겨야 한다. 같은 돈으로 더 많은 주식을 살 수 있으니까).

노인들은 투자하지 않은 것을 후회한다		
연령	기업 퇴직연금 중간 납입액	나의 의견
25세 미만	1,325달러	시도하지 않을 요리 프로그램을 보느라 시간이 없다.
25~34세	8,192달러	저축을 시작하지만, 아직 그 중요성은 잘 모른다.
35~44세	2만 3,491달러	저축의 중요성을 깨닫는다.
45-54세	4만 3,467달러	〈백 투 더 퓨처 2〉에 나오는 비프처럼 저축에 소홀했던 자신을 과거로 돌아가 한 대 후려치고 싶은 심정이다.

※ 출처: 뱅가드 보고서

투자 방법은 저절로 이해하게 되는 것이 아니라는 점을 명심하자. 문제는 바로 여기에 있다. 돈에 관련해서 우리는 쉽게 다른 사람들을 따라간다. 다시 말해 아무 행동도 하지 않는다. 나는 돈을 주제로 수년간 젊은이들과 이야기하고 몇 가지 결론에 도달했다. 첫째,

대부분이 마음에 들지 않는다. 둘째, 사람들은 A형, B형, C형으로 구분할 수 있다. A형은 돈 관리를 이미 잘하고 있으며 그 과정을 최적화하려고 한다. 다음으로 가장 많은 B형은 지금은 아무 노력도 하지 않지만, 동기를 발견하면 얼마든지 변할 수 있다. 마지막으로 C형은 말도 안 되는 이유와 핑계로 돈 관리를 끝까지 미룬다. 설득이 거의 불가능한 유형이다.

물론 어떤 이들은 환경 때문에 어려움을 겪지만, 대부분은 돈에 대한 개인적인 태도와 행동 때문에 부자가 되지 못한다. 실제로 20대 대부분 B형에 속한다. 좋다고는 할 수 없지만, 그리 나쁜 상황도 아니다. 그들에게는 앞으로 얼마든지 공격적인 투자 목표를 세울 시간이 있다. 그러나 아무 노력도 하지 않은 채 세월만 보내다 보면 결국 C형으로 넘어가고 만다. 당신은 그렇게 되지 말자!

보이지 않는 투자 각본	
보이지 않는 각본	의미
"주식 종목이 너무 많고 거래 방식도 다양합니다. 사람들마다 조언도 서로 다르죠. 막막한 느낌입니다."	복잡함을 피해 숨고 싶다는 말이다. 새로운 분야에 도전하는 것은 언제나 힘들다. 피하는 것은 해답이 아니다. 정보를 얻을 곳을 찾아서 배워야 한다.
"항상 고점에서 사는 것 같아요. 주식이 한창 올랐을 때 매수하고 싶지는 않아요."	정확한 매수 시점을 선택하는 게 불가능하다는 사실을 머리로는 알지만 진정으로 이해하지 못하고 있다. 매월 자동이체 방식으로 투자한다면, 그 어려움은 사라질 것이다.

"장기적으로 투자할 후보지가 너무 다양해서(부동산, 주식, 암호화폐, 원자재 등) 아직 투자처를 선택하지 못했습니다. 투자해야 한다고 생각은 하지만, 주식은 제가 통제할 수 있다는 '느낌'이 들지 않아요."	통제해야 투자 수익을 올릴 수 있다고 생각하지만, 아이러니하게도 현실에서는 통제를 포기해야 수익을 얻는다. 연구 결과는 일반 투자자들이 고점에서 사고 저점에서 팔거나 자주 거래하면서(이로 인해 세금이 발생한다) 투자 수익을 크게 갉아먹는다는 사실을 말해준다. 통제해야 한다고 생각하지만, 사실은 그럴 필요 없다. 그냥 내버려 두는 게 상책이다.
"지식이나 경험 부족으로 힘들게 번 돈을 잃고 싶지 않아요."	아이러니하게 투자하지 않는 동안 돈을 잃는다. 인플레이션 때문이다. 세월이 흘러 70대가 되어서야 그 사실을 깨닫는다.
"제겐 수수료가 중요한 문제입니다. 투자금이 적다면, 거래 수수료가 수익을 크게 갉아먹을 테니까요."	사람들은 '투자=주식 사고팔기'라고 생각한다. 그러나 절대 그렇지 않다. 내 조언에 따른다면, 투자 수수료는 거의 발생하지 않을 것이다.
"커피를 큰 사이즈 대신 작은 사이즈로 주문합니다. 이런 식으로 하루에 몇 달러라도 아끼고 있어요. 철이 든 거겠죠?"	쓸쓸한 노후를 보내게 될 것이다.

왜 많은 이가 잘못된 생각에 빠져 있을까? 배운 적이 없어서, 정보가 너무 많아서, 언론들이 서로 모순된 말을 해서, 혹은 그저 관심이 없어서 등 아주 다양하게 그럴듯한 핑계를 댄다. 그 이유가 무엇이든 분명한 점은 젊은 이들이 제대로 투자하지 않는다는 사실이다.

내가 자기 계발 분야에서 일하는 동안 깨달은 한 가지 교훈이 있다면, 사람들은 투자나 치실 사용, 혹은 창업처럼 해야 한다고 생각하지만 하지 않는 것에 대해 온갖 이유를 댄다는 것이다. 시간이 부족해서, 돈이 없어서, 어떻게 시작해야 할지 몰라서 등등. 그러나 진실은 단순하다. 그냥 하기 싫기 때문이다.

돈이 움직이는 방식을 배우고 싶지 않다면, 내가 해줄 수 있는 말은 없다. 물론 전문가의 도움을 받을 수도 있다(그러나 높은 수수료를 비롯해 그들이 추천하는 펀드로 수십만 달러의 보이지 않는 비용이 발생한다). 혹은 부모님의 방식을 그대로 따를 수도 있다. 아니면 미국인들의 유서 깊은 전통, 즉 문제를 외면하고 저절로 해결될 때까지 기다리는 방식을 택할 수도 있다. 물론 이런 방식들은 권하지 않는다.

금융기관들은 한 가지 흥미로운 현상을 발견했다. 그것은 사람들이 마흔 줄에 접어들면서 저축을 더 열심히 했었어야 한다는 사실을 갑자기 깨닫게 된다는 사실이다. 실제로 재정과 관련해서 미국인들이 가장 우려하는 점은 은퇴 생활을 위한 충분한 자금을 마련하지 못했다는 것이다. 갤럽 조사에 따르면, 미국인 절반 이상이 노후 자금에 대해 '아주' 혹은 '어느 정도' 걱정하고 있다고 한다.

이러한 현상을 직접 경험해 보려면, 부모님에게 가장 큰 걱정이 무엇인지 물어보자. 틀림없이 "돈"이라고 대답할 것이다. 그렇다고 우리 세대 역시 부모 세대보다 재정에 더 많은 관심을 기울이는 것은 아니다.

지루한 진실

누구나 한 번쯤 복권에 당첨되어 부자가 되겠다는 상상을 한다. 그러나 부자가 되는 현실적인 방법은 생각보다 간단하다. 미국 백만장자 중에서 3분의 2는 자수성가형이다. 즉, 부모에게 물려받은 유산으로 부자가 된 게 아니다. 그들은 소비를 줄이고 투자를 꾸준히 이어갔으며, 때로는 사업을 통해 막대한 부를 이뤘다. 복권 당첨만큼 짜릿하지는 않지만, 그보다 더 현실적인 이야기다.

미국의 신탁은행인 US트러스트US Trust가 실시한 설문 조사 결과에 따르면, "부자들 83%가 큰 위험을 떠안기보다 오랜 기간에 걸쳐 거둔 작은 성공으로부터 대부분의 투자 수익을 올렸다"고 한다." (주의: 여기서 말하는 작은 성공이란 커피를 줄이는 게 아니다. 위험천만한 투기가 아니라 체계적인 저축 및 투자와 같은 '의미 있는' 행동에 집중한다는 의미다.)

그들은 매년 벌어들이는 소득이 아니라, 오랜 기간 저축하고 투자하는 방식으로 부를 쌓았다. 그래서 연봉 5만 달러의 프로젝트 매니저가 연봉 25만 달러의 의사보다 더 부유할 수 있는 것이다. 장기간에 걸쳐 더 많이 저축하고 투자한다면 말이다.

그런데 미국 문화는 사람들이 투자에 주목하도록 장려하지 않는다. 우리는 유명인들의 인스타그램을 보며 부러워한다. 그러나 그 모습은 부자가 된 과정이 아니라 결과를 보여 준다. 미국심리학협회American Psychological Association의 발표에 따르면 오늘날 미국인들은 1950년대 미국인들에 비해 덜 행복하다. 비록 그때보다 두 배 더 자주 외식하고 두 배 더 많은 자동차를 보유하고 있는데도 말이다. 우리는 대형 TV와 스마트폰, 전자레인지를 비롯하여 훨씬 더 많은 장난감을 소유하고 있다. 그러나 그것들로부터 더 높은 만족감을 얻는 것은 아니다.

청년 다섯 명 중 한 명은 복권으로 부자가 될 꿈을 꾼다		
비중	부자가 되는 법	내 의견
21%	복권 당첨	마음에 들지 않는다.
11%	상속	마음에 들지 않는다.
3%	보험금	재테크라는 보험부터 드는 게 어떨까?

물질적인 풍요에 대한 과도한 집착, 그리고 하루 24시간 접하게 되는 금융 관련 뉴스와 수많은 전문가, 수백만 개의 온라인 금융 사이트 등 어마어마한 정보에도 불구하고 우리는 여전히 재테크를 제대로 하지 못하고 있다. 오히려 불안만 더 커졌다. 고소득자도 마찬가지다. 미국 은행인 선트러스트 SunTrust의 설문조사에 따르면, 연소득이 10만 달러가 넘는 인구 네 명 중 한 명은 월급날만 기다리며 살고 있다고 한다.

우리는 지금 어떤가? 새해가 되면 반성하면서 앞으로 더 잘할 거라 다짐한다. 그리고 새로운 앱을 다운로드한다(앱이 모든 문제를 해결해 주리라 기대하며). 우리는 '교육'이 해결책이라고 말한다. 마치 더 많이 저축하고 투자해야 한다는 사실을 몰라서 문제가 생겼다는 듯 말이다.

하지만 정보만으로는 부족하다. 우리는 복리 효과를 이미 알고 있다. 단지 정보가 부족해서 문제가 생긴 거라면, 분명히 해결책을 찾아냈을 것이다. 그러나 진정한 문제이자 진정한 해결책은 바로 당신이다. 당신의 심리와 감정, 그리고 보이지 않는 각본, 그 모든 것이다. 돈을 대하는 태도를 바꿔야 하는 이유를 이해하지 못한다면, 그리고 앞으로 변하기로 결심하지 않는다면, 아무리 많은 정보도 쓸모없다.

세상은 원래 불공평하다는 암울한 믿음을 떠올려 보자. 얼마나 많은 이들이 투자는커녕 저축할 돈도 없다고 불평을 늘어놓고 있는가? 학습된 무력감은 중독성이 강하다. "하하! 투자하라고? 그건 불가능해. 할 수 있는 일이 없다고! 베이비붐 세대가 다 망쳐 놨기 때문이야." 그러나 나는 당신의 일정과 소비 내역을 10분만 들여다봐도 가장 중요한 문제가 무엇인지 그리고 어떻게 해결할 수 있는지 말할 수 있다.

많은 이가 돈에 대해 순진하거나 비현실적인 믿음을 갖고 있지만, 당신까지 그럴 필요는 없다. 나는 당신이 현실을 직시하고, 통제력을 되찾고, 자신도 얼마든지 투자할 수 있다는 사실을 깨닫게 만들어 줄 것이다. 한 달에 50달러, 혹은 5,000달러도 좋다. 나는 두 경우를 모두 경험했고, 그래서 무엇이 필요한지 알려 줄 수 있다. 앞으로 10년 후, 아니 3개월 후면 매월 자동이체를 통해 투자 계좌에 돈을 집어넣고 있는 스스로를 발견하게 될 것이다. 당신의 돈은 자는 동안에도 불어날 것이다. 기적으로 복권에 당첨되길 기다리는 대신, 주도적으로 투자 계좌를 활용해서 부자가 될 것이다.

투자야말로 부자가 되는 가장 확실한 방법이다

투자 계좌를 개설할 때, 부자가 되기 위한 역사상 최고의 기회에 다가서게 된다. 그것은 다름 아닌 주식시장이다. 투자 계좌를 만드는 것은 실질적인 투자를 향한 최고의 첫걸음이다. 돈이 많아야만 투자 계좌를 개설할 수 있는 건 아니다. 매달 자동이체를 설정하면, 은행 대부분 최소 잔액 요건을 면제해 준다.

5년 전부터 매주 10달러씩 투자를 했더라면 어땠을까? 지금쯤 얼마로 불어나 있을지 생각해 보라. 아마도 수천 달러로 불어나 있을 것이다. 하루 1달러 살짝 넘는 돈으로 말이다. 그동안 매주 10달러를 어디에 썼는지 생각해 보자. 대부분 사람과 비슷하다면, 아마도 우버를 이용하거나 점심을 사 먹는 것처럼 자신도 인식하지 못하는 순간에 사라졌을 것이다. 주식시장은 항상 요동치지만, 그래도 장기적으로 바라보고 일찍 투자를 시작하는 것이야말로 최고의 방법이다.

지금 투자하라			
매주 투자 금액	1년 후	5년 후	10년 후
10달러	514달러	3,173달러	7,836달러
20달러	1,082달러	6,347달러	1만 5,672달러
50달러	2,705달러	1만 5,867달러	3만 9,181달러

※ 연수익률 8% 기준

재테크 사다리

투자를 위한 체계적인 6단계를 소개한다. 각 단계는 이전 단계를 기반으로 하므로 첫 단계를 끝낸 후 두 번째 단계로 넘어가자. 6단계까지 모두 끝내지 못했더라도 걱정할 필요는 없다. 지금 할 수 있는 최선을 다하는 게 중요하다. 5장에서는 자동화 작업을 바탕으로 1년에 몇 시간만 투자하고도 재정 시스템이 원활하게 돌아가도록 만드는 방법을 보여 주고자 한다. 여기서도 계좌를 개설해서 투자를 시작하는 것이 가장 중요한 단계라는 사실을 잊지 말자.

1단계: 지금 회사에 401k 지원 제도가 있다면 이를 100% 활용할 수 있을 만큼 충분한 금액을 넣자. 여기서 말하는 "401k 지원 제도"란 근로자가 401k 계좌에 납입하는 금액 "만큼" 기업이 추가로 지원하는 제도를 말한다. 간단한 사례를 살펴보자. 연봉이 10만 달러이고 기업이 연봉의 5%까지 100% 지원해 준다고 해보자. 그럴 때 5천 달러를 401k 계좌에 입금하면 기업도 똑같이 5천 달러를 입금해 준다. 말 그대로 공짜 돈이다. 결론적으로 이보다 더 좋은 조건은 없다.

2단계: 카드 빚을 비롯한 다양한 부채를 갚자. 신용카드의 연이율은 평균 14%이고 이보다 더 높은 경우도 많다. 그러므로 카드 빚을 갚는다는 건 꽤 높은 수익률을 올리는 투자와 같다. 카드 빚을 상환하는 최고의 방법은 1장 98쪽을 참조해 보자.

3단계: 로스 IRA(176쪽 참조)를 개설해서 최대한 많은 돈을 넣자.

4단계: 여유 자금이 있다면 다시 401k 계좌로 돌아가 최대한 많이 넣자(이번에는 401k 지원 제도를 넘어서 오직 개인 부담으로 납입하는 것이다).

5단계: HSA Health Savings Account(건강 저축 계좌)를 개설할 수 있다면, 사람들이 잘 모르는 놀라운 세제 혜택을 받으면서 투자 계좌로 활용할 수 있다. HSA에 관한 자세한 사항은 189쪽을 참조하자. 4단계를 마치고도 여전히 여유 자금이 있다면, HSA를 꼭 활용하자.

6단계: 그래도 투자할 자금이 남았다면, 일반적인 투자 계좌를 개설해서 최대한 많은 돈을 넣자. 자세한 사항은 7장에서 설명한다. 그리고 주택담보대출이 있다면 추가 상환을 하자. 또한 자기 자신에 대한 투자도 고려해 보자. 예를 들어 창업이나 새로운 학위를 위해 투자해 볼 수 있다. 개인의 경력이야말로 최고의 투자처다.

사다리의 목적은 어떤 계좌를 먼저 개설해야 하는지 보여 주기 위한 것이다. 구체적으로 어디에 투자할 것인지는 7장에서 다시 살펴보자.

401k 최대한 활용하기

만약 내가 수백만 명의 인생을 바꿔 놓을 제도에 최악의 이름을 붙이고자 한다면, 아마도 이렇게 할 것이다.

① 가장 지루한 자료를 찾는다. 가령 '국세청 세법'처럼 말이다.
② 아무 페이지나 펼친다. 어쩌면 401k 조항이 나올지도.
③ 사무실을 한번 훑어보고 어깨를 으쓱하고는 401k를 연금 이름으로 정한다.

401k는 참으로 재미없는 이름이지만, 그래도 대단히 놀라운 계좌다. 401k 플랜은 많은 기업이 근로자에게 제공하는 은퇴 계좌의 일종이다. 401k는 '은퇴' 계좌다. 정년에 이를 때까지 이 계좌에서 돈을 인출하지 않겠다고 동의해야 중요한 세제 혜택을 받을 수 있다(70.5세까지는 이 계좌에서 돈을 인출해야 할 의무는 없다. 만일 그때도 일하고 있다면 예외 조항이 적용된다. 지금으로서는 걱정할 필요가 없다).

401k 계좌를 개설하려면 월급의 일부(금액을 직접 정할 수 있다)를 매달 이체하는 데 동의하는 양식을 작성해야 한다. 그 돈은 기업에서 401k 계좌로 곧바로 넘어가기 때문에 실제로 이를 제외한 돈을 월급으로 받게 된다. 401k 계좌를 만드는 과정에서 몇 가지 간단한 투자 항목을 선택할 수 있고, 계좌에 납입한 돈은 점점 불어난다.

이제 401k의 혜택을 자세히 살펴보자.

혜택 1: 25% 더 빨리 성장한다

은퇴 계좌들은 이렇게 제안한다. 오랫동안 투자를 약속하면, 엄청난 세제 혜택을 주겠다. 이 계좌에 넣는 돈은 오랜 세월이 흘러 인출할 때까지는 과세되지 않으므로 더 큰 금액으로 복리 효과를 누릴 수 있다. 일반적으로 25~40% 더 크다.

먼저 일반적인 투자 계좌('비은퇴 계좌')를 살펴보자. 증권사에서 투자 계좌를 개설하면 세제 혜택이 크지 않다. 투자 수익으로 100달러를 벌면, 실제로 손에 쥐게 되는 돈은 75달러 정도다. 개인에게 적용되는 세율에 따라 약 25%를 소득세로 내기 때문이다.

하지만 일반적으로 401k 계좌는 '과세가 연기된 tax-deferred' 된 돈을 투자한다는 점에서 다르다. 다시 말해 소득으로 번 100달러 전부를 투자해서 30년 이상 성장하게 만들 수 있다. 물론 나중에 인출할 때 세금을 물게 되지만, 세금으로 내게 될 25%의 돈에도 복리 효과가 적용되므로 엄청난 차이를 만들어낸다.

혜택 2: 기업 지원 제도는 공짜 돈

많은 경우에 기업은 근로자가 401k 계좌에 납입하는 금액만큼 추가로 지원한다. 다시 말해 개인이 투자한 만큼의 돈을 공짜로 받는 셈이다. 그야말로 윈-윈이다. 자신이 다니는 기업이 이런 지원을 제공하는지 알아보려면, 인사팀 담당자에게 기업의 401k 정책에 관해 물어보자.

그렇다면 이러한 지원 제도는 실제로 어떻게 작동하는 걸까? 간단한 예를 들어 보자. 기업이 5%까지 일대일 지원을 한다면, 근로자 연봉의 5% 안에서 401k 계좌에 넣는 돈만큼 추가로 지원한다는 뜻이다. 가령 연봉이 6만 달러고 매년 3,000달러(연봉의 5%에 해당하는)를 401k 계좌에 넣을 경우, 기업은 3,000달러 전액을 근로자의 401k 계좌에 입금해 준다. 다시 말해 근로자의 실제 연간 투자액은 6,000달러가 되는 것이다.

25세의 근로자가 기업 지원을 받아 401k를 시작해서 6,000달러로 연 8% 수익을 올린다면, 퇴직 시 160만 달러가 넘는 은퇴자금을 확보하게 된다. 여기서 기업 지원이 없다면 80만 달러가 좀 넘는 수준이다. 기업의 5% 지원으로 은퇴자금이 '두 배'로 늘어난다. 그리고 매년 납입할 때마다 금액 차는 점점 더 벌어진다.

회사 부담금 여부에 따른 금액 차이		
나이	기업 지원이 없을 때	기업 지원을 받을 때
35세	5,400달러	1만 800달러
40세	3만 1,680달러	6만 3,359달러
45세	7만 8,227달러	15만 6,455달러
50세	14만 6,621달러	29만 3,243달러
55세	24만 7,115달러	49만 4,229달러
60세	39만 4,772달러	78만 9,544달러
65세	61만 1,729달러	122만 3,459달러

※ 연수익률 8%

혜택 3: 자동화 투자 방식

아무것도 하지 않아도 월급에서 자동으로 401k 계좌로 돈이 빠져나간다. 근로자는 그 돈을 구경도 못 한 채 그냥 살아간다. 이는 인간의 심리를 이용해서 투자하게 만드는 훌륭한 방식이다. 실제로 이러한 방식이 얼마나 강력한 효과가 있는지 보여 주는 논문들이 쏟아지고 있다.

예를 들어 일부 기업은 '옵트인opt-in' 방식 대신에 '옵트아웃opt-out' 방식으로 401k 플랜을 운용하고 있다. 다시 말해, 근로자가 아무 선택도 하지 않으면 월급의 일정 부분이 자동으로 401k 계좌로 빠져나가게 된다. 물론 근로자는 적극적인 선택을 통해서 401k 계좌로 자동이체를 취소할 수 있다. 이러한 점에서 옵트아웃 방식은 사람들 대부분 돈에 관해 적극적인 행동을 취하지 않는다는 사실을 활용하는 사례다. 실제로 그 결과는 대단히 인상적이다. 연구 결과에 따르면, 조사 대상 기업들의 초기 401k 가입률이 40%였던 것이 옵트아웃 방식으로 전환하면서 90% 넘게 급증한 것으로 드러났다.

401k에 대한 흔한 걱정

돈이 급하게 필요하면?: 401k는 입출금 계좌나 저축 계좌가 아니라 장기 투자를 위한 은퇴 계좌다. 그래서 59.5세 이전에 돈을 인출할 경우, 소득세는 물론 10%의 조기 인출 벌금 등 상당한 불이익을 받는다. 이러한 규정은 다분히 의도적으로 설계되었다. 다시 말해, 그 돈은 툴룸으로 떠나는 요가 여행을 위한 게 아니라 은퇴 생활을 위한 것이라는 뜻이다. 그래도 의료비나 주택 마련, 교육비 등 '경제적 어려움으로 인한 인출'은 예외적으로 허용된다. 하지만 이러한 경우에도 소득세와 10% 조기 인출 벌금은 그대로 적용되므로 바람직한 선택은 아니다(절박한 상황이 아니라면 401k 계좌는 건드리지 말자). 그래도 많은 경우에 가장 심각한 문제는 저축과 투자를 아예 하지 않는 것이므로, 나중에 돈을 어떻게 인출할지에 대한 걱정은 일단 접어 두자. 저축과 투자를 시작했다면, 급한 상황이 발생해도 돈을 구할 방법은 언제나 발견할 수 있을 테니 말이다.

인출 시 세금을 내야 하는가?: 그렇다. 401k는 세금 유예 계좌이지 세금 면제 계좌가 아니다. 59.5세 이후로 인출을 시작하게 되면 세금을 내야 한다. 하지만 이러한 세금을 부정적으로 생각할 필요는 없다. 30~40년 동안 복리 효과를 누리면서 자산이 이미 빠른 속도로 불어났기 때문이다. 401k에 장기 투자하겠다고 약속하기 때문에, 자산을 25%나 더 많이 성장시킬 수 있는 것이다.

직장을 옮기면 어떻게 되는가?: 401k 계좌에 있는 돈은 개인의 자산이므로 다른 직장으로 옮겨도 걱정할 필요가 없다. 그대로 가져갈 수 있다. 자세한 방법을 알아보자.

① IRA로 옮기기: 이 방법을 권장한다. 401k에 있는 돈을 IRA로 옮기는 게 좋다. 그건 IRA를 기반으로 인덱스 펀드 등 다양한 투자 자산을 관리할 수 있기 때문이다. 뱅가드나 피델리티Fidelity, 슈왑(이들 증권사와 거래하는 방법은 이 장 마지막에 소개

한다) 등 할인 증권사에 전화를 걸어서 401k를 로스 IRA 등으로 전환하고 싶다고 요청하자. 10분 만에 처리가 가능하며 수수료도 없다. 이처럼 계좌를 옮기는 작업에는 기한이 정해져 있으므로 직장을 옮기거든 곧바로 증권사에 연락해서 방법을 물어보자.

② 기존 401k를 새로운 직장의 401k로 옮기기: 이 방법도 괜찮다. 401k를 이미 경험해 봤다면 잘 알겠지만, 투자 선택권이 제한적이다. 그리고 401k에 돈을 넣는 주요한 이유는 기업 지원 제도를 활용하기 위함인데, 기존 401k 계좌에서 옮긴 돈에는 이 제도가 해당되지 않는다. 그래서 나는 기존 401k를 IRA로 옮기는 방법을 선호하는 것이다. 그래도 새로운 401k로 옮기고 싶다면, 인사팀에 도움을 요청하자.

③ 그대로 놔두기: 좋지 않은 선택이다. 계좌의 존재를 잊어버리거나, 아니면 투자 선택권과 변동 사항에 신경을 쓸 수 없기 때문이다.

④ 세금과 10% 조기 인출 벌금을 물면서 인출하기: 최악의 선택이다. 그런데 놀라운 사실이 있다. 20대 절반이 직장을 옮길 때 401k 계좌에서 돈을 인출해서 막대한 비용을 물고 있다는 것이다. 절대 그러지 말자!

로스 401k는 어떨까?: 최근 일부 기업은 로스 401k도 함께 제공한다. 이를 통해 기존 401k처럼 세전 자금이 아니라 세후 자금으로 401k에 투자할 수 있다. 그런데 그렇게 하는 이유는 뭘까? 만약 나중에 자신의 세율이 높아질 것으로 예상한다면, 로스 401k는 훌륭한 대안이 될 수 있다. 또한 뜻밖의 혜택 두 가지도 있다. 로스 401k의 경우, 소득 제한이 없다. 그래서 로스 IRA를 사용하기에 지나치게 소득이 높다면, 로스 401k는 세후 혜택을 받을 수 있는 좋은 방법이다. 또한 로스 401k는 로스 IRA로 전환해도 세금을 물지 않는다. 이러한 방식으로 더 자유롭게 투자 선택이 가능하다.

401k 장점 요약

지금까지 자세히 설명한 내용을 정리해 보자. 401k는 아무런 노력을 들이지 않고도 세전 소득으로 투자할 수 있다는 점에서 훌륭한 계좌다(로스 401k는 세후 자산으로 투자). 세금을 제하지 않은 소득으로 투자하기 때문에 장기적으로 더 높은 복리 효과를 누릴 수 있다. 나아가 기업이 너무도 소중한 401k 지원 제도를 제공한다면, 절대 놓쳐서는 안 되는 공짜 돈을 얻는 셈이다. 401k에 최대한 공격적으로 투자해야 한다는 사실을 명심하자. 지금 투자하는 돈은 나중에 틀림없이 몇 배의 가치로 돌아올 것이다.

당장 하자: 401k 설정하기

401k 계좌를 설정하기 위해 기업 인사팀에 계좌 개설을 위한 양식을 요청하자. 작성에 30분 정도면 충분하다. 작성 과정에서 어느 펀드에 투자하고 싶은지 선택해야 한다. 이에 앞서 투자 플랜을 다루는 7장을 읽고 최종적으로 결정하자.

직장에 401k 지원 제도가 있다면, 지원을 온전히 받기 위해 얼마를 401k 계좌에 납입해야 하는지 계산해서 급여에서 자동으로 빠져나가도록 설정하자(401k 계좌를 개설하는 양식에 기입하면 된다). 예를 들어 기업이 연봉의 5% 한도에서 지원하고 연봉이 5만 달러라면, 매달 208달러 정도 납입하면 된다(5만 달러×5%÷12개월). 그런데 그 돈이 월급 통장에 들어오기 전에 빠져나가도 생활에 문제가 없을까? 아마도 그럴 것이다. 만약 문제가 있다고 판단되면, 감당할 수 있는 수준으로 조정하자. 85%만 납입해도 전혀 하지 않는 것보다 훨씬 낫다는 점을 명심하자.

만약 직장에 401k 지원 제도가 없어도 계좌는 개설해 놓되(단, 수수료가 없어야 한다), 당분간 납입은 하지 말자. 대신에 개인 재정 사다리의 2단계와 3단계에 따라 부채를 상환하면서 로스 IRA에 최대한 많은 돈을 넣자. 그리고 나서 4단계로 넘어가 401k에 투자를 시작하자.

부채를 없애라

개인 재정 사다리에서 두 번째 단계는 부채를 해결하는 것이다. 카드 빚이 하나도 없다면, 잘하고 있다. 그러면 이 단계는 건너뛰고 다음으로 넘어가도 좋다(학자금 대출이 아직 남은 상태에서 투자 단계로 넘어가도 괜찮을지 우려하는 이들을 위한 내 대답은 다음과 같다. 학자금 대출은 일반적으로 카드 빚보다 훨씬 이자율이 낮다. 또한 금액도 대개 그리 크지 않다. 즉, 상환 계획을 쉽게 세울 수 있고, 그래서 투자와 병행해도 좋다).

하지만 학자금 대출이 아닌 빚이 있다면 빚 상환이 먼저다. 그렇다. 듣기 좋은 말도, 마음 편한 말도 아니다. 특히 투자를 고려하고 있다면 말이다. 일단 투자의 맛을 보기 시작하면, 새로운 계좌를 개설하거나 '자산 배분'과 같은 용어를 공부하는 일이 오래 묵은 빚을 갚는 일보다 훨씬 흥미진진하게 느껴진다. 그럴 때 사람들은 이렇게 말한다. "왜 굳이 부채 얘기를 꺼내는 거죠? 제겐 빚을 갚는 것보다 투자하는 게 더 이익이거든요!" 하지만 나는 당신이 풍요로운 삶으로 나아가는 길을 가로막는 장애 요소를 모두 제거하길 바란다. 그래서 먼저 부채에 주목하라는 거다. 특히 이자율이 말도 안 되게 높은 카드 빚이라면 말이다.

로스 IRA의 아름다움

401k 계좌를 만들고 부채 문제를 해결했다면, 3단계로 넘어가서 로스 IRA를 활용하자. 로스 IRA는 미국인들이 활용하는 또 다른 은퇴 계좌로, 역시 상당한 세금 혜택이 있다. 다만 기업 지원 제도가 없으므로 오직 자기 돈으로만 납입해야 한다. 20대라면 401k 계좌로 투자한다고 해도 로스 IRA도 갖고 있는 게 좋다. 장기 투자를 위한 최고의 계좌이기 때문이다.

로스 IRA의 이점은 원하는 대로 투자할 수 있다는 것이다. 401k 경우에는 특정 펀드만을 선택해야 하지만, 로스 IRA는 인덱스 펀드와 개별 주식 종목 등 자신이 원하는 대로 투자할 수 있다. 다음으로 세금에서 차이가 있다. 401k의 경우, 세전 금액으로 투자하고 은퇴 후 인출 시 세금을 낸다는 점을 떠올려 보자. 반면 로스 IRA는 세후 금액으로 투자한다. 그리고 소득세를 이미 냈기 때문에 인출 시 세금을 낼 필요가 없다.

만약 1972년에 로스 IRA가 존재해서 이를 활용하여 세후 금액으로 1만 달러를 사우스웨스트에어라인 Southwest Airlines(종목 코드: LUV)에 투자했다고 가정하자. 그랬다면 횡재를 맞았을 것이다. 그 돈은 1,000만 달러로 불어났을 것이며, 게다가 30년 후 인출할 때 세금을 전혀 물지 않는다. 1972년에 초기 자금 1만 달러를 투자하면서 세금을 이미 냈기 때문에, 로스 IRA로 거둔 수익 999만 달러에 대해서는 세금을 낼 필요가 없다. 어마어마한 혜택이다.

	로스 IRA로 얼마나 절약할 수 있을까?		
	로스 IRA	일반 과세 투자 계좌	투자하지 않을 때
5년	3만 1,680달러	2만 9,877달러	0
10년	7만 8,227달러	6만 9,858달러	0
15년	14만 6,621달러	12만 3,363달러	0
20년	39만 4,772달러	19만 4,964달러	0
25년	39만 4,772달러	29만 782달러	0
30년	61만 1,729달러	41만 9,008달러	0

※ 세율이 25%(현재 시점과 은퇴 시점 모두)이고 연수익률이 8%, 그리고 매년 5,000달러(월 417달러)를 납입한다고 가정

로스 IRA에 납입한 금액에는 세금을 내지만 수익에는 세금을 물지 않는다. 그리고 30년 이상 투자하면 놀라운 성과를 올리게 된다. 위 도표에서도 쉽게 확인할 수 있듯이 말이다.

로스 IRA의 제약 사항

401k와 마찬가지로 로스 IRA도 장기 투자 수단으로 활용해야 한다. 만약 59.5세 이전에 수익에 해당하는 돈을 인출할 경우, 벌금이 부과된다. 여기서 '수익에 해당하는 돈'이라고 한 점에 주목하자. 원금(자기 돈으로 투자한 금액)은 인출해도 벌금이 없다. 또한 예외 조항이 있다. 주택 계약금^{down payment}(미국에서 주택을 구매할 때 매매가의 일부를 계약 시점에 현금으로 내는 금액. 20%가 표준이다-옮긴이), 본인과 배우자 및 자녀, 손주의 교육비, 그리고 여러 가지 긴급 상황에서는 벌금을 면제받는다.

그래도 주의할 점이 있다. 면제 조항에 해당하려면, 로스 IRA를 개설한 지 적어도 5년이 흘러야 한다. 그렇기에 당신은 이번 주에 당장 로스 IRA를 개설해야 한다. 로스 IRA에 납입할 수 있는 금액 한도는 '로스 IRA 납입 한도'로 검색해서 확인하자. 또한 연간 소득이 13만 5,000달러 이상일 경우, 로스 IRA에 납입할 수 있는 금액에 제한이 발생한다(특정 소득 기준을 넘어서면 아예 개설조차 할 수 없다). 그러나 이러한 기준은 매년 변하므로 '로스 IRA 소득 기준'으로 검색해서 최신 정보를 확인하자.

IRA 개설 방법

돈의 출처가 어디든 중요한 것은 로스 IRA에 실제로 납입하는 것이다(투자를 위해 지출을 줄이고 소득을 높이는 방법은 4장을 참조). 최대한 많은 돈을 넣는 것은 일찍 시작하는 것만큼이나 중요하다. 계속 언급해서 미안하지만, 지금 투자하는 1달러는 나중에 훨씬 더 높은 가치로 돌아올 것이다. 2년만 늦게 투자를 시작해도 손해는 수만 달러에 이를 수 있다.

로스 IRA를 시작하려면 먼저 믿음이 가는 증권사(181쪽 도표 참조)에서 투자 거래 계좌를 만들어야 한다. '투자 거래 계좌'가 집이라면 로스 IRA는 하나의 방이다. 처음에는 투자 거래 계좌에 로스 IRA만 있겠지만, 나중에는 필요에 따라 다른 계좌들(과세 투자 계좌, 혹은 미래의 배우자나 자녀를 위한 추가 로스 IRA 등)도 만들 수 있다.

좀 복잡하게 느껴져도 걱정하지 말자. 지금 당장 투자 대상을 선택할 필요가 없으니 말이다(이 과제는 7장에서 다룬다). 다만 지금은 계좌를 개설해서 소액을 넣어 두자. 그래야 투자 준비가 되었을 때 바로 시작할 수 있다.

우리는 뱅가드와 같은 할인 증권사에 주목한다. 그 이유는 모건 스탠리 Morgan Stanley 와 같은 종합 증권사 full-service brokerage (종합적인 투자 서비스를 제공하는 전통적인 증권사-옮긴이)보다 수수료가 크게 저렴하기 때문이다. 종합 증권사는 소위 '종합적인 투자 서비스'를 제공한다고 하지만, 별 필요 없는 연구 자료를 제공하거나 영업사원의 상담을 유도하면서 기본적으로 아주 높은 수수료를 부과한다. 반면에 할인 증권사는 고객이 직접 선택하도록 하면서 수수료를 낮추고, 또한 온라인 서비스도 제공한다. 영업사원의 번지르르한 말에 속아 넘어가지 말자. 당신도 얼마든지 스스로 투자 계좌를 관리할 수 있으니 말이다.

성장 VS. 접근

질문: 은퇴 계좌에 돈을 묶고 싶지는 않습니다. 조만간 필요하게 될 수도 있으니까요. 어떻게 하면 좋을까요?

답변: 많은 사람이 은퇴 계좌에 돈이 '묶여 있다'라고 생각합니다만, 그건 사실이 아닙니다. 로스 IRA에 돈을 넣어 둘 경우, 납입한 원금은 벌금 없이 인출이 가능합니다. 그리고 로스 IRA와 401k 계좌 모두 특정한 항목(의료비, 주택 압류, 등록금, 장례비 등 미 국세청이 '경제적 어려움에 따른 인출 Hardship Distributions'로 지정한 경우)에 해당하면 벌금 없이 인출이 가능합니다. 물론 그런 경우가 아닌 한, 은퇴 계좌는 되도록 건드리지 않는 게 좋습니다.

앞으로 5년 내 돈이 필요하게 될 것으로 예상한다면, 이자율 높은 저축 계좌에 넣어 두는 게 좋습니다. 그러나 투자 공부가 귀찮아서 저축 계좌에 계속 넣어 두는 실수를 범해서는 안 됩니다. 만약 10년 전에 투자했더라면 지금쯤 훨씬 불어나서 뿌듯한 마음이 들겠죠? 그렇게 하지 못했다면, 지금이 최적의 투자 시점입니다.

추천 할인 증권사		
증권사	로스 IRA를 개설하기 위한 최소 잔액 요건	참고 사항
뱅가드 vanguard.com	1,000달러	추천하는 증권사로, 저비용 펀드에 철저히 집중한다는 점에서 훌륭한 증권사다. 자동이체를 설정해도 최소 잔액 요건은 면제되지 않지만, 그만한 가치가 있다. 초기 투자금이 없다면, 이 금액을 저축 목표로 세우자.
슈왑 schwab.com	1,000달러	매달 100달러 이상 자동이체를 설정하면 최소 잔액 요건을 면제받을 수 있다. 고금리 슈왑 당좌 계좌를 개설하면(136쪽 참조), 슈왑에서 자동으로 투자 계좌로 연동해 준다. 자동화 투자에 편리하다.
피델리티 fidelity.com	0	피델리티는 최소 잔액 요건이 없는 계좌와 수수료가 없는 뮤추얼 펀드를 출시함으로써 가격 전쟁을 주도하고 있다. 소비자 입장에서 대단히 반가운 소식이며, 피델리티가 추구하는 바를 잘 보여 준다. 그래도 TDF target date fund(타깃 데이트 펀드)에서는 뱅가드보다 수수료가 아직 높은 편이다.

증권사 선택 시 고려해야 할 요소

솔직하게 말해서, 할인 증권사들은 대부분 비슷하다.

최소 투자금 요건: 투자 계좌를 만들기 전에 최소 투자금 요건을 비교해 보는 게 좋다. 몇몇 종합 증권사는 계좌 개설을 위해 상당히 높은 최소 투자금을 요구한다. 얼마 전 모건 스탠리와 통화했을 때, 담당자는 내게 최소 투자금으로 5만 달러를 권했다. 그녀는 이렇게 설명했다. "5,000달러로도 계좌를 개설할 수는 있지만, 수수료 때문에 더 힘드실 겁니다." 그래서 할인 증권사를 이용하라는 거다. 할인 증권사 대부분 로스 IRA 개설에 1,000~3,000달러를 요구하는데 자동이체를 설정하면 면제되는 경우가 많다. 혹시 면제받지 못해도 자동이체는 설정해 두길 바란다. 그래야 신경을 쓰지 않고도 자산이 불어날 것이기 때문이다. 이와 관련해서 자세한 내용은 5장을 참조하자.

기능: 증권사가 제공하는 서비스도 살펴볼 필요가 있겠으나, 솔직하게 말해서 대부분 평준화되었다. 하루 24시간 고객 서비스나 모바일 앱, 편리한 웹사이트처럼 예전에는 차별화 요소였던 기능들이 이제는 표준이 되었다.

그게 전부다. 전체 펀드 수나 대체 투자 계좌 등 세부 사항을 오랫동안 비교 평가할 수 있지만, 나쁜 결정보다 더 안 좋은 것은 결정을 내리지 못하는 거다. 벤저민 프랭클린은 말했다. "오늘 할 수 있는 일을 내일로 미루지 마라." 그리고 나, 라밋 세티는 말한다. "세부적인 논쟁은 다른 사람들에게 맡겨라. 당신이 해야 할 일은 할인 증권사에서 투자 계좌를 만드는 것뿐이다. 이상."

계좌 개설에는 약 한 시간이 소요된다. 전체 과정을 온라인으로 진행할 수 있으며, 혹은 증권사에 전화를 걸어 필요한 서류를 우편이나 메일로 받아볼 수도 있다. 로스 IRA를 개설하고 싶다는 요청도 빠트리지 말자. 그래야 가입 양식을 모두 받을 수 있다. 당좌 계좌와 투자 계좌를 연동하면 정기적인 자동이체 방식으로 투자할 수 있다. 매월 50달러나 100달러 자동이체를 선택함으로써 최소 투자금 요건을 면제받는 방법은 본격적인 투자 시작을 다루는 7장에서 자세히 살펴본다. 로스 IRA는 무료로 개설할 수 있다. 형편이 되는 대로 투자금을 꾸준히 늘려 가는 방식이 좋다. 매달 얼마까지 투자하면 좋을지는 다음 장에서 살펴보자.

로보어드바이저도 괜찮을까?

베터먼트 Betterment 나 웰스프론드 Wealthfront 같은 로보어드바이저 robo-advisor 기업에 대해 들어 본 적이 있을 것이다. 로보어드바이저란 컴퓨터 알고리즘을 기반으로 자산을 운용하는 투자 회사를 말한다(여기서 '로보 robo' 란 높은 수수료를 받는 투자 상담사가 아니라 컴퓨터가 투자를 대신한다는 의미다).

로보어드바이저는 피델리티와 같은 종합 증권사나 재무상담사들이 고객에게 제공했던 프리미엄 재무 설계 서비스를 일반 대중에 광범위하게 제공하고 있다. 우버는 개인 차량 서비스를 택시보다 더 쉽고 편리하게 만들었다. 마찬가지로 로보어드바이저들은 투자산업에서 똑같은 일을 해내고 있다.

로보어드바이저는 신기술을 활용하여 저렴한 수수료로 투자처를 추천해 준다. 그리고 개선된 사용자 인터페이스로 쉽게 온라인으로 가입하도록 하고, 질문에 답하고, 어디에 투자해야 할지 몇 분 만에 답해 준다. 또한 맞춤형 서비스를 제공함으로써 어떤 목표를 설정하고(가령 언제 집을 장만할지), 이를 달성하기 위해 어떻게 자산을 자동 배분할지도 알려 준다.

이러한 로보어드바이저 서비스에 대한 내 입장은 분명하다. 나쁘지 않은 선택이기는 하나, 비용만큼 가치가 높다고는 생각하지 않는다. 그밖에 더 좋은 선택지가 있다. 나의 경우, 뱅가드를 선택해서 수년간 계속 거래하고 있다.

독자들 스스로 판단할 수 있도록 로보어드바이저의 장단점을 소개한다. 지난 몇 년 동안 로보어드바이저는 세 가지 이유로 점점 더 많은 인기를 누리고 있다.

- **편의성**: 웹페이지와 모바일 앱 인터페이스 모두 깔끔하다. 최소 투자금 요건이 비교적 낮으며 돈을 쉽게 넣고 곧바로 시작할 수 있다.
- **저렴한 수수료**: 전반적으로 피델리티나 슈왑 등 종합 증권사보다 수수료가 낮은 수준에서 출발한다(최근 종합 증권사들은 이 사실을 깨닫고 곧바로 수수료를 인하했다. 사실 뱅가드와 같은 저비용 증권사는 예전부터 수수료를 낮게 유지하고 있다).

- **마케팅 슬로건**: 로보어드바이저들은 다양한 마케팅 슬로건을 내세우고 있다. 그중에는 편의성처럼 사실인 것도 있다. 그러나 애매모호하거나 '세금 손실 수확 Tax-loss harvesting'(투자 손실이 난 자산을 의도적으로 매도하여 손실을 실현함으로써 세금 공제 혜택을 받는 절세 기법-옮긴이)처럼 터무니없는 슬로건도 있다.

많은 이가 그렇겠지만, 나 역시 저비용 투자 서비스를 대중에게 확대 제공하려는 시도를 적극적으로 지지한다. 장기 투자는 풍요로운 삶으로 나아가는 과정에서 중요한 부분을 차지하며, 그래서 기업들이 투자의 복잡성을 줄이고 쉽게 시작할 수 있도록 도움을 준다면 비록 어느 정도 수수료를 부과한다고 해도 찬성한다. 실제로 로보어드바이저 기업들은 주택 마련과 같은 중기 계획이나 은퇴와 같은 장기 계획에 실질적인 도움을 주는 서비스를 출시하고 있다.

서비스가 정말로 좋은지 알아보려면 누가 그걸 싫어하는지 확인하면 된다. 예를 들어, 나는 뱅크오브아메리카를 줄곧 공개적으로 비난했기 때문에 그들은 나를 싫어한다. 그래도 괜찮다. 마찬가지로 로보어드바이저는 일반적으로 수수료 기반의 재무상담사들이 싫어한다. 그건 첨단 기술을 이용해서 많은 상담사가 제공하는 서비스를 값싼 가격에 제공하기 때문이다. 이에 재무상담사들은 고객들의 상황은 저마다 다르므로 모두를 위한 해결책이 아니라 개별적인 조언이 필요하다고 강조한다(하지만 그렇지 않다. 사람들의 재정 상황은 대부분 비슷하다). 이러한 지적에 대해 로보어드바이저는 재무상담사와 직접 통화할 수 있는 서비스를 추가하는 방식으로 대응하고 있다. 기존 재무상담사들은 단순한 수익률 이상의 가치를 제공한다고 주장한다(내 입장은 이렇다. 좋다. 그렇다면 관리 자산 기준이 아니라 시간 기준으로 수수료를 책정하길 바란다).

로보어드바이저는 지금까지 소외되었던 새로운 청중에게 서비스를 제공하기 위해 등장했다. 그 청중은 디지털에 밝고, 점점 부를 쌓고 있으며, 갑갑한 사무실에 앉아 무작위로 배정된 재무상담사의 강의를 듣길 원치 않는 젊은 층이다. 입출금 계좌에 예치해 돈으로 무엇을 해야 할지 망설이는 구글 직원을 떠올려 보자. 로보어드바이저는 이러한 젊은 층에 매력적인 모습으로 다가서고 있다.

그런데 정말로 중요한 문제는 이거다. "그만한 가치가 있는가?" 그리고 내 대답은 "아니요"다. 로보어드바이저 서비스는 수수료만큼 가치가 없다. 유명 로보어드바이저 기업은 놀라운 사용자 인터페이스를 보여 주고 있지만, 나는 그것 때문에 수수료를 더 내지는 않을 것이다. 많은 로보어드바이저가 계속 수수료를 인하하고 있으며, 몇몇은 뱅가드보다 더 낮다. 하지만 두 가지 문제가 있다. 0.4%보다 낮은 수수료로 비즈니스를 장기적으로 유지하려면 좀 더 값비싼 신규 서비스를 출시하거나 관리 자금 규모를 확대해야 한다. 여기서 말하는 자금 규모란 수조 달러를 뜻한다. 예를 들어 현재 뱅가드는 베터먼트의 아홉 배, 그리고 웰스프론트의 열 배가 넘는 자산을 운용하고 있다. 말 그대로 거대한 자산 규모야말로 뱅가드의 핵심 경쟁력이며, 그들은 이를 통해 관리 자산 대비 아주 낮은 수수료로 비즈니스를 수십 년간 유지하고 있다. 반면 신생 로보어드바이저는 이처럼 낮은 수수료로 비즈니스를 운영할 수 없다. 장기적인 생존을 위해서는 비즈니스 규모를 급속하게 키워야 하는데, 그 가능성은 대단히 낮다. 그래서 그들은 급속한 성장을 원하는 벤처 캐피털 투자자로부터 자금을 끌어모으는 데 집중하고 있다.

최근 로보어드바이저들은 더 많은 고객을 유치하기 위해 '세금 손실 수확'을 투자의 핵심으로 강조하는 마케팅 전략을 사용하고 있다. 세금 손실 수확이란 기본적으로 가치가 하락한 자산을 팔아서 세금 공제를 받는 것인데, 로보어드바이저들은 이를 계좌 관리의 핵심 요소로 과대광고하고 있다(자동차 기업들이 삼중 페인트 코팅 처리 기술이 마치 구매 결정에서 가장 중요한 부분인 것처럼 수백만 달러의 마케팅 비용을 들여 광고하는 것과 같다. 물론 세금 손실 수확으로 세금을 장기적으로 줄일 수 있지만 그 금액은 많지 않다. 그리고 대다수의 경우에 아무 의미가 없다. '있으면 좋은' 기능이지만, 자신의 투자금을 맡길 회사를 선정하는 과정에서 고려해야 할 중요한 기준이라고 할 수는 없다).

투자 계좌에 돈을 넣자

좋다. 이제 투자 계좌를 만들었다. 잘했다! 대부분 최소 투자금 요건을 면제받기 위해 매월 자동이체를 선택했을 것이므로, 앞으로 당신의 돈은 로스 IRA로 매달 빠져나갈 것이다. 하지만 그 돈을 구체적으로 어떻게 투자할 것인지 결정을 내리기 전에 잠시 기다리자. 자세한 내용은 7장에서 소개할 것이다.

이제 기업의 401k 지원을 온전히 받고, 카드 빚도 다 갚고, 나아가 로스 IRA에 돈을 넣었다고 해보자. 그래도 투자할 돈이 남았다면 여전히 좋은 선택지가 더 있다.

먼저 4단계로 돌아가서 다시 401k를 들여다 보자. 2019년 기준으로 401k 계좌의 연간 납입 한도는 1만 9,000달러였다(최근 한도는 '401k 납입 한도'로 검색해서 확인할 수 있다). 지금까지는 아마도 기업 지원을 모두 받을 수 있는 정도로 납입했을 것이다. 그러나 여기서 더 많은 돈을 넣을 수 있고 더 큰 세제 혜택도 받을 수 있다. 단, 기업 지원은 납입 한도에 포함되지 않는다. 다시 말해 401k에 자기 돈으로 5,000달러를 넣고 기업 지원으로 5,000달러를 넣었다면, 아직 1만 4,000달러를 추가로 납입할 수 있다. 즉, 총 2만 4,000달러를 401k 계좌에 넣을 수 있다.

구체적으로 어떻게 해야 할까? 매년 자신이 납입할 수 있는 금액을 계산해 보자. 그리고 그 금액에서 166쪽에서 계산한 납입금을 빼자. 그러면 추가로 납입할 수 있는 금액이 나온다. 그 금액을 12로 나누면 월 납입금을 구할 수 있다. 마지막으로 다시 한번 그 금액만큼 자동이체를 설정해서 신경 쓰지 않아도 돈이 빠져나가도록 설정하자. 다음으로 세제 혜택이 있는 데도 사람들이 잘 모르는 계좌를 살펴보자.

HSA: 비밀 투자 병기

만약 아리아나 그란데 리믹스를 들으며 지옥 불에 앉아 있을 것인지, 아니면 의료보험을 주제로 글을 쓸 것인지 선택하라고 한다면, 나는 한숨을 쉬면서 마지못해 그녀의 노래에 맞춰 고개를 까닥거리기 시작할 것이다. 의료보험에 관한 이야기를 하고 싶어 하는 사람은 없다. 나 역시 여기서 그 이야기는 하지 않을 것이다.

다만 HSA^{Health Savings Account}(건강 저축 계좌)를 재테크 필살 무기로 활용해서 수십만 달러를 버는 손쉬운 방법만 보여 주고자 한다. HSA를 활용하면 세전 금액으로 저축한 돈을 공제액이나 본인부담금, 공동부담금을 비롯하여 여러 다양한 의료비로 지불할 수 있다. 또 하나 좋은 점은 그 계좌에 넣은 돈으로 투자도 할 수 있다는 것이다.

그런데 사람들은 HSA에 별 관심이 없는데, 다음 세 가지 이유가 있다. 첫째, '보험'이라는 말만 들어도 경련을 일으킨다. 휴대전화 요금 고지서를 보고 열광하는 사람은 없을 것이다. 의료보험도 마찬가지다. 둘째, HSA는 고액 공제 보험이 있는 사람만 가입할 수 있다. 그러나 대부분 자신이 어떤 의료보험에 가입해 있는지 확인하기보다 차라리 아침으로 모래를 씹어 먹는 쪽을 선택한다. 마지막으로 셋째, HSA에 가입할 자격이 된다고 해도 그 계좌를 활용해서 어떻게 자산을 불릴 수 있는지 아는 사람은 거의 없다.

그러나 HSA는 믿기 힘들 정도로 강력한 투자 계좌다. 그건 세전 금액으로 납입하고, 세금 공제 혜택을 받으며, 세금을 내지 않은 상태로 돈을 불릴 수 있기 때문이다. 삼중 혜택을 누리는 셈이다. 제대로 활용하기만 한다면, 수십만 달러를 벌 수 있다.

HSA 투자가 내게도 좋은 선택일까?

HSA 투자에 흥분하기에 앞서, 지금 자신이 자격 조건을 충족시키는지 확인할 필요가 있다. 그렇지 않다면 시간 낭비니 이 부분은 건너뛰고 194쪽으로 곧장 넘어가자.

① 개인 재정 사다리에서 적어도 1~3단계는 마쳤는가? 다시 말해 기업의 401k 지원을 받고, 카드 빚을 모두 갚고, 로스 IRA를 한도까지 납입하고 있는가? 그렇다면 계속 읽어라. 아니라면 건너뛰자. 아직 HSA에 투자할 준비가 되지 않았다.

② 당신이 가입한 의료보험이 고액 공제 보험에 해당하는가? 보험기관이나 사회보장 담당자에게 전화를 걸어(매우 귀찮은 일이다) 이렇게 물어보자. "제 의료보험이 고액 공제 보험인가요?" 만약 고액 공제 보험이 맞다는 대답을 듣는다면, 자신의 계좌를 HSA와 연동할 수 있는지 물어보자.

가능하다는 답변을 들었다면, 이제 HSA를 시작할 준비가 된 것이다. 나는 나비아 베네핏츠 Navia Benefits에서 개설한 계좌를 사용하고 있지만, 여러 선택지를 둘러보고 비교하는 것도 좋다. 내가 중요하게 생각하는 기준은 투자 옵션과 수수료다. 저렴한 수수료로 좋은 펀드를 제공하고 있는가?

HSA 시작하기

① 먼저 HSA 계좌에 돈을 넣는다. 몇몇 예외를 제외하고 일반적인 입출금 계좌로 사용할 수 있다.

② 발급받은 직불 카드로 '인정받은 의료비'를 지불할 수 있다. 그 항목에는 밴드 치료와 척추 지압, 시력검사 및 안경 제작, 처방약 등이 포함된다.

③ HSA가 중요한 이유가 뭘까? 그건 HSA에 넣은 돈에 세금이 붙지 않는다는 것이다. 즉, 세금을 내기 '전에' 지출할 수 있다는 말이다. 세금을 낼 경우, 그 돈은 20% 이상 줄어든다. 예를 들어 연소득이 10만 달러라고 해보자. 그런데 임신 테스트와 건강 검진, 체성분 측정, 라식 수술에 신용카드로 5,000달러를 썼다. 여기서 5,000달러를 썼다고 생각하지만, 사실 그 돈은 세후 금액이므로 실제 쓴 돈은 6,000달러 정도다. 하지만 HSA를 활용하면 세전 금액으로 지불할 수 있다. 일반적으로 세금만큼 아낄 수 있다.

④ HSA의 진정한 매력은 투자 수단으로 사용할 때 드러난다. 생각해 보자. HSA에 수천 달러를 넣어 두고 매년 체성분 검사를 받거나 새 안경을 맞추지 않는다면, 그 돈으로 뭘 해야 할까? 대부분 그 돈은 그저 잠자고 있다고 생각한다. 하지만 그 돈으로 투자를 할 수 있다. 그래서 자산을 불릴 수 있다. 그것도 세금 없이 말이다.

몇 가지 사례로 살펴보자. 간단한 계산을 위해 1년에 3,000달러(세후라면 2,250달러)를 투자한다고 가정해 보자.

첫 번째 사례: 당신은 지금 넷플릭스를 틀어 놓고 이 책을 읽고 있다. 그러다 보니 제대로 집중하지 못했고, 투자에 관한 놀라운 연구 결과를 그냥 흘려버렸다. 그래도 매년 세전 소득 3,000달러를 투자하기로 계획을 세운다. 여기서 25%를 세금으로 내면 매년 투자할 수 있는 돈은 2,250달러다. 이 돈을 401k나 로스 IRA에 넣지 않고 그냥 일반 저축 계좌에 넣어 둔다. 계산을 간단하기 위해 이자율을 1%라고 가정해 보자. 그리고 20년이 흘러 그 돈은 4만 9,453달러로 불어난다. 그런데 이자 수익에 세금을 내고 나니 4만 8,355달러가 남는다. 그리고 인플레이션까지 고려하니 오히려 손해다. 그래도 손해는 피부에 잘 와닿지 않는다.

두 번째 사례: 똑같이 세전 3,000달러에서 세금을 낸 2,250달러로 매년 투자한다. 그런데 이번에는 저축 계좌가 아니라 세제 혜택이 없는 과세 투자 계좌에 돈을 넣는다. 20년 후 그 돈은 연수익률 8%에 복리 효과가 더해져서 10만 2,964달러로 불어난다. 투자 수익에 세금을 내고 나니 8만 2,768달러가 남는다.

세 번째 사례: 이번에는 그 돈을 401k 계좌에 넣는다. 그래서 세전 금액으로 납입하고 세금은 나중에 낸다. 이제 당신은 401k의 위력을 확인하게 될 것이다. 위 사례들처럼 2,250달러를 넣는 게 아니라, 납입 시점에 세금을 물지 않은 3,000달러 전액을 넣는다. 그리고 기업의 401k 지원을 전혀 받지 못했다는 가정하에 그 돈은 20년

후 13만 7,286달러로 불어난다. 59.5세 이후로 그 돈을 인출하면서 25% 세율로 세금을 내고 나면, 10만 2,964달러가 남는다. 꽤 좋은 실적이다. 세제 혜택이 어떻게 힘을 발휘하는지 잘 보여 준다.

네 번째 사례: 세전 소득 3,000달러에서 세금을 낸 2,250달러로 매년 로스 IRA에 투자한다. 로스 IRA의 특징은 세후 금액으로 투자하지만, 투자 수익에 대해서 세금을 전혀 물지 않는다는 것이다. 그렇게 20년 후 그 돈은 10만 2,964달러로 불어난다. 역시 좋은 실적이다. 세 번째 사례와 똑같은 결과지만, 만약 기업 지원 제도의 혜택을 받는다면 상황은 크게 바뀐다.

마지막 사례: 당신은 재테크에 관심이 많고 투자에 진심이다. 투자로 최대한 많은 수익을 올리기로 결심한다. 그래서 세전 금액인 3,000달러를 HSA에 넣는다. HSA의 매력은 돈을 버는 동안에도, 그리고 투자 수익에도 세금을 내지 않는다는 거다! 그렇게 20년 후 그 돈은 13만 7,286달러로 불어난다. 참으로 놀랍다! 게다가 HSA에 있는 돈은 적격 대상 의료비에 언제든 세금을 물지 않고 쓸 수 있다. 그리고 65세가 넘으면 의료비 외에도 쓸 수 있다. 마음이 동할 때 그 돈으로 산토리니 여행을 훌쩍 떠날 수 있다. 그래도 알아 둘게 있다. 65세 이전에 비적격 의료비에 사용할 경우, 벌금을 물게 된다. 그리고 65세 이후에도 비적격 의료비에 사용할 경우, 세금이 부과된다. 마지막으로, 어떤 이들은 HSA의 혜택을 누리고자 의료비를 최대한 개인 돈으로 부담한다. 그건 HSA에 넣어 둔 투자금을 최대한 불리기 위한 전략이다.

이제 이러한 접근법의 힘을 이해했는가? 그리고 왜 HSA가 강력한 투자 병기가 될 수 있는지도 확인했는가? 만약 이러한 투자 방식들을 '동시에' 활용할 수 있다면, 더 현명한 선택이 될 것이다. HSA에 세전 금액으로 투자하면 세금이라는 성장의 '장애물'을 제거할 수 있고, 이를 통해 어떤 다른 투자 계좌보다 더 강력한 복리 효과를 누릴 수 있다.

여유 자금이 있다면 반드시 HSA를 투자 수단으로 활용해야 한다. 다만 개설한 HSA가 좋은 펀드를 제공하는지 확인할 필요가 있다. 내 경험상, 저비용 펀드와 더불어 TDF나 '토탈 주식시장total stock market' 펀드까지 제공한다면 바랄 게 없다. 자세한 사항은 7장에서 살펴보자.

은퇴 계좌를 넘어서

기업의 401k 지원을 온전히 받고, 카드 빚을 모두 갚고, 로스 IRA를 한도까지 납부하고, 그리고 남은 401k 한도도 채우면서 HSA에도 추가로 투자했는데 그래도 여유 자금이 있다면, 자산을 불릴 더 넓은 선택지를 내다보자. 나는 암호화폐와 같은 대체 투자 수단에 관한 질문을 종종 받는다. 이와 관련된 최고의 전략과 선택지는 7장에서 다룬다. 그러나 지금으로서는 사랑하는 사람을 위해 멋진 선물을 장만하길 권한다. 이미 많은 투자를 했기 때문이다.

이제 당신은 개인 재정 사다리를 밟고 높이 올라섰다. 자산을 불리기 위한 시스템을 구축한 것이다. 투자 계좌를 만들었다는 건 빠른 성장을 추구하면서 단기 저축과 장기 투자의 차이를 이해하기 시작했다는 뜻이다. 지금 당신이 투자한 50달러는 작은 발걸음이지만 평생 가장 소중한 50달러로 남을 것이다.

3주 차 플랜

1. **401k 계좌 개설하기**(3시간): 인사팀을 찾아 관련 양식을 받아서 작성하자. 기업에 지원 제도가 있는지 확인하자. 있다면 지원을 전부 받을 수 있을 만큼 돈을 넣자. 만약 없다면, 계좌만 개설해 놓고 기다리자.
2. **부채 상환 계획 세우기**(3시간): 부채 상환에 진지하게 접근하자. 1장 98쪽을 확인하고 9장 431쪽 내용을 참조해서 카드 빚과 학자금 대출을 어떻게 갚을 것인지 계획을 세우자. 매달 100달러나 200달러를 추가 상환하면 얼마나 이자 비용을 아낄 수 있는지 확인하자.
3. **로스 IRA를 개설하고 자동이체 설정하기**(1시간): 최대한 많은 금액을 이체하면 좋겠지만, 매달 50달러도 괜찮다. 자세한 사항은 나중에 다시 살펴보자.
4. **HSA 자격 요건 확인 후 자격이 된다면 계좌를 개설하자**(3시간).

모든 계좌를 개설했다면, 지금부터는 최대한 활용하는 방법을 알아보자. 다음 장에서는 지출 관리를 통해 우리가 원하는 방향으로 돈이 흘러가게 만드는 방법을 살펴볼 것이다.

우리나라에서는 이렇게 하세요

by 서대리

3장의 대부분 내용은 미국인에게만 해당한다. 그래서 이를 토대로 한국인에게 적용할 수 있는 제도를 확인해야 한다. 아쉽게도 미국의 401K와 로스 IRA와 완전 딱 맞는 한국 제도는 없다. 대신 비슷하게 적용할 수 있는 제도는 있다. 바로 퇴직연금 제도다.

401K는 월급의 일정 비율을 지정하면 그만큼 기업에서 추가로 지원한다. 내 돈과 기업 지원금을 합쳐서 은퇴할 때까지 투자할 수 있다. 우리나라는 이와 같은 제도는 없으나 비슷하게 따라 할 수 있는 퇴직연금 제도가 있다. 1년을 근속하면 한 달 치 월급에 해당하는 돈을 회사가 퇴직금 계좌에 넣어 준다(월급에서 차감하는 것이 아니다). 그리고 이 돈을 투자할 수 있다. 퇴직연금 DC형을 운용하는 회사라면 가능하다. 만약 DC형이 아니고 일반적인 퇴직금 정산 방식인 '근속년도×직전 3개월 평균 월급'으로 퇴직금 운영하는 회사라면 아쉽게 투자가 불가능하다(퇴직연금 DB형). 지금 다니고 있는 회사 인사팀에 확인하길 바란다. 우리 회사는 DB형, DC형 다 지원하는지 말이다. 각각 장단점이 있지만 책 내용처럼 퇴직금 투자로 미래 자산을 더욱 불리고 싶다면 DC형 선택은 필수다.

퇴직금은 회사를 다니면 알아서 쌓이는 돈으로 이 돈으로 투자까지 한다면 은퇴 시점에 상당한 금액으로 불어날 것이다. 하지만 이 돈만 가지고는 풍족한 노후를 보낼 수 있다고 확신할 수 없다. 그래서 각자의 여유자금으로 노후를 준비할 수 있는 한국의 제도가 있다. 바로 연금계좌로 불리는 '연금저축펀드'와 '개인형 IRP'다.

이 둘은 가입 기간 최소 5년, 만 55세 이후에 연금으로 수령 가능하다는 조건으로 미국 401K, IRA처럼 세금 혜택을 주는 특별한 계좌다. 이 계좌에서 투자로 번 돈에는 기본적으로 세금을 떼지 않는다. 만 55세 이후 연금으로 수령할 때 3.3~5.5%라는 낮은 세율을 부과할 뿐이다(연금소득세율은 연금 수령 시점 나이에 따라 달라진다) 또한 매년 추가로 입금한 돈 중 900만 원(연금저축펀드 600만 원, IRP 300만 원)까지는 세액공제 혜택을 제공한다. 연봉이 5,500만 원 이하라면 입금액의 16.5%, 연봉이 5,500만 원을 초과할 경우 입금액의 13.2%가 세액공제 대상 금액이다. 900만 원을 전부 입금했다고 가정해 보자. 연봉이 5,500만 원 이하일 경우 148만 5,000원(900만 원×16.5%), 연봉이 5,500만 원 초과인 경우 118만 8,000원(900만 원×13.2%)을 연말정산 시 공제해 준다.

다만 절세 혜택을 받는 계좌인 만큼 투자 시 몇 가지 제약이 있다. 일단 연금저축펀드와 IRP 계좌를 합쳐 1년에 1,800만 원까지만 입금할 수 있다. 1억 원을 가지고 있어도 이 계좌들에는 1년에 최대 1,800만 원까지 입금 및 투자할 수 있다. 1억 원을 연금계좌에 넣으려면 6년이라는 시간이 필요하다. 계좌 혜택이 너무 좋아 일반계좌처럼 무한대로 입금할 수 있으면 형평성에 어긋나기 때문이다. 그리고 만 55세 이전에 인출하면 세액공제를 받은 돈과 투자수익에 16.5%에 해당하는 세금을 물린다. 일반계좌에서 투자할 때보다 중도인출 세율이 높은 만큼 연금계좌는 가능하면 만 55세까지 가져간다는 마음가짐으로 쭉 유지하길 바랍니다. 나 역시 만 55세에 연금계좌에서 연금을 수령하겠다는 목표로 2017년부터 지금까지 매월 50만 원씩 투자하고 있다.

풍족한 노후 준비가 목표이고, 실제로 투자할 수 있는 여유자금이 있다면 다음과 같은 순서대로 절세계좌를 채울 것을 추천한다.

- 1순위: 연금저축펀드 600만 원/연
- 2순위: 개인형 IRP 300만 원/연
- 3순위: 연금저축펀드 900만 원/연
- 4순위: 중개형 ISA 2000만 원/연

이렇게 모든 절세계좌의 1년 납입 한도를 다 채우려면 총 3,800만 원이 필요하다. 만약 나와 배우자가 각각 채운다면 1년에 최대 7,600만 원까지 투자할 수 있다. (ISA 계좌는 매년 2,000만 원까지 납입할 수 있으며 3년의 의무 만기 기간을 가진다. 최대 누적 납입액 한도는 5년간 1억 원이다. 계좌의 소득에 대하여 일반형은 200만 원, 서민형과 농어민형은 400만 원까지 비과세 혜택이 있다.) 엄청난 금액이다. 절세계좌만 다 채워도 노후 준비 걱정은 크게 할 필요 없다. 다만 평범한 직장인 입장에서 생활비를 제외하고 1인 기준 1년에 3,800만 원을 투자하기란 쉽지 않다. 각자의 재정 상황(소득, 현금흐름 등)에 맞춰 투자할 계좌와 규모를 결정하면 됩니다. 절세계좌 세금혜택의 꽃은 세액공제 환급이다. 그래서 세액공제 한도인 1년 900만 원까지는 가능하면 채우고 투자하는 것을 추천한다(연금저축펀드 600만 원, 개인형 IRP 300만 원).

4장

₩100,000,000

의식적인 소비를 하자

**마음껏 돈을 쓰면서
매달 수백 달러를 아끼는 법**

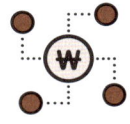

예전에는 허리띠나 신발만 보고 사람을 판단할 수 있다는 말을 들으면 헛웃음이 났다. 농담하는 건가? 무슨 귀걸이를 했는지만 보고 그 사람이 어떤 수프를 좋아하는지 맞힐 수 있다고? 어처구니가 없었다. 그런데 최근에서야 그런 내 생각이 틀렸다는 걸 깨닫게 되었다. 사람의 성격을 파악할 수 있는 법칙 같은 게 정말로 존재했다. 그건 바로 닭 날개를 먹는 방식이다.

    나는 스포츠에 별 관심이 없어서 슈퍼볼 경기가 있었던 어느 일요일에 윙크롤wing crawl에 도전했다. 펍크롤pub crawl이 여러 술집을 돌아다니며 술을 마시는 거라면, 윙크롤은 여러 치킨집을 돌아다니며 닭 날개를 먹는 것을 말한다. 그날 가장 흥미로운 일은 친구들이 닭 날개를 먹으면서 얼마나 꼼꼼하게 뜯어먹는지 관찰하는 것이었다. 어떤 친구는 살점이 절반이나 남은 날개를 버리고 다음 날개를 집었다. 나는 그런 사람이랑은 말도 섞지 않는다.

반면 날개뼈에서 살점을 완전히 발라 알뜰하게 먹는 친구도 있었다. 그는 마지막 살점은 물론 물렁뼈까지 깨끗하게 해치운다. 우리는 이같은 유형의 사람에게서는 어느 분야에서건 놀라운 성공을 거둘 것이라는 결론을 도출할 수 있다.

이러한 집요함은 요즘 찾아보기 힘들다. 미국인들은 다른 나라 사람들이 주택담보대출을 갚기 위해 매달 내는 돈보다 더 많은 금액을 스마트폰에 쓴다. 그리고 그들의 할머니나 할아버지가 모는 '자동차'보다 더 비싼 신발을 신는다. 그러면서도 이러한 물건에 얼마를 썼는지 기억조차 하지 못한다. 카드 청구서를 보고는 눈을 찡그리고 어깨를 으쓱하면서 "뭐, 이만큼 썼네"라며 혼잣말했던 적이 있는가? 죄책감을 느끼면서도 뭔가를 기어코 구매했던 적이 얼마나 되는가? 이 장에서는 무분별한 소비를 막는 해독제로써 단순하면서도 자연스러운 새로운 지출 방법을 알아보고자 한다. 그 많던 돈이 대체 어디로 사라졌는지 궁금한 일은 더 이상 없어야 한다. 나는 투자와 저축처럼 자신이 의식적으로 선택한 곳으로 돈이 흘러가게 만들고, 또한 자신이 정말로 좋아하는 대상에 더 많은 돈을 쓸 수 있도록 도움을 주고자 한다.

그런데 잠깐! '여기서도 예산 짜는 법에 대해 강의하는군'이라며 성급하게 책을 덮기 전에 기다려라. 앞으로 매일 지켜야 할 꼼꼼한 예산을 세우는 것이 이 장의 주제가 아니다. 사실 나는 예산 짜는 걸 무척 싫어한다. '예산 짜기'는 내가 세상에서 제일 혐오하는 말이다.

　예산을 짜라는 말은 개인 재정 전문가들이 아무 생각 없이 내놓은 의미 없는 조언일 뿐이다. 실제로 예산에 관한 글을 읽을 때, 사람들의 눈은 초점을 잃는다. 돈을 쓸 때마다 기록하길 좋아하는 사람이 있을까? 어떤 이들은 그 방법을 시도하지만, 이틀도 못 가서 포기하고 만다. 지출 내역을 빠짐없이 기록하는 게 너무 번거롭기 때문이다. 뱅크레이트의 설문 조사에 따르면, 미국인 82%가 예산을 세운다고 답했다. 하지만 그건 말도 안 되는 소리다. 당장 주변 사람들을 둘러보자. 열 명 중 여덟 명이 예산에 따라 살아간다는 생각이 드는가? 열 명 중 여덟 명이 우리가 지금 살고 있는 행성의 이름조차 알고 있을지조차 의심스럽다.

　이와 관련해서 미국 경제정책연구소 Economic Policy Institute에서 생활 수준 프로그램을 이끌고 있는 재러드 번스틴 Jared Bernstein은 2007년도 연구 결과를 언급하며 이렇게 설명했다. "아마도 사람들의 대답에는 소망이 담겨 있을 겁니다. 네 명 중 세 명이 매달 예산에 따라 살고 싶어 한다고 해석하는 게 더 정확합니다."

　예산 수립은 지난 50년 넘는 세월 동안 잘난 체하는 재테크 분야 저자들의 전쟁터였다. 그들은 매일 지출 내역을 기록하는 시스템을 만들라고 모두에게 강요했다. 그 방식이 논리적으로 보이기 때문이다. 하지만 그들은 중요한 사실을 놓치고 있다. 그건 아무도 그렇게 살지 않는다는 거다. 소비를 멈추고 저축을 시작하라고 하면 사람들 대부분 당황한다. 차라리 안킬로사우루스에게 춤을 추라고 설득하는 게 나을 것이다.

예산 짜기가 별 효과가 없다는 사실을 잘 알기에, 내 독자들 수만 명이 실제로 도움을 받았던 현실적인 방법을 소개하고자 한다. 예산 짜기는 잊자. 대신에 의식적인 소비 계획을 세우자. 충분히 저축하고 투자하면서 여윳돈을 아무런 죄책감 없이 원하는 곳에 쓸 수 있다면 얼마나 좋을까? 약간의 노력만으로 충분히 가능하다. 돈이 어디로 흘러가게 만들지 '미리' 계획만 세우면 된다(냅킨 뒷면에 끄적여도 좋다). 정말로 좋아하는 일에 마음껏 돈을 쓸 수 있다면, 몇 시간을 들여 계획을 세워도 좋지 않을까? 덕분에 저축과 투자가 자동으로 이뤄지고 지출 결정을 분명하게 내릴 수 있다면 말이다.

쪼잔한 사람과 의식적으로 소비하는 사람의 차이

얼마 전 친구들과 함께 올해 어디로 여행을 가고 싶은지 이야기를 나눴다. 그런데 한 명이 내게 놀라운 말을 했다. "넌 아마 별로 마음에 들어 하지 않겠지만, 나는 카리브해에 가보고 싶어."

응? 왜 내가 카리브해 여행을 마음에 들어 하지 않는다는 거지? 사실 처음 있는 일은 아니었다. 내가 돈을 주제로 책을 쓴다고 하면, 사람들은 내가 그들의 소비 방식을 매번 평가할 거라 짐작하는 듯하다. 한번은 헬스 트레이너로 일하는 친구들에게 그들도 다른 사람들과 외식하러 나가면 그런 대답을 듣는지 이렇게 물어봤다. "혹시 사람들이 주문을 하고 변명하지는 않니?"

한 친구가 나를 바라보며 이렇게 말했다. "항상 그래. 하지만 난 그들이 뭘 주문하는지 관심 없어! 그냥 점심 먹으러 온 거잖아."

카리브해에 가고 싶다고 한 친구도 나를 돈 문제와 관련해서 사람들을 평가하는 심사위원쯤으로 봤을 것이다. 나는 아무런 말을 하지 않았지만, 내가 쓸데없는 데 돈을 썼다고 자신을 비난하리라 짐작했을 것이다. 말하자면 재테크를 주제로 글을 쓰는 사람은 곧 '돈이 많이 드는 소비를 뜯어말리는 사람'인 셈이다.

그러나 나는 사람들이 정말로 좋아하는 일에 거리낌 없이 돈을 쓰는 모습을 좋아한다. 패션에 관심이 있어서 400달러짜리 브루넬로 쿠치넬리 티셔츠를 사겠다고? 대단하다.

물론 터무니없는 소비는 지적한다. 가령 400달러짜리 일주일 치 해독주스를 사놓고 살이 빠질 거라 기대한다면, 참으로 어리석은 선택이라고 말할 것이다. 하지만 라테를 줄이라고 잔소리하지는 않을 것이다. 나는 외식과 여행에 많은 돈을 쓰면서 한 번도 죄책감을 느낀 적은 없다. 나는 "값비싼 물건에는 돈을 쓰지 마"라고 말하지 않는다. 대신에 좀 더 현명한 방법으로 지출하라고 권한다.

소비를 줄인다고 무조건 구두쇠는 아니다. 가령 외식할 때 콜라를 먹지 않고 2.5달러씩 아껴서 15달러를 모아 영화를 보러 간다면, 그건 인색한 게 아니다. 자신이 가치 있게 여기는 대상에 의식적으로 소비한 것이다. 그러나 안타깝게도 미국인 대부분이 의식적인 소비는 어떻게 하는 것인지 배운 적이 없다. 여기서 말하는 의식적인 소비란 좋아하지 않는 일에는 가차 없이 지출을 줄이고, 좋아하는 일에는 아낌없이 돈을 쓰는 방식을 말한다.

지금까지 우리는 돈을 낭비하지 말라는 원칙을 모든 지출에 적용해야 한다고 배웠다. 마지못해 소비를 줄이려고 애를 쓰지만, 결국 실패하고는 정작 별로 좋아하지도 않는 대상에 많은 돈을 허비하며 죄책감에 시달린다. 우리가 좋아하지 않는 대상을 향해 '아니오'라고 하는 말에는 힘이 있다. 그러나 좋아하는 대상에 큰소리로 '네'라고 하는 말에는 더 큰 힘이 있다. 아이러니하게도 우리가 돈에 관해 배운 유일한 원칙은 무조건 아끼라는 거다. 커피를 줄이라거나 물건이 저렴할 때 쟁이라는 조언만 들었다. 모두 돈을 아끼라고는 말하면서 정작 돈을 쓰는 방법에 대해서는 아무 말도 하지 않는다.

미국이라는 나라 전체를 놓고 볼 때, 사람들은 매년 소득보다 더 많은 돈을 쓴다. 그리고 이러한 행동 패턴은 앞으로도 변함없을 것이다. 그나마 경기 침체가 시작되면 씀씀이를 좀 줄이지만, 얼마 지나지 않아 일상적인 소비 패턴으로 되돌아간다. 솔직하게 말해서, 누구도 이러한 흐름을 바꾸는 데 관심이 없다. 그건 소비자 지출이 미국 경제에서 약 70%를 차지하기 때문이다.

의식적인 소비는 단지 개인의 선택으로만 이루어지지 않는다. 우리는 소비 과정에서 사회적인 영향을 받는다. 이를 '섹스앤더시티 Sex and the City 효과'라고 부르자. 이 효과는 주변인의 소비가 우리의 소비에 직접적인 영향을 미친다. 다음에 쇼핑몰에 가거든 거기에 나온 친구들 무리를 살펴보자. 아마도 비슷하게 차려입었을 것이다. 친구들의 유행을 따라잡는 일은 이제 우리가 가장 많은 시간을 들여서 해야 할 과제가 되었다.

의식적인 소비는 주변 친구들로 인해 우리가 모르는 사이에 종종 경로를 이탈한다. 한번은 친구 두 명과 저녁을 먹으러 나갔던 적이 있었다. 한 친구가 새로 나온 아이폰을 구매할지 생각 중이라며 자신의 오래된 스마트폰을 꺼내 들었다. 그러자 다른 친구가 믿을 수 없는 듯 말했다. "4년간 스마트폰을 바꾸지 않았다고? 어떻게 그럴 수가 있어? 당장 아이폰을 사."

짧은 세 문장이었지만, 메시지는 분명했다. 신상 스마트폰을 사지 않으면 뭔가 문제가 있는 사람이라는 말이다(필요와는 상관없이).

좋아하는 일에 마음껏 돈을 쓰자

의식적인 소비란 모든 지출을 줄이라는 말이 아니다. 그런 방식으로는 이틀도 버티기 어렵다. 간단하게 말해서, 자신이 정말로 좋아하는 대상에는 아낌없이 돈을 쓰고 그렇지 않은 데는 가차 없이 지출을 줄인다는 뜻이다.

의식적인 소비의 태도는 부자가 되기 위한 열쇠다. 기념비적인 저서, 《이웃집 백만장자》의 내용을 뒷받침하는 연구에 따르면, 설문조사에 참여한 1,000명 이상의 백만장자들 가운데 절반은 정장에 400달러, 신발에 140달러, 손목시계에 235달러 이상을 써본 적이 없다고 답했다. 다시 한번 강조하지만, 의식적인 소비란 모든 것에 대한 지출을 줄이는 게 아니다. 대신에 많은 돈을 지출해도 좋을 만큼 중요한 게 무엇인지를 스스로 판단하는 접근법이다.

문제는 대부분 무엇이 중요하고 중요하지 않은지 스스로 판단하지 않는다는 거다! 내가 의식적인 소비를 제안하는 이유다.

무조건 아끼는 사람 VS. 의식적인 소비자	
무조건 아끼기	의식적인 소비
가격에 주목한다.	가치에 주목한다.
최저가에 집착한다.	대부분 최저가에 집중하지만, 정말로 좋아하는 것에는 아낌없이 쓴다.
인색한 태도가 주변 사람에게 영향을 미친다.	자신에게만 영향을 미친다.
배려심이 없다. 가령 다른 사람과 식사할 때 7.95달러가 나왔다면 세금과 팁을 포함해서 11달러 정도를 내야 한다는 걸 알면서도 8달러만 낸다.	어디에 돈을 써야 할지 선택한다. 점심에 10달러를 쓰기로 했다면, 아이스티 대신에 물을 주문한다.
사람들을 대하는 태도로 상대를 불편하게 만든다.	돈을 더 효과적으로 쓸 수 있다는 사실을 깨닫게 함으로써 상대를 불편하게 만든다.
가족과 친구, 직장 동료에게 얼마나 베풀었는지 일일이 기억한다.	그런 사람도 있기는 하지만, 대부분 그렇지 않다.
돈을 허비한다고 지적받을까 봐 지출을 항상 숨긴다.	역시 숨기는 경향이 있지만, 항상 그렇지는 않다.
비합리적이고 뭔가를 공짜로 얻지 못하는 상황을 받아들이려 하지 않는다. 주로 그런 척하지만, 진심일 때도 있다.	마찬가지로 좋은 조건을 얻으려 하지만, 그건 일종의 흥정이라는 사실을 이해하고 자신에게 특별 대우를 받을 '자격'이 있다고 생각하지 않는다.
근시안적이다.	장기적으로 내다본다.

어떻게 내 친구는 외부 활동에 매년 2만 1,000달러를 쓸까

무엇에 돈을 쓸 것인지 의식적으로 결정해야 한다. 신용카드 청구서를 들여다보며 너무 많이 썼다며 한탄하는 일은 더 이상 없어야 한다. 그래선 안 된다. 의식적인 소비란 외부 활동이나 저축, 투자, 혹은 임대료 등 돈을 쓸 대상을 스스로 선택하는 지출 방식이다. 우리는 의식적인 소비를 통해 편안한 마음으로 지출하면서 제자리걸음에서 벗어나 계획을 세우고 목표를 달성할 수 있다.

그런데 젊은이들 대부분이 의식적인 소비를 하지 않는다. 그들은 즉흥적으로 소비하고 나서 그에 따른 긍정적, 혹은 부정적 감정을 반사적으로 느낀다. 나는 사람들에게서 '의식적인 소비 계획'을 실천하고 있다는 말을 들을 때마다("투자 계좌와 저축 계좌에 자동으로 돈을 넣으면서 정말로 좋아하는 일에 마음껏 돈을 씁니다") 자신의 아내 뭄타즈 마할을 위해 타지마할을 지은 샤 자한의 사랑을 느낀다.

지금부터는 신발이나 외식처럼 열광하는 것에 많은 돈을 쓰면서도 떳떳하게 느끼는 세 친구의 이야기를 들려줄까 한다.

신발 마니아

내 친구 리사는 1년에 신발에만 5,000달러 정도 쓴다. 그녀가 좋아하는 신발은 한 켤레에 300달러가 넘으니 매년 15켤레를 사는 셈이다. 제삼자가 볼 때, 분명히 너무 과하다. 하지만 이 책을 읽는 독자라면 좀 더 깊이 들여다볼 수 있을 것이다. 젊은 여성인 리사는 꽤 연봉이 높고(억대) 룸메이트랑 같이 살면서 식사를 직장에서 무료로 해결한다. 그리고 최신 전자제품이나 헬스장, 값비싼 외식에는 돈을 거의 쓰지 않는다.

리사는 신발을 사랑한다. 그것도 아주 많이. 그녀는 401k과 과세 투자 계좌에 돈을 넣고 있다(소득이 높아 로스 계좌는 만들지 못했다). 그리고 휴가를 비롯하여 다양한 명목으로 매달 따로 저축을 하면서 기부도 한다. 그래도 여유가 있다. 그게 바로 흥미로운 부분이다. 이렇게 말하는 사람도 있을 것이다. "하지만 라밋, 그건 중요하지 않아요. 신발에 300달러를 쓴다는 것 자체가 말이 안 돼요. 그렇게 많은 돈을 쓸 필요가 없다고요!"

하지만 리사를 과소비로 비난하기 전에, 스스로 물어보자. 401k와 로스 IRA에 돈을 넣고 있으며, 다른 투자 계좌도 추가로 만들었는가? 어디에 돈을 쓰는지 분명히 알고 있는가? 그리고 전략적인 선택으로 자기가 좋아하는 일에 돈을 쓰고 있는가? 돈을 어디다 쓸지 미리 결정하는 사람은 드물다. 대신에 여기저기 즉흥적으로 쓰면서 월급이 사라지는 것을 안타깝게 지켜볼 뿐이다. 마찬가지로 중요하게, 자신이 정말로 무엇을 좋아하지 않는지 선택했는가? 리사는 집에는 별 관심이 없다. 그래서 소형 아파트의 작은 방에 산다. 덕분에 직장 동료들보다 주거비에서 400달러 넘게 절약한다.

리사는 장기 목표와 단기 목표를 세우고 난 뒤 자신이 좋아하는 일에 돈을 쓴다. 나는 그녀가 올바른 소비를 하고 있다고 생각한다.

> 바라보는 관점이 바뀌면서 많은 것이 달라졌습니다. 특히 의식적인 소비(중요하게 생각하는 것에만 아낌없이 쓰고 나머지는 절약하는)에 대한 태도가 달라졌죠. 돈을 모두 이자가 붙는 계좌로 옮기면서 청구서 납부도 자동화했습니다.
> ― 리사, 45세

파티 마니아

내 친구 존은 사교 활동에 매년 2만 1,000달러 넘게 쓴다. 이렇게 말할지 모른다. "세상에, 그렇게나 많은 돈을 쓴다고!" 하지만 좀 더 들여다보자. 존이 일주일에 네 번 외출하고 사람들과 함께 저녁과 술을 즐기면서 한 번에 평균 100달러를 소비한다고 치자. 이는 1인당 식사가 60달러, 그리고 술 한 잔에 15달러 정도로 비교적 저렴하게 잡은 금액이다. 한 병에 800달러, 혹은 1,000달러씩 하는 술은 제외했다(그는 대도시에 살고 있다).

존은 억대 연봉을 벌기 때문에 큰 어려움 없이 의식적인 소비를 실천한다. 동시에 절대 낭비하지 않을 분야도 정했다. 예를 들어 직장 동료들이 주말에 유럽 여행을 떠나자고 하면(농담이 아니다), 그는 정중히 거절한다. 사실 그는 일벌레라 휴가도 잘 쓰지 않는다. 게다가 대부분 직장 사무실에 머무르기 때문에 아파트 인테리어에는 거의 신경을 쓰지 않는다. 실내 장식도 거의 없다. 싸구려 정장 몇 벌이 철사 옷걸이에 걸려 있고 주방엔 주걱 하나 없다.

존에게 가장 귀한 자원은 '시간'이다. 그는 자신이 돈을 이 계좌에서 저 계좌로 직접 정기적으로 보내지 않으리라는 걸 잘 안다. 그래서 돈이 수중에 들어오기 전에 월급 통장에서 투자 계좌로 이체되게 설정해 두었다. 핵심은 존이 자기 자신을 잘 이해하고 있으며, 자신의 약점을 보완하는 방식으로 시스템을 구축했다는 것이다.

소비의 측면에서 보자면, 존은 열심히 일하고 열심히 논다. 주중에 두 번, 주말에 두 번 외출한다. 음식과 술에 많은 돈을 쓰면서도 2년 동안 친구들보다 더 많은 돈을 모았다. 사실 2만 1,000달러는 과소비로 보이지만, 연봉과 우선순위를 함께 고려해야 한다. 다른 친구들이 인테리어와 휴가에 많은 돈을 쓰는 것과는 달리, 존은 투자 목표 세우고 이를 달성하기 위해 더 많은 돈을 넣고 있다.

돈이 많으면 행복할까?

그렇다! 나도 안다. 소득이 7만 5,000달러에 이를 때까지 돈은 우리를 행복하게 만들어 주지만, 그 이후로는 영향을 미치지 못한다는 연구 결과를 들어 본 적이 있을 것이다. 실제로 2010년에 경제학자인 앵거스 디턴 Angus Deaton 과 대니얼 카너먼 Daniel Kahneman 은 연구를 통해 '감정적 행복 emotional well-being'이 7만 5,000달러에서 정점을 찍는다는 사실을 발견했다. 그러나 또 다른 지표인 '삶의 만족도 life satisfaction'는 정점이 없는 것으로 밝혀져 있다. 다시 말해 7만 5,000달러에서 50만 달러, 그리고 100만 달러에 이르기까지 계속 증가하는 것으로 보인다.

미국 저널리스트인 딜런 매튜스 Dylan Matthews가 밝혔듯이, 소득이 높을수록 삶의 만족도가 높아진다는 사실을 말해 주는 인상적인 연구 결과가 나와 있다. "개발도상국이든 선진국이든 상관없이 부와 삶의 만족도 사이에는 긍정적인 상관관계가 존재한다."

그렇다면 어떻게 돈을 써야 더 행복할 수 있을까? 하버드 비즈니스스쿨의 애슐리 윌런스 Ashley V. Whillans를 비롯한 여러 연구원은 한 뉴욕타임스 기사에서 이렇게 밝혔다. "싫어하는 일을 다른 사람에게 맡기는 것처럼 돈으로 시간을 사는 사람들이 전반적으로 더 높은 삶의 만족도를 보고하고 있다."

결론적으로 말해서, 뉴스 기사를 맹신하지는 말자. 돈은 풍요로운 삶에서 작지만 중요한 부분을 차지한다. 그리고 전략적으로 돈을 사용하면 더 만족스러운 삶을 누릴 수 있다.

여기서 핵심은 존은 자신의 소비에 대해 신중하게 생각한다는 것이다. 그는 가만히 앉아 무엇에 돈을 쓰고 싶은지 고민하고, 그 결정을 실행에 옮긴다. 그는 내가 이야기를 나눈 젊은이들의 99%보다 더 행복한 삶을 살아간다. 만약 존이 매년 2만 1,000달러를 털로 뒤덮인 당나귀 의상이나 러시아 달걀 공예품에 쓴다고 해도, 나는 상관하지 않을 것이다. 그에겐 계획이 있으니 말이다.

> 지난 3년 동안 라테에 돈을 쓰거나 일주일에 몇 번 점심을 사 먹으면서 죄책감을 덜 느끼게 되었습니다. 그건 지금 내 돈이 어디로 흘러가는지 잘 알고 있기 때문이죠. 외식과 커피에 매달 300달러를 쓰기로 정해 뒀습니다. 그 돈이 다 떨어지면, 인스턴트 커피로 바꾸거나 도시락을 싸면 됩니다.
>
> — 제임스, 27세
>
> 제가 생각하는 풍요로운 삶이란 죄책감을 느끼지 않고 소비하는 삶입니다. 이제는 돈이 없어서 이러저러한 일을 하지 못했다고 말하지 않습니다. 다만 내 선택으로 하지 않았다고 말합니다.
>
> — 도나, 36세

비영리단체 직원

의식적인 소비를 위해 꼭 억대 연봉을 받아야 하는 건 아니다. 내 친구 쥴리는 샌프란시스코에 있는 비영리단체에서 일한다. 그녀의 연봉은 4만 달러 정도인데, 매년 6,000달러 넘게 저축한다. 이는 대부분의 미국인보다 많은 금액이다.

쥴리가 그렇게 할 수 있는 건 엄격한 원칙 때문이다. 그녀는 집에서 요리하고, 작은 아파트를 공유해서 살며, 직장에서 제공하는 혜택을 최대한 활용한다. 외식하자는 제안을 받으면, 먼저 자신의 봉투 시스템(240쪽에서 다룬다)으로 여유가 되는지 확인한다. 여유가 없다면 정중히 거절한다. 하지만 외식을 결정했을 때, 거기에 쓰는 돈에 절대 죄책감을 느끼지 않는다. 이미 여유가 있다는 사실을 확인했기 때문이다. 그러나 아파트 임대료와 외식비를 아끼는 것으로는 충분하지 않다. 줄리는 또한 공격적으로 저축한다. 로스 IRA에 한도까지 돈을 넣고, 여행 자금을 따로 모은다. 저축을 위한 돈은 매달 가장 먼저 저축 계좌로 자동이체 된다.

그런데 파티나 저녁 식사에서 줄리와 이야기를 나눌 때, 그녀가 평균보다 더 많이 저축한다는 인상은 받지 못한다. 사실 우리는 겉모습만으로 상대의 소비 성향을 추측한다. 가령 직장이나 입은 옷만 보고 그 사람의 재정 상태를 예측한다. 하지만 줄리는 피상적인 정보만으로 판단해서는 안 된다는 사실을 보여 준다. 현재 상황과는 상관없이, 줄리는 투자와 저축을 최고의 우선순위에 놓는다.

인간 심리를 반대로 활용해서 절약하자

연소득이 5만 달러인 한 독자는 내 조언에 따라 자신의 재정을 살펴보는 과정에서 세후 소득의 30%가 각종 구독 서비스로 빠져나가고 있다는 사실을 발견했다. 그 종류는 넷플릭스에서 휴대전화, 케이블 TV까지 다양했다. 사실 구독 서비스는 기업 입장에서 최고의 비즈니스다. 기업은 구독 서비스로 예측 가능한 매출을 올린다. 그것도 자동으로 말이다. 매달 납부하는 구독 서비스를 검토하고 해지했던 적이 언제였던가? 아마 기억도 나지 않을 것이다. 그래서 나는 '아라카르트$^{À\ La\ Carte}$'라는 개별 맞춤형 방식을 소개하고자 한다.

아라카르트 방식은 인간의 심리를 이용해 지출을 줄이는 방식을 말한다. 그 과정은 이렇다. 먼저 모든 구독 서비스를 해지한다. 다음으로 정말로 필요한 것만 '개별로$^{À\ La\ Carte}$' 신청한다. 즉, 방송에서 보지도 않을 수많은 채널을 포함한 패키지 상품을 구매하는 게 아니라, 아이튠즈^{iTunes}와 같은 플랫폼에서 보고 싶은 채널만 구매하는 것이다. 마찬가지로 헬스장도 갈 때마다 일일권을 끊는다(하루에 10~20달러). 이 방식은 세 가지 측면에서 도움이 된다.

1. 이미 너무 많은 돈을 내고 있다

대부분 구독 서비스의 가치를 과대평가하는 경향이 있다. 가령 일주일에 몇 번 헬스장에 가는지 물어보면, 사람들 대부분 이렇게 답한다. "일주일에 두세 번은 가요." 하지만 그건 사실이 아니다. 한 연구 결과에 따르면, 헬스장 회원들은 자신의 운동 횟수를 70% 넘게 과대평가한다고 한다. 월회비가 70달러 정도인 헬스장 회원들은 평균 한 달에 4.3회 운동한다. 그렇다면 헬스장을 한 번 이용하는 데 17달러 넘게 지불한 셈이다. 그러니 10달러짜리 일일권을 끊는 게 이득이다.

2. 더 의식적으로 소비하게 된다

신용카드 청구서를 보고서 '케이블 요금이 이랬군'이라고 깨닫는 것과 2.99달러짜리 TV 채널을 선택해서 구매하는 것은 전혀 다른 소비 경험이다. 우리는 개별로 결제할 때 더 의식적으로 고민하게 되고, 소비는 그만큼 줄어든다.

3. 개별로 구매한 게 더 소중하다

사람들은 구독 서비스를 통해 패키지로 얻는 것보다 개별로 구매한 것을 더 높게 평가한다.

아라카르트 방식의 단점

자동화된 생활을 포기해야 한다. 그건 돈을 절약하기 위해 지불해야 하는 대가다. 이 방식을 시범적으로 두 달만 해보고 효과를 체험해 보자. 마음에 들지 않으면, 다시 기존 구독 서비스로 돌아가면 된다. 그래도 그 과정에서 자신의 지출 패턴을 초기화할 수 있다. 그리고 나면 창조적인 형태로 새로운 지출 패턴을 구축할 수 있다.

아라카르트 방식 실행법

① 지난달 구독 서비스로 총 얼마를 지출했는지 확인하자.

② 모든 구독을 취소하고 각종 서비스를 개별로 구매하자.

③ 한 달 후 이들 서비스에 얼마나 지출했는지 계산해 보자. 상황을 파악하는 단계다.

④ 다음으로 '문제 해결' 단계로 넘어가자. 총 100달러를 지출했다면 90달러로 줄이자. 그리고 다음 달에는 다시 75달러로 줄이자. 너무 급하게 줄이지는 말자. 무엇보다 지속가능해야 한다. 그리고 세상과의 교류를 한 번에 중단해서는 안 된다. 그래도 구매할 때마다 결제하기 때문에 몇 편의 영화를 봤는지, 몇 권의 잡지를 구독했는지 정확히 파악할 수 있다.

명심하자. 아라카르트의 목적은 자신에게서 뭔가를 빼앗으려는 게 아니다. 대신에 정말로 좋아하지도 않는 서비스에 매달 50달러씩 구독료를 지불하고 있다는 사실을 깨닫는 것이다. 이제 그 돈을 자신이 좋아하는 곳으로 흘러가게 만들 수 있다.

친구들이 잘하는 것

앞서 소개한 내 친구들은 예외에 속한다. 그들은 계획을 세운다. 새로운 스마트폰과 자동차 등 모든 신제품을 소비하는 악순환에 빠지지 않고, 자신이 중요하게 여기는 것에 계획적으로 지출하면서 저축한다. 신발을 사랑하는 친구는 집에 오래 머무르지 않기 때문에 작은 방에 살면서 매달 몇백 달러를 아낀다. 파티 마니아 친구는 대중교통을 이용하고 아파트 인테리어를 신경 쓰지 않는다. 그리고 비영리단체에서 일하는 친구는 모든 지출을 꼼꼼하게 챙긴다.

세 사람 모두 한 달에 500달러든 2,000달러든 먼저 자신을 위해 돈을 쓴다. 그리고 재정 시스템을 자동으로 구축해 놨기 때문에 입출금 계좌에서 돈이 떨어질 때까지 죄책감 없이 안심하고 돈을 쓴다. 돈 걱정은 별로 하지 않는다. 온라인 저축 계좌와 신용카드, 기본적인 자산 배분 방법도 잘 알고 있다. 전문가는 아니지만, 일찍 시작했다.

내가 보기에 세 사람 모두 부러워할 만한 삶을 살고 있다. 이러한 모습은 내가 이 책에서 특히 강조하고자 하는 부분이다. 친구들은 자동으로 저축하고, 투자하고, 소비한다. 그리고 이미 마련해 놓은 돈으로 소비하기 때문에 새 청바지를 살 때도 아무런 죄책감을 느끼지 않는다. 당신도 얼마든지 할 수 있다. 계획만 세우면 된다. 정말로 간단한 일이다.

친구들의 소비를 평가하고 싶은가?

친구들의 소비 생활을 평가할 때, 사람들은 겉으로 드러난 부분만 가지고 쉽게 판단한다. "300달러짜리 청바지를 샀다고?", "왜 홀푸즈에서 식료품을 사는 거야?", "왜 비싼 동네에서 사는 거야?"

사실 이러한 평가들 대부분이 정당하다. 많은 청년이 장기적인 목표에 따라 신중하게 재정 결정을 내리지 않기 때문이다. 그들은 자신을 위해 먼저 돈을 쓴다. 계획적으로 투자하거나 저축하지 않는다. 그렇다면 청바지에 300달러를 쓴다는 건 말이 안 되는 거다.

그래도 나는 이런 식의 평가는 좀 자제하려고 한다. 물론 항상 성공하는 건 아니지만, 가격표가 중요한 건 아니라는 사실에 주목하려고 애쓴다. 중요한 것은 소비 패턴이다. 셰프가 추천하는 특별 코스나 고급 와인에 돈을 쓰고 싶다고? 그런데 스물다섯에 벌써 2만 달러를 저축해 놨다고? 그렇다면 좋다! 그러나 연봉이 2만 5,000달러인데 일주일에 네 번 외식을 한다면, 그건 의식적인 소비로 보기 힘들다.

친구들의 소비 생활을 평가하는 일이 재미있을지 몰라도, 언제나 그 맥락을 파악하도록 하자.

의식적인 소비 계획

나와 함께 연습해 보자. 30초면 된다. 당신의 1년 소득을 보여 주는 원형 도표가 있다고 상상해 보자. 이제 마법 지팡이를 휘둘러 그 원형 도표를 자신이 원하는 형태로 구분한다면, 어떤 모양일까? 아직 정확한 비중에 대해서는 고민하지 말자. 다만 임대료와 음식, 교통, 학자금 대출 등 주요 항목을 기준으로 구분하고 저축과 투자도 넣자. 자신에게 마법 지팡이가 있다는 사실을 잊지 말자. 평생 꿈꾸던 여행이 있는가? 그렇다면 그것도 포함하자.

어떤 독자는 이 부분이 가장 힘들다고 말한다. 그러나 나는 여기서 가장 많은 도움을 얻을 수 있다고 생각한다. 돈을 어떻게 쓸 것인지, 그리고 어떻게 풍요로운 삶을 만들 것인지를 의식적으로 선택하는 일이기 때문이다.

지출 항목	
고정비 (월세, 공과금, 부채 상환 등)	실수령의 50~60%
장기 투자 (401k, 로스 IRA 등)	10%
저축 목표 (여행, 선물, 주택 마련, 비상금 등)	5~10%
죄책감 없는 소비 (외식, 술, 영화, 옷, 신발 등)	20~35%

이제 의식적인 소비 계획을 세우는 구체적인 방법을 살펴보자. 거창한 예산 시스템을 세워야 한다는 부담감은 내려놔도 좋다. 지금은 단순한 형태로 틀만 만들고 차차 다듬으면 된다.

핵심은 이것이다. 의식적인 소비 계획은 크게 돈이 흘러가는 네 가지 바구니로 구성된다. 그것은 고정비, 투자, 저축, 죄책감 없는 소비를 말한다.

매월 고정비

고정비는 월세나 주택담보대출 상환금, 공과금, 휴대전화 통신요금, 학자금 대출 상환금처럼 매달 지불하는 비용을 말한다. 일반적인 기준으로 고정비의 비중은 세후 소득에서 50~60%가 좋다. 가장 먼저 할 일은 고정비 항목의 합계를 구하는 것이다. 쉬워 보인다고? 정말 그럴까? 고정비를 파악하는 것은 재테크에서 가장 힘든 작업이기도 하다. 기본적인 비용으로 구성된 다음 도표를 살펴보자(일반적으로 생활에 필요한 최소한의 항목들이다). 만약 주요 지출 항목 중 빠진 게 있다면 추가하자. 나는 '외식'과 '유흥'은 여기에 넣지 않았다. 죄책감 없는 소비 항목으로 분류했기 때문이다. 간단한 계산을 위해 실수령을 기준으로 하자.

먼저 바로 확인할 수 있는 항목의 금액을 집어넣자.

그 밖의 항목에 해당하는 금액은 좀 더 들여다봐야 한다. 일단 과거 지출 내역을 살펴봐야 한다. 그리고 고정비 항목을 모두 추가했는지 확인하자. 과거 지출 내역을 확인하는 가장 쉬운 방법은 신용카드 결제와 통장 거래 내역을 확인하는 것이다. 물론 최근 모든

고정비 항목	금액
월세/주택담보대출 상환금	
공과금	
의료보험 및 각종 고지서	
자동차 할부금	
대중교통	
기타 부채 상환금	
식료품	
의류	
통신비	

내역까지 확인할 수는 없지만, 그래도 85% 정도는 가능하다. 지금으로서는 그 정도면 충분하다.

모든 항목의 금액을 넣었다면, 마지막으로 15% 금액을 추가하자. 그렇다. 이 작업이 꼭 필요하다. 예를 들어 '자동차 수리' 같은 항목은 아마도 도표에 포함되지 않을 것이다. 그런데 자동차 수리로 매년 400달러를 쓴다면 한 달에 33달러 정도 고정비가 발생하는 셈이다. 혹은 세탁비나 응급 의료비, 기부금 항목도 빠졌을 것이다. 고정비 총액의 15%에 해당하는 금액을 추가하면, 이처럼 누락된 항목까지 포함할 수 있다. 그리고 그 금액은 앞으로 더 정확하게 수정해 가면 된다.

(실제로 내 재정 시스템 안에는 '멍청 비용'이라는 항목이 있다. 처음에는

이 항목에 매월 20달러를 배정했다. 그런데 두 달 동안 의료비로 600달러, 교통 범칙금으로 100달러 넘는 돈이 나갔다. 그래서 지금은 그 항목의 금액을 200달러로 늘렸다. 연말에 그 항목으로 배정한 금액이 남아있을 경우, 절반은 저축하고 절반은 마음대로 쓴다.)

고정비 총액을 구했다면, 세후 소득에서 그만큼 빼자. 남은 돈은 투자와 저축 및 죄책감 없는 소비와 같은 범주에 쓸 수 있는 금액이다. 만약 고정비 범주에서 몇몇 항목의 금액을 줄일 수 있다면, 더 많은 돈을 투자와 저축에 배분할 수 있다.

장기 투자

이 범주에는 매월 돈을 넣는 401k나 로스 IRA가 들어간다. 일반적인 기준으로, 매월 실수령액의 10%를 배정하는 게 좋다. 매월 401k로 들어가는 돈도 그 10%에 포함된다. 그러므로 401k 계좌에 납입하고 있다면, 실수령액에 그 금액만큼 추가해야 한다.

그래도 이 범주에 얼마를 배정해야 할지 확신이 서지 않는다면, 뱅크레이트와 같은 사이트에서 제공하는 투자 계산기(우리나라에서는 복리 계산기, 수익률 계산기 등을 활용하면 된다-옮긴이)를 활용해서 다양한 투자 금액을 넣어 보자. 연수익률을 8%로 설정하고 매월 100달러, 200달러, 500달러, 1,000달러를 입력해 보자. 40년 기준으로 엄청난 차이를 확인하게 될 것이다.

그런데 투자는 대부분 세금 혜택이 있는 은퇴 계좌(이번 장 후반부에서 다룬다)를 통해 이루어지므로, 일단 세금은 고려하지 말고 냅킨 뒷면에라도 간단하게 계산해 보자. 먼 훗날 401k의 투자 수익에서 세금이 빠져나갈 거라는 사실만 염두에 두자. 지금 더 공격적으로 투자할수록 미래 수익은 더 늘어난다는 사실을 명심하자.

저축 목표

이 범주에는 단기 저축(명절 선물이나 휴가 여행 등)과 중기 저축(몇 년 후에 있을 결혼식 등), 그리고 장기 저축(주택 계약금 등) 항목이 들어간다.

60% 법칙

앞서 85% 법칙을 소개했다. 100%에 대한 부담감으로 아무 일도 못 하지 말고, '충분히 좋은' 수준을 목표로 삼으라는 뜻이다. MSN 머니에서 편집자로 일했던 리처드 젠킨스 Richard Jenkins는 '60% 법칙'을 제목으로 기사를 썼다. 여기서 그는 식비와 공과금, 세금 등 비교적 규모가 큰 고정 항목에 총소득의 60%를 배정하라고 말한다. 나머지 40%는 다음 네 가지 항목에 배분하면 된다.

1. 은퇴 자금 저축(10%)
2. 장기 저축(10%)
3. 비정기적인 지출을 위한 단기 저축(10%)
4. 자유롭게 쓸 수 있는 돈(10%)

간단하지만 핵심을 짚은 그의 기사는 인기를 끌었다. 그러나 내 친구들 중에는 그 기사를 읽었다는 사람이 아무도 없었다. 내가 말하는 의식적인 소비 계획도 젠킨스의 60% 법칙과 비슷하다. 다만 나는 젊은 층에 좀 더 집중했다. 젊은이들은 주로 외식이나 사교 활동에 많이 지출하는 반면, 주거비는 상대적으로 낮다. 아파트를 공유해서 사는 경우가 많기에, 일반적으로 나이 많은 이들보다 월세 부담이 적다.

매달 얼마나 돈을 넣어야 할지 결정하기 위해 다음 사례를 참조하자. 좀 놀랄 수도 있다.

가족과 친구 선물: 과거 명절에는 부모님과 형제자매 선물만 준비하면 끝이었다. 그러나 주변에서 결혼하기 시작하면서 조카를 비롯한 새 가족이 생긴다. 매년 챙겨야 할 선물이 갑자기 늘어난다. 그렇다면 갑작스럽게 선물에 지출하는 방식은 좋지 않다. 사실 명절과 생일, 기념일 등 선물을 장만해야 할 시점은 충분히 예상할 수 있다. 또한 졸업식 등 특별한 선물을 마련해야 할 때도 마찬가지다. 내가 그리는 풍요로운 삶에는 일상적으로 지출을 예상하고 준비하는 모습도 들어 있다. 미리 계획을 세우는 것은 이상한 게 아니라 똑똑한 거다. 12월이 돌아오면 보통 크리스마스 선물을 챙겨야 한다. 그렇다면 1월부터 미리 계획을 세워 두자. 지금부터는 이러한 방식을 더

큰 비용 항목에 적용하는 방법을 알려 주고자 한다.

돈에 대한 죄책감을 덜어내기

재테크 분야 저자들이 즐겨 쓰는 글쓰기 방식이 있다. 그건 사람들이 소비에 대해 죄책감을 느끼게 만드는 것이다. 그런 의도로 쓴 글을 읽은 적이 있는가?

"레스토랑에 가서 음료수까지 시킨다고? 물만 마셔도 된다."
"여행을 떠날 필요가 있을까? 공원 산책만 해도 좋은데 말이다."
"왜 새 청바지를 사는가? 얼룩도 개성이다."

이들의 조언에 따르려면, 아마도 뒷마당에서 농사를 지으며 자급자족으로 살아가야 할 것이다. 나는 그렇게 살기 싫다. 요즘 재테크 저자들 사이에서 유행하는 전략은 돈을 쓰지 않고 투자하면 40년 후 얼마가 되어 있을지 보여 주면서 독자들의 죄책감을 자극하는 것이다. 가령 여행으로 쓰려고 했던 2,000달러를 투자하면 40년 후 4만 달러로 불어나 있을 거라고 말하는 식이다. 물론 틀린 말은 아니다. 하지만 그렇게 따지면, 다음에 해변으로 놀러 가거들랑 텀블러에 바닷물을 담아서 800킬로미터 떨어진 정수 공장까지 걸어가 안내 직원에게 물을 정수해 달라고 부탁하는 게 좋겠다. 그렇게 아낀 돈으로 투자해도 좋지 않겠는가? 물론 농담이다. 하지만 이런 제목의 기사까지 나왔다. '당신이 고른 샌드위치 한 개 가격은 얼마? 그건 9만 달러의 저축과 맞먹는다.'

풍요로운 삶을 추구한다면서 동전을 세고 있거나 샌드위치 하나를 9만 달러로 생각하고 있다면, 어딘가 큰 문제가 있는 것이다. 수십 년 동안 이런 기사를 읽다 보면, 실제로 영향을 받게 된다. 그런 이야기를 점점 진실로 받아들이기 시작한다. 돈을 관리하는 유일한 방법은 저축만 하면서 금지 항목을 계속 늘리는 것이라고 믿게 된다. 결국 돈에 대한 죄책감을 느끼게 만드는 사람은 금융 전문가만이 아니다. 스스로 또한 죄책감을 강요한다. 이 책의 독자 중에는 연봉이 2만 달러가 넘는 사람도 꽤 많다. 그런데 그런 사람들조차 마음 편히 돈을 쓰지 못한다. 6개월에 한 번 고급 레스토랑에 가는 것도 '낭비'라고 생각한다.

커뮤니티에 '스스로를 절약 감옥에 가뒀다'라는 글을 쓴 사람처럼 살고 싶지는 않을 것이다. "지난 몇 년과 은행 계좌를 돌아보니 세상을 더 많이 경험하고 더 다양한 열정을 발견할 수 있었다면, 기꺼이 돈을 포기했을 겁니다. 저축은 쌓았으나 인생 경험은 쌓지 못했거든요."

금융 전문가들이 돈 이야기를 하면서 걱정이나 불안, 죄책감과 같은 단어를 얼마나 많이 쓰는지 아는가? 그리고 돈을 가지고 하지 말아야 할 것들을 읊으면서 조언을 시작한다는 사실을? 이들은 오로지 방어밖에 모른다.

> 나는 다른 접근법을 제시하고자 한다. 삶에서 빅 윈을 거뒀다면, 점심값 정도는 걱정하지 않아도 된다. 그리고 돈 이야기를 하면서 굳이 걱정과 죄책감을 말하지 않아도 된다. 자신이 원하는 것에 죄책감 없이 마음껏 돈을 써도 괜찮다. 단지 샌드위치만이 아니다. 추억에 남을 휴가에서 멋진 가족 선물, 자신과 가족을 위한 보안 시스템에 이르기까지 무엇이든 선택할 수 있다. 죄책감 없이 말이다.

결혼식 준비: 결혼식 비용은 평균 3만 달러가 넘는다. 내 경험에 따르면, 모든 부대 비용까지 합쳐서 3만 5,000달러 정도다. 계산을 간단하기 위해 결혼식 평균 비용을 3만 달러로 가정해 보자. 평균 결혼 연령을 고려할 때, 다른 사람의 도움을 받거나 빚을 지지 않는다는 가정하에 얼마를 저축해야 할지 정확히 계산할 수 있다. 25세라면 결혼식을 위해 한 달에 1,000달러 넘게 저축해야 한다. 26세라

> 제게 가장 소중한 조언은 중요하지 않은 일에는 가차 없이 지출을 줄이고, 중요한 일에는 미리 계획해서 죄책감 없이 돈을 쓰라는 것이었습니다. 저는 케이블 TV와 새로 나온 멋진 자동차, 유행하는 옷에는 최대한 돈을 아끼고 있습니다. 여행에는 과감하게 돈을 쓰되, 결혼식을 준비하고 집을 사기 위해 많이 저축하고 있죠.
> — 제시카, 28세

면 2,500달러 이상 저축이 필요하다(내 경험을 기반으로 한 결혼식 예산 계획은 454쪽에서 자세히 다룬다).

내 집 마련: 몇 년 안에 집을 살 계획이라면, 질로우zillow.com와 같은 주택 가격 사이트에 들어가서 자신이 생각하는 지역의 시세를 살펴보자. 주변 시세가 평균 30만 달러고 일반적으로 20% 계약금이 필요하다고 가정해 보자. 그리고 5년 뒤 집을 산다면, 계약금 6만 달러를 마련하기 위해서 매달 1,000달러를 저축해야 한다.

불가능하다고? 그러나 향후 몇 년간 지출 계획을 세워 보면, 중요한 사실을 깨닫게 될 것이다. 가장 먼저, 남은 기간이 길수록 매달 저축해야 할 금액은 줄어든다. 10년 뒤 집을 장만할 생각이라면, 매달 500달러만 저축해도 계약금을 마련할 수 있다. 거꾸로 20세부터 결혼식 준비를 위해 저축을 시작했더라면, 매달 333달러만 저축해도 될 것이다. 반면 26세부터 시작한다면 매달 2,333달러를 넣어야 한다. 다음으로, 주변 도움을 받을 수도 있다. 배우자나 부모님이 도움을 줄 수도 있다. 그러나 누군가가 도와주길 막연히 기대해서는 곤란하다. 셋째, 이론적으로 저축 목표를 달성하기 위해 투자 자산을 일부 활용할 수도 있다. 이상적인 방식은 아니지만, 어쨌든 가능하다.

어떤 목표를 위해 저축하든 간에 일반적인 원칙은 실소득의 5~10%를 저축하는 것이다.

죄책감 없는 소비

모든 비용과 투자, 저축을 해결하고 난 뒤에 남는 여윳돈은 인생을 즐기기 위한 것이다. 원하는 대로 마음껏 쓸 수 있는 돈이다. 레스토랑과 술집, 택시, 영화, 휴가 등이 해당한다. 어떻게 계획을 짰는지에 따라 다르겠지만, 일반적인 원칙은 세후 소득에서 20~35%를 죄책감 없이 쓸 수 있는 항목으로 배정하는 것이다.

의식적인 소비 계획을 최적화하자

의식적인 소비 계획의 틀을 마련했다면, 지출을 조정하는 식으로 개선해 나가면서 원하는 방향으로 돈이 흘러가게 할 수 있다. 요즘 너무 많이 쓰고 있는 거 같다고 막연하게 걱정할 필요가 없다. 문제가 생겼을 때, 이 계획은 살아 숨 쉬는 시스템으로 기능하면서 경고 신호를 보낼 것이다. 경고음이 울리지 않는 이상, 쓸데없이 걱정할 필요가 없다.

빅 윈에 집중하기

소비 계획을 최적화해야 한다고 하면 어렵게 보일 수 있지만, 꼭 그렇지만은 않다. 여기서는 80/20 법칙을 활용할 수 있다. 이 법칙은 과소비의 80%가 20% 항목에서 비롯된다는 사실을 말해 준다. 그래서 나는 여러 소소한 항목에서 5%씩 아끼기보다 중요한 한두 가지 항목에 집중한다.

장기적으로 볼 때, 비용들은 대부분 예측이 가능하다. 나 또한 월세는 매달 똑같고 지하철 비용도 거의 비슷하다. 그리고 매해 선물 장만에 들어가는 비용도 거의 일정하다. 그렇게 연간 평균 비용을 잘 알고 있기에, 가끔 발생하는 영화비 12달러에 대해서는 별 고민을 하지 않는다. 그래도 변동이 큰 두세 가지 항목에는 주의를 기울여 관리한다. 나의 경우, 외식과 여행, 옷이 그런 항목에 해당한다. 어느 계절이냐에 따라 그리고 얼마나 멋진 캐시미어 스웨터를 발견했느냐에 따라 금액은 달에 수천 달러씩 달라진다.

내가 사용하는 도구들

많은 사람이 내게 재테크 관리 툴을 묻는다. 처음 시작하기에 가장 좋은 것은 민트(mint.com)다. 이 프로그램은 신용카드와 은행 계좌를 자동으로 연동해서 항목별 지출 내역과 변동 추이를 보여 준다. 많은 수고를 들이지 않고도 자신의 지출 습관을 파악하는 데 유용하다. 그러나 사용하다 보면 금방 한계를 확인하게 된다.

지출을 더 꼼꼼하게 관리하고 싶다면, 와이냅YNAB(youneedabudget.com)를 추천한다. 와이냅은 휴대폰 요금이나 죄책감 없는 소비와 같은 모든 비용 항목을 분류해 준다. 2주만 사용해도 개인의 지출 패턴을 대단히 효과적으로 파악할 수 있다.

마지막으로, 어떤 시점부터는 여러 계좌를 사용해서 투자하기 시작할 것이다. 가령 지난 직장에서 만든 401k 계좌에 몇천 달러, 그리고 오래전 만든 로스 IRA에 몇천 달러가 들어 있을 것이다. 이러한 단계에서는 자신의 전반적인 투자 상황을 위에서 내려다보면서 거시적으로 자산을 배분해야 한다.

물론, 디지털 자산 관리 플랫폼인 퍼스널캐피털Personal Capital (personalcapital.com)을 사용해도 좋으나, 나는 그냥 뱅가드 계좌를 이용한다. 주요 증권사 계좌를 이용하면, 외부 투자 계좌도 함께 한눈에 살펴볼 수 있다.

지금은 초판이 나왔던 시절과는 좀 다르다. 예전에는 민트를 사용했지만, 인튜이트Intuit로 합병된 이후로 품질이 점점 떨어져서 지금은 쓰지 않는다(몇 주 정도 쓰면서 자신의 지출 패턴을 어느 정도 파악하고 나면, 아마도 나처럼 다른 걸로 넘어가게 될 것이다). 다음으로 나는 와이냅으로 넘어왔는데, 훨씬 만족감이 높다.

예전에는 현금 지출을 직접 수기로 기록했다. 그런데 요즘에는 팁을 줄 때를 제외하고 현금을 거의 사용하지 않아서 그렇게 하지 않는다. 대신에 6개월간 현금을 얼마나 썼는지 확인하고 평균 금액을 구해서 의식적인 소비 계획에 한 가지 항목으로 넣어 둔다. 지금은 한두 달에 걸쳐 살펴봐도 현금 지출은 평균 금액에서 몇 달러 정도밖에 차이 나지 않는다.

마지막으로 오랜 경험을 통해 지출 변동이 심한 항목은 불과 몇 가지밖에 없다는 사실을 깨닫게 되었다. 그건 외식과 여행, 옷이다. 나는 이 세 가지 항목을 주의 깊게 관찰한다. 자세한 관리 방법은 차차 설명하도록 하겠다.

투자의 경우, 자산 배분을 위해서 뱅가드를 사용한다. 순자산이 늘어나면서 한 달에 한 번 주요 데이터를 요약해 주는 '퍼스널 CFO'라는 프로그램의 도움도 받는다(자세한 내용은 내 웹사이트에 올려놓은 고급 개인 재무 Advanced Personal Finances 강의를 참조하자).

신용 점수와 신용 보고서는 매년 마이피코에서 확인한다. 무료 사이트도 있지만, 나는 마이피코가 더 편하다. 투자 시나리오를 예상할 때는 뱅크레이트에서 제공하는 계산기 프로그램을 사용한다.

마지막으로, 나는 카탈로그나 청구서가 우편으로 날아오는 걸 무척 싫어한다. 우편물을 받지 않기 위해 우편물 수신 거부를 신청했고, 카탈로그 서비스도 이용하지 않는다.

그래서 나는 이러한 주요 항목에 집중한다. 80/20 법칙을 활용하려면 '파레토 분석법 conducting a Pareto analysis'을 검색하자. 예를 들어 브라이언의 연봉은 세후 4만 8,000달러로 매월 4,000달러를 받는다. 그는 다음과 같은 형태로 의식적인 소비 계획을 세웠다.

- 매달 고정비(60%): 2,400달러
- 장기 투자(10%): 400달러
- 저축 목표(10%): 400달러
- 죄책감 없는 소비(20%): 800달러

브라이언의 문제는 소비가 800달러로는 부족하다는 것이다. 최근 두 달간 소비 내역을 살펴봤을 때, 그는 매달 1,050달러를 실제로 썼다는 사실을 확인했다. 그렇다면 어떻게 해야 할까?

잘못된 대답: 대부분 어깨를 으쓱하고는 "나도 몰라"라고 중얼거리며 경제에 대한 불평을 마구 늘어놓는다. 돈을 관리할 생각이라고는 한 적이 없어 이런 상황이 너무 낯설다.

조금 낫지만 그래도 잘못된 대답: 장기 저축과 저축 목표에 할당한 돈을 줄인다. 가능은 하지만 나중에 대가를 치를 것이다. 좀 더 나은 방법은 매달 지출에서 가장 큰 부분을 차지하는 두 가지 항목. 즉, 매달 고정비와 죄책감 없는 소비를 줄이는 것이다.

올바른 대답: 가장 큰 비용 항목을 선택해 최적화한다. 첫째, 고정비를 살펴보니 신용카드에 매달 최소 금액만 내면서 18% 이자를 물고 있었다는 사실을 확인했다. 남은 카드 빚은 3,000달러다. 지금 상태로 살아간다면, 카드 빚을 갚기까지 22년이 걸릴 것이고 그동안 이자로 4,115달러를 문다. 그래서 브라이언은 카드사에 금리 인하를 요청했고, 신용카드 연이율을 15%로 낮췄다. 카드 빚 상환 기간이 18년으로 짧아졌으며 이자도 2,758달러로 줄었다. 즉, 53개월의 시간과 1,357달러의 비용을 절약한 셈이다. 한 달에 6달러를 아낀 것이지만, 18년을 놓고 보면 엄청난 금액이다.

다음으로 브라이언은 구독 서비스를 살펴보고는 넷플릭스와 스타워즈 멤버십을 잘 이용하지도 않으면서 꼬박꼬박 돈을 내고 있었다는 사실을 확인했다. 그리고 두 서비스를 취소해서 매달 60달러를 아꼈다. 이제 밖으로 나가 여자친구를 사귈 확률도 높아졌다.

마지막으로 브라이언은 매달 외식에 350달러와 술집에 250달러씩 총 600달러를 쓰고 있다는 사실을 확인했다. 그리고 다음 석 달 동안 그 금액을 400달러로 줄이기로 결심했다. 한 달에 200달러씩 절약하기로 한 것이다. 실제로 매달 260달러씩 줄이는 데 성공했다. 이런 방식으로 자신의 의식적인 소비 계획을 실행했다.

브라이언이 현명하게 대처할 수 있었던 것은 주요 항목에 집중했기 때문이었다. 외식할 때마다 콜라를 마시지 않는 것이 아니라, 총지출에 실질적인 영향을 주는 빅 윈을 선택했다. 이런 사례를 많이 봤을 것이다. 사람들은 예산을 짜라는 조언에 따라 외식 때마다 애피타이저는 주문하지 않기로 결심한다. 혹은 쿠키를 브랜드 제품에서 저가 제품으로 바꾼다. 물론 그것도 좋다. 하지만 사소한 변화로는 전체 지출에 큰 영향을 미치지 못한다. 그러한 노력에 뿌듯한 마음이 들 수 있겠지만, 그런 감정은 얼마 가지 못한다. 그건 최종 지출에 아무런 변화가 없다는 사실을 곧 깨닫게 되기 때문이다.

눈으로 확인할 수 있는 큰 변화를 일으킬 빅 윈에 집중하자. 나는 매달 두세 가지 빅 윈에 주목한다. 외식과 옷, 여행이다. 자신의 빅 윈이 무엇인지 잘 알 것이다. 그건 생각할 때마다 마음이 불편하고, 고개를 젓고 눈을 깜빡이면서 너무 많이 썼다고 중얼거리게 만드는 지출 항목을 말한다.

현실적인 목표 세우기

나는 개인 재정과 창업, 심리 등을 주제로 자기 계발 강의 영상을 제작하고 있다. 한번은 운동 프로그램 콘텐츠를 시범적으로 만든 적이 있었다. 여기서 나는 수십 명의 지원자를 대상으로 살을 빼도록 도움을 줬다. 그런데 거기에 참여한 존은 어디서나 볼 수 있는 유형이었다. 그는 과체중에 식습관도 엉망이었고 오랫동안 운동도 하지 않았다. 하지만 변화를 원했다. 그는 칼로리 섭취를 50% 줄이고 일주일에 다섯 번 운동하겠다고 했다. 나는 이렇게 말했다. "워 워. 좀 천천히 시작하세요."

그러나 존은 0에서 5단계까지 곧바로 올라가겠다고 했다. 짐작했겠지만, 그는 3주도 못 넘기고 포기했다. 새로 시작한 일에 열정을 쏟지만 금방 지쳐서 포기하고 마는 사람을 주변에서 본 적이 있는가? 나는 조금 덜 열정적이더라도 진득이 하는 쪽을 선호한다.

예전에 이런 메일을 받았다. "일주일에 세 번 달리겠다고 다짐하지만, 한 번도 못 나가고 있어요." 나는 이렇게 답장을 썼다. "그러면 일주일에 한 번으로 바꿔보면 어떨까요?" 그러자 이런 답변이 날라왔다. "일주일에 한 번요? 그걸로 운동이 되겠어요?" 그녀는 일주일에 한 번 뛰는 '현실'이 아니라 일주일에 세 번 뛰는 '꿈'을 택했다.

지속 가능한 변화는 개인 재정에서 아주 중요하다. 나는 이런 메일을 종종 받는다. "라밋! 드디어 재테크를 시작했어요! 예전에는 일주일에 500달러를 썼거든요! 그런데 지금은 5달러만 쓰고 나머지는 다 저축하고 있어요!" 오히려 나는 한숨을 쉰다. 한 달에 495달러를 저축한다고 말하면 내가 기뻐할 줄 알았겠지만, 한쪽 극단에서 다른 쪽 극단으로의 변화는 오래가지 않는다.

그래서 금융 전문가들이 할 수 있다고 외치며 가구 저축률을 0%에서 25%로 끌어올리라고 조언하는 모습을 볼 때마다 고개를 젓는다. 그런 조언은 아무 도움이 되지 않는다. 습관은 절대로 갑자기 바뀌지 않는다. 그리고 바뀌었다고 해도 오래가지 않는다.

나는 변화를 시도할 때 언제나 중요한 한 가지 영역에서 작게 시작해서 조금씩 늘려 간다. 예를 들어, 언젠가 지출 내역을 점검하다가 1,000달러 넘게 소비하고 있다는 사실을 확인했다(사실 이런 일은 생각보다 자주 일어난다). 그래서 나는 두 가지 빅 윈을 선택했다. 즉, 돈을 많이 쓰고 있지만 조금 노력하면 줄일 수 있는 두 가지 항목을 골랐다. 그리고 거기에 집중했다. 가령 내가 외식에 매달 500달러를 쓰고 있다면, 이렇게 계획을 세울 수 있겠다.

- 1개월 차: 외식비 475달러
- 2개월 차: 외식비 450달러
- 3개월 차: 외식비 400달러
- 4개월 차: 외식비 350달러
- 5개월 차: 외식비 300달러
- 6개월 차: 외식비 250달러

여기서 중요한 건 속도가 아니다. 나는 6개월에 걸쳐 외식비를 절반으로 줄였다. 그리고 이러한 방식을 두 번째 빅 윈에 똑같이 적용한다면, 한 달에 수백 달러를 아낄 수 있다. 이러한 접근법이 지속하기 쉽다.

어떤 이들은 현재 지출 내역을 확인하고 깜짝 놀라서 총지출액을 단번에 절반으로 줄인다. 그러면 아무 준비도 없는 상태에서 완전히 다른 방식으로 소비해야 한다. 그런데 이처럼 무리한 계획이 얼마나 오래갈까? 한 달 동안은 술을 입에도 안 댈 거라는 친구들의 장담을 얼마나 자주 들었는가? 나는 그런 단기적인 결심에 어떤 의미가 있는지 모르겠다. 어쩌면 첫 달에 소비를 50% 줄이는 데 성공했을지 모른다. 그런데, 이후로 어떻게 되었는가? 결심은 얼마 못가 시들고, 원래의 소비 습관으로 다시 돌아간다. 그렇다면 뭘 얻었는가? 나라면 첫 달에 소비를 50% 줄이느니 10% 줄여서 30년을 이어 가겠다.

개인 재정 외식 습관, 운동 계획 등에서 변화에 도전할 때, 오늘은 아주 조금씩만 바꿔 보자. 알아채기 힘들 정도로 사소한 변화만 시도하자. 그리고 계획에 따라 변화의 폭을 늘려나가자. 이러한 접근법은 결국 엄청난 결과로 이어질 것이다.

빅 윈을 위한 봉투 시스템

의식적인 소비와 최적화는 아주 멋진 개념이다. 그런데 어떻게 실행에 옮겨야 할까? 여기서 나는 봉투 시스템을 추천한다. 이는 외식이나 쇼핑 등 항목별로 쓸 수 있는 돈을 미리 할당하는 방법을 말한다. 만약 봉투에 들어 있는 돈이 다 떨어지면 그걸로 끝이다. 더 이상 그 항목에는 돈을 쓸 수 없다. 물론 급박한 상황이 벌어지면, 가령 '외식'과 같은 다른 봉투에서 빌려다 쓸 수 있다. 그러나 그 봉투에 다시 돈을 돌려놓을 때까지 소비를 줄여야 한다. 여기서 말하는 '봉투'란 가상의 봉투(스프레드시트에 존재하는)일 수도 있고, 아니면 말 그대로 현금을 넣는 실제 봉투일 수도 있다. 내가 보기에, 봉투 시스템은 소비를 간단하면서도 장기적으로 관리할 수 있는 최고의 방법이다.

한 친구는 매달 소비 내역을 꼼꼼히 살피다 외출하면 돈을 많이 쓴다는 사실을 발견했다. 이러한 무분별한 지출을 줄이기 위해 영리한 해결책을 마련했다. 그녀는 은행에서 따로 계좌를 만들고 연동된 직불카드를 발급받았다. 그리고 매달 초 200달러와 같은 특정 금액을 그 계좌에 넣었다. 이후로 외출할 때면 항상 그 직불카드로만 결제했다. 그 계좌에 돈이 떨어지면? 그걸로 끝이다.

봉투 시스템은 말하자면 자전거 보조 바퀴다. 이를 통해 습관을 들일 수 있다. 그러고 나서 시스템으로 완성하면 된다. 여기서 팁 하나를 소개한다. 내 친구처럼 직불카드를 만들었다면, 계좌의 초과 지출 서비스를 해제하자. 은행에 이렇게 요청하자. "계좌에 30달러가 있는데 35달러를 결제하려고 하면 승인되지 않게 해주세요." 그러면 초과 인출 수수료를 물 일이 없다.

봉투 시스템

1. 매달 주요 항목별로 얼마를 쓸지 정한다(잘 모르겠다면, 외식처럼 한 가지 항목으로 시작하라).

2. 항목별로 마련한 봉투에 돈을 할당한다.

3. 봉투끼리 돈을 옮길 수 있지만, 봉투에 돈이 다 떨어지면 이번 달 소비는 끝이다.

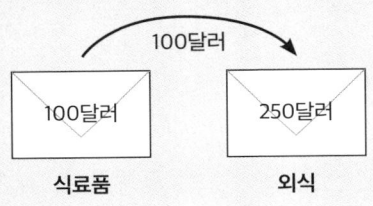

　자신에게 적합한 방식으로 돈을 배분하자. 매달 주요 항목에 얼마를 쓸지만 정하면 된다. 각각의 봉투에 돈을 넣고 봉투에 있는 돈이 다 떨어지면 이번 달은 그걸로 끝이다. 봉투끼리 돈을 옮길 수 있지만 그 돈은 다른 봉투에서 빌려오는 것이므로 총지출에는 변함이 없다. 꼼꼼한 친구들은 봉투 시스템을 더 세부적으로 관리하기도 한다. 한 독자는 이렇게 도표를 작성했다.

	외식비	택시비	도서구입비
월간 지출 횟수	12	8	5
1회 지출액	23달러	9달러	17달러

그는 이렇게 말했다. "매달 소비를 줄이려고 노력합니다." 그는 8개월이 지나기도 전에 소비를 43%나 줄였다(그는 정확한 수치를 알고 있었다). 내 생각에, 이 정도 수준의 분석은 좀 과하다. 그래도 그의 사례는 의식적인 소비 계획을 세우고 나면 얼마나 세부적인 단계로까지 나아갈 수 있는지를 보여 준다.

소득이 충분하지 않다면?

상황에 따라 의식적인 소비 계획을 세우기가 아예 불가능할 수도 있다. 소비를 최대한 줄였는데도 여윳돈이 전혀 없는 사람도 있다. 그런 사람에게 소득의 10%를 노후 자금으로 저축하라는 조언은 솔직히 모욕일 뿐이다. 자동차 기름 넣을 돈도 없는데 어떻게 10%를 장기 저축에 넣는단 말인가?

실제로는 그렇지 않을 수도 있다. 월급날만 바라보며 산다고 말하는 이들 중 많은 사람이 사실은 그들이 생각하는 것보다 더 여유가 있을 수 있다(가령 외식을 포기하고 집에서 요리를 시작하거나 매년 스마트폰을 바꾸는 소비 패턴을 바꿀 수 있다). 다만 기존 소비 습관을 바꾸고 싶지 않을 뿐이다.

반면 더 이상 지출을 줄일 수 없고 매달 월급에만 의존해 사는 사람도 많다. 이러한 경우라면, 의식적인 소비 계획은 이론적인 지침으로만 참조하자. 대신 소득을 늘리는 일에 주목하자. 소비를 줄이는 데에는 한계가 있지만, 소득을 늘리는 데에는 한계가 없다. 일단 소득이 늘어나야 의식적인 소비 계획을 활용할 수 있다. 그때까지는 소득을 높이는 세 가지 전략에 집중하자.

연봉 협상

직장인이라면 연봉 협상은 당연히 해야 할 일이다. 미국 인사관리협회의 조사 결과에 따르면, 기업은 직원 한 명을 채용하기 위해 평균 4,425달러를 쓴다. 그런데 기업이 당신을 채용하려고 이미 5,000달러 가까운 돈을 썼고, 이후로 업무 교육에 수천 달러를 투자했다면, 정말로 당신을 내보내려 할까?

연봉 협상을 위해서는 신중한 계획이 필요하다. 내 친구 제이미의 전철을 밟지는 말자. 제이미는 자신의 기여에 비해 너무 적은 보수를 받고 있다는 사실을 알고 있었지만, 아무런 요구도 하지 못한 채 두 달 넘게 마음만 졸이고 있었다. 결국 용기를 내서 상사에게 연봉 인상을 요구하기로 결심했지만, 가장 어리석은 방식을 택하고 말았다. 그는 이렇게 물었다. "혹시 제가 연봉을 올려 달라고 요구해도 된다고 생각하시는지요?" 당신이 관리자라면, 이런 생각이 먼저 들었을 것이다. '이런, 골치 아프게 생겼군.' 상사는 그냥 얼버무리며 자리를 피했고, 실망스럽게도 제이미의 연봉은 그대로였다.

연봉 협상에서 중요한 것은 자신의 상황이 아니라, 조직에 대한 자신의 가치를 입증하는 일이다. 생활비가 올라서 돈이 더 필요하다는 건 아무런 설득력이 없다. 누구도 그런 상황에 신경 쓰지 않는다. 기업의 성공에 자신의 역할이 있었다는 사실을 보여 줘야 그에 따른 공정한 보상을 요구할 자격이 생긴다. 이제 이를 위한 준비 작업을 살펴보자.

- **연봉 협상 3~6개월 전:** 최고 성과자로서 존재감을 드러내자. 그리고 모든 기준에서 기대치를 뛰어넘자.
- **연봉 협상 1~2개월 전:** 자신이 더 높은 연봉을 받아야 할 구체적인 이유를 담은 간략한 자료를 준비하자.
- **연봉 협상 1~2주 전:** 상사와 나누게 될 대화를 다양한 방식으로 연습하자. 올바른 전략과 시나리오로 시험해 보자.

연봉 협상 3~6개월 전에 상사에게 조직의 최고 성과자가 되기 위해 무엇이 필요한지, 어떤 성과를 내야 하는지, 그리고 최고 성과자가 되면 자신이 받는 보상이 어떻게 달라질 것인지 물어보자.

1. 면담 요청하기

안녕하세요. 새해 복 많이 받으세요! 올해 새로 시작할 업무에 기대가 큽니다. 특히 X와 Y 프로젝트에 많은 관심이 있습니다. 올해 최고의 성과를 올리고 싶습니다. 그래서 어떻게 성과를 낼 수 있을지 상의드리고 싶습니다. 제 나름대로 몇 가지 아이디어가 있기는 하지만, 직접 조언도 받고 싶습니다. 다음 주에 15분 정도 말씀을 나눌 수 있을까요? 괜찮으시다면 월요일 오전 10시에 자리로 찾아뵙도록 하겠습니다.

감사합니다.
당신의 이름

점진적으로 천천히 접근하고 있다는 점에 유의하자. 갑작스럽게 연봉 인상을 요구하는 게 아니다. 그리고 최고의 성과를 올리기 위한 구체적인 방법을 묻지도 않았다. 다만 면담 기회만 요청하라.

2. 면담에서

당신: 안녕하세요. 시간 내주셔서 감사합니다. 앞서 말씀드린 것처럼 제 역할과 올해 최고 성과를 내기 위해 제가 무엇을 할지 많이 고민했습니다. 괜찮으시다면 이와 관련해서 이야기를 나눠 봤으면 합니다.

상사: 좋습니다.

당신: 아시다시피 제 주요 업무에는 크게 A, B, C 세 가지가 있습니다. A는 이미 좋은 성과를 올리고 있고 B도 점점 속도를 높이고 있습니다. 그런데 이전에 말씀드린 것처럼 C는 조금 도움이 필요한 상황입니다. 동의하시는지요?

상사: 나도 그렇게 생각해요.

당신: 세 가지 업무를 더 잘하고 싶어서 많이 고민하고 있습니

다. 몇 가지 생각이 있는데요. 먼저 의견을 여쭙고 싶어서요. 세 가지 업무에서 최고 성과자로 인정받으려면 무엇에 집중해야 할까요?

상사: 음, 내 생각에는~.

당신: 네, 저도 그렇게 생각합니다. 저와 생각이 비슷하시군요. 제 아이디어는 이렇습니다. A, B, C에 대해 각각 목표를 세우고 6개월 동안 추진해 보고 싶습니다. 공격적이긴 하지만 충분히 가능하다고 생각합니다. 세 가지 목표를 모두 달성하면 제가 최고 성과자가 될 수 있을 거라 보시는지요?

상사: 그렇습니다. 그 정도면 충분하겠죠.

당신: 알겠습니다. 정말 감사드립니다. 그러면 앞으로 목표 달성을 위해 노력하면서 4주에 한 번씩 상황을 보고드리도록 하겠습니다. 그런데 마지막으로 한 가지 드릴 말씀이 있습니다. 제가 좋은 성과를 올리면 연봉 조정을 요청드려도 될까요? 물론 6개월 뒤에 말이죠.

상사: 그렇게 하죠. 성과 기대할게요.

당신: 알겠습니다. 면담 내용을 정리해서 메일로 드리겠습니다. 다시 한번 감사드립니다!

당신이 원하는 바를 분명히 밝혔다. 그건 최고 성과자가 되는 것이다. 그리고 목표를 달성하려면 구체적으로 무엇이 필요한지 상사의 조언까지 들었다. 또한 면담 내용을 메일로 보내는 식으로 주도적으로 움직이고 있다.

이제 실행에 옮길 차례다. 앞으로 모든 업무와 성과를 기록하자. 당신의 팀에서 위젯을 2만 5,000개 팔았다면, 그 과정에서 당신이 무엇을 했는지 파악하고 이를 최대한 수치로 기록하자. 자신이 거둔 성과를 구체적으로 이해하는 데 어려움이 있다면, 경험이 많고 업무를 기업 성과로 연결 짓는 방법을 잘 아는 사람에게 물어보자.

상사에게 정기적으로 보고해서 진행 상황을 알리자. 관리자는 갑작스러운 결과를 반기지 않는다. 대략 일주일이나 이주일 간격으로 간략하게 보고하자. 연봉 인상을 요구하기 두 달 전에 상사를 다시 만나 지난달 성과를 보여 주고 무엇을 개선해야 할지 물어보자. 자신이 올바로 업무를 추진하고 있다는 확답을 구하자. 성과에 대한 정기적인 의사소통이 무엇보다 중요하다.

연봉 협상 한 달 전에는 지금까지 잘해왔기에 다음 달에 연봉 관련으로 이야기를 나누고 싶다고 다시 언급하자. 생산적인 논의를 위해 무엇이 필요할지 물어보고 상사의 답변에 주의를 기울이자.

이 단계에서는 상사에게 긍정적인 말을 해달라고 동료들에게 부탁하는 것도 좋은 방법이다. 물론 당신이 기대를 충족시키고 뚜렷한 성과를 내고 있다는 전제로 말이다. 나는 이 방법이 효과가 있다는 사실을 스탠퍼드 재학 시절에 지도교수와의 경험으로 배웠다. 그는 입학심사위원회에 나와 관련해서 긍정적인 말을 해줬다. 이와 관련해서 동료가 상사에게 보낼 수 있는 메일 사례를 살펴보자.

안녕하세요. 이번 프로젝트에서 (당신의 이름)이 많은 기여를 했다는 말씀을 드리고 싶습니다. 그는 공급업체와 협상을 통해 수수료를 15%나 인하했고 덕분에 8,000달러의 비용을 절약할 수 있었습니다. 그리고 예정일보다 2주 앞서 프로젝트를 마무리했습니다. 이런 성과는 조직을 이끌고 관리하는 역량을 잘 보여 준다고 생각합니다.

이제 준비는 끝났다. 연봉을 협상하기 2주 전에 몇몇 친구에게 협상을 위한 역할극을 맡아달라고 부탁하자. 좀 어색하게 보일 수 있지만, 사실 원래 협상은 어색하기 마련이다. 처음에는 이상하고 불편한 느낌이 들 것이다. 그래도 상사와 협상하기에 앞서 친구와 먼저 경험해 보는 게 더 낫다. 여기서 적절한 친구를 선택하는 게 중요하다. 비즈니스 경험이 풍부하고 당신의 태도에 대해 피드백을 줄 수 있는 사람이어야 한다. 물론 상사가 당신의 성과를 즉각 인정하고 연봉을 올려 주길 원하겠지만, 상황은 그리 만만치 않을 것이다. 그러니 다음 시나리오를 참조해서 준비해 보자.

- **목표를 달성하지 못했잖아요**: 정말로 목표를 달성하지 못했다면, 상사와 먼저 논의해서 방안을 마련했어야 했다. 그러나 상사가 목표를 애매모호하게 만들거나 기준을 바꾸는 식으로 핑계를 대는 거라면, 이렇게 대응하자. "개선해야 할 부분이 있다면 언제든 말씀해 주세요. 하지만 [면담 날짜]에 함께 목표에 대해 합의를 했습니다. 그리고 이후로 매주 보고도 드렸습니다. 저는 모든 목표를 달성했습니다. [프로젝트 이름]에서 보실 수 있듯이 말이죠. 신뢰를 바탕으로 적절한 보상을

받고 싶습니다."

- **연봉을 인상해 주겠다고 약속한 적은 없어요**: 여기서는 이렇게 대응하자. "네, 맞습니다. 하지만 [날짜]에 했던 면담에서 제가 목표를 달성해서 최고 성과자로 인정받으면 나중에 연봉 조정에 관해 이야기를 나눠 보자고 말씀을 드렸습니다."

- **다음에 이야기합니다**: 이렇게 나온다면 다음과 같이 대응하자. "지금이 연봉 협상 시기가 아니라면 알겠습니다. 하지만 저는 이번 목표를 달성하기 위해서 6개월 동안 노력했고 그 과정에서 계속 보고를 드렸습니다. 앞으로도 목표를 달성하기 위해 노력하겠습니다. 하지만 다음 연봉 협상에서 제가 대상자로 포함되기를 문서로 확답받고 싶습니다."

연봉과 시급을 쉽게 알아내는 방법

시급에 2를 곱하고 0을 세 개 붙이면 연봉이 된다. 시급이 20달러라면 연봉은 대략 4만 달러. 그리고 시급이 30달러면 연봉은 약 6만 달러가 된다. 역으로도 가능하다. 연봉을 2로 나누고 0을 세 개를 떼면 시급이 된다. 가령 연봉이 5만 달러라면 시급은 약 25달러다.

이 계산은 주 40시간 근무를 기반으로 한 것이며, 세금이나 복지는 고려하지 않았다. 쉽게 계산할 수 있는 간단한 방법이다. 특히 뭔가를 살지 말지 고민할 때, 큰 도움이 된다. 바지 한 벌을 구매하기 위해 여덟 시간 일해야 한다면, 과연 살 만한 가치가 있을까?

협상 당일에는 자신의 현재 연봉과 더불어 경쟁사의 연봉 수준, 자신의 성과 목록을 준비해서 정당한 보상에 관한 논의를 준비하자. 기억하자. 당신은 지금 엄마에게 레모네이드를 달라고 조르는 게 아니다. 회사에서 일하는 사람으로서 공정한 보상을 요구하는 것이다. "어떻게 하면 효과적으로 합의할 수 있을까요?"와 같은 질문으로 상호 협력의 분위기를 조성하자.

지금까지 모든 노력과 준비로 결실을 보는 순간이다. 틀림없이 할 수 있다. 당신이 원하는 바를 얻었다면, 축하한다. 소득을 높이는 중요한 첫걸음을 내디딘 것이다. 실패했다면, 업무적으로 어떤 노력이 더 필요한지 상사에게 물어보자. 아니면 더 큰 성장 가능성을 당신에게 선사할 다른 기업을 알아보는 것도 좋은 방법이다.

연봉이 높은 일자리 구하기

소득을 높이기 위한 두 번째 방법이다. 지금 직장에서 성장할 가능성이 없거나 새 일자리를 알아보는 중이라면, 연봉 협상은 훨씬 쉬울 것이다. 그 과정에서 강력한 협상력을 가질 수 있기 때문이다. 새 직장의 연봉 협상과 관련해서는 465쪽에서 자세히 다룬다.

프리랜서로 일하기

소득을 올리는 또 하나의 방법은 프리랜서로 일하는 것이다. 간단한 사례로, 우버 드라이버로 일할 수 있다. 그러나 조금 더 고민해 보자. 다른 사람들이 필요로 하는 자신만의 기술이나 관심사가 있는지 고민해 보자. 꼭 특별한 기술이 있어야 하는 건 아니다. 베이비시터도 프리랜서로 일하는 사례 중 하나다(보수도 꽤 좋다). 그리고 집에서 여유 시간이 있다면, 업워크 upwork.com와 같은 사이트를 통해 가상 비서로 일할 수 있다. 지금보다 소득을 높일 수 있다는 생각을 받아들이면, 타인이 기꺼이 돈을 지불할 기술을 당신이 이미 갖고 있다는 놀라운 사실을 깨닫게 된다. 여태 인식하지 못했을 뿐이다. 나는 이러한 아이디어를 주제로 '1,000달러 벌기 Earn 1K'라는 강의를 만들었다. 나는 이 강의를 통해 다양한 아이디어를 수익성 있는 비즈니스로 전환한 성공 사례를 소개하는 일을 정말로 좋아한다.

예를 들어, 내 독자인 벤은 춤을 좋아한다. 그는 '1,000달러 벌기' 강의를 듣고 나서 남성들을 대상으로 춤을 가르치는 사업을 시작했다. 그리고 얼마 후 〈굿모닝 아메리카 Good Morning America〉에 출연했다. 다음 사례로, 줄리아는 캐리커처 화가로 시간당 8달러를 받고 사람들의 얼굴을 그려 주는 일을 하고 있었다. 그녀는 자신의 재능을 활용해서 억대 비즈니스를 구축하는 방법을 배웠다. 그 밖에도 수많은 기회가 있다. 바쁜 사람들은 일상생활에서 다른 이의 도움을 절실하게 필요로 한다는 사실을 기억하자.

당신에게 특별한 전문성이 있다면, 이를 필요로 하는 기업에 연락해 보자. 나는 고등학생 시절에 여러 분야의 웹사이트 50곳에 메일을 보냈다. 이들 사이트는 흥미로웠지만 마케팅과 홍보 문구가 아쉬웠다. 나는 그들에게 웹사이트의 글과 표현을 새롭게 작성해 주겠다고 제안했다. 약 15군데에서 답장이 왔고, 결국 한 기업에서 홍보 문구를 만드는 일을 하게 되었다. 나중에는 그 회사의 영업부 관리직까지 승진했다. 그리고 대학에 들어가서는 벤처 캐피털 회사를 대상으로 컨설팅 업무를 하면서, 메일과 소셜 미디어를 이용하는 마케팅 강의도 했다. 지금의 나와 당신에겐 익숙한 일이지만, 당시 벤처 캐피털 기업에는 생소한 업무였다. 그만큼 가치 있는 일이었기에 컨설팅 보수도 꽤 높았다.

의식적인 소비 계획을 꾸준히 관리하는 법

의식적인 소비 계획을 설계하고 실행에 옮기기 시작했다면, 이제 그 리듬에 익숙해질 시간이다. 물론 나중에는 돈 관리와 관련해서 이런 전략적인 판단을 내리게 될 것이다. '매달 저축 목표로 10%가 괜찮을까, 아니면 12%로 높여야 할까?' 하지만 그에 앞서 토대를 잘 다지는 작업이 중요하다. 새로운 시스템을 몇 달 실행하다 보면 예기치 못한 상황에 맞닥뜨릴 것이다.

갑자기 택시를 타야 하거나 우산을 깜빡해서 새로 사야 하는 등 예상치 못한 비용을 지출할 상황은 언제나 생기기 마련이다. 이러저러한 사정으로 몇 달러 지출을 기록하지 못할 때도 있다. 그래도 당황하지 말자. 시스템이 부담스럽게 느껴지는 순간, 더 이상 사용하지 않을 것이기 때문이다. 나는 물건을 살 때 최대한 신용카드를 사용한다. 그러면 와이냅이나 민트 같은 앱에 자동으로 정보가 남는다. 반면 현금 사용은 최대한 줄이려고 한다. 나는 몇 년간 지출 내역을 추적해서 매달 현금을 얼마나 쓰는지 대략적이나마 알게 되었고 그 평균 금액을 의식적인 소비 계획에 매달 추가로 집어넣는다. 모든 일이 그렇듯 지출 추적도 처음에는 시간이 걸린다. 하지만 점점 익숙해지고 쉬워진다. 일주일에 한 번 지출 내역을 확인해 보자. 가령 일요일 오후에 30분 정도 시간을 잡고 시작해 보자.

예상치 못한 비용에 대처하는 법

결혼 선물이나 자동차 수리, 연체료처럼 예기치 못한 비용이 발생하면서 애써 세운 소비 계획이 자꾸 흐트러지면 당황하게 된다. 그러므로 계획을 장기적으로 관리하기 위해서는 예상치 못한 비용을 미리 고려해서 약간의 유연성을 확보해야 한다.

예상 가능한 비정기 지출(자동차 등록세나 크리스마스 선물, 휴가 등): 이러한 유형의 비정기적인 비용을 해결하기는 어렵지 않다. 그 비용을 의식적인 소비 계획에 포함하면 된다. 다시 말해 저축 목표 범주에 별개의 항목으로 만드는 것이다. 금액이 정확할 필요는 없다. 대충 예측해서 저축 항목으로 만들고 매달 돈을 넣자. 예를 들어, 크리스마스 선물로 500달러 정도 들 것으로 예상한다면, 크리스마스 선물 항목을 만들어 1월부터 매달 42달러씩 저축하자(500달러/12개월). 그러면 12월이 되어도 지출에 큰 변화는 없다.

예상 불가한 비정기 지출(갑작스러운 의료비나 교통 범칙금 등): 이러한 유형의 비용은 매달 고정비 항목으로 넣어야 한다. 아무리 주의해도 그런 비용은 언제든 발생하기 때문이다. 앞서 나는 이처럼 예상이 힘든 지출에 대비해 고정비에 15% 정도를 추가하는 방법을 제시했다. 여기에 더하여, 예상이 힘든 지출에 대비해 매달 50달러를 따로 할당하는 방법도 추천한다. 어쩌면 그 정도 금액으로는 부족하다는 사실을 조만간 깨닫게 될 수도 있다. 그래도 시간이 흐르면서 어느 정도 금액이 적당한지 알게 될 것이며, 그에 따라 조정하면 된다. 나는 이 돈을 흥미로운 인센티브로 활용하기도 한다. 가령 연말에 그 항목에 돈이 남아 있다면, 절반은 저축하고 나머지 절반은 나를 위해 쓴다. 시간이 지날수록 전반적인 지출 상황을 더 정확하게 이해할 수 있다. 그렇게 한두 해가 지나면(장기적으로 접근해야 한다는 점을 명심하자), 훨씬 정확하게 지출을 예상할 수 있다. 시작은 힘들지만, 점점 수월해질 것이다.

	정기적	비정기적
예측 가능	• 월세 • 대출 상환금 • 공공요금	• 크리스마스 선물 • 자동차 등록비
예측 불가능	• 도박 중독자라면 도박으로 잃을 돈	• 결혼 선물 • 의료비 • 교통 범칙금

추가 소득 관리

예기치 못한 지출이 발생하는 것처럼 예기치 못한 소득이 생기기도 한다. 그렇게 생긴 돈은 별 의미 없이 쓰기 쉽지만, 그런 충동에 휩쓸리지 말기를 바란다. 대신에 의식적인 소비 계획에 넣자.

예기치 못한 일회성 소득: 생일 선물이나 세금 환급, 혹은 예상하지 못했던 프리랜서 계약 등 갑자기 어디선가 돈이 뚝 떨어질 때가 있다. 그 돈을 전부 저축하라고 말하지 않겠다. 나는 그런 돈이 생길 때마다 50%는 즐거움을 위해 쓴다. 가령 오랫동안 구매를 고민했던 물건을 산다. 매번 그렇다. 그러면 다양한 보상을 주는 기이하면서도 독특한 아이디어를 추구하도록 자신에게 동기를 계속 부여하게 된다. 그리고 남은 절반은 투자 계좌에 넣는다. 이를 아무런 계획 없이 아무렇게나 쓰는 방식과 비교해 보자. 예기치 못한 일회성 소득을 이처럼 의식적으로 다루는 방식은 단기적으로, 장기적으로 큰 의미가 있다.

연봉 인상: 연봉 인상은 일회성 소득과는 다르다. 앞으로 계속 이어질 것이기 때문이다. 그러므로 재정적인 관점에서 더욱 신중히 다뤄야 한다. 연봉이 인상되었을 때 기억해야 할 중요한 사실이 있다. 생활 수준을 조금 높이는 것은 괜찮다. 나머지는 저축 혹은 투자해야 한다. 예를 들어 연봉이 4,000달러 올랐다면, 1,000달러는 마음껏 쓰자. 그러나 나머지 3,000달러로는 저축이나 투자를 하자. 그렇지 않으면, 자신의 경제적 수준이 갑작스럽게 한 단계 높아졌다

고 생각하기 쉽다. 연봉이 올랐다면, 더 현실적으로 접근하자. 당신이 노력해서 얻은 결과이므로 얼마든지 누릴 자격이 있다. 오랫동안 원했던 뭔가를 자신에게 선물해서 그 순간을 기념하자. 하지만 그러고 나서는 최대한 많이 저축하거나 투자하기를 강력히 권한다. 일단 특정한 생활 수준에 익숙해지고 나면 다시는 이전으로 돌아갈 수 없기 때문이다. 벤츠를 사고 나서 도요타 코롤라를 다시 몰 수 있겠는가?

의식적인 소비 계획의 핵심 가치

의식적인 소비 계획에서 최고의 가치는 의사결정의 지침이 된다는 것이다. 그 지침에 따라 우리는 더 쉽게 거절하고("미안해, 이번 달 계획 때문에 그래"), 자신이 좋아하는 일에 더 마음 편히 돈을 쓸 수 있다. 이것이 바로 죄책감 없는 소비다. 개인의 소비 패턴을 바꾸는 의사결정이야말로 이 책에서 가장 힘든 부분일 것이다. 스스로 선택해 특정 대상을 포기해야 하기 때문이다. 하지만 의식적인 소비 계획을 활용하면 덜 힘들게 선택을 내릴 수 있다. 동료가 저녁을 같이 먹자고 했는데 외식 항목에 돈이 없다면, 정중하게 거절하기가 더 쉬울 것이다. 어쨌든 그 결정은 자신의 '시스템'에 따른 것이기 때문이다. 엄밀하게 말해서, 사람들은 대부분 비슷하다. 내일은 꼭 돈 관리를 시작해야 한다는 불편한 마음과 더불어 살아간다. 하지만 마흔 중반까지 저축에 대해 진지하게 고민하지 않는다. 그런 면에서 당신은 지금 특별하다. 힘든 결정을 쉽게 만들고 죄책감 없이 돈을 쓰게 해줄 단순한 시스템을 구축하고 있으니 말이다.

4주 차 플랜

1. **월급을 받으면 지출 현황을 살피고 의식적인 소비 계획을 어떤 형태로 세울지 결정하자(30분)**: 복잡하게 생각하지 말고 지금 당장 시작하자. 먼저 실수령액을 기준으로 월급을 고정비(50~60%)와 장기 투자(10%), 저축 목표(5~10%), 죄책감 없는 소비(20~35%)로 나누자. 자신의 상황에 맞게 비중을 정하자.

2. **지출을 최적화하자(2시간)**: 저축 목표와 매달 고정비를 자세히 들여다보자. 보험료는 매달 얼마씩 내고 있는가? 낮출 방법이 있는가? 올해 크리스마스 선물과 휴가로 얼마를 쓸 생각인가? 예상 금액의 합계를 12개월로 나눠서 계획에 반영하자.

3. **빅 윈을 선택하자(5시간)**: 매달 지출을 200달러 줄이고 싶다면, 무엇을 빅 윈으로 선택해야 할까? 봉투 시스템도 함께 활용해 보자.

4. **의식적인 소비 계획을 꾸준히 관리하자(일주일에 1시간)**: 일주일에 한 번 현금 영수증 내역을 시스템에 기록하고 지출 계획을 구성하는 각 범주의 비중을 조금씩 조정해 보자(자세한 내용은 다음 장에서 다룬다). 장기적으로 유지할 수 있을 정도로 충분히 현실적인지 검토하자.

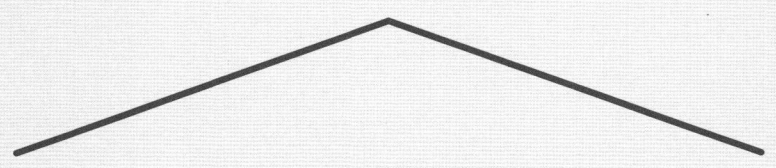

자, 심호흡을 해보자. 드디어 해냈다. 이 책에서 가장 어려운 단계를 통과한 것이다. 이제 의식적인 소비 계획을 세웠다. 얼마나 돈을 써야 할지 더 이상 고민하지 않아도 된다. "이거 사도 괜찮을까?", "걱정은 나중에 하고 지금 사지 뭐…"와 같은 말들은 이제 당신의 어휘 사전에서 삭제해도 좋다. 지금부터는 이 시스템을 자동화해서 돈이 들어올 때마다 고정비와 투자, 저축, 죄책감 없는 소비 등 적절한 범주로 곧장 흘러가도록 만드는 방법을 알아볼 것이다.

5장

₩100,000,000

돈은 우리가 잠자는 동안에도 불어난다

계좌들이 알아서
일하게 만드는 법

갓난아기를 바라보면 어떤 느낌이 드는가? 자그마한 손과 큰 눈망울, 그리고 귀여운 재채기와 순수하고 맑은 미소를 볼 때면? 나는 시스템을 바라볼 때 그런 아름다운 느낌을 받는다. 65가지 장학금을 신청해서 스탠퍼드대학과 대학원을 졸업하기 위해 열심히 만들었던 시스템도 그랬다. 하루에 2,000통의 메일을 읽기 위한 시스템이나 휴가를 떠났을 때 자동으로 식물에 물을 주는 시스템 역시 마찬가지다. 어쩌면 당신은 시스템에 애정을 느끼지 못할 수도 있다. 하지만 이 장을 다 읽고 나면 생각이 좀 달라질 것이다.

재테크 자동화 시스템은 당신이 구축할 가장 수익성 높은 시스템이 될 것이다. 나는 15년 전에 재테크 자동화 시스템을 만들었다. 그 이후로 내 시스템은 매일 보이지 않는 곳에서 일하면서 점점 더 돈을 불려 나가고 있다. 놀랍게도 시스템 관리에는 거의 시간이 들어가지 않는다. 당신도 얼마든지 그런 시스템을 만들 수 있다. 그러고 나면 저축과 투자 그리고 소비에 관한 생각이 완전히 바뀔 것이다. 사람들은 한숨을 쉬며 이렇게 말한다. "지금부터 허리띠를 졸라매고 돈을 모아야겠어." (하지만 정말로 그렇게 하는 사람은 거의 없다.) 그건 방어적인 전략이다.

대신에 우리는 일반적인 행동 패턴(쉽게 지루해하고, 집중력을 잃고, 열정을 느끼지 못하는)을 고려한 시스템을 구축해서 공격적인 전략을 구사할 것이다. 그리고 기술도 적극적으로 활용해서 점점 더 돈을 불려 나갈 것이다. 간단하게 말해서, 지금 수고를 들이면 영원히 돈이 불어날 것이다. 그것도 자동으로 말이다. 이쯤에서 이런 생각을 할지 모른다. '소득이 일정한 사람들을 위한 이야기군.' 그런데 당신의 소득이 불규칙하다면? 소득이 불규칙한데 어떻게 재테크 자동화를 한단 말인가?

4장에서는 의식적인 소비 계획을 바탕으로 각각의 범주(고정비, 투자, 저축 목표, 죄책감 없는 소비)에 얼마를 할당할 것인지 결정하는 방법을 살펴봤다. 그런데 혹시 매달 각각의 범주에 일일이 송금해야 한다고 생각한 것은 아닌가? 절대 그렇지 않다. 이번 장에서는 자금 흐름을 만드는 방법에 대해 알아볼 것이다. 신용카드와 입출금 계좌, 저축 계좌, 투자 계좌를 연동하고 자동이체를 설정해서 돈이 자신의 목적에 맞게 자동으로 흘러가게 만들 것이다.

> 개인 재정을 대부분 자동화해서 매달 예산에 신경 쓰지 않아도 됩니다. 제가 가장 잘한 일은 재정에 신경 쓰지 않도록 시스템을 만들어둔 겁니다. 일 년에 몇 번만 투자와 지출 습관을 점검하면 됩니다.
>
> ― 제나, 26세

더 적게 하기 위해 더 많이 하기

당신은 어떤지 모르겠지만, 나는 나이가 들수록 점점 더 적게 일하고 싶다. 그런데 반대로 점점 더 많이 일해야 하는 직업을 택한 사람들을 만나면, 항상 고개를 갸웃하게 된다. 그들은 마치 슈퍼 마리오의 실사판처럼 보인다. 단계를 넘어서면 더 힘든 단계를 만나게 된다. 굳이 그런 삶을 선택할 이유가 있을까?

그래서 나는 시스템을 사랑한다. 지금 좀 수고해 놓으면 앞으로 점점 편해진다. 지금 시간을 좀 투자하면, 나중에 훨씬 많은 시간을 아낄 수 있다. 물론 생각만큼 쉽지는 않다. 어떤 이유로든 평생 계속해서 돈 관리를 할 수는 없는 노릇이다. 솔직히 말해서, 그 사실은 변하지 않을 것이다. 그건 돈 관리를 정말로 좋아하는 사람은 없기 때문이다. 실제로 돈 관리는 일주일에 한 번씩 평생 해야 하는 지하차고 청소만큼 재미없다. 그래서 우리는 자신을 대신에 모든 걸 처리해 주는 자동화 시스템을 꿈꾸는 것이다. 아무런 노력을 들이지 않아도 그냥 돌아가는 그런 시스템 말이다. 자동화에 관한 내 조언을 따른다면, 당신도 그 꿈을 이룰 수 있다. 그 모든 과정은 내가 '더 적게 하기 위해 더 많이 하기'라고 부르는 곡선을 따른다.

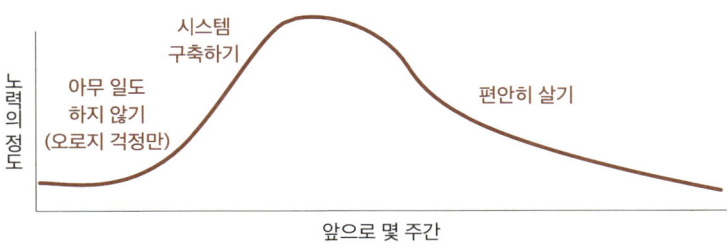

우리는 이 곡선을 보고 돈과 시간을 배분하는 방법을 이해하게 된다. 물론 자금 흐름이 자동으로 이뤄지게 만들려면 꽤 시간이 걸린다. 아무 일도 하지 않는 게 당장은 편하겠지만, 그러면 평생 계속해서 돈을 관리해야 한다. 반대로 지금 몇 시간만 투자하면, 장기적으로 엄청난 시간을 아낄 수 있다. 돈은 알아서 저절로 흘러가고, 소득은 아무런 신경을 쓰지 않아도 4장에서 세운 의식적인 소비 계획에 따라 적절한 계좌로 들어갈 것이다.

몇 시간의 투자로 엄청난 가치를 얻을 수 있다. 그건 자동화 시스템 덕분에 인생에서 더 즐거운 부분에 집중할 수 있기 때문이다. 고지서를 납부했는지, 혹은 초과 인출이 또 발생한 건 아닌지 더 이상 걱정할 필요가 없다. 이제 매주 지출 항목들을 일일이 정리하고 돈을 이 계좌에서 저 계좌로 옮기는 수고는 하지 않아도 된다. 이제 돈은 자신이 원하는 일을 마음껏 추구하게 하는 소중한 도구가 되어 줄 것이다.

> 이 책을 접한 23세 무렵에 제 저축액은 1만 7,000달러였습니다. 이후로 장기 목표(은퇴 자금과 비상금)와 중단기 목표(자동차 수리, 휴가, 크리스마스 선물)를 위해 저축을 자동화하는 탄탄한 시스템을 구축했습니다. 그리고 10년 후, 저축은 17만 달러로 늘어났습니다. 또한 이 책의 조언을 활용해서 최고의 조건으로 자동차를 구매했고, 휴대전화 요금도 협상해서 수백 달러를 아꼈습니다.
>
> — 리사, 33세

기본 설정의 놀라운 힘

사람들은 놀라울 정도로 게으르다. 귀찮은 일은 어떻게든 피하려 한다. 그 때문에 경제적인 손해를 보더라도 말이다. 얼마나 많은 이가 기업의 401k 지원을 받지 않아서 매년 수천 달러를 손해 보고 있는지 생각해 보자. 이처럼 우리가 아무런 행동을 취하지 않아서 잃게 되는 돈은 모두 얼마일까?

간단하게 말해서, 스스로 행동하도록 만드는 열쇠는 '결정의 자동화'이다. 어쩌면 당신은 매주 돈 관리를 할 수 있다고 생각할지 모른다. 그러나 그건 착각이다. 시간이 지나면 신경조차 쓰지 않을 것이다. 지금 결심했다고 해도 2주만 지나면 당신의 관심은 트위터와 넷플릭스로 돌아갈 것이다. 돈 관리를 진심으로 좋아하는 사람은 없다. 나도 마찬가지다. 은행과 증권사로부터 끝없이 날아오는 우편물은 꼴도 보기 싫다.

그래서 돈 관리는 자동화해야 한다. 앞서 401k와 관련해서 이를 언급했다. 지금은 이 방법을 자금 전반에 적용할 때다. 이제 저축 계좌와 투자 계좌에 대한 접근법은 점차 수동적으로 바뀔 것이다. 즉, 아무 수고도 들이지 않게 될 거다. 실제로 자동이체 설정을 해두면, 은퇴 계좌에 돈을 넣지 않는 게 오히려 더 힘들다. 그건 돈을 넣는 것을 중단할 수 없어서가 아니다. 게을러서 기존 설정을 바꾸지 않을 것이기 때문이다. 나 역시 마찬가지다. 여기서 인간의 성향을 활용해야 한다. 일단 시스템을 구축하면, 재테크는 우리 손을 떠나게 된다. 설령 코모도왕도마뱀에게 산 채로 잡아먹혀도 당신의 돈은 시스템에 따라 자동으로 배분되면서 당신의 재정적인 선견지명을 실현해 줄 것이다. 섬뜩하지만 솔깃한 이야기다.

> 평생 부를 쌓고 싶다면, 그 유일한 방법은 자신의 계획, 그리고 삶에서 재정적으로 중요한 모든 요소를 자동화하는 것이다. (중략) 나는 재정과 관련해서 몇 가지 자동화하길 권한다. 한 시간 안에 설정을 마치고 삶으로 돌아가자.
> ― 데이비드 바크, 《자동 부자 습관》 저자

한 달 90분으로 끝내는 자산 관리

지금쯤이면 자동화가 해결책이라는 사실을 이해했을 것이다. 4장에서는 의식적인 소비 계획이라는 기본적인 시스템을 구축하는 방법을 알아봤다. 자신의 돈이 어디로 흘러가는지 파악할 수 있게 되었다. 한 번 더 상기하기 위해, 아래 도표에서 네 가지 범주를 기준으로 할당한 대략적인 비중을 확인해 보자.

지출 범주	
고정비(월세, 공과금, 부채 상환금 등)	50~60%
투자(401k, 로스 IRA 등)	10%
저축 목표(휴가, 선물, 집 계약금, 예상치 못한 비용 등)	5~10%
죄책감 없는 소비(외식, 유흥, 영화, 옷, 신발 등)	20~35%

※ 실수령액 기준, 위를 기준으로 삼되 필요에 따라 조정하자.

이제 당신의 의식적인 소비 계획을 자동화하자. 이를 위해서 나는 '다음 100달러 Next $100'라는 개념을 활용한다. 간단하게 설명하자면 그건 이런 뜻이다. 다음에 벌어들일 100달러는 어떻게 배분할 것인가? 전액 투자 계좌에 넣을 것인가? 아니면 저축 계좌에 10%를 넣을 것인가? 대부분 어깨만 으쓱할 뿐 돈을 배분하는 구체적인 방법에 대해서는 별로 고민하지 않는다. 아무 생각 없이 다 쓰고 난 뒤 그저 아쉬움의 눈물만 흘릴 것이다.

그러나 좋은 방법이 있다. 그건 당신이 세운 의식적인 소비 계획을 지침으로 활용하는 것이다. 4장까지 잘 따라왔다면, 당신은 고정비와 투자, 저축, 죄책감 없는 소비에 얼마를 할당해야 할지 이미 알고 있을 것이다. 가령 100달러를 벌었을 때, 당신의 계획이 위 도표와 같다면 고정비용 60달러, 투자 계좌에 10달러, 저축 계좌에 10달러, 죄책감 없는 소비에 나머지 20달러를 할당할 것이다. 근사하게 들리지 않는가? 더 좋은 부분이 아직 남았다. 그건 모든 걸 자동화했기 때문에, 그 돈은 당신이 전혀 신경 쓰지 않아도 입출금 계좌에서 적절한 다른 계좌들로 자동으로 흘러 들어갈 거라는 사실이다.

내 친구인 미셸은 한 달에 한 번 급여를 받는다. 그녀가 다니는 회사는 월급 총액의 5%(그녀가 인사팀과 합의한 비율)를 그녀의 401k 계좌로 보낸다. 그리고 이를 제한 나머지 금액을 그녀의 입출금 계좌로 지급한다(계산을 간단하기 위해 세금은 제외했다. 세금까지 고려한다면, 원천징수 비중도 인사팀과 협의할 수 있다).

그리고 하루가 지나면 미셸의 자동 시스템이 작동하면서 입출금 계좌에서 돈이 빠져나가기 시작한다. 먼저 로스 IRA로 월급의 5%가 빠져나간다(401k로 들어간 금액과 함께 10%에 해당하는 투자 범주를 구성한다). 다음으로 1%가 결혼식 저축 계좌로, 2%가 주택 계약금 저축 계좌로, 그리고 또 2%가 비상금 계좌로 들어간다(저축과 함께 세후 소득의 5%에 해당하는 저축 목표 범주를 구성한다).

미셸은 고정비로 돈이 자동으로 빠져나가게끔 시스템을 설정했다. 구독 서비스 및 고지서 대부분은 카드로 결제되도록 했다. 그리고 카드 결제가 불가능한 공과금과 대출 상환금은 입출금 계좌에서 자동이체로 빠져나가도록 했다. 마지막으로 신용카드 명세서는 메일로 받아 5분 정도 확인한다. 카드 사용액 역시 입출금 계좌에서 전액 출금되도록 설정했다.

그렇게 하고도 입출금 계좌에 남은 돈은 죄책감 없는 소비로 쓸 수 있다. 미셸은 이미 저축과 투자 목표를 달성했다는 사실을 알기에 마음껏 그 돈을 쓸 수 있다. 그래서 원하는 대로 마음껏 쇼핑한다.

그래도 과소비를 예방하기 위해 두 가지 빅 윈에 집중한다. 그녀에게 그건 외식과 옷이다. 그녀는 지출관리 앱에다가 소비 목표를 넘어서면 알림이 울리도록 설정해 놨다. 게다가 만약의 경우를 대비해 당좌 계좌에 500달러 예비금을 넣어 두었다(실제로 지출 목표를 몇 번 초과했을 때, 저축 계좌의 '예상치 못한 비용' 항목에서 돈을 가져와서 메꿨다). 지출 내역을 한눈에 확인하기 위해 미셸은 쇼핑할 때 최대한 카드를 사용한다. 그리고 커피나 팁으로 한 달에 100달러 정도를 현금으로 쓴다는 사실을 알고 있기에, 그 금액을 죄책감 없는 소비 범주에 미리 포함시켰다. 그래서 영수증을 일일이 확인하거나 금액을 기록하지 않아도 된다.

다음으로 매월 중순이 되면 금융 소프트웨어를 검토하라는 알림이 오게 캘린더 앱에 설정해 두었다. 이 알림을 받으면, 미셸은 곧바로 이번 달 지출 규모를 확인해 본다. 잘하고 있다면 다시 일상으로 돌아간다. 혹은 지출 기준을 넘어섰다면, 이번 달에 어떤 항목의 지출을 줄일 것인지 선택한다. 그래도 월말까지는 아직 15일이 남아 있기에 외식 제안을 정중히 거절하는 것만으로도 지출 기준을 맞출 수 있다.

월말에 미셸은 개인 재정 상태를 점검하는 작업에 한 시간도 투자하지 않지만, 10% 투자와 5% 저축(저축 목표의 하위 항목인 결혼식 자금과 주택 계약금, 비상금)을 계속하고 있으며, 공과금도 모두 제때 납부하고 있다. 그리고 신용카드 사용액도 매번 전액 결제하고 있

자동화에서 흔히 등장하는 보이지 않는 각본	
보이지 않는 각본	진정한 의미
"시장이 하락했을 때 투자해야 더 강한 통제력을 갖고 있다는 느낌이 듭니다."	개인의 재정을 자동화하는 데 따른 불안을 충분히 이해한다. 그래도 좋은 소식은 자동화를 해도 통제권은 자신에게 있다는 사실이다. 언제든 검토해서 기존 설정을 바꾸거나 중단할 수 있다. 다음 질문에 솔직하게 답해 보자. 매달 꾸준히 투자하고 있는가? 자신의 계획대로 돈이 흘러가게 만들고 있는가? 자산 균형을 자동으로 조정하고 있는가? 만약 아니라면, 당신은 지금 돈을 잃고 있는 것이다. 상황을 바꾸자.
"지금은 돈이 없어요. 자동화를 해야 할 이유를 모르겠군요."	일단 시작해서 습관부터 먼저 만들어 놓자. 나중에 소득이 늘어나면, 바로 그 습관 덕분에 재정 시스템이 저절로 성장할 것이다.
"수입이 불규칙해서 수동으로 투자합니다. 소득이 들쭉날쭉하니 자동화가 현실적으로 힘듭니다."	내가 소개하는 자동화 시스템을 활용하면, 소득이 불규칙한 상황에도 대처할 수 있다. 281쪽을 참조하자.
"솔직히 말해서 어떻게 시작해야 할지 모르겠어요."	투자에 대한 '통제력'을 원한다는 식의 말도 안 되는 핑계가 아닌 솔직한 대답이 드디어 나왔다. 지금 우리는 투자 수익에 관한 이야기를 나누고 있다! 자세한 방법은 몰라도 좋다. 계속 책을 읽자.
"직접 관리하면 수수료를 아낄 수 있어요. 돈이 어디로 흘러가는지 쉽게 통제할 수도 있죠. 게다가 목표와 현재 상황을 억지로라도 검토하게 됩니다."	그렇다. 그런 느낌이 든다. 느낌은 우리가 중요하게 여겨야 할 미묘한 본능이다. 하지만 느낌은 때로 변덕이 심해서 우리를 잘못된 방향으로 이끈다. 그럴 때 우리는 객관적인 증거에 주목해야 한다. 핵심은 다음과 같다. 우리는 개인 재정을 자동화함으로써 더 많은 시간과 돈을 아끼고 더 높은 투자 수익을 올릴 수 있다.

으며, 죄책감 없는 소비로 마음껏 쓰고 있다. 그동안 딱 한 번 문제가 발생하기는 했지만, 중요한 건 아니었다. 사실상 미셸은 재정적으로 아무런 문제 없이 살아가고 있다.

돈의 자동화 구축하기

지금까지 돈을 자동으로 흘러가게 만드는 방법을 살펴봤다. 이제 실행에 옮길 차례다. 먼저 자신의 모든 계좌를 연동해야 한다. 그리고 일정에 따라 자동이체가 이뤄지도록 설정해야 한다. 일반적으로 한 달에 한 번 급여를 받는 경우를 가정하지만, 격주로 받거나 소득이 불규칙한 프리랜서의 경우에는 조금만 수정하면 된다.

자동화 설정을 위해 모든 계좌 정보와 각 금융기관의 웹사이트 주소, 그리고 로그인을 위한 아이디와 패스워드 정보가 필요하다. 앞서 언급했듯이 나는 앱을 사용해서 이런 정보를 안전하게 관리하고 있다. 30분 정도 시간을 내서 모든 계좌의 정보를 한곳에 저장하자. 그러면 다시는 수고를 들일 필요가 없다.

계좌 연동하기

이제 각각의 계좌를 연동하기 위해 한 계좌에서 다른 계좌로 자동이체를 설정하자. 은행 계좌에 로그인하면 일반적으로 '계좌 연동', '이체', '자동 납부 설정' 등의 메뉴를 확인할 수 있다.

지금부터 연동해야 할 계좌들은 다음과 같다.

- 아직 하지 않았다면, 401k 계좌를 급여 계좌에 연결하자. 그래야 401k 계좌로 매달 자동 납입이 가능하다.
- 저축 계좌를 입출금 계좌에 연결하자.
- 투자 계좌, 로스 IRA를 입출금 계좌에 연결하자(이 경우에 입출금 계좌는 은행이 아니라 증권사에서 개설한 것).
- 그동안 입출금 계좌로 납부해 왔던 모든 고지서를 신용카드로 연결하자. 예를 들어 케이블 TV 요금을 매달 수표로 납부하고 있었다면, 해당 사이트에 로그인해서 납부 방식을 신용카드로 전환하면 된다.

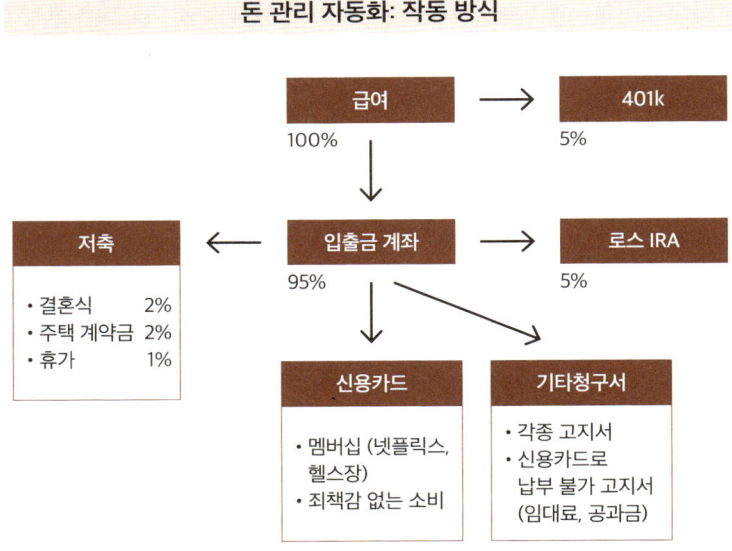

- 월세나 대출 상환금처럼 카드로 처리할 수 없는 경우도 있다. 이런 경우에는 입출금 계좌로 연결하자(기업 웹사이트에 로그인해서 입출금 계좌에서 자동이체가 이뤄지도록 설정하면 된다).
- 모든 신용카드를 입출금 계좌로 연결하자(카드사 웹사이트에 들어가서 '이체', 혹은 '계좌 연결' 메뉴를 찾아서 설정하면 된다).

입출금 계좌를 통한 자동이체 방식으로도 처리할 수 없는 경우도 있다. 예를 들어 집주인이 나이 많은 할머니인 경우, 입출금 계좌로 월세를 자동이체하는 금융 시스템을 사용하지 않을 수도 있다.

그래도 당좌 계좌의 고지서 납부 기능을 활용하면 자동 납부가 가능하다. 이 기능은 대부분 계좌에서 무료다. 예를 들어 수표를 봉투에 넣어 우편으로 발송하는 식으로 매월 임대료를 내고 있다면,

계좌 연결 방법	
송금 계좌	수령 계좌
급여	• 401k 계좌 • 입출금 계좌
입출금 계좌	• 로스 IRA • 저축 계좌(하위 저축 항목들로 구성된다) • 신용카드 • 신용카드 납부가 불가능한 고정비(월세 등) • 가끔 사용하는 현금
신용카드	• 고정비 • 죄책감 없는 소비

당좌 계좌 사이트에 로그인해서 임대료 자동 납부를 설정하자. 그러면 은행이 당신을 대신해 매달 수표를 발행하여 집주인에게 우편으로 보내 줄 것이다. 다만 임대료 기한을 넘기지 않도록 시간적 여유를 두고 일정을 설정하자.

자동이체 설정하기

모든 계좌를 연결했다면, 이제 이체와 납부를 모두 자동화하자. 방법은 아주 간단하다. 개별 계좌의 웹사이트에 들어가서 이체나 납부가 자신이 원하는 날짜에 이뤄지도록 설정하기만 하면 끝이다.

한 가지 주의할 사항은 이체 날짜를 적절하게 선택해야 한다는 점이다. 이게 가장 중요한 부분인데, 많은 이가 간과한다. 날짜를 잘못 선택할 경우, 결국 더 많은 수고를 들여 바로 잡아야 한다. 예를 들어 신용카드 결제일이 매월 1일인데 급여일이 15일이라면 어떻게 될까? 이렇게 날짜가 어긋날 경우, 여러 건의 납부가 이뤄질 때마다 계좌 잔액을 매번 확인해야 한다. 물론 현실적으로 대단히 힘든 일이다.

이 문제를 해결하는 간단한 방법은 결제일이나 납부일을 모두 하나로 통일하는 것이다. 모든 납부서와 명세서를 한데 모아놓고 해당 기업이나 기관으로 전화를 걸어서 결제 및 납부일을 자신이 정한 날짜로 변경해 달라고 요청하면 된다. 5분도 걸리지 않는다. 변경 후 몇 달 동안은 청구 금액에 변동이 생길 수 있지만, 이후로는 정상으로 돌아올 것이다. 급여일이 매월 1일이라면, 모든 결제와 납부일을 1일에서 약간 이후로 설정하는 방식이 좋다. 이렇게 요청하자.

"현재 매달 17일에 납부하고 있는데 1일로 바꾸고 싶습니다." 날짜는 자신의 상황에 맞게 수정하자.

매달 2일: 급여의 일부는 401k 계좌로 자동이체된다. 그리고 나머지 금액이 입출금 계좌로 들어온다. 급여일이 매월 1일이라고 해도 2일에 입금될 수도 있으니, 이 점을 염두에 두자. 입출금 계좌는 말하자면 받은 메일함이다. 모든 돈이 가장 먼저 들어왔다가 적절한 곳으로 나뉘어 빠져나가는 공간이다. 그런데 한 가지 주의할 점이 있다. 자동이체를 처음 설정할 경우, 이체가 제대로 이뤄지지 않을 경우를 대비해 500달러 정도를 입출금 계좌에 예비로 넣어 두자. 그리고 몇 달 후에 인출하도록 하자. 혹시 자동이체에 문제가 생겨서 초과 인출 수수료가 발생했다고 해도 걱정하지는 말자. 앞서 소개한 방법에 따라 은행과 협상하면 되니 말이다.

매달 5일: 저축 계좌로 자동이체를 설정하자. 저축 계좌 사이트로 들어가서 매월 5일에 입출금 계좌에서 저축 계좌로 자동이체가 이뤄지도록 설정하자. 5일로 설정하면 시간적 여유를 어느 정도 확보할 수 있다. 어떤 이유로 급여가 1일에 들어오지 않을 경우, 나흘 동안 문제를 해결하거나 자동이체를 취소할 수 있다.

금액도 설정하자. 금액은 의식적인 소비 계획에서 저축 범주로 정한 비중에 따라 계산한다. 일반적으로 5~10%로 잡자. 당장 여윳돈이 없다고 해도 걱정하지 말자. 매달 5달러만 자동이체로 설정하더라도 저축 목표를 실행에 옮기고 있다는 확신을 얻을 수 있다. 비록 큰돈은 아니지만 일단 자동이체로 저축이 이뤄지고 있다는 사실을 확인할 때, 더 적극적으로 금액을 올리게 될 것이다.

그리고 로스 IRA로 자동이체를 설정하자. 투자 계좌 사이트에 로그인해서 입출금 계좌에서 투자 계좌로 자동이체를 설정하면 된다. 마찬가지로 금액은 의식적인 소비 계획에서 정해놓은 비중으로 계산하면 된다. 세후 소득의 10%에서 401k 납입금을 뺀 금액이면 이상적이다.

매달 7일: 매월 날아오는 고지서들에 대한 자동납부를 설정하자. 케이블 요금과 각종 공과금, 자동차 할부금, 학자금 대출금 등 정기적으로 납부해야 하는 모든 기업이나 기관의 사이트에 로그인해서 매월 7일에 자동 납부가 이뤄지도록 설정하자. 이를 위해 나는 주로 신용카드를 사용한다. 그 이유는 포인트 혜택과 더불어 소비자 보호 서비스도 받을 수 있고, 게다가 앱으로 지출 내역도 쉽게 확인할 수 있기 때문이다. 만약 신용카드로 납부가 불가능하다면, 입출금 계좌로 자동 납부가 이뤄지도록 설정해 놓자.

신용카드 결제 대금 또한 자동납부되도록 설정하자. 신용카드 홈페이지에 로그인해서 입출금 계좌에서 신용카드 대금 전액이 매달 7일에 빠져나가도록 자동이체를 설정하자. 아직 카드 빚이 남아있거나 대금 전액을 납부할 수 없어도 걱정하지 말자. 그래도 자동납부를 설정할 수 있다. 다만 월별 최소 결제 금액이나 자신이 정한 금액으로 자동납부를 설정하면 된다. 또한 신용카드 명세서를 매달 메일로 받아볼 수 있도록 설정하자. 그렇게 해두면 신용카드 대금이 입출금 계좌에서 자동 납부되기 전에 금액을 미리 확인할 수 있다. 이 방법은 특히 예상치 못한 카드 사용으로 결제 대금이 입출금 계좌의 잔액을 초과할 때 쓸모가 있다. 만약 그렇다면, 카드 결제 금액을 조정하는 방법도 있다.

자금 흐름 일정표	
날짜	자금 흐름 내역
매달 1일	• 급여가 입출금 계좌로 입금
매달 2일	• 급여 일부가 401k 계좌로 출금
매달 5일	• 입출금 계좌에서 저축 계좌로 자동이체 • 입출금 계좌에서 로스 IRA로 자동이체
매달 7일	• 입출금 계좌로 신용카드 대금 자동 납부

시스템을 개인의 상황에 맞게 수정하기

지금까지 기본적인 형태의 자금 흐름 일정을 살펴봤다. 어쩌면 이런 생각이 들었을지 모른다. '멋지군. 하지만 전부 월급쟁이들 이야기야. 나한테는 안 맞아.' 그래도 괜찮다. 보수를 받는 일정에 따라서 자동화 시스템을 수정하기만 하면 된다.

격주로 급여를 받는 경우: 월급의 절반에 해당하는 금액으로 매달 1일과 15일에 똑같이 반복하면 된다. 여기서 중요한 것은 각종 고지서의 납부일을 매달 1일로 맞춰서 미납이 발생하지 않도록 만드는 일이다. 간단하게 설명하자면, 매달 첫 번째 급여일에 맞춰 각종 고지서를 납부하고, 그리고 두 번째 급여일에 맞춰 저축 계좌와 투자 계좌로 입금하면 된다. 격주로 급여를 받을 때 활용할 수 있는 두 가지 방법을 추가로 소개한다.

- 매달 첫 번째 급여로 지출의 절반(은퇴 계좌와 고정비)을 처리하고, 두 번째 급여로 나머지 절반(저축과 죄책감 없는 소비)을 처리할 수 있다. 다소 번거로운 단점이 있기는 하다.

- 다음으로 '예비금'을 마련해 두는 방식이다. 이를 활용하면 한 달에 한 번 급여를 받는 것처럼 자금을 관리할 수 있다. 간단하게 말해서, 예비금으로 각종 고지서를 납부하고 저축 계좌와 투자 계좌에 입금한다. 그러고 나서 예비금을 매달 '다시 채워' 넣는다. 예를 들어, 한 달 총급여가 세후로 4,000달러라면(2,000달러씩 두 번), 입출금 계좌에 6,000달러를 예비금으로 넣어 두고 이 장에서 설명한 자동화 시스템을 그대로 실행하면 된다. 그런데 왜 6,000달러일까? 그건 자동화 시스템이 매달 고지서와 저축 및 투자 계좌로 자동이체를 하는 과정에서 뜻하지 않은 문제(급여의 입금이 지연되는 것처럼)가 발행할 때를 대비해서 완충재를 미리 마련해 두기 위해서다. 이렇게 예비금 방식을 활용하면, 격주로 급여를 받는 상황에서도 월급을 받는 것과 똑같이 자동화 시스템을 단순한 형태로 관리할 수 있다.

소득이 불규칙한 경우: 나는 이번 달에 1만 2,000달러를 벌었다가 다음 달에는 소득이 하나도 없는 프리랜서를 많이 알고 있다. 그들은 이러한 상황에서 자동화 시스템을 어떻게 관리해야 할까? 한 가지 좋은 소식이 있다. 이 시스템은 소득이 불규칙해도 아무 문제 없이 작동한다는 사실이다. 다만 하나의 단계만 추가하면 된다. 이를 간략하게 요약해 보겠다. 수입이 적은 달을 대비해서 수입이 많은 달에 예비금을 조금씩 저축한다. 그러면 시간이 흐르면서 안정적인 소득 상황을 똑같이 시뮬레이션할 수 있는 충분한 예비금이 마련된다. 그러면 앞서 소개한 자동화 시스템을 그대로 활용할 수 있다. 소득이 적은 달에도 예비금으로 얼마든지 똑같이 지출할 수 있다.

이 방식을 좀 더 자세히 들여다보자. 일반적인 의식적 소비 계획의 경우와는 달리, 여기서 가장 먼저 해야 할 일은 매달 기본적으로 나가는 돈이 얼마인지 파악하는 것이다. 다시 말해, 월세와 공과금, 식료품비, 대출 상환금 등 생활에 필요한 최저 금액을 확인하는 것이다. 이 돈이 있어야 기본적인 생활이 가능하다. 잠시 시간을 내서 기본 생활비에 해당하는 항목들을 하나씩 적어 보자.

그랬다면 다시 의식적인 소비 계획으로 돌아가자. 투자에 앞서, 3개월 치에 해당하는 기본 생활비를 저축 범주 안에 추가하자. 예를 들어 한 달 기본 생활비가 3,500달러라면, 예비금으로 1만 500달러가 필요하다. 이 예비금을 마련해 놓으면, 소득이 없는 달도 무사히 넘길 수 있다. 이 예비금은 저축 계좌 밑에 하위 계좌로 따로 넣어 둬야 한다. 이 돈은 두 가지 방식으로 마련할 수 있다. 첫째, 예비금을 마련할 때까지 투자는 잠시 접고, 원래 투자하려고 생각했던 돈을 저축 계좌로 넣는 방식이다. 다음으로 둘째, 소득이 높은 달에 여윳돈을 예비금 하위 계좌로 넣는 방식이다. 그렇게 해서 3개월 치 기본 생활비에 해당하는 예비금을 마련하는 데 성공했다면, 축하한다! (더 나아가 6개월 치 예비금 마련에 도전하자.) 이제 완충 장치가 생겼으므로 안정적인 소득을 시뮬레이션할 수 있게 되었다.

자, 한번 생각해 보자. 소득이 낮은 달에도, 심지어 소득이 하나도 없는 달에도 생활비를 문제없이 처리할 수 있게 되었다. 앞으로는 소득이 아주 높은 달에 3개월 치, 혹은 6개월 치 예비금을 마련해 놓기만 하면 된다. 바로 이러한 방식으로 시간적인 여유와 안정감을 누릴 수 있다.

이제 다시 일반적인 형태의 의식적인 소비 계획으로 돌아가서, 투자 계좌에 돈을 넣는 작업을 재개하자. 자영업자의 경우, 일반적인 401k 계좌는 활용할 수 없지만, 솔로 401k(미국의 자영업자나 프리랜서, 또는 배우자 없이 혼자 일하는 사업주를 위한 401k 계좌-옮긴이)나 SEP-IRA(미국의 자영업자나 프리랜서를 위한 IRA-옮긴이)와 같은 다른 좋은 대안도 있으니 꼭 알아보도록 하자. 마지막으로, 앞으로 힘든 시기를 대비해서 소득이 높은 달에 조금 더 저축하는 습관을 들이는 게 무엇보다 현명한 방법이라는 사실을 반드시 명심하자.

신용카드 명세서 점검하기

나는 최대한 신용카드로 결제하는 편이다. 거래 내역을 쉽게 확인하고 지출을 항목별로 분류할 수 있기 때문이다. 여기에다가 여행 마일리지도 쌓고, 전자제품을 구매할 때는 보증기간 연장과 같은 추가적인 소비자 보호 서비스도 받을 수 있다.

이전의 방식: 매주 5분 동안 모든 신용카드의 결제 내역을 일일이 확인해야 했다. 문제가 발견되지 않으면, 신용카드 대금이 내 출입금 계좌에서 한 달에 한 번 자동이체로 빠져나가도록 했다. 그래서 연체 수수료를 걱정할 필요가 없었다. 혹시 문제를 발견할 경우, 카드사에 전화를 걸어 바로 잡았다.

나는 특히 팁이 포함된 금액을 카드 결제한 건에 주목했다. 이를 위해 레스토랑에서 받은 영수증을 잘 챙겼다가 책상 위에 놓인 종이 폴더에 보관했다. 그리고 일요일 저녁마다 5분씩 폴더에 있는 영수증과 실제 신용카드 결제 금액을 비교했다. 예를 들어 그렇게 확인한 금액이 43.35달러라면, 이를 영수증에 나와 있는 금액과 비교했다. 그런데 팁을 포함한 영수증 금액이 43.35달러였는데 레스토랑에서 50달러를 청구했다면, 누군가가 나를 속이려 한 것이다.

정답: 즉각 카드사에 문의해서 문제를 바로잡는다.

현재의 방식: 지금은 이처럼 6달러가 과잉 청구된 문제를 바로잡기 위해 주간 점검을 하지는 않는다. 경험이 쌓일수록 지출에서 문제가 발생한 경우를 더 쉽게 찾아낼 수 있기 때문이다. 사실 이제는 누가 팁으로 6달러를 더 청구했다고 해도 별로 신경 쓸 필요가 없기 때문이기도 하다.

물론 이 말이 이상하게 들릴 수도 있다는 걸 안다. 실제로 나는 지출 내역을 꼼꼼히 관리하기 위해 이 시스템을 만들었다. 그런데 이를 통해 깨달은 사실은 시스템이 큰 그림을 바라볼 수 있게 만들어 준다는 것이다. 모든 쓸모 있는 시스템에는 어느 정도 낭비가 있기 마련이다. 누군가 팁을 부당하게 5달러 더 청구했다고 해도(그리고 카드사가 이를 적발해 내지 못했다고 해도), 그건 삶의 일부다.

나는 적절한 안전장치가 있는 시스템을 완성했다. 하지만 그 안에 사소한 허점이 있을 수밖에 없다는 사실을 잘 알고 있다. 그래도 내가 큰 그림을 계속 바라볼 수 있다면, 그건 아마도 큰 문제가 아닐 것이다.

언제 지출해야 할까?

좋다. 이제 자동화된 시스템을 갖췄다. 매달 돈이 저축 계좌와 투자 계좌로 자동으로 흘러 들어간다. 그리고 몇 가지 빅 윈 항목에 집중해서 씀씀이도 좀 줄였다. 그렇다면 언제 돈을 써야 할까? 좋은 질문이다. 이런 질문을 하는 사람들은 아마도 혹시 자신이 너무 많이 저축하고 있는 것은 아닌지 우려하고 있을 것이다.

그 대답은 간단하다. 돈을 효과적으로 관리하면서 목표를 달성하고 있다면, 여윳돈은 얼마든지 써도 괜찮다. 자신의 저축 목표를 살펴보자. '휴가'나 '새 스노우보드 사기' 같은 항목이 들어 있지 않다면, 새로 추가하는 것도 좋을 것이다. 그런 걸 하나도 즐기지 않을 거라면, 굳이 이렇게 저축하는 이유가 뭐란 말인가?

저축에는 이유가 있다. 그건 우리가 원하는 삶을 살기 위해서다. 그렇다. 지금 돈을 쓰지 않고 저축하면, 나중에 그 가치가 더 높아질 것이다. 하지만 오로지 내일을 위한 삶은 진정한 삶이 아니다. 많은 이가 간과하는 투자 대상이 있다. 그건 다름 아닌 자기 자신이다. 여행에 관해 생각해 보자. 오늘의 여행은 먼 훗날 얼마나 소중한 추억으로 남을까? 혹은 자기가 활동하는 분야에서 일하는 많은 사람을 만날 수 있는 콘퍼런스에 참석해 보는 것은 어떨까? 내 친구 폴은 말 그대로 '사교 예산'이라는 항목을 만들어 관리하고 있다. 그는 그 돈으로 매년 여행을 떠나 흥미로운 사람들을 만난다. 이처럼 자기 자신을 대상으로 한 투자의 잠재 수익은 한계가 없다.

이미 재정 목표를 달성하고 있다면, 또 다른 선택지는 저축을 좀 줄이면서 죄책감 없는 소비 항목을 늘리는 것이다. 마지막으로 한 가지 이야기를 보태고자 한다. 좀 진부하게 들릴 수 있지만, 내가 경험으로 발견한 최고의 수익 중 하나는 기부다. 시간이나 돈을 공동체나 세상을 위해 나누는 일의 중요성은 아무리 강조해도 지나치지 않다. 지역 학교나 청소년 조직에서 자원봉사를 하거나 관심이 높은 사회 활동을 지원하는 단체에 한번 기부해 보자.

> 혹시 내가 너무 많이 저축하고 있는 건 아닌지라는 질문은 긍정적인 걱정이다. 다행스럽게도 이 훌륭한 걱정에는 훌륭한 해결책도 마련되어 있다.

마지막으로 세금에 관한 부분을 살펴보자. 미국의 프리랜서들은 자영업 고용세self-employment tax를 부담해야 한다. 일반적으로 직장인들의 경우에는 기업이 부담한다. 사실 자영업 고용세는 꽤 복잡하다. 여기서 소개하는 방법은 내가 활용하는 것이므로, 각자 상황에 대해서는 전문가의 상담을 받아보자.

많은 프리랜서가 자영업 고용세에 관해 잘 알지 못해서 세금 납부 시기가 되면 종종 당황한다. 내가 아는 많은 프리랜서도 예상보다 훨씬 높은 세금이 부과되어 깜짝 놀라곤 한다. 내 경험상, 세금 납부에 대비하기 위해 소득의 40%를 떼어 놓는 게 좋다. 30%로도 충분하다는 주장도 있지만, 나는 안전한 기준을 선호한다. 연말마다 돈에 쪼들리는 것보다 미리 좀 더 저축하는 편이 낫다. 정확히 얼마나 떼놓아야 하는지, 그리고 분기별 납부를 어떻게 자동화해야 하는지는 세무사로부터 조언을 얻을 수 있다. 수수료를 지불할 충분한 가치가 있으니 꼭 전문가를 만나자. 또한 소득이 불규칙한 사람에게는 예산 관리 앱을 사용하길 추천한다.

이제 돈은 자동으로 흐른다

당신의 재테크는 이제 자동 항법 모드로 들어섰다. 모든 고지서를 제때 자동으로 처리할 뿐 아니라, 매달 저축 계좌와 투자 계좌로 돈이 자동으로 들어가게 되었다. 이 시스템의 진정한 가치는 당신이 개입하지 않아도 문제없이 돌아가고, 또한 언제든 계좌를 추가하거나 제거할 수 있는 유연성도 갖췄다는 점이다. 그렇게 돈은 불어날 것이다. 내가 이 시스템을 사랑하는 세 가지 이유가 있다.

인간의 심리를 이용한다: 지금은 아마도 돈 관리에 열정이 높을 것이다. 그런데 3개월 뒤, 혹은 3년 뒤를 생각해 보자. 바쁘거나 집중력을 잃거나, 혹은 다른 관심사가 생길 것이다. 그건 당연한 일이다. 하지만 그런 상황에서도 자동화 시스템은 당신을 대신해 자산을 계속 불릴 것이다. 수십만 명이 이미 이 시스템으로 많은 도움을 얻었다. 당신도 그럴 것이다.

당신과 함께 성장한다: 매달 100달러씩 저축하는 동안에도 당신의 시스템은 계속 돌아갈 것이다. 앞으로 연봉이 몇 차례 오르고 투자 수익이 계속 이어지면서 세금 환급과 같은 예상치 못한 소득까지 생긴다고 상상해 보자. 언젠가 매달 1만 달러, 혹은 5만 달러를 저축할 날이 올 거라고 생각해 보자. 그때도 당신의 시스템은 부지런히 돌아가고 있을 것이다.

당신을 차가운 상태로 만든다: 이 시스템에서 내가 특히 좋아하는 부분은 감정적인 의사결정에서 벗어나 이성적 판단에 집중하도록 만든다는 것이다. 일반적으로 사람들이 일상적인 소비에 관해 이야기하는 모습을 떠올려 보자. 그들은 디저트의 유혹을 '힘들게 참고', 커피 한잔을 사면서 '죄책감'을 느꼈으며, 예쁜 핸드백을 사면서 '나쁜' 선택을 했노라며 자책한다. 나는 이런 이야기가 싫다. 돈을 쓰는 이유는 부정적인 느낌이 아니라 긍정적인 느낌을 얻기 위해서다. 그러려면 매달 내리게 되는 수많은 사소한 소비 결정에 괴로워하지 말아야 한다. 그보다 더 큰 그림에 집중할 수 있어야 한다.

이 시스템을 구축했다는 말은 곧 풍요로운 삶의 비전을 실현할 준비가 되었다는 뜻이다. 어디에 돈을 쓰는지 보면 그 사람의 가치관을 이해할 수 있다. 나는 종종 이렇게 말한다. "한 사람의 일정과 지출 내역을 보여 주면 그가 무엇을 중요하게 여기는지 알려 줄 수 있습니다." 이제 당신도 이렇게 물어야 한다. 내 지출은 나에 관해 무엇을 알려 줄까? 나는 옷에 많은 돈을 쓴다. 아무런 죄책감 없이 말이다. 터무니없이 비싼 캐시미어 바지도 하나 있다. 그 바지를 입으면 마치 구름에 둘러싸인 느낌이 든다. 내 친구는 바지의 가격을 듣더니 깜짝 놀랐다. 만약 그 바지 하나만 놓고 본다면, 놀라는 것도 큰일은 아니다. 하지만 자동화 시스템의 관점에서 바라보면, 그 바지는 죄책감 없는 소비 항목의 일부일 뿐이다. 이러한 점에서 '터무니없는'이라는 표현은 타당하지 않다. 다만 나는 그 바지를 원했고, 그리고 그럴 여유가 있었기 때문에 샀을 뿐이다.

돈에는 남에게 과시하는 것 이상의 가치가 있다. 우리는 돈을 사용해서 추억을 만들고 진정한 기쁨을 누릴 수 있다. 내가 결혼을 결정했을 때, 아내와 함께 우리 두 사람에게 정말로 중요한 게 무엇인지를 놓고 이야기를 나눴다. 당시 양가 부모님들 모두 건강했고, 그래서 우리는 양가 부모님을 우리의 신혼여행에 초대하기로 했다. 부모님과 함께 신혼여행을 하면서 소중한 추억을 쌓기로 한 것이다. 우리는 신혼여행을 하는 동안 이탈리아로 부모님들을 초대했고, 맛집 여행과 요리 수업, 와인 시음을 함께 즐기면서 모두 왕족 같은 나날을 보냈다. 양가 부모님 네 분이 우리와 함께 여행하면서 평생 처음으로 새로운 치즈를 음미하던 모습을 잊지 못할 것이다. 이것이야말로 풍요로운 삶에서 돈이 중요한 역할을 한다고 말하는 진정한 의미다.

어쩌면 이런 걱정이 들지 모른다. 그렇다면 투자금은 어떻게 되는 걸까? 매달 꾸준히 401k와 로스 IRA에 돈을 넣는 과정에서 돈은 쌓인다. 그리고 실제로 그 돈을 투자해서 우리 자신을 위해 일하도록 만들어야 한다. 다음 장에서는 어떻게 투자 전문가가 될 수 있는지, 그리고 어떻게 최고의 투자 수익을 올릴 수 있는지 알아보자.

5주 차 플랜

1. **모든 계좌 정보를 한곳에 저장하기**(1시간): 각각의 계좌를 연동하기 시작하면서 서로 다른 사이트에 로그인해야 할 일이 많아질 것이다. 그러므로 모든 로그인 정보를 한곳에 저장해 두고 집이나 직장에서 쉽게 확인할 수 있다면, 우리의 삶은 더 편리해질 것이다.
2. **계좌끼리 연동하기**(3~5일): 돈이 자동으로 흘러가게 만들려면 각각의 계좌들을 연동해야 한다. 계좌 연동 작업은 간편하고 돈도 들지 않지만, 인증 과정에 3~5일 정도 시간이 걸린다.
3. **자동 자금 흐름 구축하기**(5시간): 계좌들을 모두 연동했다면, 자동 자금 흐름 시스템의 핵심이라 할 수 있는 자동 납부를 설정하자. 자동화 시스템을 활용하여 돈이 투자 계좌와 저축 계좌로, 그리고 고정비와 죄책감 없는 소비 항목으로 저절로 흘러가게 만들자. 또한 고지서 납부일을 새로 정해서 자동 자금 흐름이 적시에 작동하게 만드는 과제도 잊지 말자.

6장

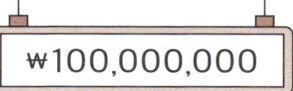

금융 전문가를
믿어야 할까

주식 전문가를
이기는 법

만약 눈을 가린 채 12달러짜리 와인과 1,200달러짜리 와인을 맛본다면 그 차이를 구분할 수 있겠는가? 2001년에 보르도 대학 연구원인 프레더릭 브로셰 Frederic Brochet는 와인 산업을 충격에 빠트린 한 가지 실험을 했다. 그는 전문가들의 와인 취향을 파악하고자 57명의 유명 와인 전문가를 초대해서 두 가지 와인을 평가하도록 했다. 하나는 레드 와인이고 다른 하나는 화이트 와인이었다.

두 와인을 시음한 후, 그들은 레드 와인에 대해서 '강렬한', '깊은', '자극적인'처럼 레드 와인을 설명할 때 흔히 사용하는 표현을 동원해서 묘사했다. 그리고 화이트 와인에 대해서도 '신선한', '상큼한', '꽃향기가 나는'처럼 마찬가지로 일반적인 표현으로 설명했다. 하지만 이들 전문가가 몰랐던 사실은 그 두 가지 와인이 '정확하게 똑같은 와인'이라는 사실이었다. 충격적이게도 두 와인은 사실 모두 화이트 와인이었고, 레드 와인은 화이트 와인에 식용 색소를 첨가한 것이었다. 잠시 생각해 보자. 57명의 전문가 중 누구도 그들이 마신 두 와인이 같다고 말하지 않았다.

전문가와 관련해서 이야기할 부분이 있다. 미국인들은 전문가를 사랑한다. 키 크고 제복 입은 조종사가 비행기 조종석에 앉아 있는 모습을 보면 안심이 된다. 그리고 의사들은 올바른 약을 처방해 줄 것이고, 변호사들은 법적 분쟁을 잘 해결해 줄 것이라 믿는다. 또한 언론에 등장한 전문가들이 하는 이야기는 그대로 믿는다. 우리는 전문가들이 받은 교육과 경험에 대해 충분한 사회적 보상이 이뤄져야 한다고 배웠다. 어쨌든 집을 짓거나 사랑니를 뽑는 중요한 일을 아무한테나 맡기지는 않을 테니 말이다.

우리는 평생 전문가를 존중해야 한다고 배웠다. 교사와 의사, 그리고 투자 전문가들을 말이다. 하지만 결론적으로 말해서, 전문성을 판단하는 기준은 결과다. 어떤 전문가가 유수의 학교들을 거쳐 최고의 졸업장을 받았다 해도 우리가 요구한 성과를 올리지 못한다면, 그의 전문성은 아무 쓸모가 없다. 전문가를 숭배하는 문화 속에서 우리는 어떤 결과를 확인하고 있는가? 미국 사회는 금융 분야에서 아주 실망스러운 모습을 보고 있다. 미국인들은 금융 문해력에서 낙제점을 받았다. 전국 금융 문해력 시험National Financial Literacy Test(미국에서 기초적인 금융 지식수준을 평가하기 위해 시행하는 표준화된 시험-옮긴이) 결과 미국 고등학생들은 100점 만점에 61점을 받았다. 대학생들 역시 69점에 불과했다. 이 시험의 목적이 '기초적인 금융 지식수준'을 평가하기 위함이라는 사실에 다시 한번 주목하자.

투자라고 하면, 흔히 앞으로 오를 종목을 예측하는 것이라 생각한다(그렇지 않다). 미국 가구 대부분 저축과 투자로 자산을 늘려 가기보다 부채에 허덕이고 있다. 이러한 모습은 뭔가 크게 잘못되었다는 사실을 말해 준다.

사람들은 투자를 떠올릴 때 수많은 선택권에 대한 압박감부터 느낀다. 소형주와 중형주, 대형주, 리츠REITs, 채권, 성장형 펀드와 가치형 펀드, 혼합형 펀드, 그리고 운용 보수와 금리, 자산 배분 목표, 분산 투자 등등. 그래서 많은 이들은 이렇게 말한다. "그냥 전문가에게 맡기면 안 될까요?" 참으로 답답한 질문이다. 실제로 금융 전문가들, 특히 시장을 예측한다는 펀드 매니저와 같은 전문가들 역시 우리 같은 아마추어보다 더 나을 게 없기 때문이다. 심지어 우리보다 더 못할 때도 많다. 직접 투자해도 소위 전문가들보다 더 높은 수익을 올릴 수 있다. 금융 자문가도, 펀드 매니저도 필요 없다. 저비용 펀드에 대한 자동화 투자만으로도 충분하다(이에 관해서는 다음 장에서 살펴본다). 그렇다면 일반 투자자들이 갖고 있는 금융 전문가에 대한 이미지는 허상에 불과하다. 그렇게 주장할 수 있는 여러 가지 이유에 대해 차차 구체적으로 설명하겠지만, 먼저 우리 모두 살아가면서 전문가를 어떻게 바라보고 있는지 생각할 필요가 있다. 그들을 마땅히 우러러봐야 할 존재라고 생각하는가? 정말로 수만 달러의 수수료를 지불할 가치가 있다고 믿는가? 그렇다면 당신은 그들에게 어떤 성과를 요구하고 있는가?

사실 부자가 되는 것을 결정하는 권한은 전문가들이 아니라 '당신'에게 주어져 있다. 당신이 얼마나 부유한지는 바로 당신의 저축과 투자 계획에 달렸다. 이러한 사실을 인정하려면 용기가 필요하다. 그건 스스로 부자가 되지 못해도 남 탓을 할 수가 없기 때문이다. 재무상담사도, 복잡한 투자 전략도, 혹은 시장 상황도 탓할 수 없다. 그러나 동시에 이 말은 당신이 장기적인 차원에서 돈과 더불어 자신에게 벌어지는 모든 일을 통제할 수 있다는 뜻이기도 하다.

이 책을 쓰고 나서 내가 가장 흥미롭게 느꼈던 점은 독자들이 이 장의 내용과 관련해 내게 보내온 믿기 힘든 메일들이었다. 내가 많은 사람이 값비싼 뮤추얼 펀드에 투자해서 돈을 낭비하고 있다거나, 혹은 시장의 평균 수익률도 올리지 못하는 재무상담사에게 의존하고 있다고 지적할 때마다 메일이 마구 온다. "말도 안 되는 소리 좀 하지 마세요." 혹은 "그럴 리가 없어요. 제 투자 수익만 봐도 알 수 있거든요." 그러나 그건 세금과 수수료를 모두 제하고 나서 실제로 그들이 얼마를 벌었는지를 제대로 알지 못해서 하는 소리다. 물론 그들은 자신이 대단한 수익을 올리고 있다고 믿는다. 그렇게 생각하지 않는다면, 왜 아직 그런 투자를 계속하고 있겠는가?

이번 장에서는 전문가들의 전문성(그리고 그에 따른 수수료)의 도움을 받지 않고서 가장 단순한 투자 방식만으로도 이들 전문가를 이기는 방법을 보여 줄 것이다. 소위 '전문가들'에게 의존하는 방식이 대부분 좋은 성과로 이어지지 못한다는 사실을 받아들이기는 쉽지 않다. 하지만 부디 내 말을 믿어달라. 이를 뒷받침할 객관적인 데이터도 있다. 또한 자신이 직접 투자하는 방법에 관해서도 구체적으로 보여 줄 터이니 말이다.

전문가도 시장이 어디로 흘러갈지 모른다

우리가 어떻게 전문가를 이길 수 있을지 본격적으로 이야기를 시작하기에 앞서, 먼저 전문가들이 어떻게 움직이고 그들의 조언이 왜 그리 자주 빗나가는지부터 좀 살펴보자.

금융 전문가라고 대표적으로 말할 수 있는 사람들은 주로 언론에 자주 등장하는 패널이나 포트폴리오 매니저(뮤추얼 펀드를 운용하면서 주식 종목을 고르는 사람들)들이다. 그들은 향후 주가가 좋아질 것인지, 아니면 나빠질 것인지에 대해 예측하기를 좋아한다. 그리고 금리와 석유 생산에 대해서는 물론, 중국에서 나비의 날갯짓이 세계 주식시장에 어떤 영향을 미칠 것인지에 대해서도 끊임없이 이야기한다. 사람들은 이러한 예측을 '시장 시점 맞히기timing the market'라고 부른다. 그러나 그들도 주가가 오를지 내릴지, 어디로 흘러갈지 알지 못한다. 나는 에너지 산업과 환율 시장, 혹은 구글이 앞으로 어떻게 될 것인지 묻는 메일을 하루가 멀다고 받는다. 그런데 누가 그걸 알겠는가? 나도 모른다. 적어도 단기적으로는 말이다. 안타깝게도 시장이 어디로 흘러갈지 아는 사람은 세상에 아무도 없다. 그래도 TV에 나온 유명 전문가들은 매일 거창한 예측을 한다. 그런데 중요한 사실은 그들은 자신들이 한 예측의 결과에 대해 아무런 책임을 지지 않는다는 것이다.

언론은 아주 사소한 시장 변동만 있어도 기사를 쏟아낸다. 어떤 전문가가 주식 시장에서 갑자기 수백 포인트가 빠진 현상에 관해 비관적인 전망을 내놓는다. 그러나 사흘 뒤 500포인트가 오르자

1면 기사를 희망적인 전망으로 가득 채운다. 이런 변덕을 지켜보는 건 재미있기는 하지만, 그래도 다음과 같은 질문을 던질 필요가 있다. "나는 이러한 기사로부터 뭘 얻고 있는가? 그저 주가가 올랐다가 떨어지는 정보에 휘둘리고 있는 건 아닐까?" 정보가 많다고 좋은 것은 아니다. 특히 정보가 부정확하거나 투자와 관련해서 오해를 부추긴다면 말이다. 핵심은 전문가들이 내놓은 예측을 전적으로 무시하라는 것이다. 그들도 앞으로 무슨 일이 벌어질지 알지 못한다.

우리가 알아야 할 중요한 사실이 또 있다. 그건 펀드 매니저들도 변덕스러운 금융 정보에 휘둘린다는 거다. 펀드의 운영 패턴을 살펴보면 알 수 있다. 일반적으로 뮤추얼 펀드는 회전율^{turnover}이 상당히 높다. 이 말은 펀드를 구성하는 개별 주식들을 자주 사고판다는 뜻이다(이로 인해 매매 수수료가 발생하며, 세금 혜택이 있는 계좌를 사용하지 않는 경우라면 세금도 발생하게 된다). 펀드 매니저들은 각광받는 주식을 따라다니면서 다른 사람들이 발견하지 못하는 뭔가를 알아낼 능력이 있다고 장담한다. 그러면서 엄청난 보수를 요구한다. 그럼에도 펀드 매니저들은 75%의 확률로 시장 평균도 따라잡지 못한다.

이렇게 따지고 싶은 사람도 있을 것이다. "하지만 라밋, 제 펀드는 달라요. 제 펀드 매니저는 최근 2년 동안 무려 80% 수익률을 올렸다니까요!" 놀랍다. 하지만 지난 몇 년간 시장 수익률을 넘어섰다고 해서 내년에도 그럴 거라는 보장은 없다. S&P 다우존스 인덱스는 2000년을 시작으로 16년 동안 연구를 추진하면서 어떤 해에 다우존스 지수를 이긴 펀드 매니저가 다음 해에 그와 비슷한 수익률을 올리는 경우는 극히 드물다는 사실을 발견했다. S&P 다우존스 인덱스의 수석 애널리스트 라이언 포리에이Ryan Poirier는 이렇게 말했다. "어떤 해에 적극적으로 주식을 사고파는 펀드 매니저가 시장의 지수를 넘어선 실적을 올렸다고 해도, 그가 내년에 다시 지수를 이길 확률은 동전 던지기보다 더 낮습니다."

문제는 어떤 펀드나 종목이 시장 평균을 넘어설 것인지, 혹은 따라잡기라도 할 수 있을지 일관적으로 맞힐 수 있는 사람은 세상에 없다는 사실이다. 누군가 그렇게 할 수 있다고 장담한다면, 그는 거짓말을 하는 것이다. 그러므로 전문가의 예측은 무시하자. 물론 펀드 매니저들은 단기적으로 꽤 인상적인 성과를 올릴 수 있다. 하지만 장기적으로 볼 때, 그들 역시 시장 평균을 이기지 못한다. 그건 갖가지 비용과 수수료를 비롯해 성과를 높이는 주식 종목을 고르는 일이 수학적으로 점점 더 어려워지고 있기 때문이다(이와 관련해서 자세한 이야기는 다음 장에서 살펴본다). 우리가 어떤 펀드를 평가할 때, 유일하게 주목해야 할 부분은 그 펀드가 10년, 혹은 그 이상 기간에 걸쳐 기록한 장기적인 실적뿐이다.

전문가들은 시장의 흐름을 예측하지 못한다

언론과 전문가들은 사람들의 관심을 자극하는 법을 잘 안다. 그들은 화려한 그래픽과 유명인, 그리고 대부분 어긋나는 과감한 예측을 효과적으로 활용한다. 이러한 것들은 우리에게 재미를 선사하지만, 실제 내용을 들여다보면 충격을 받게 된다.

퍼트넘인베스트먼츠Putnam Investments는 무려 15년에 걸쳐 S&P 500의 실적을 추적하면서 그동안 연간 수익률을 7.7%라고 밝혔다. 그런데 뭔가 놀라운 사실도 함께 발견했다. 그건 그 15년 동안 가장 좋았던 투자 시점(주식 시장이 급등했던)에 해당하는 10일을 제외하면 수익률이 7.7%에서 2.96%로 급락하게 된다는 사실이었다. 나아가 10일을 30일로 확장했을 때, 수익률은 무려 마이너스 2.47%를 기록했다!

이러한 결과를 금액으로 살펴보자. 만약 그 15년 동안 주식 시장에 1만 달러를 넣었다면, 그 돈은 3만 711달러로 불어났을 것이다. 그런데 최고의 10일을 놓쳤다면, 1만 5,481달러에 그치고 말았을 것이다. 게다가 최고의 30일을 놓쳤다면, 최종 잔액은 6,873달러가 되었을 것이다. 다시 말해, 원금보다 더 줄어들었을 것이다.

정말로 충격적인 결과다. 앞으로 시장이 무조건 떨어질 거라는 친구와 전문가들의 확신에 찬 예측을 받아들여야 할지 의심이 들 것이다. 그들의 말을 무시해라. 시장이 앞으로 어떻게 될지 예측하는 것은 흥미로운 일이다. 그러나 솔직하게 말해서 투자와 복리 효과의 관점에서 볼 때, 그러한 노력은 오히려 독이 될 수 있다.

장기적인 차원에서 유일한 해법은 저비용 분산 펀드에 최대한 많은 돈을 꾸준히 투자하는 것이다. 경기가 침체하는 상황에서도 마찬가지다. 이와 관련해 장기 투자자들이 항상 하는 말이 있다. "시장의 시점이 아니라 시장에 머무는 시간에 주목하라"는 거다.

전문가들이 형편없는 실적을 숨기는 방법

앞서 언급했듯이 '전문가들'도 종종 틀린다. 그러나 더 짜증 나는 사실은 사람들이 알아채지 못하도록 이를 교묘하게 숨긴다는 점이다. 실제로 뮤추얼 펀드를 운영하는 투자사와 전문가들을 포함한 금융 산업 전반은 우리가 상상하는 것보다 훨씬 더 교활하다.

그들이 활용하는 대표적인 속임수는 자신이 틀렸다는 걸 절대 인정하지 않는 태도다. 《당신이 읽게 될 가장 현명한 투자책The Smartest Investment Book You'll Ever Read》의 저자인 대니얼 솔린Daniel Solin은 모닝스타Morningstar와 같은 금융 평가 기업들이 주식 가치가 수십억 달러나 빠지고 있는 기업에 대해서도 여전히 긍정적인 평가를 하는 실태를 객관적인 연구를 바탕으로 보여주고 있다. 솔린은 연구를 통해 다음과 같은 사실을 발견했다.

'50곳의 [투자 자문] 회사 중 47곳이 기업들이 파산 신청을 하기 직전까지도 이들 기업의 주식을 사거나 보유하라고 투자자들에게 계속해서 조언했다. 그리고 이들 기업 19곳 중 12곳은 실제로 파산을 신청한 날에도 매수 혹은 보유 등급을 그대로 유지하고 있었다.'

모닝스타와 같은 평가 기관은 가치를 있는 그대로 반영하는 방식으로 펀드의 등급을 매긴다고 주장하지만, 사실 그들이 자랑하는 별 다섯 개 평가 시스템은 아무런 근거가 없다. 그렇게 말할 수 있는 이유는 크게 두 가지가 있다.

첫째, 별 다섯 개가 실제로 성공을 예측하지는 않는다. 크리스토퍼 블레이크Christopher Blake와 매슈 모리Matthew Morey가 발표한 연구 결과에 따르면, 별점이 낮은 펀드들은 실제로 실적이 저조했지만, 별점이 높다고 해서 좋은 실적을 보인 것은 아니었다. 두 사람은 이렇게 썼다. "대부분 사례에서 모닝스타로부터 높은 별점을 받은 펀드들이 그보다 아래, 혹은 중간 점수를 받은 펀드들보다 더 높은 성과를 보였다는 주장을 뒷받침할 만한 통계적 자료는 거의 나와 있지 않다." 다시 말해, 어떤 펀드가 빛나는 별을 다섯 개나 달았다고 해도 앞으로 좋은 성과를 보일 거라는 보장은 어디에도 없는 셈이다.

> 많은 뮤추얼 펀드 운용사들이 관행적으로 인큐베이터incubator 펀드라는 걸 출시한다. 다시 말해, 조직 내 여러 펀드 매니저들이 소규모 주식형 펀드 열 가지를 출시하고 그중에 세 개 펀드가 전체 시장 평균보다 더 높은 수익률을 기록했다고 해보자. 그러면 운용사는 성공을 거둔 세 개 펀드를 앞세워 공격적인 마케팅 작업에 들어간다. 물론 나머지 일곱 개 펀드의 실적은 그냥 묻은 채로 말이다.
>
> — 버턴 말킬, 《랜덤워크 투자수업》의 저자

둘째, 투자 기업들은 소위 '생존 편향survivorship bias'이라는 기술을 활용해서 전체 그림을 왜곡시킨다. 생존 편향이란 실패한 펀드는 평가 목록에서 사라지기 때문에 이후 실적에 반영되지 않는 현상을 말한다. 예를 들어, 한 투자사가 처음에 100개의 펀드를 출시했으나 몇 년 뒤 50개만 살아남았다고 해보자. 그 기업은 살아남은 50개 펀드가 얼마나 놀라운 실적을 일구었는지 떠벌릴 것이다. 하지만 그동안 실패해서 역사 속으로 사라진 50개 펀드에 대해서는 아무 말도 하지 않을 것이다. 다시 말해 뮤추얼 펀드 웹사이트나 금융 잡지에서 '열 가지 최고의 펀드'라는 제목의 기사를 볼 때, 그들이 말하지 않은 펀드에 대해서도 주목해야 한다. 그 기사에서 소개하는 펀드는 출시한 전체 펀드 중에서 살아남은 것들이다. 그러니 다섯 개 별점을 받은 펀드도 당연히 들어 있을 것이다.

시장을 이긴 전설적인 투자자 3인

오랫동안 꾸준히 시장을 이긴 투자자들이 실제로 존재한다. 워런 버핏은 53년에 걸쳐 연평균 20.9% 수익률을 기록했다. 피터 린치는 13년 동안 29% 수익률을 올렸다. 또한 예일대 최고투자책임자를 지낸 데이비드 스웬슨은 33년에 걸쳐 13.5%를 기록했다. 하지만 이들이 시장을 지속적으로 이길 수 있었다고 해서 당신이나 나도 그럴 수 있다는 건 아니다.

그렇다. 시장을 계속 이기는 것은 이론적으로 가능하다(시장 평균 수익률은 인플레이션을 고려할 때 약 8%다). 전 세계 수많은 투자자가 시장을 이기기 위해 애쓰는 상황에서, 통계적으로 분명히 소수의 극단적인 예외가 존재할 것이다. 하지만 그들의 성공이 단지 통계적 행운 때문인지, 아니면 실력 때문인지 누가 알겠는가. 전문가들도 개인 투자자가 예외적인 수익률을 기대해서는 안 된다는 데 동의한다. 예를 들어, 스웬슨은 자신이 최고 수준의 전문 인력을 확보했을 뿐 아니라, 더 중요하게도 당신이나 나와 같은 사람은 절대 넘볼 수 없는 투자 기회에 접근할 수 있었기 때문에 예외적인 수익률을 기록했던 것이라고 설명한다. 실제로 스웬슨은 최고의 벤처 캐피털과 헤지 펀드를 기반으로 자산 배분을 극대화했다. 이들 전문가는 종일 투자를 연구하며, 또한 독점적인 정보와 기회에 접근할 수 있다. 이러한 점에서 평범한 투자자들은 이들의 경쟁 상대가 되지 못한다.

금융 기업들은 생존 편향이라는 개념의 실체에 대해 아주 잘 알고 있다. 하지만 그들은 진실을 보여 주기보다 최고 실적을 기록한 펀드들로 가득한 웹페이지를 자랑하는 데 더 관심이 많다. 그래서 그들은 여러 펀드를 재빨리 시험해 보고 최고 수익을 기록한 펀드만 집중적으로 마케팅하는 방식으로 '최고' 펀드를 보유한 투자 브랜드로서 기업의 평판을 다진다.

사람들이 쉽게 알아챌 수 없다는 점에서 이런 속임수는 특히 교활하다 하겠다. 15% 수익률을 기록한 펀드들로 가득한 투자사 웹페이지를 볼 때, 우리는 그런 수익률을 자신도 올릴 수 있을 거라고 자연스럽게 기대하게 된다. 여기에다가 모닝스타와 같은 신뢰할 만한 평가 기관이 별 다섯 개까지 달아 놓으면 더 이상 고민할 필요도 없다. 그러나 이제 우리는 생존 편향이 무엇을 의미하는지 이해했다. 그리고 평가 점수는 대부분 아무 의미 없다는 사실도 알았다. 게다가 금융 전문가들이 정말로 추구하는 것은 당신이 최고 수익률을 올리도록 돕는 게 아니라, 자신들의 지갑을 불리는 일이라는 사실도 분명하게 깨달았다.

완벽한 투자 실적을 만드는 법

지금까지 시장을 장기적으로 이기는 것은 거의 불가능하다는 사실을 알아보았다. 이제 확률과 행운으로 시선을 돌려서 몇몇 펀드가 너무나 매력적으로 보이는 이유를 살펴보자. 어떤 펀드 매니저가 1년이나 2년, 혹은 3년 동안 시장을 이길 수는 있다. 하지만 이후로 계속해서 시장을 이기기란 수학적으로 대단히 힘들다. 여기서 확률 이론을 설명하기 위해, 순진한 투자자들에게 금융 서비스를 팔아먹으려는 비양심적인 사기꾼의 사례를 들겠다.

그는 먼저 1만 명에게 메일을 발송한다. 그중 절반에게는 A 주식이 오를 거라고 말하고, 다른 절반에게는 B 주식이 오를 거라 말한다. 그리고 이렇게 덧붙인다. "메일을 통해서 내부 정보를 무료로 알려드립니다." 그리고 며칠 후, A 주식이 우연히 오른다.

다음으로 그는 B 주식이 오를 거라는 메일을 보낸 집단은 제외하고, A 주식이 오를 거라는 메일을 보낸 사람들에게만 "제가 그렇게 말씀드렸죠?"라고 다시 메일을 보낸다. 그리고 다시 한번 주식

A가 오를 거라는 메일을 보낸 5,000명의 사람들을 두 집단으로 나누고, 2,500명에게는 C 주식이 오를 거라고, 다른 2,500명에게는 D 주식이 오를 거라고 메일을 보낸다. 그리고 C나 D 중 하나가 오르면, 그중 적어도 절반의 사람들은 그가 두 번 연속으로 종목을 맞췄다고 생각하게 된다. 그리고 이러한 과정이 반복되면, 메일을 받은 사람들은 그의 '능력'에 점점 감탄하게 된다.

인간은 아무것도 없는 곳에서도 질서를 발견해 내고자 한다. 그래서 말 그대로 우연인 상황에서도 그 사기꾼에게 주식 종목을 고르는 마법의 능력이 있다고 믿게 된다. 그리고 그가 팔고 있는 투자 성공 키트를 덥석 사고 만다. 우리가 보고 있는 별 다섯 개 펀드들로 가득한 투자사 웹페이지도 이와 다르지 않다. 이 이야기의 교훈은 명백하다. 그건 몇몇 인상적인 수치만으로 금융 전문가를 자처하는 사기꾼의 말을 절대 믿지 말라는 거다.

재무상담사는 없어도 된다

투자를 둘러싼 언론들의 과장된 보도와 투자 전문가들의 형편없는 실적에 대해 내가 내는 비판적인 목소리를 들어 본 사람도 있을 것이다. 그런데 내가 경고하려는 또 하나의 금융 전문가 집단이 있다. 그들은 바로 재무상담사다. 어떤 이들은 이렇게 따져 물을지 모른다. "그렇지만 라밋, 저는 투자할 시간이 없다고요. 그냥 재무상담사에게 맡기면 안 될까요?" 그렇다. 오래 묵은 논쟁이다. 우리는 세차나 세탁, 혹은 화장실 청소까지 다른 사람에게 맡긴다. 그런데 재테크는 안 되는 이유가 뭐란 말인가?

가장 먼저 젊은이들 대부분은 재무상담사가 필요 없다. 이들의 재정 상태는 비교적 단순하므로 조금의 시간(처음 6주 동안 일주일에 몇 시간 정도)만 할애하면 자동적인 개인 재정 시스템을 얼마든지 구축할 수 있다. 다음으로 재무상담사가 항상 당신의 이익에만 주목하는 것도 아니다. 그들의 역할은 당신이 재테크에 있어 최고의 선택을 내리도록 돕는 것이지만, 실제로 그렇게 해야 할 책임은 그들에게 없다는 사실을 명심하자. 몇몇 재무상담사는 아주 유용한 조언을 주기도 하지만, 많은 경우에 쓸모없다. 특히 수수료 기반으로 서비스를 제공하는 경우, 일반적으로 과대 포장된 값비싼 펀드를 권유한다. 물론 수수료를 더 많이 챙기기 위해서다.

반대로 수수료만 받는 재무상담사는 정해진 수수료만 요구하며 비교적 신뢰할 수 있다(그렇다고 더 높은 투자 수익을 보장하는 건 아니다. 다만 수수료 산정 방식이 달라서 투자 수익에 영향을 미친다).

여기서 핵심은 대부분 재무상담사가 필요하지 않다는 사실이다. 당신 혼자서도 충분히 잘할 수 있다. 그러나 재무상담사를 통해 투자하느냐 혹은 투자를 아예 하지 않느냐 사이에서 선택해야 한다면, 당연히 재무상담사를 선택하는 게 맞다. 또한 재무 상황이 아주 복잡하거나, 엄청난 거액(200만 달러가 넘는)을 상속받았거나, 혹은 '정말로' 너무 바빠서 투자를 공부할 시간이 없는 경우라면, 재무상담사의 도움을 고려해야 한다. 만약 전문가의 도움을 받기로 선택했다면, 먼저 미국 개인 재무상담사 협회 NAPFA(napfa.org)를 검색해 보자. 이 협회에 소속된 상담사들은 판매 수당이 아니라 수수료 기반으로(주로 시간당) 서비스를 제공한다. 다시 말해, 상품 가입을 권유해서 수익을 올리지 않으므로 실질적인 도움을 줄 수 있다.

많은 이가 재무상담사를 의지하지만, 결국에는 평생에 걸쳐 수만 달러의 비용을 지불하게 된다는 점을 명심하자. 그것보다 몇 시간 수고를 들여 투자 공부를 하는 게 훨씬 낫다. 20대에 재테크를 배우지 않는다면, 나중에 어떤 식으로든 많은 대가를 치르게 될 것이다. 투자를 전혀 하지 않든, 아니면 자신의 돈을 맡긴 대가로 누군가에게 엄청난 수수료를 떼이든 말이다.

> 정말로 운 좋게 큰돈이 생긴 적이 있었죠. 현명하게 움직이자는 생각에 당시 거래 은행에서 소개받은 재무설계사를 만났습니다. 그의 말에 따라 형편없는 펀드에 가입했죠. 수익률은 S&P 500보다 낮았고, 수수료는 말도 안 되게 높았죠. 결국 30% 정도를 날리고 나서야 남은 돈을 뱅가드 인덱스 펀드로 모두 옮겼습니다. 그 결정에 대해서는 지금도 아쉬움이 없습니다. 다만 전문가의 말만 믿고 시간과 돈을 낭비했던 저 자신이 후회스러울 따름이죠.
>
> ─ 데이브, 40세

두 명의 자산관리사가 나를 유혹할 때

몇 년 전 한 친구가 내게 자산관리사를 소개해 주겠다고 했다. 나는 거절했다. 그래도 친구는 고집을 부렸다. 그는 이렇게 물었다. "안 만나려는 이유가 대체 뭐야?" 나는 특별한 이유는 없다고 했다. 그런데 어쩌면 재테크 분야 뉴욕타임스 베스트셀러를 쓴 저자라는 자부심에 거절했던 것일지도 모른다는 생각이 들었다. 결국 나는 겸손하게 행동해야겠다고 마음먹고 그를 만나기로 했다.

친구는 그 사람이 어떤 자산관리 기업 소속이라고 했다. 그래도 나는 기업 이름은 밝히지 않겠다. 물론 농담이다. 그 기업은 웰스파고프라이빗웰스매니지먼트 Wells Fargo Private Wealth Management라는 곳이었다. 여기서 잠시 본론에서 벗어나 내가 왜 웰스파고와 뱅크오브아메리카를 그렇게 싫어하는지 다시 짚고 넘어가자.

이들 은행 모두 끔찍하다. 고객을 이용하고, 착취에 가까운 수수료를 부과하며, 평범한 소비자를 기만한다. 그런데 누구도 그들에 맞서 목소리를 내지 않는다. 그건 금융 세상을 살아가는 모두가 그들과 일하고 싶어 하기 때문이다. 그러나 나는 이런 은행들에 눈곱만큼도 관심이 없다. 지금 그런 은행들과 거래하고 있다면, 당장 중단하자. 부당한 대우를 자초하고 있으니 말이다. 대신에 구글에서 '라밋의 최고 계좌 Ramit best accounts'를 검색해서 최고의 입출금 계좌와 저축 계좌, 그리고 신용카드를 확인해 보자. 나는 이러한 추천으로 아무런 대가도 받지 않는다. 다만 사람들이 이용당하지 않길 바라는 마음에서다.

다시 본론으로 돌아가자. 그 자산관리사가 웰스파고 소속이라는 말을 듣고 나는 그를 만나기로 결심했다. 무엇보다 그런 자산관리사를 무척 싫어하기 때문이었다(게다가 롤플레잉 게임도 좋아하기 때문이다). 우선 자산관리사가 무슨 일을 하는지 잠깐 살펴보자. 그들은 돈 좀 있는 사람을 찾아가서 많은 질문을 던진다. 그리고 재무와 투자 계획을 세워 준다. 멋진 직업이지 않은가? 또한 포트폴리오 분석이나 해외 주택담보대출 중개, 세금 계획 수립 등 프리미엄 서비스도 제공한다. 그리고 대가로 자산의 일정 비중을 수수료로 가져간다. 1%나 2%에 해당하는 '소소한' 금액이다. 수수료 이야기는 조금 있다가 다시 살펴보자.

그래서 나는 두 명의 자산관리사와 통화를 했다. 두 사람 모두 베벌리힐스 지역을 중심으로 활동하고 있었고, 놀랍게도 매끄러운 영국식 억양을 구사했다. 내가 너무도 사랑하는 우아한 억양을 말이다. 그런데 그들은 나에 대해 아무것도 모르고 있었다. 나를 알기 위해 2초도 투자하지 않은 듯했다. 정말 재미있겠다는 생각이 들었다. 그들은 내게 무슨 일을 하는지 물었다. 나는 그냥 "인터넷 사업가"라고 답했다. 그들은 여러 사업가 및 유명인들과 함께 일하고 있다고 설명했다. 사실 유명인은 자산관리사들의 좋은 먹잇감이다. 돈을 많이 벌고, 그것도 짧은 시간에 버는 데다가 다른 사람이 대신 돈 관리를 맡아 주길 바라기 때문이다.

두 사람은 본격적으로 서비스에 관해 설명하기 시작했다. 그들은 재무과 관련된 모든 문제를 해결해 줌으로써 고객들이 마음 놓고 일에만 집중할 수 있게 도움을 준다고 강조했다. (나를 람보르기니를 몰거나 술을 병째로 마시느라 너무 바빠서 투자에는 신경 쓸 시간도 없는 사람으로 여기는 듯했다. 내가 자산 배분에 얼마나 열정적인지, 투자 공부를 얼마나 좋아하는지 하나도 몰랐다.) 그들은 내 돈을 안전하게 지키겠다고 장담했다. 그리고 필요할 때마다 언제든 꺼내 쓸 수 있도록 해주겠다고 약속했다(돈을 날릴지 모른다는 두려움을 달래면서).

나는 모르는 척 여러 가지 기본적인 질문들을 던졌다. "제 돈을 어떻게 투자하실 거죠?" 대화를 나누는 동안 '절세용 손절'이나 '달러 평균 매입' 같은 전문 용어가 나오지 않도록 특히 주의했다. 그리고 이런 질문도 던졌다. "세금 관련해서도 도움을 주실 수 있나요?" 비록 통화였지만, 나는 그들이 세금을 절약하기 위한 복잡한 방법을 설명하면서 눈빛을 반짝이는 것을 분명히 느낄 수 있었다(그러나 부자들이 세금을 절약할 수 있는 특별한 방법은 거의 없다).

도움이 될 투자 전문가들

내가 좋아하는 금융 칼럼니스트 세 사람과 사이트를 소개한다.

모건 하우절 Morgan Housel: 심리학과 돈을 주제로 흥미진진한 블로그를 운영하고 있다. 왜 당신이 그런 행동을 하는지(그리고 왜 많은 사람이 똑같은 행동을 하는지) 이해하려면 그의 글을 읽자. 홈페이지 주소는 collabfund.com/blog이다.

대니얼 솔린: 투자를 주제로 많은 훌륭한 책을 쓴 솔린은 뉴스레터를 통해 실명을 거론하면서 투자 업계의 말도 안 되는 주장을 고발하고 있다. 그가 중점적으로 다루는 주제들은 '로보어드바이저의 숨겨진 진실', '액티브 펀드 매니저는 루저들이다', '용기를 내서 다르게 움직이자' 등이다. 홈페이지 주소는 danielsolin.com이다.

론 리버 Ron Lieber: 뉴욕타임스에 〈유어 머니Your Money〉라는 칼럼을 쓰고 있다. 나는 그가 다루는 다양한 주제를 좋아한다. 또한 그는 언제나 소비자 편에 서 있다. 홈페이지 주소는 ronlieber.com이다.

보글헤즈 포럼 Bogleheads Forum: 내가 좋아하는 사이트다. 유용한 투자 조언을 얻을 수 있다. 그리고 사기와 일시적인 유행의 위험을 피하고 장기적인 저비용 투자 방식에 집중하는 과정에 도움이 된다. 홈페이지 주소는 bogleheads.org/forum이다.

다음으로 두 사람은 평범해 보이지만 사실은 아주 많은 뜻을 내포하고 있는 이야기를 너무나 부드러운 억양으로 늘어놨다. "우리는 시장을 따라잡으려고 애쓰지 않습니다. 대신에 자산을 지키는 일에 더 집중합니다."

무슨 말인지 알겠는가? 이런 뜻이다. "우리의 투자 수익률은 저렴한 뱅가드 펀드보다 낮을 겁니다." 풀어서 이야기하자면 이런 말이다. "우리는 1달러짜리 소금을 2달러에 드릴 겁니다. 대신에 6개월마다 멋진 가죽 쟁반에 담아 드리겠습니다." 웃음을 참기 힘들 정도였다. 그런데 그들은 내 목표에 대해서는 묻지 않았다. 가령 이런 질문은 던지지 않았다. 30대 초반인 내가 자산 증식이 아니라 보존에 주목해야 하는 이유는 무엇인가?

다음으로 나는 중요한 질문을 던졌다. 서비스 비용은 어떻게 됩니까? 나는 아무것도 모르는 척 수수료가 얼마인지 물었다. 그리고는 웃음이 새어 나오는 걸 참을 수 없었다. 이제 무슨 이야기가 펼쳐질지 뻔히 알고 있었기 때문이다. 기다림을 참을 수 없었다. 여기가 가장 재미있는 대목이다. 내가 비용에 관해 묻자 그들의 목소리가 무시하는 어조로 바뀌었다. 비용과 관련해서 부자와 이야기한 경험이 있다면, 내 말이 무슨 뜻인지 잘 알 것이다. 두 사람은 이렇게 말했다. "투자 수수료는 고작 1%입니다. 저희가 고객님과 함께하려는 것은 재정적인 차원에서 장기적인 관계를 맺고 싶어서…"

무슨 말인지 이해했는가? 첫째, 그들은 수수료 이야기를 이렇게 얼버무렸다. "투자 수수료는 고작 1%입니다." 1%? 누구도 신경 쓰지 않을 수준이라는 말이다. 둘째, 수수료를 묻자마자 '장기적인 관계'라는 표현을 사용해서 대화의 방향을 안심시키는 쪽으로 몰고 갔다(내가 기억하기로 그들이 실제로 말했던 수수료는 1~2%였다. 그래도 여기서는 가장 낮게 잡아서 그냥 1%라고 했다) 이 모든 서비스에 고작 1%? 나쁘지 않다. 그렇지 않은가?

'그런데 1% 수수료가 장기적으로 당신의 수익을 30%나 갉아먹을 수 있다는 사실을 알고 있는가?' 아마도 몰랐을 것이다. 그건 아무도 모르는 진실이다. 다시 말해 10만 달러를 투자해서 210만 달러로 불릴 수 있었던 돈이 150만 달러로 줄어들 수도 있다는 뜻이다. 그리고 그 차액은 그들의 호주머니 속으로 들어간다. 수수료 1%는 절대 적은 돈이 아니다.

그들의 제안은 고맙지만 사양하겠다. 나는 직접 돈을 관리하겠다. 일반인들은 이 정도 수수료가 얼마나 치명적인지 잘 알지 못한다. 그건 그 안에 숨어있는 수학이 우리의 직관과는 완전히 다르기 때문이다. 월스트리트는 그들의 상품을 의도적으로 불투명하게 설계해 놨다. 1%는 작아 보이지만, 실제로는 엄청나다.

내가 직접 투자하면 수익률은 더 높고 수수료는 더 낮다. 재미있는 게임을 하나 해볼까? 부모님에게 투자 수수료로 얼마를 내고 있는지 물어보자. 아마도 잘 모르실 것이다. 만약 실제로 내는 수수료가 얼마인지 정확히 알게 된다면, 아마도 우울해지실 것이다. 음, 차라리 묻지 않는 게 더 나을 것 같다.

1% 때문에 수익의 28%를 날릴 수 있다. 그리고 2%로 수익의 63%를 잃어버릴 수 있다. 정말로 말도 안 되는 이야기다. 이는 월스트리트가 그렇게 많은 돈을 버는 이유이자 내가 사람들에게 투자를 공부하라고 말하는 이유다. 동시에 월스트리트가 개인 투자자를 등쳐 먹는 모습에 내가 그렇게 분노하는 이유다.

'내 독자 중에서 수수료로 1% 이상을 내는 사람이 있다면, 나는 가만히 있지 않을 것이다.' 이상적으로 수수료는 0.1~0.3% 수준이어야 한다. 한번 생각해 보자. 수십만 달러, 심지어 수백만 달러에 달하는 수수료는 자산관리사가 아니라 당신에게 돌아가야 할 몫이다. 우리는 마당의 잔디를 깎거나 집 안 청소를 맡기고 돈을 지불한다. 하지만 금융 수수료는 이런 돈과는 차원이 다르다. 그건 수수료도 복리로 불어나기 때문이다. 그래도 다행스러운 소식은 당신이 지금 이 책을 읽고 있다는 사실이다. 숨을 쉬고 글을 읽을 수 있다면, 이 책으로 당신이 생각하는 것보다 훨씬 더 많은 돈을 아낄 수 있다. 저축 계좌에서 받는 이자보다 훨씬 많은 돈을 말이다.

다시 상담사 이야기로 돌아가자. 지금 생각해 보면, 외환 거래처럼 뭔가 대단히 전문적인 질문을 던지고 "그럼 다음에 또 봅시다!"라는 작별의 인사말로 전화를 끊었더라면 더 통쾌했을 것이다. 어쨌든 우리는 이 이야기에서 다음과 같은 교훈을 얻을 수 있다.

① 나는 소위 전문 상담사들과 대화하며 재무에 관해서는 아무것도 모르는 척 연기하는 롤플레잉을 좋아한다.
② 대부분 사람에게는 자산관리사와 재무상담사가 필요하지 않다. 이 책의 유용한 조언을 성실히 따르면, 풍요로운 삶은 그리 힘든 목표가 아니다.
③ 자산관리사들도 시장을 이길 수 없다는 사실을 알기에 다른 방식으로 부가가치를 제공하겠다고 약속한다. 가령 이런 식이다. "강세 시장에서는 누구든 돈을 벌 수 있어요. 하지만 우리는 시장이 무너졌을 때 지켜드릴 겁니다." 혹은 "세금과 유언장, 신탁 및 보험에 관해서도 함께 조언을 드리겠습니다." 물론 이러한 서비스는 모두 합법이다. 하지만 커미션 기반의 서비스 중에서 꼭 필요한 것은 없다. 시장이 하락할 때 겁이 난다면, 더 좋은 해결책은 유연한 자세를 바탕으로 자신을 신

뢰하는 힘을 기르는 것이다. 조바심 때문에 섣부른 결정을 내리지 말자. 자기 자신과 자신의 금융 시스템을 믿자.
④ 자산이 수백만 달러 이상으로 늘어나거나 자녀와 은퇴, 혹은 세금 문제로 재정 상황이 복잡해졌다면, 좀 더 전문적인 조언을 얻는 방법도 고려할 필요가 있다. 그럴 때, 수수료 기반 재무상담사의 서비스를 한시적으로 받자. 혹은 내 웹사이트에 올려놓은 고급 개인 재정 강의를 들어 보는 방법도 추천한다.

적극적 운용 VS. 수동적 운용

지금까지 투자 전문가들의 성과와 관련해 암울한 현실을 살펴봤다. 하지만 그렇다고 투자가 시간 낭비에 불과하다는 말은 절대 아니다. 다만 중요한 것은 어디에 투자할지 잘 선택하는 일이다.

주식과 채권 등 다양한 투자 자산을 한데 모아 놓은 뮤추얼 펀드는 가장 단순하고 쉬운 형태의 금융 상품이다. 그러나 앞서 살펴봤듯이 펀드 매니저들은 75%의 확률로 시장을 이기지 못한다. 그리고 어느 펀드가 장기적으로 더 높은 실적을 올릴지 예상하기는 쉽지 않다. 또한 아무리 좋은 뮤추얼 펀드라고 해도 높은 수수료 때문에 수익이 줄어들 수밖에 없다. (물론 저비용 뮤추얼 펀드도 출시되어 있다. 하지만 포트폴리오 매니저를 비롯하여 직원들에게 월급을 줘야 하므로 수동적으로 관리하는 저비용 인덱스 펀드에는 적수가 되지 못한다.)

앞서 언급했듯이 투자에서 수수료는 수익을 엄청나게 갉아먹는다. 그런데 사실 이런 식의 설명은 쉽게 이해되지 않는다. 예를 들어, 헬스장 회원권을 끊거나 디즈니랜드에 입장할 때처럼 어떤 서비스를 이용할 때, 항상 요금을 낸다. 뭔가를 얻으려면 그에 따른 공정한 대가를 지불하는 게 당연한 이야기 아닌가? 핵심은 '공정한'이라는 표현에 있다. 우리가 도움을 얻으려는 금융전문가들 대부분 어떻게든 우리에게서 한 푼이라도 더 쥐어짜기 위해 최선을 다한다.

알다시피 뮤추얼 펀드는 '액티브 운용 active management'이라는 기법을 사용한다. 이 말은 포트폴리오 매니저가 최고의 주식 종목을 골라서 고객에게 최고의 수익을 돌려주기 위해 적극적으로 나선다는 뜻이다. 멋진 이야기 아닌가? 하지만 포트폴리오 매니저들이 아무리 유능한 분석가와 첨단 기술의 도움을 받는다고 해도, 근본적으로 인간적인 실수를 피할 수 없다. 예를 들어, 그들은 너무 빨리 매도하거나 너무 자주 거래하거나 혹은 성급하게 판단하는 실수를 자주 저지른다. 펀드 매니저들은 고객들에게 단기적인 성과를 보여주고서 수익을 올리기 위해 최선(무슨 일이든)을 다하고 있다는 사실을 입증하기 위해 자주 주식을 사고판다. 그러나 일반적으로 시장 평균을 넘어서지 못한다. 그러면서 노력의 대가로 수수료를 요구한다. 뮤추얼 펀드는 일반적으로 매년 관리하는 자산의 1~2%(소위 총보수비율 total expense ratio이라고 하는)에 해당하는 금액을 수수료로 챙긴다. 다시 말해, 포트폴리오 규모가 1만 달러에서 총보수비율이 2%인 경우, 매년 수수료로 200달러를 내야 한다. 일부 펀드는 구매 시(프론트엔드 로드 front-end load)와 판매 시(백엔드 로드 back-end load)에도 거래 수수료를 추가로 부과한다. 이들 수수료 모두 실제 성과와 무관하게 수입을 챙기기 위해 설계된다.

수수료 2%가 별것 아닌 것처럼 보일 수 있다. 하지만 '패시브 운용passive management'이라고 하는 대안적 투자 방식과 비교하면, 절대 그렇지 않다는 사실을 깨닫는다. 예를 들어, 인덱스 펀드(뮤추얼 펀드의 사촌이라 할 수 있는)의 운용 방식을 살펴보자. 인덱스 펀드는 포트폴리오 매니저가 아니라 컴퓨터가 투자 관리를 맡는다. 컴퓨터는 최근 각광받는 주식 종목을 발견하려 애쓰지 않는다. 대신에 시장 지수에 포함된 종목(가령 S&P 500에 포함된 500개 주식 종목)들을 똑같이 선택해서 시장 수익률을 따라잡는다. (여기서 지수index란 주식시장을 대표하는 지표를 뜻한다. 예를 들어 나스닥NASDAQ 지수는 특정 기술주를 대표하고 S&P 500 지수는 미국 500개 대형주를 대표한다. 그 밖에도 국제 주식시장 지수와 유통업 지수도 있다.)

인덱스 펀드들 대부분 시장(혹은 지수가 대표하는 특정 시장)의 수익률에 근접해 있다. 주식시장이 올해 10% 떨어졌다가 내년에 18% 오를 수 있는 것처럼, 인덱스 펀드도 그것이 추적하는 특정 시장과 함께 오르내린다. 그러나 여기서 중요한 차이는 수수료에 있다. 인덱스 펀드 수수료는 뮤추얼 펀드보다 훨씬 낮다. 그건 고액 연봉을 받아 가는 투자사 직원들에게 비용을 지불하지 않아도 되기 때문이다. 예를 들어 뱅가드의 S&P 500 인덱스 펀드는 총보수비율이 0.14% 정도로 낮다.

인덱스 펀드에도 다양한 종류가 있다는 사실을 명심하자. 가령 해외 시장 펀드와 의료시장 펀드, 혹은 소형주 펀드도 있다. 그리고 미국 주식시장 전체를 따라가는 펀드도 나와 있다. 이러한 펀드는 해당 시장이 하락할 때 함께 떨어진다. 하지만 장기적인 관점으로 볼 때, 주식시장 전체는 인플레이션을 고려하고도 약 8%라는 꾸준한 실적을 보여 준다.

이제 수익과 비용이라는 두 가지 측면에서 인덱스 펀드의 실적을 살펴보자. 먼저 비용, 특히 수수료의 측면에서 수동적으로 운용하는 펀드와 적극적으로 운용하는 펀드를 비교해 보자.

어떤 방식이 더 나을까?			
조건: 매달 100달러씩 투자, 수익률 8%	패시브 인덱스 펀드 (총보수비율 0.14%)	액티브 뮤추얼 펀드 (총보수비율 1%)	액티브 뮤추얼 펀드 에 추가로 내는 비용
5년 후	7,321달러	7,159달러	162달러
10년 후	1만 8,152달러	1만 7,308달러	844달러
25년 후	9만 2,967달러	8만 1,007달러	1만 1,960달러

자, 이제는 자산 규모가 커지면 어떤 일이 벌어지는지 살펴보자. 별것 아닌 것처럼 보이는 수수료도 투자 성과를 엄청나게 깎아 먹을 수 있다는 사실을 다시 한번 명심하자. 이번에는 계좌에 5,000달러가 있고 매달 1,000달러씩 납입하는 경우를 가정해 보자. 수익률은 8% 그대로다.

5년 후	8만 607달러	7만 8,681달러	1,926달러

10년 후	19만 2,469달러	18만 3,133달러	9,336달러
25년 후	96만 5,117달러	83만 8,699달러	12만 6,419달러

뱅가드 설립자 존 보글은 PBS의 다큐멘터리 프로그램, 〈프론트라인Frontline〉에 출연하여 충격적인 이야기를 한 바 있다. 당신과 당신의 친구인 미셸이 수익률이 똑같은 두 펀드에 50년간 투자한다고 가정해 보자. 여기서 유일한 차이점은 당신이 투자한 펀드 상품의 수수료율이 미셸보다 2% 낮다는 것이다. 당신의 펀드의 수익률이 연 7%라면, 미셸은 5%인 셈이다. 그럴 때 결과는 어떤 차이를 드러내게 될까?

얼핏 보기에 2%는 그리 부담스럽게 느껴지지 않는다. 이 사례에서 우리는 자신의 수익률이 2%, 혹은 많아 봐야 5% 더 높을 거로 예상한다. 하지만 복리의 수학은 모두를 충격에 빠트린다. 보글은 지적했다. "50년을 투자 기간으로 설정했을 때, 미셸의 펀드는 총수익의 63%를 수수료로 잃어버리게 됩니다."

한번 생각해 보자. 단 2%의 수수료만으로도 투자 수익의 절반 이상을 날릴 수 있다니. 그러면 1%는 어떨까? 그 정도면 괜찮지 않을까? 마찬가지로 50년을 기준으로 할 때, 1%의 수수료는 투자 수익의 39%를 갉아먹는다. 좋다. 그런데 50년은 너무 긴 기간이 아닐까? 그렇다면 35년을 기준으로 하자. 그동안 1% 수수료는 당신에게서 얼마나 앗아 갈까? 미 노동부 발표에 따르면, 은퇴 계좌의 수익에서 28%를 가져간다고 한다.

그래서 나는 수수료를 줄이고자 최선을 다하는 것이다. 투자에서 수수료는 공공의 적이다. 단지 수수료를 기준으로 투자를 결정한다면, 인덱스 펀드가 정답이다. 그런데 동시에 또 다른 중요한 요소인 수익률도 따져야 한다.

나는 뮤추얼 펀드가 75% 확률로 시장을 이기지 못한다는 말을 줄곧 강조해 왔다. 하지만 때로는 꽤 좋은 수익률을 올리기도 한다. 몇몇 뮤추얼 펀드는 실제로 몇 년 동안 놀라운 실적을 기록하면서 인덱스 펀드를 능가하기도 한다. 가령 시장 상황이 좋을 때, 인도 주식에 집중한 펀드는 70%에 이르는 놀라운 수익률을 기록하기도 한다. 하지만 그런 성과를 올리는 건 한두 해에 불과하다. 우리가 정말로 원하는 것은 장기적으로 안정적인 수익률이다. 그래도 투자 중개인이나 적극적으로 운용하는 펀드를 활용할 생각이라면, 먼저 다음과 같은 간단하면서도 직설적인 질문을 던져 보자. "지난 10년, 15년, 20년 동안 세금과 수수료를 제한 순수익률은 어떻게 되나요?" 그렇다. 중요한 것은 세금과 수수료를 모두 고려하고 난 뒤 순수한 수익률이다. 그리고 투자 기간은 적어도 10년은 되어야 한다. 5년도 변동성이 심한 짧은 기간이다. 그러면 그들은 아마도 당신의 질문에 솔직한 대답을 내놓지 못할 것이다. 그건 그들이 시장을 계속해서 이기지 못했다는 사실을 인정하는 꼴이기 때문이다. 실제로 시장을 장기적으로 이기기란 너무나도 힘든 일이다.

그렇다면 적극적으로 운용되는 펀드들은 시장을 따라잡기 힘들다고 가정하는 게 안전할 듯하다. 다시 말해, 시장 수익률이 8%라고 할 때 적극적으로 운용되는 펀드들은 적어도 네 번 중 세 번 넘게 8%를 따라잡지 못한다는 뜻이다. 그리고 높은 총보수비율까지

재무상담사에 관한 보이지 않는 각본	
보이지 않는 각본	진정한 의미
"잘 모르겠어요. 그냥 돈을 내고 다른 사람에게 맡기고 싶어서요."	수많은 전문 용어와 서로 엇갈리는 조언에 압박감을 느끼는 것은 당연한 반응이다. 하지만 이건 당신의 돈이 달린 문제다. 투자의 기본적인 내용을 공부하는 노력은 평생 가장 수익성 높은 행동인 것으로 드러날 것이다. 자기 계발 분야의 전설적인 인물인 짐 론Jim Rohn은 이렇게 말했다. "주변 상황이 쉬워지길 바라지 말고, 자신이 성장하길 소망하자. 문제가 줄어들기를 바라지 말고, 자기 능력이 더 성장하길 소망하자." 누군가 당신을 네 살 꼬마처럼 이끌어 주리라 기대하지 말자. 성인으로서 장기적인 투자 원칙을 세우자. 많은 이들이 그랬고, 당신 역시 그럴 수 있다.
"그 상담사가 마음에 들어요. 믿음이 갑니다. 우리 아버지도 그 사람의 도움을 받고 있어요."	나도 우리 동네 빵집 사장님이 마음에 든다. 그런데 그렇다고 그에게 투자를 맡겨야 할까? 놀랍게도 사람들은 호감과 신뢰를 혼동한다. 당신의 재무상담사는 호감이 가는 사람일 것이다. 하지만 돈 관리와 관련해서는 객관적인 실적에 주목해야 한다.
"돈을 날릴까 봐 걱정되어서요."	걱정은 당연하다. 다만 상담사에게 수수료로 냈던 돈으로 투자할 수 있었다는 사실도 알아야 한다. 1% 수수료도 총수익을 30%나 잃을 수 있으니 말이다.
"그 사람은 지난 4년 동안 시장을 이겼다니까요."	어쩌면 그랬을 것이다. 하지만 수수료와 세금까지 다 고려하면, 결과는 달라질 수 있다. 그는 아마도 그런 사실은 자세하게 설명하지 않았을 것이다. 한 조사 결과에 따르면, 최근 누군가 사회적인 관심을 받고 있다고 해도 앞으로 계속 그럴 거라는 보장은 어디에도 없다.

고려할 때, 적극적으로 운용되는 펀드가 수동적으로 운용되는 저비용 펀드를 따라잡으려면 적어도 1~2% 더 높은 수익률을 올려야 한다. 물론 쉽지 않은 일이다.

대니얼 솔린은 《당신이 읽게 될 가장 현명한 투자책The Smartest Investment Book You'll Ever Read》에서 밥콕 경영대학원(현 웨이크 포레스트 비즈니스 스쿨Wake Forest School of Business)의 에드워드 오닐Edward S. O'Neal 교수가 발표한 연구 논문을 인용했다. 이 연구에서 오닐은 유일한 목표가 시장을 이기는 것인 펀드들을 추적했다. 그러나 그가 발견한 것은 1993년부터 1998년 사이 적극적으로 운용된 펀드 중 시장을 이긴 펀드의 비율은 절반도 되지 않는다는 결과였다. 또한 1998년부터 2003년까지는 그 비율이 8%에 불과한 것으로 드러났다. 이야기는 여기서 끝나지 않는다. 오닐이 두 기간 모두에 걸쳐 시장을 이긴 펀드의 개수를 확인하고 이렇게 말했다. "참으로 암울하다. 두 기간 모두 시장을 이긴 펀드는 단 열 개뿐이었다. 이는 전체 대형주 펀드 중 고작 2%에 불과한 것이다. 개인이든 기관이든 상관없이 투자자들, 그리고 특히 401k에 가입한 사람들이 시장을 이기겠다고 장담한 값비싼 적극적인 펀드가 아니라 수동적인 방식으로 운용되는 펀드를 선택했더라면, 훨씬 더 나은 실적을 거뒀을 것이다."

핵심은 이렇다. 더 저렴한 수수료로 더 높은 수익을 올릴 방법이 있는데도 굳이 적극적으로 운용되는 펀드에 터무니없는 수수료를 낼 이유는 어디에도 없다. 물론 우리는 재테크가 순수하게 합리적인 영역은 아니라는 사실을 잘 알고 있다. 수학이 아무리 분명한 이야기를 들려준다고 해도 말이다. 재테크는 감정의 영역이기도 하다. 그래서 우리는 무엇보다 적극적으로 운영되는 투자 상품이 가치 있다고 사람들을 현혹하는 보이지 않는 각본을 극복해야 하는 것이다. 그래야만 비로소 진정한 투자를 시작할 수 있다.

이제 전문가의 허상을 이해했다면, 더 낮은 비용으로 더 높은 수익률을 올리기 위한 직접적인 투자 방식을 살펴보도록 하자. 다음 장에서는 투자와 관련해서 우리가 알아야 할 모든 이야기를 들려줄 것이다. 그리고 투자 방식을 선택하고 시스템을 자동화하는 과정에 필요한 모든 기술적인 요소를 다룰 것이다. 함께 시작하자.

추신: 이번 장에는 왜 '6주 프로그램'이 없는지 궁금하다면, 계속 읽어 보자. 이번 장의 목적은 오로지 정보를 전달하는 것이었다. 중요한 의사결정을 내리는 방법은 다음 장에서 살펴보도록 하자.

우리나라에서는 이렇게 하세요 →

by 서대리

책을 읽다 보면 금융 전문가들의 조언이나 도움이 반드시 더 좋은 수익률로 이어지지 않는다는 것을 알 수 있다. 이 데이터를 자세히 보여 주는 사이트가 있어 소개한다. 옆의 QR 코드를 통해 해당 사이트로 접속하면 미국 S&P 500 인덱스 펀드뿐만 아니라 각 나라의 시장 지수를 펀드 매니저가 이기지 못한다는 사실을 시각적으로 쉽게 확인할 수 있다.

미국 S&P500 1년 수익률을 이기지 못한 펀드는 전체의 73%이다. 시간이 지날수록 이 확률은 올라간다. 15년 수익률 비교하면 무려 88%의 펀드가 S&P 500보다 저조한 수익률을 기록했다.

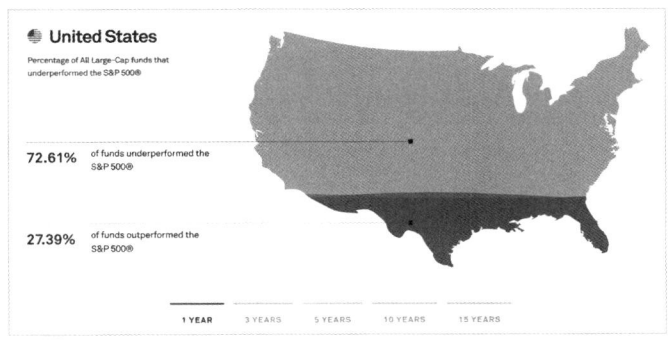

S&P 500의 1년 수익률을 이기지 못한 펀드의 비율

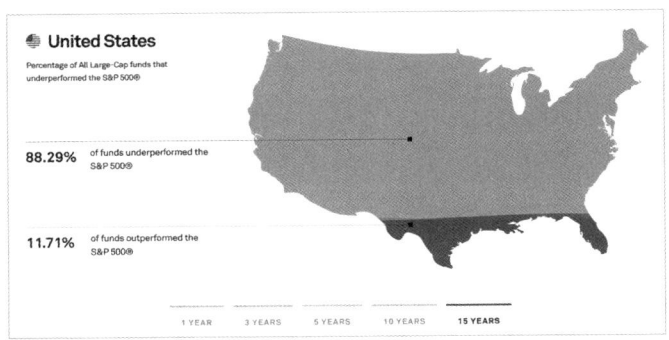

S&P 500의 15년 수익률을 이기지 못한 펀드의 비율

이 사이트에서는 미국뿐만 아니라 캐나다, 멕시코, 유럽, 일본, 호주 등 전 세계 주요 주식시장 지수와 펀드 승률을 기간별로 확인할 수 있다. 그리고 정말 신기하게도 나라와 상관없이 결과는 모두 같음을 알 수 있다. 저비용 인덱스 펀드 투자를 추천하는 이유이다.

7장

₩100,000,000

투자는 부자들의 전유물이 아니다

부자가 되는
가장 간단한 포트폴리오

지난 장에서는 투자 전문가들이 얼마나 가치 없는지 그리고 자신의 힘만으로도 얼마나 더 잘할 수 있는지 살펴봤다. 이번 장에서는 직접 투자 대상을 고르고, 수수료를 아끼면서 훌륭한 실적을 올리는 구체적인 방법을 알아볼 것이다. 먼저 자신의 투자 스타일을 파악하기 위해 다음과 같은 몇 가지 핵심 질문에 대해 생각해 보자. 지금 가지고 있는 돈이 내년에 필요한가, 아니면 장기적으로 투자할 여유가 있는가? 집을 장만하기 위해 저축하고 있는가? 주식시장에서 단기적으로 나타나는 변화를 버틸 여력이 있는가, 아니면 그럴 때마다 속이 뒤틀리는가? 다음으로 다양한 펀드들을 살펴보고 자신의 목표에 잘 어울리는 올바른 투자 방법을 선택할 것이다. 여기에는 401k나 로스 IRA와 같은 투자 계좌를 선택하는 과제도 포함된다(일반적으로 '투자 포트폴리오'라고 말하면 401k나 로스 IRA를 비롯하여 모든 투자 계좌에 들어있는 돈을 의미한다) 이 장이 끝나갈 무렵에는 어디에 투자해야 할지, 그리고 그 이유는 무엇인지 정확하게 이해하게 될 것이다. 그리고 인간의 개입을 최소화해서 비용을 최대한 낮추는 방법을 알게 될 것이다.

내 목표는 당신이 단순한 형태로 투자를 시작하고 포트폴리오를 쉽게 관리하도록 돕는 것이다. 이 두 가지만으로도 당신은 풍요로운 삶을 향해 나아갈 수 있다. 그런데 고액 연봉을 받는 이들 중에도 저축이나 투자를 전혀 하지 않는 경우가 많다. 그들은 '시간이 없어서' 혹은 '주식이 폭락하는 바람에 돈을 날리고 싶지 않아서'라는 핑계를 댄다. 이 장에서는 그런 사례를 만나 보게 될 것이다.

더 나은 투자 방법: 자동화 투자

재테크를 사랑하는 사람은 없다. 나 역시 도쿄에서 미식 여행을 다니거나 친구와 함께 주말 스키 여행을 가서 돈을 '쓰는' 걸 더 좋아한다. 기본적으로 나는 항상 시간을 덜 들이면서 더 좋은 결과를 얻는 방법을 찾기 위해 노력했다. 대학에 지원할 때도 장학금 지원서를 하루에 세 통씩 작성하는 시스템을 만들었다. 그 결과, 6개월 만에 20만 달러 넘는 장학금을 받아서 등록금을 댈 수 있었다. 최근에는 블로그 및 책과 관련해 하루에 1,500통이 넘는 메일을 관리하고 있다. 이런 이야기를 하는 이유는 내가 얼마나 바쁜 사람인지 자랑하려는 게 아니라, 재테크와 관련해서 내가 덜 관심을 기울이면서도 더 좋은 성과를 올리는 일에 너무나 열정적이라는 사실을 보여 주기 위해서다. 실제로 나는 오랜 시간을 들이지 않고서도 투자를 관리하고 높은 수익까지 올리는 방법을 찾기 위해 많이 노력했다. 그래서 기존의 저비용 투자 전략과 자동화 시스템을 조합해야 한다고 주장하는 것이다.

자동화 투자는 내가 발명한 혁신적인 기법이 아니다. 이는 노벨상 수상자나 워런 버핏 같은 억만장자 투자자들, 그리고 대다수 학자가 추천하는 방식이다. 이를 실행에 옮기기 위해서는 우선 시간을 들여 어떻게 포트폴리오를 구성할 것인지 결정해야 한다. 그리고 다음으로 투자 상품을 고르고(가장 적은 시간이 소요되는 과정이다), 마지막으로 정기적인 투자를 자동화해서 당신이 소파에 앉아 TV를 보는 동안에도 돈이 저절로 불어나게 만드는 것이다. 인간은 모두 게으르다. 이러한 사실을 받아들이고, 자신에게 유리한 방향으로 이런 성향을 활용해야 한다. 자동화 투자의 가치는 다음 두 가지에 있다.

낮은 비용: 6장에서 살펴본 것처럼 투자 실적을 망치는 것은 수익을 보이지 않는 곳에서 갉아먹는 값비싼 펀드의 수수료다. 그런데 직접 투자하면 더 낮은 수수료로 더 높은 수익을 올릴 수 있는 상황에서 이런 펀드에 투자한다는 건 말이 안 된다. 왜 돈을 잃는 특권을 얻으려고 돈을 낸단 말인가? 반면 자동화 투자는 저비용 펀드(수수료만 챙기는 가치 없는 포트폴리오 매니저를 대체

하는)에 투자함으로써 수만 달러의 거래 수수료, 잦은 거래 때문에 발생하는 세금, 그리고 전반적인 투자 비용을 낮춘다. 그래서 펀드 대부분을 이기는 것이다.

자동으로 이뤄진다: 자동화 투자를 하면 최근 인기 종목이나 시장의 미세한 변동에 신경 쓰지 않아도 된다. 어떤 종목이 뜰 것인지, 혹은 시장이 오를지 내릴지 신경 쓰지 않고 단순한 형태의 투자 계획을 세우고 그에 따라 여러 투자 계좌에 자동으로 돈이 들어가도록 설정하기만 하면 된다. 이는 우리 자신을 속여서 투자하는 방식이다. 이게 효과가 있는 이유는 아무런 노력을 요구하지 않기 때문이다. 덕분에 우리는 삶을 누리는 데 더 집중할 수 있다. 업무를 잘 처리하고, 친구들과 즐거운 시간을 보내고, 여러 나라로 여행을 떠나고, 근사한 레스토랑에서 요리를 즐길 수 있다. 돈 걱정은 하나도 하지 않고서 말이다. 나는 이러한 투자 방식에 '진정한 삶을 즐기는 사람들을 위한 젠 투자법$^{Zen\ Investing}$'이라는 이름을 붙이고 싶을 정도다.

너무 좋아서 믿을 수 없다고?

내가 자동화 투자를 설명하는 방식은 기본적으로 "강아지는 귀엽다"라고 말하는 것과 다를 바 없다. 누구도 이의를 제기하지 않을 것이다. 자동화 투자 역시 완벽한 것처럼 보인다. 그런데 시장이 하락할 때도 그럴까? 시장이 폭락할 때 태연하기란 쉽지 않다. 내가 아는 사람 중에도 자동화 투자를 선택한 사람이 여럿 있다. 그런데

2008년 말 주식시장이 갑자기 무너졌을 때, 그들은 투자를 즉각 중단하고 시장에서 돈을 다 빼냈다. 하지만 그건 중대한 실수였다. 자동화 투자의 진면목은 시장이 상승할 때가 아니라 하락할 때 여실히 드러나기 때문이다. 예를 들어, 2018년 10월에도 주식시장이 크게 떨어졌다. 당시 내 투자 계좌 중 하나에서만 10만 달러 넘는 손실이 발생했다. 그러나 나는 하던 대로 계속했다. 매달 자동으로 투자 계좌에 돈을 계속 넣었다.

시장이 하락할 때 주식을 계속해서 매수하려면 상당한 용기가 필요하다. 하지만 장기적인 안목으로 투자에 접근한다면, 모두가 시장에서 빠져나올 때야말로 돈을 벌 수 있는 절호의 기회다.

친구들이 하는 말을 모두 믿는가?

질문: 친구들이 투자는 너무 위험하며 자칫 돈을 몽땅 날릴 위험도 있다고 하더군요. 그게 정말인가요?

답변: 그건 근거 있는 논리적 태도가 아니라 본능적이고 감정적인 반응입니다. 투자에 대해 걱정하는 것은 충분히 이해할 수 있는 부분입니다. 특히 '시장 조정'이나 '하룻밤 새 10% 주가 하락'이라는 경고들이 난무하는 언론 기사를 읽다 보면 자연스럽게 그런 걱정이 들기 마련이죠. 그런 기사를 접한 투자자들은 대개 DNA[Do

Nothing Approach 투자 방식을 취하게 됩니다. 다시 말해, 아무것도 하지 않는다는 뜻이죠. 안타깝게도 지금 시장 상황에서 투자를 걱정하는 사람도 주가가 오르기 시작하면 곧바로 주식을 사들입니다. 그러나 워런 버핏은 투자자라면 "다른 사람들이 달려들 때 물러나고, 다른 사람들이 물러날 때 달려들어야 한다"라고 말했습니다. 당신의 경우는 다릅니다. 이제 투자가 어떻게 돌아가는지 이해했고, 투자를 장기적인 안목으로 바라보게 되었습니다. 물론 이론적으로 돈을 몽땅 날릴 위험은 있습니다. 하지만 분산 투자로 균형 잡힌 포트폴리오를 구축한다면, 그럴 일은 없을 겁니다.

당신의 친구들은 오직 부정적인 측면만 바라봅니다. "모든 걸 날릴 수도 있다고! 투자 공부할 시간이 어딨어? 수많은 사기꾼이 네 돈을 호시탐탐 노리고 있다고."

하지만 친구들은 왜 투자를 안 해서 매일 돈을 잃고 있다는 사실에 대해서는 걱정하지 않을까요? 친구들에게 지난 70년간 S&P 500의 평균 수익률이 얼마인지 물어보세요. 그리고 지금 1만 달러를 투자해서 10년간, 혹은 50년간 예치해 둔다면 어떻게 될지 물어보세요. 아마도 대답하지 못할 겁니다. 그건 기본적인 투자 수익률(연평균 8%)조차 모르기 때문이죠. 사람들이 투자가 너무 위험한 짓이라고 말한다면, 그들이 모른다는 사실조차 모르기 때문입니다.

핵심 결론: 자동화 투자는 헤지펀드나 바이오테크 주식처럼 화려하지는 않다. 그래도 더 좋은 성과를 올린다. 다시 한번 생각해 보자. 당신은 화려해 보이고 싶은가, 아니면 부유해지고 싶은가?

재정적 독립이라는 마법

방송국에 초청받았던 때가 떠오른다. 촬영이 시작되기 전에 프로그램 진행자가 내게 인사를 하면서 책에 대해 축하의 말을 건넸다. "대단합니다. 이제 더 이상 일은 안 해도 되겠네요?" 나는 의자에 등을 기대며 그런 생각은 한 번도 한 적이 없다는 사실을 깨닫고 이렇게 대답했다. "네. 어쩌면 그래도 될 것 같군요."

그건 내게 대단히 인상적인 순간이었다. 자동화 투자로 발생하는 수익으로 생활비를 충당하게 되는 인생의 전환점이었다. 어느 날 아침 눈을 떴는데, 더 이상 일하지 않아도 될 만큼 많은 돈이 계좌에 들어 있다고 상상해 보자. 투자 수익만으로 월급보다 더 많은 돈을 버는 삶이 시작되었다고 말이다. 이러한 전환점의 개념은 비키 로빈Vicki Robin과 조 도밍게즈Joe Dominguez가 그들의 책, 《돈이냐 인생이냐Your Money or Your Life》에서 처음 소개했다.

돈이 돈을 번다. 당신의 투자금은 아마도 어느 시점부터 생활비를 충당하기에 충분한 돈을 벌어들일 것이다. 이것이 바로 사람들이 말하는 '경제적 독립'이다. 경제적 독립으로 넘어가는 전환점에 도달하면 무슨 일이 벌어질까? 적어도 더 이상 아무 일도 하지 않아도 된다. 아침에 일어나 세 시간 동안 브런치를 즐기고 친구를 만나거나 취미를 즐길 수 있다. 일을 할 수도 하지 않을 수도 있다. 어쨌든 투자 계좌에서 돈을 인출해서 평생 먹고살 수 있기 때문이다.

많은 이들이 이러한 삶의 방식을 '조기 은퇴Retiring Early'라고 부른다. 혹은 재정적 독립Financial Independence과 조합하여 '파이어FIRE'라고 부르기도 한다. 그 하위 개념인 '린파이어LeanFire'는 '최소한lean'의 돈으로 살아가는 파이어의 삶을 뜻한다. 린파이어를 추구하는 이들은 대개 1년에 3만 달러에서 5만 달러를 쓰면서 살아간다. 그들은 물질주의를 배척하고 소박함을 받아들이며, 때로는 이러한 삶의 방식을 극단적인 형태로 추구하기도 한다.

반대로 '팻파이어FatFIRE'는 사치스러운 삶을 누리는 파이어를 말한다. 유명인들이 파티 한 번에 25만 달러를 쓰는 것을 보고 고개를 갸웃한 적이 있는가? 그게 가능한 것은 실제로 그들의 투자금이 그런 씀씀이를 충당할 만큼 충분한 돈을 벌기 때문이다. 2018년 오프라 윈프리는 무려 800만 달러짜리 집을 샀다. 그런데 여기에 반전이 숨어 있다. 당시 윈프리의 순자산은 40억 달러가 넘었다. 투자 수익률을 보수적으로 잡아서 4%라고 해도, 투자만으로(그녀가 받는 연봉은 제외하고) 매년 1억 6,000만 달러를 벌어들이는 셈이다. 결론적으로 그 집은 윈프리에게 '공짜'나 다름없다.

이제 당신의 삶에 적용해 보자. 물론 대부분 1억 2,500달러에 달하는 순자산을 만들기는 어려울 것이다. 그래도 100만 달러나 200만 달러, 혹은 500만 달러를 모을 수 있다면? 그걸 투자하면(연이율 8%로), 그 돈이 자신에게 얼마나 많은 돈을 벌어다 줄 것인지 계산해 보자. 아마도 입이 떡 벌어질 것이다.

재정적 독립 상태로 들어선다는 말은 오래전 내린 올바른 결정 덕분에 먹고 살게 되었다는 뜻이다. 그건 인도의 한 꼬마가 SAT를 위해 하루에 열 시간씩 공부해서 수십 년 뒤 멋진 일자리와 기회를 잡는 것과 같다. 25년의 세월이 흘러 그 꼬마는 힘들여 공부해 이룬 놀라운 성과 덕분에 만족스러운 삶을 살아갈 수 있는 것이다. 이제 중요한 개념들을 다시 한번 정리해 보자.

- 경제적 독립: 투자를 통해 평생 먹고살 만큼의 돈을 벌어들이는 상태
- 조기 은퇴: 주로 30~40대에 일을 그만두는 삶의 방식
- 파이어: 경제적으로 더 이상 일할 필요가 없어서 일찍 은퇴하는 삶의 방식. 투자 수익으로 생활비를 평생 충당할 수 있기에 가능하다.
- 린파이어: 연간 3만 달러 정도로 '가벼운' 삶을 살아가는 파이어.
- 팻파이어: 재정적 독립으로 조기 은퇴를 하면서도 대단히 사치스러운 라이프스타일을 추구하는 삶의 방식. 퍼스트클래스로 여행하면서 포시즌스에 묵고 세 자녀를 모두 사립학교에 보내는 부자를 떠올려 보자.

파이어를 이루기란 쉽지 않다. 대부분 파이어에 진지하게 접근하지 않는다. 사람들은 이렇게 말한다. "아직 어리니까 벌써 그런 걸

생각할 필요는 없어." 그러다가 몇 년이 지나면 이렇게 바뀐다. "지금 시작하기엔 너무 늦었어."(그렇게 변명이 빨리 바뀌다니) 그리고는 마지막으로 이렇게 핑계를 댄다. "앞으로 30년 동안 아끼며 살 바엔 차라리 지금 돈을 쓰겠어."

물론 재정적 전환점을 통해 풍요로운 삶으로 나아갈 것인지는 오직 당신의 선택에 달렸다. 풍요로운 삶을 목표로 정했다면, 그 구체적인 방법도 역시 당신의 선택에 달렸다. 일반적으로 재정적 자립을 추구하는 커뮤니티 회원들은 연봉에서 상당 부분을 저축하는 데 집중한다. 그들은 말한다. 10%나 20% 저축률은 그만 잊으세요. 70%에 도전해 보면 어떨까요?

예를 들어, 가구 소득이 연 8만 달러고 매달 6,000달러를 생활비로 쓸 경우, 10%를 저축하라는 일반적인 조언에 따른다면 재정적 전환점에 이르기까지 38년의 세월이 걸린다. 그러나 이보다 훨씬 더 빨리 도달하는 방법도 있다. 그게 어떻게 가능할까? 지금부터는 실제 숫자를 가지고 방법을 보여 주도록 하겠다.

첫 번째 방법: 매월 생활비를 3,000달러로 낮추는 것이다. 많은 이들은 1년에 3만 6,000달러로 어떻게 생활할 수 있을지(즉, 어떻게 생활비를 절반으로 줄일 수 있을지) 우려한다. 그러나 린파이어를 추구하는 사람들의 실제 사례를 인터넷에서 쉽게 찾아볼 수 있다. 이 방법을 따를 때, 우리는 12년 만에 전환점에 이를 수 있다(대신 명심할 부분이 있다. 12년은 전환점에 이르는 비교적 짧은 기간이지만, 그때까지는 매년 3만 6,000달러로 살아야 한다).

두 번째 방법: 반대로 수입을 늘리는 것이다. 가령 내가 웹사이트에서 제시한 조언을 따라 연봉 협상을 시도해서 30% 인상에 성공했다고 하자. 여기서 연봉 상승분을 모두 투자한다면, 22년 만에 전환점에 도달할 수 있다. 물론 첫 번째 방법에 비해 꽤 오랜 시간이 걸린다. 하지만 이 경우에는 생활비를 줄이지 않고 연간 7만 2,000달러로 똑같이 살 수 있다.

세 번째 방법: 위 두 가지 방법을 혼합하는 전략이다. 소득을 30% 늘리고 생활비를 30% 줄이면, 무려 9년 만에 전환점에 이를 수 있다. 이 경우에는 비교적 높은 수준으로 생활비를 유지하면서도 아주 빠른 기간에 전환점에 도달하게 된다. 소득과 지출을 동시에 공략하는 전략의 위력을 잘 보여 준다.

사람들은 대부분 소득과 비용에 관해서 다들 비슷한 방식으로 행동한다. 다시 말해, 오랫동안 일하면서 매년 조금씩 저축한다. 그리고 세금과 관련해서 자신도 이해하지 못하는 비난의 글을 SNS에 마구 쓴다. 그러나 이번 장에서 살펴봤듯이, 우리는 평생 일하는 기간에 대한 관점을 바꿀 수 있다. 즉, 더 많이 벌고 더 적게 쓸 수 있다. 혹은 더 많이 벌고 동시에 더 많이 쓸 수도 있다. 그렇게 우리는 각자의 방식으로 자신만의 풍요로운 삶을 설계할 수 있다.

사실 나는 파이어에 대해 복잡한 입장이다. 일단 나는 사람들이 지출과 저축에 더 의식적으로 접근하도록 돕는 모든 시도를 좋아한다. 특히 파이어는 미국인의 낮은 저축률 문제를 해결할 수 있는 해독제와 같은 개념이다. 파이어는 일반적인 10센트 저축률을 넘어 우리 모두가 소득의 25%나 40%, 심지어 70%까지 저축할 수 있다는 사실을 보여 준다. 목표만 분명하게 세운다면, 누구에게나 가능한 일이다. 하지만 다른 한편으로, 파이어를 추구하는 이들 중 다수가 스트레스와 불안, 심지어 우울증까지 다양한 심리적 어려움을 보이고 있다. 그리고 스프레드시트에서 특정한 마법의 숫자에 도달하고 나면, 개인의 불행이 모두 끝날 거라는 환상에 빠져 있다. 하지만 절대 그렇지 않다.

이러한 문제는 레딧에서 '재정적 독립'을 주제로 하는 게시판에 들어가 보면 쉽게 확인할 수 있다. 거기서 우리는 최대한 빨리 일을 그만두고 은퇴 생활을 시작하려는 목표에 집착한 많은 이들을 만날 수 있다. 한 레딧 사용자는 이런 글을 남겼다.

> 제 인생에서 지난 몇 년의 세월과 은행 계좌를 돌아보면, 차라리 돈을 포기하고 오래 일하는 삶을 선택하는 게 더 낫지 않았을까 생각하게 됩니다. 그랬더라면 세상을 더 많이 경험하면서 평생에 걸쳐 추구할 더 다양한 목표를 발견했을 테니까요. 또한 진정으로 사랑하는 사람들과 함께 삶을 나눌 수 있었을 겁니다. 저는 저축에는 성공했지만, 인생에서는 실패했어요.
>
> ─ 레딧 사용자

나는 공격적인 재정 목표를 반대하지 않는다(오히려 적극적으로 지지하는 편이다). 그리고 얼마든지 나와 다른 방식으로 재정 목표를 세울 수 있다고 생각한다. 그러나 '비참함', '쳇바퀴 같은 일상', '불안'과 같은 말을 자주 내뱉는다면, 그건 분명한 경고 신호다.

우리의 삶은 절대 스프레드시트 안에 존재하지 않는다는 사실을 명심해야 한다. 목표를 공격적으로 세우되(꿈은 클수록 좋은 법이다) 돈은 풍요로운 삶의 일부에 불과하다는 점을 부디 잊지 말자.

편의성이냐 선택권이냐: 당신의 결정에 달렸다

나는 투자가 당신에게 최대한 고통 없는 과제이길 바란다. 그래서 두 가지 플랜을 제안한다. 하나는 기본 버전, 다른 하나는 고급 버전이다. 노력을 적게 들이면서 어느 정도 수익을 올리려는 사람이라면, 다음 이야기에 신경 쓰지 않아도 된다. 바로 364쪽으로 넘어가자. 거기서는 단 몇 시간 만에 단계별 지침에 따라 한 가지 투자 대상을 선택해서 곧바로 투자를 시작하는 방법을 소개한다.

그런데 나처럼 뭔가에 꽂히면 깊이 파고 들어가는 스타일이라서 투자가 어떻게 돌아가는지 공부하고, 폭넓은 선택권을 확보해서 포트폴리오를 맞춤화하고 싶은 사람이라면, 계속 읽어라. 여기서는 포트폴리오를 구축하는 법을 소개하면서 당신이 직접 공격적이면서도 균형 잡힌 포트폴리오를 설계하도록 도움을 줄 것이다.

정말이다. 친구들에게 투자가 무엇이라고 생각하는지 물어보자. 그러면 틀림없이 "주식을 고르는 일"이라고 대답할 것이다. 그러나 장기적으로 시장을 이기는 주식을 고르는 것은 불가능하다. 사람들은 자기 선택을 지나치게 확신하거나, 혹은 투자 실적이 조금만 떨어져도 쉽게 공포에 휩싸인다. 그래서 종종 실수를 저지른다. 6장에서 살펴봤듯이 전문가들도 주식시장이 어디로 흘러갈지 예측하지 못한다. 그런데도 수많은 투자 블로그와 유튜브 영상이 계속해서 떠들기 때문에, 사람들은 투자가 곧 주식을 고르는 일이며 제대로만 선택하면 누구나 투자에 성공할 수 있다고 믿는다. 하지만 그건 사실이 아니다. 인정하기는 싫지만, 모두가 승자가 될 수는 없다. 실제로 소위 금융 '전문가'라고 하는 사람들 대부분이 실패자이다.

한 가지 잘 알려지지 않은 사실이 있다. 그건 포트폴리오의 변동성에 영향을 미치는 핵심 요인은 대부분이 생각하는 것처럼 주식 종목에 대한 선택이 아니라, 주식과 채권의 비중이라는 점이다. 1986년 개리 브린슨Gary Brinson과 랜돌프 후드Randolph Hood, 길버트 비바우어Gilbert Beebower는 〈금융 분석가 저널Financial Analysts Journal〉을 통해 금융 세상을 뒤흔드는 논문을 발표했다. 여기서 그들은 포트폴리오 변동성의 90% 이상이 자산 배분에 따른 결과물이라는 사실을 보여 줬다. 흔히 '자산 배분'이라고 하면, '기업 사명'이나 '전략적 제휴'처럼 보기에만 그럴듯한 의미 없는 개념이라고 생각한다. 그러나 그렇지 않다. 자산 배분이란 투자 계획을 의미한다. 다시 말해, 주식과 채권 및 현금을 가지고 포트폴리오를 의식적으로 구성하는 방식을 말한다. 다양한 자산 유형(주식과 채권, 나아가 주식형 펀드와 채권형 펀드)을 바탕으로 투자를 다각화할 때, 우리는 포트폴리오의 위험을 관리할 수 있다. 그리고 변동성으로 인해 평균적으로 얼마를 손해를 볼 것인지도 통제할 수 있다. 100% 주식이든, 아니면 주식 대 채권을 90 대 10으로 하든 간에 포트폴리오를 구성하는 방식은 수익률에서 근본적인 차이를 만든다(이후 많은 연구원이 변동성과 수익률의 상관관계를 측정하고자 시도했지만, 결론은 대단히 복잡한 것으로 드러났다). 여기서는 다만 자산 배분이야말로 우리가 포트폴리오에서 통제할 수 있는 가장 중요한 부분이라고 설명하는 것으로 넘어가도록 하자.

투자 계획은 실제 투자 행동보다 더 중요하다. 예를 들어, 위 주장을 이 책에 적용해 본다면, 내가 이 책을 구성하는 방식이 각 장의 내용보다 더 중요하다고 말할 수 있다. 투자도 마찬가지다. 자산을 적절하게 배분하면, 다시 말해 주식에 모두를 투자하는 게 아니라 다양한 펀드에 나눠서 투자하면, 단일 종목이 하락해서 포트폴리오 가치가 절반으로 떨어질 위험은 걱정하지 않아도 된다. 실제로 우리는 개인 투자자로서 이와 같은 분산 투자를 통해 더 높은 수익을 올릴 수 있다. 자산 배분을 올바른 형태로 하기 위해서는, 먼저 주어진 기본적인 선택권을 이해해야 한다.

> 우리는 올바른 시장 시점도 예측할 수 없고, 올바른 개별 종목도 선택할 수 없다. 그러므로 자산 배분을 투자 전략의 핵심으로 삼아야 한다. 그 이유는 자산 배분이야말로 투자 위험과 수익에 영향을 미치는 그리고 우리가 통제할 수 있는 유일한 요소이기 때문이다.
> ― 윌리엄 번스타인, 《투자의 네 기둥》 저자

투자의 구성 요소

투자의 작동 원리를 공부하기보다 단순한 투자 방법을 알고 싶다면, 지금이라도 364쪽으로 넘어가자. 그러나 투자 시스템 안에서 무슨 일이 벌어지는지 이해하고 싶다면, 계속해서 읽어라.

다음에서 소개하는 투자 옵션 피라미드는 우리가 선택할 수 있는 다양한 투자 방식을 보여 준다. 맨 아래는 가장 기본적인 형태로, 여기서 우리는 주식과 채권에 투자하거나 그냥 현금을 보유한다. 물론 주식과 채권에도 종류가 많지만, 여기서는 핵심 개념을 설명

투자 옵션 피라미드

TDF
- 높은 편의성
- 낮은 선택권
- 장기 수익률 예측 가능성이 더 높음

인덱스 펀드 / 뮤추얼 펀드
- 약간의 편의성
- 낮은 수수료(인덱스 펀드)와 높은 수수료(뮤추얼 펀드)
- 선택권은 TDF보다 높고 주식/채권보다 낮음
- 장기 수익률 예측 가능성이 아주 높음

주식 / 채권 / 현금
- 개별 주식과 채권은 선택 및 관리가 대단히 어려움
- 높은 선택권
- 개별 주식은 수익률 예측이 아주 힘들고, 종종 시장을 따라잡지 못하지만 크게 이길 때도 존재
- 채권 수익률은 예측 가능성이 높지만, 평균적으로 주식 수익률보다 낮음

하기 위해 단순화했다. 그 위에는 인덱스 펀드와 뮤추얼 펀드가 있다. 그리고 마지막으로 피라미드 맨 꼭대기에는 TDF가 있다.

지금부터는 투자 유형(혹은 '자산군')을 하나씩 살펴보면서, 그 안에 무엇이 있는지 확인해 보자.

주식

주식을 산다는 것은 해당 기업의 지분을 산다는 말이다. 기업이 성공을 거두면, 주식도 함께 올라가리라 기대한다. 사람들이 말하는 증시란 일반적으로 다우존스(30개 대형주로 구성)나 S&P 500(시가총액 상위 500개 종목으로 구성)과 같은 주식 지수에 대해 말하는 것이다. 투자에 관심 있는 사람들 대부분 이런 궁금증이 있을 것이다. 지수들 사이에 무슨 차이가 있을까? 여러 가지 차이가 있지만, 일반적으로 개인 재정에는 사실상 큰 의미가 없다. 지수는 일종의 대학과 같다. 지수 안에는 어떤 기업을 받아들일지 기준을 정하는 입학 위원회가 있고, 그 위원회는 기준을 계속 수정해 나간다.

전반적으로 투자 유형으로서 주식은 대단히 높은 수익률을 보여 준다. 주식시장의 평균 수익률은 연 8% 정도다. 종목을 잘 고르면, 시장 수익률을 크게 넘어설 수도 있다. 물론 잘못 고르면, 크게 밑돌 수도 있다. 전반적으로 하나의 투자 유형으로서 주식은 장기적으로 꽤 좋은 수익률을 보여 주지만, 개별 종목의 운명은 다소 불확실하다. 그래서 한 가지 종목에 모든 돈을 투자할 경우, 엄청난 수익을 올릴 수도 있지만, 해당 기업이 망해서 모든 걸 날릴 위험도 함께 존재한다.

주식은 장기적으로 높은 수익을 올리기 위한 좋은 투자처다. 그러나 나는 개별 종목을 골라서 투자하는 방식은 권하지 않는다. 어떤 종목이 오를지 고르기가 현실적으로 어렵기 때문이다. 주식 투자에서 특히 까다로운 부분은 앞으로 시장이 어떻게 될지 알 수 없다는 것이다. 예를 들어, 2018년 스냅챗Snapchat이 앱 인터페이스를 새롭게 바꿀 것이라고 발표하면서 주가가 하루 만에 9.5%나 떨어졌다. 반대로 기업이 긍정적인 소식을 발표하면, 급등한다.

6장에서는 투자로 먹고사는 전문가들조차 주식의 수익률을 예측하지 못한다는 사실을 살펴봤다. 이들 전문가는 투자설명서를 마치 내가 인도 식당에서 메뉴판을 읽듯이 막힘없이 술술 읽는 고도로 훈련받은 분석가라는 사실을 명심하자. 그런데 연례 보고서를 파헤치고 복잡한 대차대조표도 쉽게 이해하는 전문가들조차 시장을 이기지 못한다면, 우리 같은 일반인이 무슨 수로 성공할 주식을 고른단 말인가? 그래서 우리 같은 개인 투자자는 개별 주식에 투자해서는 안 된다. 대신 펀드에 주목해야 한다. 펀드란 주식들을(때로는 다각화를 위한 채권들을) 모은 투자 상품이다. 펀드에 투자하면, 균형 잡힌 포트폴리오를 구축해서 위험을 낮추고 밤에도 편히 잘 수 있다. 자세한 이야기는 나중에 다시 살펴보자.

채권

채권은 기본적으로 기업이나 정부가 발행하는 차용증이다(엄밀히 말해서, 채권은 대개 만기가 10년 넘게 장기 투자로 이뤄지는 데 반해, 양도성 예금증서 혹은 CD는 은행에 돈을 빌려주는 형태로 이뤄진다). 은행이 만기 1년짜리 채권을 발행한다는 것은 "100달러를 빌려주면 1년 뒤에 103달러를 줄게"라고 약속하는 것과 같다.

채권의 장점은 우리가 만기, 즉 돈을 빌려주는 기간(2년이나 5년, 10년 등)을 선택할 수 있으며 '만기', 즉 상환 시에 얼마를 받을 것인지 정확하게 예측할 수 있다는 데 있다. 특히 정부가 발행한 채권은 대단히 안전하므로 포트폴리오의 위험을 낮춘다. 정부 채권으로 손실이 나는 경우는 정부가 채무 불이행할 때밖에 없다. 사실 그런 일은 거의 일어나지 않는다. 만약 돈이 다 떨어진다고 해도 정부는 그냥 돈을 더 찍기만 하면 되기 때문이다. 그야말로 갱스터다.

그러나 채권은 위험이 낮은 안전한 투자처인 만큼 수익률이 우량주에 비해 훨씬 낮다. 그건 우량 등급을 받은 채권도 마찬가지다. 그리고 채권에 투자하면 유동성이 떨어질 수밖에 없다. 즉, 일정 기간 돈이 묶이게 된다. 물론 더 일찍 돈을 뺄 수도 있지만, 적지 않은 손해가 발생하므로 현명한 선택이 아니다.

대단히 안전하지만 비교적 낮은 수익률을 보장하는 채권은 누가 선호할까? 일반적으로 부유하거나 나이 많은 이들이 채권을 좋아한다. 특히 의료비를 비롯하여 다양한 생활비를 충당하기 위해 언제 얼마의 소득이 들어올지 정확하게 예측하기를 원하는 노령층이 선호한다. 이들은 주식시장의 변동을 버틸 여력이 크지 않다. 소득원이 다양하지 않고, 또한 하락한 주식시장이 회복될 때까지 기다릴 시간적 여유도 많지 않기 때문이다.

다른 한편으로, 부유한 사람들은 보수적인 경향이 강하다. 그건 지켜야 할 자산이 크기 때문이다. 이렇게 생각해 보자. 자산이 1만 달러라면, 공격적으로 투자하려 들 것이다. 그래야 더 많은 수익을 올릴 수 있기 때문이다. 그러나 자산이 1,000만 달러라면, 공격적인 성장보다 안전한 보전에 더 주목하게 될 것이다. 이와 관련해서, 〈CBS 마켓워치 Marketwatch〉의 척 재피 Chuck Jaffe는 한 칼럼을 통해 유명 코미디언이자 투자 마니아인 그루초 마크스 Groucho Marx와의 오랜 일화를 소개했다.

한 투자 전문가가 이렇게 물었다. "그루초씨, 돈을 어디에 투자하고 계시나요?"

그루초가 대답했다. "국채에 넣어 두고 있습니다."

투자 전문가는 놀란 표정으로 이렇게 말했다. "그런데 국채는 돈이 안 되잖아요?"

그러자 그루초는 무심한 듯 이렇게 대답했다. "충분히 많은 돈을 투자하면 돈이 되거든요."

돈이 많은 사람들은 안전과 보장을 위해서 낮은 투자 수익률도 기꺼이 받아들인다. 그래서 3~4% 수익률을 보장하는 채권도 부자들에게는 매력적인 투자처다. 자산이 1,000만 달러라면 3%도 엄청나게 큰돈이기 때문이다.

현금

투자의 관점에서 볼 때, 현금이란 투자 시장 외부에 있는 자산이다. 현금을 이자율 높은 예금 상품인 머니 마켓 계좌에 예치할 경우, 약간의 이자 수익만 발생한다. 전통적으로 현금은 주식이나 채권과 더불어 포트폴리오의 세 번째 자리를 차지해 왔다. 사람들은 예기치 못한 상황이나 시장이 무너질 때를 대비하여 유동성을 확보할 목적으로 현금을 보유한다. 물론 현금의 안전성에는 대가가 따른다. 현금은 포트폴리오에서 가장 안전한 자산이지만, 수익은 가장 낮다. 그리고 인플레이션까지 고려할 경우, 현금을 보유하는 것만으로도 돈을 잃는 것이다. 그래서 나는 '전통적으로'라는 표현을 썼다. 5장에서 설명했듯이 저축 계좌로 충분한 비상금을 마련해 놨다면, 현금은 따로 보유하지 않아도 괜찮다. 투자 계좌에 현금이 들어 있지 않다고 걱정할 필요가 없다.

자산 배분:
많은 투자자가 간과하는 중요한 요소

다양한 주식이나 주식형 펀드를 매수했다면, 투자를 다각화한 것이다. 하지만 그래도 주식 안에 머물러 있다는 사실에는 변함이 없다. 물론 주식 범주 안에서 다각화하는 작업도 중요하다. 그러나 주식과 채권 등 다양한 자산군에 걸쳐서 자산을 배분하는 노력이 훨씬 더 중요하다. 한 가지 자산군에만 투자하는 방법은 장기적으로 위험하다. 바로 여기서 자산 배분이라고 하는 아주 중요한 개념이 등장한다. 이렇게 기억하면 좋다. 다각화^{Diversification}의 D는 하나의 자산군을 '깊이 파고 든다$^{deep\ into}$'는 의미다(가령 대형주, 소형주, 해외 주식 등 다양한 유형의 주식을 매수하는 것처럼). 그리고 자산 배분$^{Asset\ Allocation}$의 A는 다양한 자산군(가령 주식 및 채권)에 '걸쳐서^{across}' 투

90년간 주식과 채권의 연평균 수익률		
주식	채권	현금
높은 위험	낮은 위험	대단히 낮은 위험. 이자가 발생하는 머니마켓 계좌 속 돈을 말한다.
11.5%	5.2%	3.4%

※ 뉴욕대학교의 아스와스 다모다란 Aswath Damodaran 기업금융 교수가 90년 동안의 투자 수익률을 분석한 표.

자한다는 뜻이다.

과거 수익률이 미래 수익률을 예측해 주지는 않는다는 점에 주의하자. 엄밀하게 말해서, 위 데이터는 산술 평균이며(복리 성장률은 9.5%) 인플레이션은 반영되지 않았다.

자산을 어떻게 배분할지 결정하는 과정에서 반드시 고려해야 할 요소는 각 자산군의 수익률이다. 다양한 자산군에 투자하면, 수익률도 제각각 다르게 나올 것이다. 일반적으로 위험이 크면 잠재적 보상도 크다. 위의 도표를 다시 보자. 얼핏 봐도 주식 수익률이 가장 높다. 그러니 모두 주식에 투자하자! 그런데 잠깐. 보상이 크면 위험도 크다. 주식에 모든 돈을 넣었는데 내년에 포트폴리오가 35%나 급락하면, 갑작스럽게 재정적인 곤경에 처하고 말 것이다. 크래커나 먹으면서 주식시장이 다시 회복할지, 아니면 그전에 자기가 먼저 죽을지 기다리는 수밖에 없다.

사실 자산 배분은 평생 내리게 될 가장 중요한 선택 중 하나다.

수십만 달러의 돈이 자신에게 올 것인지, 아니면 다른 사람에게 갈 것인지 결정하는 판단이다. 그런데도 우리는 본질적으로 자산 배분보다 새로 생긴 가게나 드라마에 관한 이야기를 더 좋아한다.

지금까지 '자산 배분'이라는 말조차 들어 보지 못한 사람들이 얼마나 될까? 금융 언론은 자산 배분이 일반인이 이해하기에 너무 어려운 개념이라고 이미 판정을 내렸다. 그래서 그들은 자산 배분이라는 말 대신에 '안전'이나 '성장'이라는 용어를 일반적으로 사용한다. 그러나 나는 자산 배분은 대단히 중요하고 우리 모두 알아야 할 개념이라고 믿는다.

자산 배분은 실질적인 결과로 이어진다. 예를 들어, 지난 경기 침체를 겪는 동안에 50~60대의 많은 이가 투자 포트폴리오에서 재앙에 가까운 손실을 보았다. 자산 배분을 제대로 해놓지 않았기 때문이었다. 자신의 운명을 오로지 주식에 걸어서는 안 되었다. (그리고 시장이 하락하는 동안에 주식을 서둘러 팔아도 안 되었다. 그대로 시장에 참고 머물러 있었더라면, 시간이 흐르면서 어느 정도 회복되었을 것이다.)

다음으로 나이와 위험 성향도 중요한 요소다. 지금 25세라면, 자산을 증식시킬 시간이 앞으로 많이 남았다. 그렇다면 주식을 중심으로 포트폴리오를 구축하는 것이 합리적인 선택이다. 반면에 나이가 많고 은퇴가 멀지 않았다면, 위험을 줄이는 방식으로 구축해야 한다. 우리는 시장이 하락하는 동안에도 자산 배분 형태를 그대로 유지해야 한다. 현재 나이가 많다면, 특히 60대 이상이라면 포트폴리오의 상당 부분은 안전한 채권으로 채워야 한다.

채권은 균형추 역할을 한다. 일반적으로 주식이 떨어질 때 채권은 오르기 때문에 포트폴리오의 전반적인 위험을 낮춘다. 물론 바이오 주식이 200% 올랐다면, 채권에 넣었던 돈을 주식에 모두 넣었어야 했다고 아쉬워하겠지만, 반대로 주식이 폭락했을 때는 채권이

주식과 채권의 종류

주식	채권
대형주: 시가총액(발행 주식 수에 주가를 곱한 금액)이 100억 달러가 넘는 대기업이 발행한 주식	국채: 정부가 발행하는 대단히 안전한 채권. 위험이 낮은 대신에 수익률은 주식보다 낮다.
중형주: 시가총액이 10억~50억 달러에 해당하는 중간 규모 기업이 발행한 주식	회사채: 기업이 발행한 채권. 국채보다는 위험하나 주식보다는 안전하다.
소형주: 시가총액이 10억 달러 미만인 소규모 기업이 발행한 주식	단기채: 일반적으로 만기가 3년 미만인 채권
해외 주식: 신흥 시장(중국이나 인도 등)과 선진국 시장(영국이나 독일 등) 내 기업들이 발행한 주식. 미국 투자자들은 이러한 주식을 직접 사기도 하지만, 대개 펀드를 통해 매수한다.	장기채: 만기가 10년 이상인 채권. 만기가 긴 만큼 단기채보다 수익률이 높다.
성장주: 다른 주식이나 시장 전체보다 성장 가능성이 높은 주식	지방채: 지방정부가 발행한 채권으로 '무니 muni'라고도 한다.
가치주: 실제 가치보다 낮게 거래되는 주식(즉, 저평가된 주식)	물가연동국채: 물가 상승과 연동되어 인플레이션 위험이 없는 초안전 채권으로 'TIPS Treasury Inflation-Protected Security(미 재무부가 발행한 인플레이션 보호 채권)'라고도 부른다.

※ 리츠 REITS(부동산투자신탁)는 부동산에 투자하는 금융 상품으로서 주식처럼 단일 종목으로 거래되지만, 구조가 복잡해서 위 도표에는 넣지 않았다.

완충 기능을 해서 자산을 어느 정도 지켜 줄 것이다. 우리 직관에 반하는 것처럼 보이지만, 포트폴리오는 실제로 채권을 포함했을 때 전반적으로 더 좋은 성과를 올리는 경향이 있다. 일반적으로 주식이 떨어질 때 채권은 오르므로 수익률을 조금 포기하면 위험을 낮출 수 있다.

이렇게 따지는 사람도 있다. "라밋, 저는 아직 젊으니까 공격적으로 투자하고 싶어요. 채권이 굳이 필요할까요?" 충분히 이해한다. 사실 청년에게 채권은 꼭 필요한 자산군은 아니다. 20대나 30대 초반이라면 위험을 낮추려 애쓸 필요는 없다. 모두 주식으로 포트폴리오를 구성했다가 세월이 흐르면서 조금씩 위험을 줄여도 좋다.

하지만 30대 이후로는 채권을 활용해서 포트폴리오 균형을 잡고 위험을 낮춰야 한다. 만일 주식시장이 장기간 침체 국면을 맞이하면? 그럴 때를 대비해 채권을 활용해서 손실을 상쇄해야 한다.

채권 비중을 늘려서 위험을 낮춰야 하는 또 다른 흥미로운 시나리오가 있다. 포트폴리오 규모가 아주 클 때는, 위험에 대한 접근 방식을 달리해야 한다. 재테크 전문가인 수즈 오먼 Suze Orman은 한 인터뷰에서 이렇게 답했다. "기자 한 분이 제 유동성 순자산을 2,500만 달러로 평가하셨더군요. 꽤 정확합니다. 거기에다가 제가 보유한 주택들의 가치는 700만 달러 정도 됩니다."

인터뷰를 진행한 기자는 수즈에게 어디에 투자하는지 물었다. 그녀는 주식시장에 넣은 100만 달러를 제외하고 나머지 돈을 전부 채권에 투자했다고 답했다. 기자는 깜짝 놀랐다. 그 많은 돈을 모두 채권에? 그러나 수즈에게는 대부분이 동의하지 않을 2,500만 가지 타당한 이유가 있었다. 이와 관련해서 한 재무상담사는 내게 이렇게 말했다. "일단 게임에서 이겼다면, 불필요한 위험을 더 이상 감수할 필요는 없는 거죠."

분산 투자의 중요성

지금까지 투자 피라미드의 기반을 차지하는 자산군(주식, 채권, 현금)과 관련해서 기본적인 내용을 알아봤다. 다음으로 각 자산군 안에 있는 다양한 선택지를 들여다보자. 기본적으로 주식도 종류가 많으므로 다양한 주식을 골고루 보유해야 한다. 채권도 마찬가지다. 이러한 투자 방식을 '분산 투자'라고 한다. 이는 기본적으로 개별 자산군(주식이나 채권)을 깊이 파고들어서 그 안에 들어 있는 다양한 종목들에 골고루 투자한다는 뜻이다.

앞서 도표에서 확인한 것처럼, 주식이라는 거대한 자산군 안에는 대기업 주식(대형주)을 비롯하여 중형주와 소형주 및 해외 주식 등 다양한 종류의 주식이 있다. 그리고 종류가 다양한 만큼 수익률도 다양하다. 어떤 해에 소형주는 큰 수익을 올렸음에도 해외 주식은 떨어질 수 있다. 그리고 그 성과는 해마다 바뀐다. 마찬가지로 채권도 종류가 다양한 만큼 이득도 다양하다. 수익률과 세금 혜택이 저마다 다르다. 윌리엄 번스타인 William Bernstein 은 2012년에 출간한 자신의 저서, 《퍽이 날아가는 쪽으로 따라가라 Skating Where the Puck Was》에서 이렇게 말했다. "위험한 자산들에 걸쳐 분산 투자를 한다고 해도 며칠이나 몇 년 동안은 충분한 보호를 기대할 수 없다. 그러나 수십 년이나 수 세대에 걸친 장기적인 위험으로부터는 보호받을 수 있다. 장기적인 위험이야말로 실질적으로 부를 파괴하는 중요한 요인이다." 즉, 분산 투자의 목적은 장기적인 안전을 도모하기 위해서다.

자산군에 따라 수익률이 다르다는 사실은 두 가지를 의미한다. 첫째, 단기 투자로 수익을 올리려고 덤비면 일반적으로 손실을 본다. 가까운 미래에 무슨 일이 벌어질지 알 수 없기 때문이다. 미래를 예측할 수 있다고 주장하는 사람은 사기꾼, 혹은 커미션을 노리는 영업사원뿐이다. 둘째, 다양한 종류의 주식(그리고 채권까지 포함해서)을 보유해서 포트폴리오 균형을 맞춰야 한다. 예를 들어, 미국 소형주나, 그런 유형의 주식으로 구성된 펀드에만 투자해서는 안 된다. 이런 주식들이 앞으로 10년 동안 좋은 실적을 올리지 못하면, 심각한 상황에 부닥칠 수 있기 때문이다. 반면 소형주에다가 대형주, 그리고 해외 주식 등 다양한 종류의 주식을 보유할 경우, 특정 유형의 주식이 부진하더라도 실질적인 보호를 받을 수 있다. 그러므로 주식에 투자하려면 다각화 전략이 필수다. 다양한 종류의 주식이나 펀드에 투자해서 균형 잡힌 포트폴리오를 만들어야 한다.

그러나 분산 투자 방식은 보편적인 지침에 불과하다. 어떤 이들은 30대나 40대에도 주식에 100%를 투자하는 방식을 선호한다. 반면 보수적인 사람들은 채권을 적극적으로 활용한다. 여기서 중요한 점은 20~30대는 주식이나 주식형 펀드에 공격적으로 투자할 시간적 여유가 있다는 사실이다. 일시적으로 주식시장이 떨어져도 괜찮

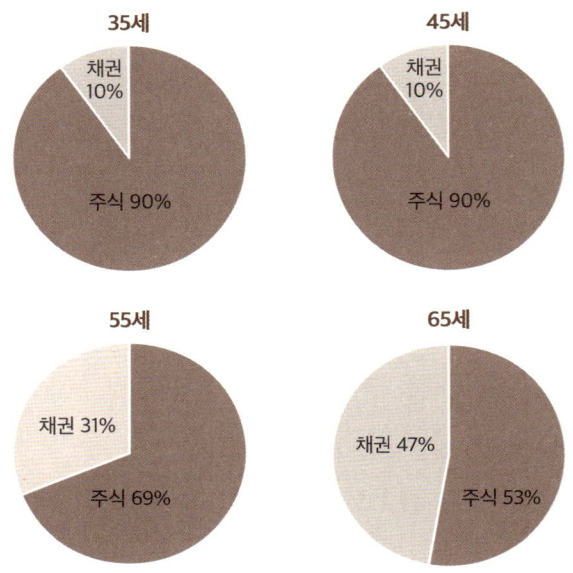

연령대에 따른 일반적인 자산 배분

다음은 일반적인 투자자가 연령대에 따라 구성해야 할 이상적인 자산 배분(다양한 자산군의 조합) 방식이다. 수치는 뱅가드의 TDF를 참조했다.

다. 만회할 수 있는 시간이 아직 많이 남았기 때문이다.

그러나 솔직하게 말해서 주식 투자의 가장 큰 위험 요소는 게으름 때문에, 혹은 막연한 압박감 때문에 투자를 아예 하지 않는 것이다. 물론 투자를 위해 기본적인 내용을 이해해야 한다. 그러나 모든 변수와 선택지를 고려해야 한다는 부담감에 짓눌려서는 곤란하다.

세월이 흐르는 동안 자산 배분을 조정함으로써 위험을 줄이고 예측 가능한 투자 수익을 확보할 수 있다. 지금으로부터 30년 후, 당신은 아마도 지금과는 아주 다른 방식으로 투자하고 있을 것이다.

30대 시절에는 공격적으로 투자할 것이다. 그러나 정말로 나이가 들었다는 사실을 깨닫게 될 60대에는 보수적으로 바뀔 것이다. 투자에서 정말로 중요한 과제는 개인의 나이와 위험 감수 성향에 따라 투자 계획을 조정해 나가는 일이다.

여기까지는 큰 문제 없다. 젊을 때는 공격적으로 투자했다가 나이 들면서 보수적으로 바꿔 나가면 된다.

그런데 문제는 이 다음부터다. 구체적으로 무엇을 어떻게 하란 말인가? 어떤 투자 상품을 선택해야 하는가? 개별 종목에 투자해야 할까? (아니다.) 사람들 대부분 투자란 곧 주식을 고르는 일이라 생각하면서 더 이상 나아가지 않는다. 그들은 투자에 대해 조금 더 고민하다가 이내 어지럼증을 느끼고 나중으로 미룬다. 절대 그러지 말자! 다음으로 투자 옵션 피라미드에서 한 단계 더 올라가 투자의 또 다른 핵심인 펀드에 대해 알아보자.

뮤추얼 펀드: 그럭저럭 괜찮고 편리하지만, 비싸고 신뢰하기 힘든 투자 상품

금융 산업은 바보가 아니다. 금융업계 사람들은 투자자들의 욕망(혹은 금융 산업이 부추기는 욕망)을 충족시키는 상품 개발 능력이 뛰어나다. 1924년 처음 등장한 뮤추얼 펀드는 여러 가지 유형의 투자 자산군(주로 주식)들을 골라서 담아 놓은 바구니다. 덕분에 일반 투자자들은 개별 주식을 일일이 골라야 하는 힘든 과제에서 벗어나 그저 자신에게 잘 맞는 펀드 상품만 선택하기만 하면 되었다. 그중에는 대형주나 중형주, 혹은 소형주에 집중하는 상품도 있고, 바이오 기술이나 통신, 혹은 유럽이나 아시아 지역에 집중하는 상품도 있다. 뮤추얼 펀드는 다양한 주식을 보유하므로 달걀을 한 바구니에 담는 위험을 피할 수 있고(투자자가 원하면 개별 주식도 선택할 수 있다), 또한 투자 설명서를 꼼꼼히 읽어보거나 산업 동향을 추적하지 않아도 된다는 장점 덕분에 매우 인기가 높다. 그리고 아주 다양한 주식을 골라 담기 때문에 매수하는 즉시 분산 투자가 가능하다.

대부분이 401k 계좌를 통해 뮤추얼 펀드를 처음 접하게 된다. 401k와 같은 은퇴 계좌를 개설할 때, 사람들은 머리가 어지러울 정도로 다양한 투자 선택권에 직면하게 된다. 일단 특정 펀드를 선택하면, 이를 관리하는 펀드 매니저는 최고 수익률을 기록할 것으로 예상되는 종목들을 골라 담는다.

뮤추얼 펀드는 아주 유용한 금융 상품이다. 실제로 지난 85년간 대단히 인기 있고 수익성이 높은 상품으로 인정받았다. 특히 월스트리트에는 그 어떤 금융 상품보다 더 독보적인 캐시카우였다. 그건 금융기업들이 '액티브 운용'(전문가가 주식을 일일이 고르는)을 빌미로 무지막지한 수수료(총보수비율이라고 하는)를 뜯어 가기 때문이다. 그 수수료는 투자 수익을 빨아들이는 블랙홀이다. 그들이 수수료를 부과하는 근거는 뭘까? 없다! 수수료를 내야 할 아무런 이유가 없는 것이다! 시장에는 이미 저비용 펀드들이 많이 출시되어 있음에도 뮤추얼 펀드 대부분 여전히 높은 총보수비율을 고집하고 있다.

뮤추얼 펀드를 판매하는 금융 기업들을 비난할 마음은 없다. 엄청난 수수료를 고려하더라도 투자를 아예 하지 않는 것보다는 낫다. 그런데 상황은 점차 달라지고 있다. 6장에서 살펴봤듯이 뮤추얼 펀드보다 훨씬 더 나은 선택지가 투자 시장에 생겨났다. 그건 다름 아닌 수수료는 낮고 수익률은 높은 인덱스 펀드다.

장점: 전문가들이 대신 투자 결정을 하므로 신경 쓸 필요가 없다. 뮤추얼 펀드 안에는 다양한 주식이 있기 때문에 특정 종목이 하락해도 펀드 전체는 크게 영향을 받지 않는다.

단점: 총보수비율과 선취수수료, 후취수수료(수익률과는 무관한 필요 없는 판매 수수료) 때문에 투자 기간 전체에 걸쳐 매년 수만 달러의 비용이 발생할 수 있다. 수수료는 모두 뮤추얼 펀드를 출시한 금융 기업의 주머니로 들어간다. 그리고 뮤추얼 펀드를 두 개 이상 사더라도 주식 종목에 중복이 발생해 분산 투자 효과가 기대보다 떨어진다. 더 심각한 문제는 '전문가'에게 비용을 내고 투자를 맡기지만, 75% 확률로 시장 수익률을 넘어서지 못한다는 사실이다.

간단하게 말해서, 뮤추얼 펀드는 편의성 때문에 인기가 높지만, 적극적인 운용 과정에서 비용이 많이 발생하므로 더 이상 최고의 투자 수단이라고 말할 수 없다. 액티브 운용 방식은 패시브 운용 방식과 경쟁이 되지 않는다. 그래서 우리는 뮤추얼 펀드의 매력적인 사촌 격인 인덱스 펀드로 시선을 돌려야 한다.

인덱스 펀드:
친척 중에서 유일하게 매력적인 사촌

1975년 뱅가드의 설립자 존 보글이 세계 최초로 인덱스 펀드를 선보였다. 이 단순한 형태의 펀드는 주식을 사들여서 시장을 따라간다(더 정확하게 말하자면, S&P 500과 같은 시장 지수를 따른다). 반면 기존 뮤추얼 펀드는 좋은 실적을 올릴 것으로 예상되는 주식들을 자주 사고파는 과정에서 많은 세금과 다양한 수수료가 발생한다. 간단하게 말해서, 이 때문에 수익이 줄어든다.

인덱스 펀드는 비용의 기준을 낮췄다. 전문가도 없고, 시장을 이기려고도 하지 않는다. 대신 컴퓨터 알고리즘이 시장 지수를 자동으로 추적하면서 비용을 낮은 수준으로 유지한다. 이러한 점에서 인덱스 펀드는 '이길 수 없다면 협력하라'는 격언을 투자 분야에 적용한 상품이라 하겠다. 인덱스 펀드는 운용에 들어가는 수고를 덜면서 수수료와 세금도 낮춘다. 다시 말해, 인덱스 펀드란 시장 지수를 따라잡기 위해 컴퓨터가 관리하는 주식 바구니다. 그 종류는 다양하다. 예를 들어, S&P 500를 따라가는 펀드도 있고, 아시아-태평양 지역 주식시장을 따라가는 펀드, 그리고 부동산 시장 등 우리가 상상할 수 있는 모든 투자 자산을 따라가는 펀드도 나와 있다. 그리고 뮤추얼 펀드와 마찬가지로 인덱스 펀드에도 종목 코드가 있다.

보글은 인덱스 펀드가 개인 투자자에게 더 높은 수익률을 가져다줄 것이라고 주장했다. 그 근거는 일반적으로 뮤추얼 펀드를 관리하는 펀드 매니저들이 시장을 이기지 못하고, 또한 불필요한 수수료를 투자자에게 부과하기 때문이었다.

'우월성 착각illusory superiority'이라고 하는 흥미로운 심리 현상이 있다. 이는 사람들 대부분 자신이 다른 사람보다 능력이 더 뛰어나다고 생각하는 심리적 편향을 뜻한다(특히 미국인에게서 뚜렷하게 나타난다). 예를 들어, 한 설문조사에서는 응답자 중 93%가 자신의 운전 실력이 상위 50% 안에 든다고 평가한 것으로 나타났다. 물론 말도 안 되는 결과다. 이렇게 우리는 자신이 다른 사람보다 기억력이 더 좋고, 더 친절하고, 더 인기 많고, 더 정의롭다고 믿는다. 우리를 더 기분 좋게 만드는 믿음이지만, 이러한 심리적 편향의 존재는 인간이 스스로를 객관적으로 평가하지 못한다는 사실을 말해 준다.

우리에게 이러한 편향이 있다는 사실을 인정하고 나면, 월스트리트의 주장이 터무니없다는 사실을 깨닫게 된다. 뮤추얼 펀드 매니저들은 시장을 이길 수 있다고 장담한다. 그리고 이를 위해 화려한 분석 기법과 다양한 데이터를 동원하여 주식을 자주 사고판다. 그러나 아이러니하게도 그 과정에서 많은 세금과 거래 수수료가 발생하며, 여기에 총보수비율까지 더해지면서 시장을 이기는 것은 고사하고 따라잡는 것도 힘들어진다. 그래서 보글은 뮤추얼 펀드라는 낡은 모형은 폐기하고 새로운 인덱스 펀드를 개발했던 것이다.

오늘날 인덱스 펀드는 높은 수익을 올리는 쉽고 편리한 투자 수단으로 자리 잡았다. 그러나 인덱스 펀드의 목표는 시장을 따라잡는 것이라는 사실을 명심해야 한다. 20~30대에 인덱스 펀드를 통해 모든 돈을 주식에 투자한 경우, 주식시장이 떨어지면(종종 일어나는 일이다) 자신의 투자 포트폴리오도 함께 떨어질 거라는 예상을 해야

전문가들도 인정한 투자 수단, 인덱스 펀드

내 말을 믿지 못하겠거든 인덱스 펀드의 장점에 관한 다른 전문가들의 증언을 들어보자.

> 98%나 99%, 혹은 그 이상의 사람들은 분산 투자를 해놓고 사고팔기를 멈춰야 한다고 생각한다. 결론은 저비용 인덱스 펀드다.
> — 워런 버핏, 미국 최고의 투자자

> 지난 수십 년 동안 시장을 이긴 재무상담사 수가 대단히 적다는 사실을 안다면 더 나은 방법을 선택하게 될 것이다. 그건 인덱스 펀드에 장기 투자하는 것이다.
> — 마크 헐버트, 헐버트 파이낸셜 다이제스트 전 편집장

한다. 시장은 언제나 오르내린다. 그게 정상이다.

주식시장은 장기적으로 상승했다. 인덱스 펀드에 투자하면 재정적으로 친구들의 부러움을 사는 추가적인 장점도 있다. 그리고 금융 산업 전체를 싸잡아 욕할 수 있는 자격도 생긴다. 또한 전문가에게 지불할 수수료를 자신을 위해 쓸 수도 있다. 월스트리트는 인덱스 펀드를 두려워한다. 그래서 뮤추얼 펀드를 위한 마케팅을 강화하고, 또한 별 다섯 개짜리 펀드와 같은 말도 안 되는 이름이나

결과보다 과정을 강조하는 블로그를 앞세워 그들의 두려움을 어떻게든 숨기려 한다.

생각보다 아주 높은 운용 보수		
포트폴리오 규모	저비용 인덱스 펀드 연간 수수료(0.14%)	뮤추얼 펀드 연간 수수료(1%)
5,000달러	7달러	50달러
2만 5,000달러	35달러	250달러
10만 달러	140달러	1,000달러
50만 달러	700달러	5,000달러
100만 달러	1,400달러	1만 달러

장점: 수수료가 아주 저렴하고, 관리가 쉬우며, 세금에 유리하다.

단점: 인덱스 펀드에 투자할 경우, 일반적으로 포괄적인 자산 배분을 위해 여러 가지 펀드를 활용하는 게 좋다(물론 하나의 펀드만 활용해도 아예 투자하지 않는 것보다는 훨씬 낫다). 그리고 여러 가지 인덱스 펀드를 샀다면, 정기적인 균형 조정 작업이 필요하다(다시 말해, 목표로 정한 자산 배분 형태를 유지하기 위해 조정해야 한다). 조정 주기는 일반적으로 12~18개월을 권한다. 인덱스 펀드는 대개 최소 투자금을 요구하지만, 자동이체 방식으로 매달 투자하면 면제되는 경우가 많다.

좋다. 지금까지 인덱스 펀드가 개별 주식이나 채권, 혹은 뮤추얼 펀드에 투자하는 것보다 훨씬 더 낫다는 사실을 살펴봤다. 수수료가 저렴할 뿐 아니라, 포트폴리오를 특정한 형태로 자유롭게 구성할 수 있다는 장점이 있다.

그런데 적절한 분산 투자가 어떤 건지, 혹은 구체적으로 어떤 펀드를 선택해야 할지 공부할 엄두가 나지 않는다면? 솔직하게 말해서, 사람들 대부분 포트폴리오를 다각화하는 것을 별로 좋아하지 않는다. 그리고 1년에 한 번이라고 해도, 펀드의 구성을 직접 살펴보고 균형을 조정하는 작업을 달가워하지 않는다.

당신도 이런 유형에 속한다면, 투자 피라미드 맨 꼭대기에서 대안을 발견할 수 있다. 그건 너무나도 편리한 투자 상품인 TDF를 말한다.

타깃 데이트 펀드: 손쉽게 투자하기

344쪽에서 곧장 여기로 넘어왔든, 아니면 투자에 관한 기본적인 내용을 다 읽고 나서 쉬운 방식을 선택하기로 했든 아무래도 괜찮다. TDF야말로 당신이 앞으로 선택하게 될 가장 쉬운 투자 상품이다. 또한 내가 가장 선호하는 상품이기도 하다. 무엇보다 85% 법칙을 현실에서 구현해 주기 때문이다. 다시 말해, 완벽하지는 않지만, 투자를 시작하기에 충분히 쉽다. 게다가 수익도 높다.

> 이 책에서 가장 도움이 되었던 부분은 은퇴 계좌에서 꼭 필요한 요소들에 대한 기본적인 내용을 설명하면서 펀드 선택의 부담을 덜어주는 85% 법칙을 기반으로 '충분히 좋은' 투자를 시작할 수 있게 해준 것이었습니다. 까다로운 분석에 빠져서 아무것도 하지 않는 것보다 기본적인 형태의 생애 주기형 TDF를 하나 선택해서 빨리 투자를 시작하는 게 더 낫다는 조언이 마음에 와닿더군요.
> ― 캐런, 37세

TDF는 은퇴 시점을 기준으로 자동으로 투자를 분산해 주는 단순한 형태의 펀드다(일반적으로 65세를 은퇴 시점으로 삼는다). 우리가 주식과 채권의 비중을 직접 조정할 필요 없도록 TDF는 모든 걸 알아서 해준다. 지난 경기 침체 시기에 더 많은 미국인이 TDF를 보유했더라면, 은퇴 계좌에 들어 있는 자산이 갑자기 줄어드는 사례는 훨씬 적었을 것이다. TDF는 은퇴 시점으로 다가갈수록 자산 배분을 좀 더 보수적인 형태로 알아서 전환한다. 말하자면 TDF는 '펀드들의 펀드'다. 즉, 다양한 펀드들을 골라 담은 바구니다. 그래서 분산 투자 효과가 자동으로 나타난다. 하나의 TDF 안에는 대형주 펀드와 중형주 펀드, 소형주 펀드 및 해외 펀드까지 몽땅 들어 있다(그리고 각각의 펀드 안에는 다양한 유형의 주식이 들어 있다). 다시 말해, TDF 안에는 여러 가지 펀드가 들어 있고, 펀드 안에는 여러 가지 주식과 채권이 들어 있다. 이렇게 설명하면 아주 복잡할 것으로 생각되지만, 사실은 투자자 관점에서 제일 단순한 투자 상품이다. 그건 TDF 하나만 보유해도 모든 게 자동으로 관리되기 때문이다.

TDF는 인덱스 펀드와 다르다. 인덱스 펀드도 비용이 저렴하지만, 전체적으로 자산 배분을 하려면 펀드를 여러 가지 동시에 보유해야 한다. 그리고 1년에 한 번은 펀드들의 균형을 조정해야 한다. 그러나 목표로 정한 자산 배분 형태(다시 말해, 주식과 채권, 현금으로 구성된 원형 차트)에 따라서 자산을 여러 펀드에 분산하는 일은 쉽지 않다. 사실 아주 귀찮은 작업이다. 하지만 감사하게도 TDF는 투자자의 대략적인 나이에 맞춰 다양한 펀드를 자동으로 골라 준다. 20대에는 공격적인 형태로 시작했다가 나이가 들수록 보수적인 형태로 조정해 준다. 여기서 우리가 해야 할 일은 단지 TDF에 계속 돈을 넣는 것뿐이다.

물론 TDF가 모두에게 정답은 아니다. TDF는 은퇴 계획을 유일한 기준으로 삼아 운용된다. 만약 활용할 수 있는 시간과 자산, 인내력이 많다면, 자신이 원하는 대로 맞춤형 포트폴리오를 구성해서 더 높은 수익률을 올릴 수 있다. 우리 모두 어릴 적 부모님에게서 자신은 특별하고 남들과 다르다는 말을 들으며 자랐다고 해도, 사람은 대부분 비슷하게 살아간다. 그래서 TDF는 훌륭한 투자 선택지가 될 수 있다. 게으른 사람들에게 매력적인 투자 상품으로 설계되었기 때문이다. 다시 말해, 많은 경우에 TDF의 편의성은 모두를 위한 해결책이라는 데서 어쩔 수 없이 발생하는 소소한 수익률 저하를 압도적으로 능가한다. 내 생각에, 당신이 TDF로 투자를 시작한다면, 오직 하나의 펀드만 보유함으로써 모든 투자 자산을 관리할 수 있다는 장점은 이 모든 단점을 상쇄하고도 남는다.

그렇다고 모든 TDF가 다 똑같은 건 아니다. 수수료가 좀 더 높은 것도 있다. 그래도 전반적으로 TDF는 비용이 저렴하고 세금 측면에서 효율적이다. 그리고 무엇보다 매달이나 혹은 매년 자동이체로 돈을 넣는 것 말고 따로 할 일이 없다. 자신이 직접 나서서 적극적으로 투자하고, 검토하고, 재조정할 필요가 없는 것이다. 그건 TDF가 당신을 대신해서 복잡한 문제를 모두 처리해 주기 때문이다. 멋지지 않은가?

한 가지 고려해야 할 부분은 TDF를 사려면 최소 100~1,000달러가 필요하다는 것이다. 아직 그만한 자금이 없다면, 그 금액을 저축 목표로 삼자. 그리고 투자 최소 금액을 마련했다면, 펀드를 사고 매달 자동이체를 설정하자. TDF는 아무리 추천해도 지나치지 않다고 생각한다. 쉽고 저렴하면서 성과까지 뚜렷하기 때문이다.

투자를 선택하고 시작하기

이제 어디에 투자해야 할지 판단이 섰을 것이다. TDF와 인덱스 펀드 중 하나를 골라야 한다. 그래도 시장을 이길 수 있지 않을까, 혹은 직접 투자가 더 멋져 보이지 않겠냐는 생각에 아직도 개별 주식에 대한 투자를 고민하고 있다면, 차라리 돈을 모두 지퍼백에다가 넣고 불을 붙여라. 적어도 중간 과정은 생략할 수 있다.

돈 관리에 많은 시간을 들이고 싶지 않다면, 85% 법칙에 만족한다면, 그리고 충분히 좋은 실적을 올리면서도 삶을 누리고 좋아하는 일에 몰두할 수 있게 해주는 간편한 펀드에 투자하고 싶다면, 무조건 TDF를 추천한다. 그리고 개인 재정에 관심이 많고, 투자에 좀 더 시간을 투자하거나 선택권을 더 많이 확보하고 싶다면, 인덱스 펀드를 선택하자. 당신이 어떤 유형이든 간에 정확히 어디에 투자해야 할지 파악해야 한다. 그럼 시작해 보자.

일반적인 투자 옵션: 401k

3장에서 살펴봤듯이 당신이 다니는 기업에 401k 지원 제도가 있다면, 다른 투자에 앞서 401k에 먼저 돈을 넣어야 한다. 그러나 그런 지원 제도가 없다면, 다음에 설명하는 로스 IRA로 바로 넘어가자. 401k를 이미 개설한 상태라면, 이제 거기에 넣은 돈을 어떻게 배분할 것인지 주목할 시간이다. (계좌를 개설하면서 펀드도 선택했다면, 언제든 돌아가서 변경할 수 있다. 이를 위해 인사팀 담당자를 찾아가 양식을 요청하자. 혹은 더 간편하게 401k 웹사이트에 들어가서 직접 바꿔도 된다.)

사람들이 움직이게 만들려면 선택지를 줄여야 한다. 최근 401k 플랜을 제공하는 기업들도 이런 방식을 실행에 옮기고 있다. 다시 말해, 이들 기업은 근로자에게 몇 가지 투자 펀드만 제시한다. 그리고 일반적으로 여기에는 흔히 말하는 공격적인 펀드(주로 주식으로 구성), 균형적인 펀드(주식과 채권으로 구성), 보수적인 펀드(주로 채권으로 구성)가 들어 있다.

이러한 펀드의 차이점을 정확하게 알지 못한다면, 인사팀 담당자에게 각 펀드의 특성을 설명해 놓은 문서를 요청하자. 여기서 한 가지 주의할 점이 있다. MMF는 최대한 피하라는 거다. 이는 돈을 투자하지 않은 상태의 현금으로 그냥 두는 것과 별반 다를 바 없다. 우리는 돈이 자신을 위해 일하도록 만들어야 한다.

나는 젊은이들에게는 편안하게 느끼는 한도 내에서 최대한 공격적인 펀드를 선택하도록 권한다. 아시다시피 젊은 시절에 더 공격적으로 투자할수록 나중에 자산이 더 늘 가능성이 커진다. 그리고 이러한 사실은 401k에서 특히 중요하다. 그 이유는 401k가 초창기 투자 계좌이기 때문이다.

기업이 401k 투자를 어디에 맡기는지에 따라 총보수비율(0.75% 이상이면 비싸다고 생각한다)에서 좀 차이가 나겠지만, 그래도 전반적으로 기업 지원 및 세금 측면에서 엄청난 혜택을 누릴 수 있다. 그러므로 선택이 완벽하지 않다고 해도 투자할 만한 가치는 충분하다.

로스 IRA로 투자하기

401k 계좌를 최대한 활용하고 있다면, 다음으로 좋은 투자 수단은 IRA다(굳이 한 번 더 설명하자면, 로스 IRA의 대표적인 장점은 수익이 세금 없이 불어나고, 또한 펀드를 자유롭게 선택할 수 있다는 것이다).

로스 IRA에 돈을 넣을 때, 그 돈은 계좌에 그냥 남아 있다. 그리고 수익을 올리려면, 그 돈을 실제로 투자해야 한다. 가장 쉬운 투자 방법은 TDF를 선택하는 것이다. TDF는 사고 나서 매달 자동이체만 설정해 놓으면 그걸로 끝이다.

로스 IRA로 TDF에 투자하기

내가 추천하는 운용사인 뱅가드에서 TDF를 찾고 있다고 가정해 보자(TDF를 판매하는 곳은 뱅가드 외에도 많이 있다).

뱅가드 사이트를 둘러보면 'TDF2040'나 'TDF2045', 혹은 'TDF2050'이라는 이름의 TDF 상품을 확인할 수 있다. 이들 펀드 상품의 주요 차이점은 자산 배분 방식에 있다. 여기서 뒤에 적힌 숫자(예상 은퇴 연도)가 클수록 주식 비중이 높다.

자신에게 적합한 펀드를 찾으려면, 먼저 예상 은퇴 연도를 정하자. 일반적으로 65세에 은퇴할 예상이라면, 은퇴 연도에 가장 근접한 숫자를 고르면 된다(가령 2050). TDF 대부분이 그러하듯 뱅가드에서 출시한 TDF들도 수수료가 아주 낮다. 그리고 자산 배분을 자동으로 하기 때문에 리밸런싱^{rebalancing}(목표 자산 구성을 유지하기 위한 매수나 매도 작업)에 신경 쓸 필요도 없다. 결론적으로 말해서, TDF는 모든 번거로움을 대신해 준다. 우리가 해야 할 일은 최대한 많은 돈을 넣는 것뿐이다. 개인의 나이와 위험 감수 성향에 따라 적절한 TDF를 고를 수 있다. 예를 들어 25살인데 위험을 싫어한다면, 고령자를 위해 보수적으로 자산을 구성한 펀드를 선택해도 무방하다.

TDF 매수

투자할 TDF를 정했다면, 매수 과정은 아주 간단하다. 먼저 로스 IRA(3장에서 개설했던) 사이트에 로그인하자. 참고로 로그인 정보를

72의 법칙

72의 법칙이란 돈이 두 배로 불어나기까지 얼마나 걸릴지 쉽게 계산하는 방법을 말한다. 이를 위해 72를 예상 수익률로 나누기만 하면 된다. 그렇게 구한 값이 자금을 두 배로 불릴 때까지 걸리는 기간이다. (수학을 좋아하는 사람을 위해 수식으로 표현하면 다음과 같다: 72/수익률=기간) 예를 들어, 인덱스 펀드로 투자하면서 10% 수익률을 예상한다면 돈이 두 배가 되는 데 7년보다 조금 더 걸린다 (72/10). 지금 5,000달러를 투자해서 10% 수익률을 계속 기록한다면, 약 7년 뒤에 1만 달러가 된다는 말이다. 그리고 다시 7년 조금 넘는 시간이 지나면 그 두 배가 된다. 그동안 매달 추가로 투자한다면, 복리 효과 덕분에 자산은 훨씬 더 불어난다.

한곳에 기록해 두면 쉽게 관리할 수 있다. IRA에 최소 투자금 이상이 있는지 확인하자. 최소 투자금은 일반적으로 1,000~3,000달러다.

일부 운용사는 매달 50달러나 100달러를 자동이체로 설정하면 최소 투자금 요건을 면제해 준다(강력히 추천한다). 그런데 뱅가드와 같은 다른 운용사는 그렇게 해도 면제해 주지 않는다. 뱅가드에서 펀드를 사려는데 최소 투자금이 없다면, 먼저 그 돈을 모아야 한다. 일단 그 돈을 마련했다면, 선택한 TDF의 종목 코드를 입력하자 (VFINX와 같은 형태로 생겼다). 종목 코드를 모른다면, 계좌 사이트에서 검색하면 된다. 그리고 '매수'를 클릭하자. 끝이다. 자동이체를 설정해 두면 매달 따로 돈을 넣지 않아도 된다.

9,000달러를 날린 사소한 투자 실수

한 독자가 내게 메일을 보내왔다. 그녀는 자기 친구와 나눈 대화의 내용을 들려줬다. 그 친구는 10년 가까이 IRA에 돈을 넣었다고 했다. 그녀가 메일에서 밝힌 이야기를 소개한다.

독자: "10년이나 넣었다고! 와, 정말 대단해!"
친구: "응. 그런데 돈이 별로 안 늘어났던데?"
(독자는 뭔가 불길함을 느낀다.)
독자: "펀드를 사야 하는 건 알지? IRA에 돈만 넣는다고 투자가 되지는 않아. 실제로 투자해야지."
친구: "뭐라고?"

'라밋, 제 친구는 로스 계좌에 10년 동안 돈을 넣고는 펀드에 투자하지 않았어요. 그야말로 좋은 저축 계좌로 활용했던 거죠. 복리로 돈을 불릴 수 있었던 10년의 세월을 허비한 셈이죠. 화를 내야 할지, 슬퍼해야 할지 모르겠더라고요.'

무슨 일이 벌어진 건지 알겠는가? 독자의 친구는 로스 IRA를 개설해서 돈도 넣었지만, 마지막 단계를 실행하지 않았다. 그 마지막 단계란 '돈으로 투자하는 것'이었다. 그러나 로스 IRA에 넣은 돈으로 실제로 '투자'해야 한다고 구체적으로 말해 주는 전문가는 거의 없다. 여기서 가장 안타까운 부분은 뭘까? 친구가 투자했던 3,000달러는 아마도 1만 2,000달러 넘게 불어났을 것이다. 아무 수고 없이 벌 수 있었던 9,000달러를 허무하게 날린 것이다. 게다가 로스 IRA는 비과세이므로 그 돈은 온전히 자신의 것이 될 수 있었다.

그녀는 친구에게 어떤 기분이 들었는지 물었다. 친구는 이렇게 말했다. "속은 기분이야. 10년 동안 많은 돈을 벌 수 있었는데 말이야. 그런 중요한 사실을 아무도 내게 말하지 않았어."

그래서 나는 이 책을 쓰기 시작했다. 그녀의 친구는 투자 공부를 했다. 그리고 로스 IRA를 개설해서 수천 달러를 넣었다. 하지만 은퇴 계좌가 돌아가는 사소한 부분을 이해하지 못해서 9,000달러에 달하는 비과세 소득을 날리고 말았다.

로스 IRA가 어떻게 작동하는지 몰랐던 것에 대해 친구의 책임도 있을까? 물론 그럴 것이다. 하지만 그렇게까지 큰 대가를 치를 필요는 없었다. 올바로 투자하기 위해 굳이 금융 전문가가 될 필요는 없다. 그건 자동차를 운전하기 위해 굳이 카뷰레터 기능까지 알아야 할 필요는 없는 것과 마찬가지다. 로스 IRA는 하나의 계좌일 뿐이다. 돈이 불어나는 걸 지켜보려면, 그 계좌에 들어 있는 돈으로 여러 가지 펀드에 투자해야 한다.

한 가지 당부할 것이 있다. 이제 막 투자를 시작한 사람이 주변에 있다면, 이 이야기를 꼭 들려주자. 그가 몇 년에 걸쳐 수천 달러를 버는 데 실질적인 도움이 될 것이다.

직접 하고 싶다면

혹시 TDF 하나로 만족하지 못해서 인덱스 펀드를 가지고 로스 IRA에 포트폴리오를 직접 만들어 보고 싶은가? 진심인가?

85%의 해결책을 실현해 줄 하나의 투자 상품을 찾는다면(즉, 자주 검토하고, 리밸런싱하고, 신경 쓰기 싫다면), 지금까지 살펴본 TDF를 선택하자. (내가 TDF의 충직한 지지자라는 사실이 느껴지는가?) 직접 포트폴리오를 관리하려는 사람들 대부분 시장을 따라잡지 못한다는 사실을 기억하자. 그들은 하락 조짐이 보이면 서둘러 매도하거나, 너무 자주 사고팔거나, 세금과 수수료로 수익을 크게 깎아 먹기 때문에 실패한다. 그래서 평생 수만 달러 손해를 본다. 게다가 인덱스 펀드에 투자하면 자신이 원하는 형태로 분산 투자를 유지하기 위해 매년 리밸런싱 작업을 해야 한다(이 부분은 잠시 후 다시 살펴보자). 하지만 TDF는 이 귀찮은 작업을 당신을 대신해서 해준다. 그러니 정말로 간편한 투자를 원한다면, 무조건 TDF를 선택하자.

그러나 투자에서 더 넓은 선택지를 원하고, 시장을 흔들려도 침착함을 유지할 만큼 자제력이 강하며, 또한 적어도 1년에 한 번 포트폴리오를 조정할 시간적 여유가 있다면, 직접 인덱스 펀드를 고르는 것도 적절한 투자 방법이 될 수 있다.

그렇다면 한번 해보자. 이 책을 지금까지 읽은 사람이라면, 내가 아무리 경고해도 포트폴리오를 직접 구축하려는 의지를 꺾지 않을 것이다. 협박이 통하지 않는다면, 나도 이제 협조로 노선을 바꾸겠다. 앞서 언급했듯이, 포트폴리오 구축에서 핵심은 최고의 종목 선택이 아니라, 그건 폭풍을 뚫고 나가면서 오랜 시간에 걸쳐 천천히 균형 잡힌 자산 배분을 만들어 나가는 것이다. 어떻게 포트폴리오를 구성해야 할지 이해하기 위해, 데이비드 스웬슨 David Swensen의 조언에 주의를 기울여 보자. 스웬슨은 널리 알려진 예일대 기금을 운용하고 있다. 그는 30년 넘게 투자를 이끌어오면서 13.5%의 연간 수익률을 기록하고 있다. 펀드 매니저들 대부분 8%도 따라잡지 못하고 있다는 사실을 고려할 때, 정말로 놀라운 실적이다. 다시 말해, 스웬슨은 1985년부터 예일대 기금을 5년마다 두 배 가까이 불리고 있다. 무엇보다 스웬슨은 진정으로 선한 인물이다. 그는 직접 펀드를 운용하면서 매년 수억 달러를 벌 수 있는 월스트리트 자리를 마다하고 예일대에 남기로 선택했다. 그는 이렇게 말했다. "대학을 졸업하고 본질적으로 저와 똑같은 일을 하면서 더 많은 돈을 벌려고 애쓰는 동료들을 보면 안타까운 마음이 듭니다. 그들에게는 사명감이라는 게 없습니다."

나는 스웬슨과 같은 사람을 존경한다. 결론적으로, 스웬슨은 다음과 같은 형태로 자산을 배분하라고 권한다.

- **미국 주식 30%:** 대형주, 중형주, 소형주를 포함하는 미국 주

식 펀드

- **선진국 해외 주식 15%:** 영국과 독일, 프랑스 등 해외 선진국 펀드
- **신흥 시장 주식 5%:** 중국, 인도, 브라질 등 해외 개발도상국들 펀드
- **부동산 투자 신탁 20%:** 리츠REITs라고 하는 부동산 투자 신탁은 모기지나 주거용 및 상업용 부동산에 투자하는 상품으로, 미국과 해외 시장에 투자한다.
- **국채 15%:** 고정 금리를 제공하는 미국 국채는 예측 가능한 수익을 가져다주고 포트폴리오의 위험을 낮춘다. 일반적으로 채권은 자산군으로서 주식보다는 수익률이 낮다.
- **물가연동국채 15%:** TIPS라고도 하는 이 채권은 인플레이션 위험을 방어한다. 언젠가는 여기에 관심이 생길 것이다. 그래도 수익률이 높은 상품에 먼저 투자하고 난 뒤, 마지막 단계에서 고려하자.

스웬슨 모형에는 많은 수학 이론이 들어 있지만, 핵심은 어떤 개별 자산도 포트폴리오 안에서 큰 비중을 차지하지 않도록 한다는 것이다. 위험이 낮으면 일반적으로 수익도 낮다. 그러나 자산 배분에서 가장 놀라운 사실은 수익률은 유지하면서도 위험을 실질적으로 낮출 수 있다는 것이다. 스웬슨의 이론은 훌륭하다. 어떻게 이를 실행에 옮길 수 있을까? 그리고 그의 이론에 따라서 펀드를 선택하려면 어떻게 해야 할까? 그건 바로 저비용 펀드로 포트폴리오를 구

성하는 것이다. 인덱스 펀드를 선택했다면, 이제 자신에게 맞는 펀드를 살펴봐야 한다. 이를 위해 나는 항상 뱅가드나 슈왑과 같은 유명 운용사에 주목한다. 이들 웹사이트에 들어가서 확인해 보자.

관리 가능한 상태로 유지하기

질문: 얼마나 많은 펀드에 투자해야 할까?

답변: 몇 개의 펀드를 보유해야 하는지 궁금하다면, 나는 단순하게 가라고 조언하고 싶다. 사실 TDF 하나만으로 충분하다. 그래도 직접 인덱스 펀드를 고르고 싶다면, 일반적인 지침은 3~7개 펀드로 자산을 배분하라는 거다. 예를 들어, 미국 주식과 해외 주식, 부동산 투자 신탁을 비롯하여 미 재무부 채권에도 골고루 투자하는 방식이 좋다. 그러나 우리의 목표는 시장의 모든 구성 요소를 최대한 다 담는 게 아니라는 점을 명심하자. 진정한 목표는 효과적인 자산 배분으로 삶을 누리는 것이다.

운용사 웹사이트에 들어가서 펀드를 둘러보면, 수수료가 낮은지, 그리고 자신이 목표로 삼은 자산 배분 형태를 충족시키는지 확인할 수 있다.

인덱스 펀드를 고를 때, 가장 주목해야 할 부분은 수수료를 최소화하는 것이다. 운용 보수('총보수비율')이 충분히 낮은지 확인하자. 0.2% 정도면 괜찮다. 뱅가드나 피델리티에서 판매하는 인덱스 펀드라면 대부분 아주 좋다. 수수료는 우리가 통제할 수 있는 몇 안 되는 요소 중 하나라는 점을 명심하자. 그리고 높은 수수료는 당신의 수익을 갉아먹고 월스트리트의 배를 불려 준다는 사실을 기억하자. 수수료가 수익에 미치는 영향을 비교하고 싶다면, 363쪽 도표를 참조하자.

다음으로 펀드가 자신이 목표로 정한 자산 배분 형태와 일치하는지 점검해야 한다. 어쨌든 직접 인덱스 펀드를 선택하는 이유는 투자에 대한 통제력을 높이기 위함이다. 스웬슨의 모형을 근간으로 삼고, 특정 펀드를 제외하거나 자신에게 중요한 펀드의 비중을 높이는 식으로 조금씩 수정하자. 예를 들어, 나이가 젊고 부유하다면, 주식형 펀드에 우선 집중해서 복리 효과를 극대화하는 방식이 바람직하다. 반면 나이가 들면서는 채권형 펀드에 집중함으로써 위험을 낮추는 게 현명하다. 다양한 펀드를 보유하고 있다면, 미국 주식과 해외 주식, 채권 및 나머지 자산을 전략적으로 배분해 놓았는지 확인해야 한다. 아무렇게나 펀드를 선택해서는 균형 잡힌 자산 배분을 기대할 수 없다. 현재 자신의 포트폴리오 형태를 파악하려면, 투자 계좌에 로그인해서 사이트에서 제공하는 프로그램을 활용하자. 예를 들어, 나는 뱅가드 웹사이트에 들어가서 포트폴리오에서 주식과 채권, 혹은 미국 주식과 해외 주식이 어떤 비중으로 이뤄져 있는지 확인할 수 있다. 어떤 펀드든 이러한 분석 작업을 할 수 있다(대형 운용사는 모두 이러한 프로그램을 제공하고 있다. 자신이 이용하는 운용사 웹사이트에서 이런 프로그램을 찾을 수 없다면, 퍼스널 캐피털과 같은 온라인 사이트를 이용해도 된다). 이러한 방식으로 자신의 포트폴리오 상태를 자세히 들여다보고, 자산 배분이 충분히 이뤄져 있는지 확인할 수 있다.

마지막으로, 선택한 펀드의 과거 10년, 혹은 15년간 수익률을 꼭 살펴보자. 물론 흔히 말하듯 과거 성과가 미래를 보장하지 않는다는 점은 염두에 두자. 이러한 분석 작업을 좀 더 수월하게 하려면, 증권사 홈페이지에 나와 있는 '상품과 서비스 Products and Services' 메뉴를 클릭해서 펀드 검색기를 찾아보자. 여기서 '총보수비율이 0.75% 이하인 해외 인덱스 펀드'와 같이 검색 조건을 입력하면, 그 기준에 맞는 펀드들만 볼 수 있다. 그래도 이러한 작업은 절대 간단하지 않다는 사실을 명심하자. 자신만의 포트폴리오를 구축하려면 많은 공부가 필요하다. 한 가지 사례로, 전부 뱅가드 펀드로 구성한 포트폴리오를 살펴보자.

주식

30%: 전체 미국 주식시장 인덱스 펀드(VTSMX)

20%: 해외 주식시장 인덱스 펀드(VGTSX)

20%: 리츠 인덱스 펀드(VGSIX)

채권

5%: 미국 단기 국채 인덱스 펀드(VSBSX)

5%: 미국 중기 국채 인덱스 펀드(VSIGX)

5%: 뱅가드 미국 단기 국채 인덱스 펀드(VSBSX)

15%: 단기 TIPS 인덱스 펀드(VTAPX)

    위 펀드는 말 그대로 시장에 나와 있는 수천 개의 인덱스 펀드 중 몇 가지 사례다. 우리는 이러한 펀드로 유연하게 포트폴리오를 꾸릴 수 있다. 좀 더, 혹은 좀 덜 공격적으로 투자하길 원한다면, 자신의 위험 감수 성향에 따라 자산 비중을 조정하면 된다. 이러한 펀드들을 보고 저렇게 많은 펀드를 관리할 자신이 없다는 생각이 든다면, 판단을 내려야 한다. 예를 들어, 주식형 펀드를 중심으로 삼고 채권형 펀드는 하나만 추가해도 된다. 혹은 아직까지는 TIPS가 필요하지 않다고 생각할 수도 있다. 처음에는 감당할 수 있을 만큼 펀드를 골라 담았다가 나중에 조금씩 균형 잡힌 형태로 수정해 나가는 것도 좋다.

    시간을 들여 펀드를 살펴보면서 장기적으로 완성된 균형 잡힌 포트폴리오를 구축하자. 물론 앞서 소개한 일곱 가지 펀드를 모두 보유할 필요는 없다. 하나로만 시작해도 아예 하지 않는 것보다 백배 낫다. 그래도 자산 배분을 위해 언젠가는 매수해야 할 펀드들을 골라서 목록을 작성해 볼 필요가 있다.

적립식 투자: 장기간에 걸쳐 천천히 투자하기

적립식 투자란 모든 돈을 한 번에 하나의 펀드에 투자하는 게 아니라, 오랜 기간에 걸쳐 일정 금액을 정기적으로 투자하는 방식을 뜻하는 용어다. 이렇게 투자하는 이유는 뭘까? 1만 달러를 펀드에 투자했는데 갑자기 20%가 떨어졌다고 가정하자. 그러면 1만 달러는 8,000달러가 되었을 것이다. 여기서 1만 달러를 되찾으려면 25%(20%가 아니라) 상승해야 한다. 그러나 장기간에 걸쳐 정액을 투자한 경우, 갑자기 떨어져도 위험을 어느 정도 분산할 수 있다. 게다가 내려간 가격으로 더 많은 주식을 살 수 있다.

다시 말해, 장기적으로 투자하면 시장의 시점을 맞히기 위해 애쓸 필요가 없다. 시간을 자신에게 유리하게 이용할 수 있다. 이것이 바로 자동화 투자의 핵심이다. 자동화 투자를 할 경우, 장기간에 걸쳐 정액을 펀드에 넣기 때문에 언제 시장이 오르거나 내릴지 신경 쓸 필요가 없다. 앞서 5장에서 자동 시스템을 살펴봤다. 자동화 투자를 하려면, 입출금 계좌에서 정액이 정기적으로 빠져나가도록 자동이체를 설정해 놓으면 된다. 또한 자동이체를 설정하면, 대부분 거래 수수료도 면제된다는 점을 기억하자.

만약 목돈이 생겼다면 어떻게 해야 할까? 정액 적립식 투자를 해야 할까, 아니면 한 번에 모두 투자해야 할까? 이 질문에 대한 대답은 다소 놀랍다. 뱅가드의 연구 결과에 따르면, 한 번에 투자하는 방식이 2/3의 확률로 정액 정기 투자보다 수익률에서 앞선 것으로 드러났다. 일반적으로 시장은 상승하고 주식과 채권은 현금보다 수익률이 높은 경향이 있으므로, 한 번에 투자하는 방식이 대부분 수익 측면에서 유리하다. 그러나 이러한 주장은 시장이 하락할 때는 해당되지 않는다(물론 시장을 예측할 수 있는 사람은 없다. 특히 단기적으로 말이다). 투자에서 중요한 것은 수학만이 아니다. 개인의 투자 행동에 영향을 미치는 심리적 요인도 마찬가지로 중요하다.

결론적으로, 우리 대부분은 월급에서 일부를 떼서 투자한다는 점에서 이미 적립식 투자를 실행하고 있다. 목돈이 생길 경우, 한 번에 투자하는 방식이 대부분 더 높은 수익으로 이어질 것이다.

개별 인덱스 펀드에 투자하기

포트폴리오에 담고 싶은 인덱스 펀드를 정했다면(일반적으로 세 개에서 일곱 가지), 매수를 시작하자. 목록에 담은 펀드를 한꺼번에 살 여력이 된다면, 그렇게 하자. 일반적으로 인덱스 펀드의 최소 투자금이 1,000~3,000달러이므로 대부분은 쉽지 않을 것이다.

그렇다면 TDF와 마찬가지로, 먼저 첫 번째 인덱스 펀드의 최소 투자금을 저축 목표로 삼아야 한다. 목표를 달성했다면, 해당 펀드를 사고 소액을 정기적으로 투자하자. 그리고 다음 인덱스 펀드를 위한 저축 목표를 새로 세우자. 투자는 경쟁이 아니다. 내일 당장 완벽한 포트폴리오를 구축할 필요는 없다. 이제 여러 인덱스 펀드를 장기적으로 매수하는 방법을 살펴보자.

4장에서 다뤘던 의식적인 소비 계획을 살펴보니 매달 401k에 돈을 넣고 나서도 500달러 투자할 여유가 있다고 해보자. 지금 고려하는 펀드들 모두 최소 투자금이 1,000달러라면, 첫 번째 펀드를 사기 위해 두 달간 저축해야 한다. 그렇게 1,000달러를 모았다면, 이를 투자 계좌로 옮겨서 펀드를 사고 그 펀드에 매달 100달러를 투자하도록 자동이체를 설정하자. 다음으로 매달 남는 400달러(500달러에서 첫 번째 펀드에 매달 넣을 100달러를 뺀 금액)로 두 번째 펀드를 사기 위한 저축을 시작하자. 이 과정을 필요한 만큼 반복하자. 그렇게 목록에 담은 모든 인덱스 펀드를 사들이기까지는 몇 년이 걸릴 것이다. 그러나 우리의 목표는 단기 투자가 아니라, 40~50년을 내다보는 장기 투자라는 사실을 명심하자. 우리가 계획한 포트폴리오를 온전히 구축하기까지 오랜 시간을 들여야 한다.

그런데 주의할 점이 한 가지 있다. 생각했던 펀드를 모두 샀다면, 목표로 삼은 자산 배분에 따라 투자금을 펀드에 걸쳐 나눠야 한다. 그러나 모두 똑같은 비중으로 넣어서는 안 된다. 자산 배분이란 각각의 자산군에 얼마나 투자할 것인지를 결정하는 기준을 말한다. 예를 들어, 7개 인덱스 펀드를 대상으로 매달 250달러를 투자할 경우, 자산 배분을 잘 이해하지 못하는 투자자는 각각의 펀드에 약 35달러씩 쪼개서 넣을 것이다. 그러나 그건 잘못된 방식이다. 자신이 목표로 정한 자산 배분에 따라서 서로 다른 금액을 넣어야 한다. 그 금액은 이렇게 구할 수 있다.

월 투자 금액 × 목표로 정한 자산 배분 비중
= 해당 펀드에 매달 넣을 금액

가령 매달 1,000달러를 투자하는데 스웬슨 모형에 따라 국내 주식에 30% 비중을 설정했다면, 국내 주식형 펀드에 넣을 금액은 이렇게 구할 수 있다. 1,000달러 × 0.3 = 300달러. 이 과정을 포트폴리오 안에 들어 있는 모든 펀드에 적용하면 된다.

마지막으로, 직접 인덱스 펀드를 골라서 투자하기로 선택했다면, 매년 1회 정도 리밸런싱 작업을 해야 한다. 이를 통해 목표로 정한 자산 배분에 따라 펀드들의 구성을 조정할 수 있다. 자세한 내용은 다음 장에서 살펴보자.

다른 자산군에 대한 투자는 어떨까?

주식과 채권, 인덱스 펀드, 그리고 TDF 외에도 다양한 투자 자산이 있다. 예를 들어, 귀금속이나 부동산, 비상장 스타트업, 암호화폐, 혹은 예술품에도 투자할 수 있다. 그러나 아주 높은 수익률은 기대하지 말자. 그리고 비록 내가 경고하기는 했지만, 정말로 좋아하는 기업이 있다면 그 기업의 주식을 개별로 매수해도 좋다.

부동산

대부분의 미국인에게 집은 최대의 투자 자산이다. 그러나 실제로 거주하는 집은 개별 투자자 입장에서 그리 좋은 투자 자산이 아니다. 그 이유는 뭘까? 전반적으로 수익률이 낮기 때문이다. 특히 유지 관리비와 재산세와 같은 추가 비용까지 고려하면 더 그렇다.

세입자가 아닌 주택 소유자는 이런 부대 비용을 직접 부담해야 한다. 9장에서 부동산을 좀 더 깊이 들여다볼 테지만, 일반적으로 사람들 대부분 집을 사고팔아서 수익을 올릴 수 있는 좋은 투자처로 착각하고 있다. 만약 집을 팔아서 수익을 올리면 그 돈을 그대로 갖고 있을까? 당신의 부모님은 집을 팔고 더 작은 집으로 이사해서 그 차액으로 인생을 더 즐기는가? 아니다. 일반적으로 좀 더 비싼 집을 장만하기 위해 그 돈을 모두 집어넣는다.

우리는 포트폴리오를 구성하는 각각의 자산군을 균형 있게 유지해야 한다. 어느 한 자산이 다른 자산들보다 압도적으로 커서는 곤란하다. 가령 주택담보대출로 매달 2,000달러를 지출하면서 다른 자산에는 분산 투자하지 못한다면, 균형 잡힌 포트폴리오라고 말할 수 없다. 주거용이든 투자용이든 부동산을 매입했다고 해도, TDF나 인덱스 펀드 등 다른 자산에도 투자를 계속 이어 가야 한다.

예술품

미술품 전문가들은 예술품 판매 지수의 연수익률이 10% 정도라고 말한다. 그러나 2013년 스탠퍼드대학교 연구원들은 이런 결론을 내놨다. "순수 예술품의 수익률은 지나치게 과대평가된 반면, 그 위험은 과소평가 되어 있다." 그리고 지난 40년에 걸친 예술품의 실제 연수익률은 전문가들이 주장하는 10%가 아니라 6.5%에 가깝다고 주장했다. 이러한 과대평가가 발생하는 주된 이유는 선택 편향 때문이다. 다시 말해, 수익률을 산정하는 과정에서 유명 작품들이 더 자주 거래되는 현상을 고려하지 않기 때문이다. 그리고 특정 예술 작품을 투자 자산으로 선택하는 것은 앞으로 오를 주식 종목을 예측하는 것과 본질적으로 다를 바 없다. 그러나 6장에서 확인했듯이 그건 너무나도 힘든 일이다.

전반적으로 볼 때 예술품 투자는 수익성이 있다. 그러나 어떤 작품이 오를 것인지 예측하는 일은 아마도 짐작하듯이 무척 어려운 과제다. 이러한 사실을 잘 보여 주는 사례로, 존 메이너드 케인스John Maynard Keynes의 방대한 예술품 컬렉션을 주제로 했던 한 월스트리트저널 기사를 살펴보자. 이 기사에 따르면 케인스는 2018년 기준으로 84만 달러를 들여 미술품 컬렉션을 모았는데, 그 가치는 현재 9,900만 달러에 이른다. 그렇다면 케인스의 컬렉션은 연 10.9%에 달하는 높은 수익률을 기록한 것이다. 그런데 여기에는 숨겨진 사실이 있다. 그건 케인스의 컬렉션에서 단 두 작품이 전체 가치의 절반을 차지한다는 것이다. 세계적인 예술품 수집가가 공을 들여 135개 작품을 수집했는데, 그중 두 작품이 컬렉션의 총가치에서 절반을 차지한다고? 당신이라면 어느 두 작품이 그렇게 높은 수익률을 기록할 것인지 예측할 수 있었을까? 대부분 그럴 수 없었을 것이다.

고위험 고수익 투자

그렇다고 평생 TDF나 인덱스 펀드에만 투자하라는 말은 아니다. 이론적으로 많은 이들은 저비용 펀드를 기반으로 자산을 효과적으로 배분한 포트폴리오를 만들어야 한다고 생각한다. 그러나 동시에 그들은 투자에서 재미도 추구한다. 당신도 그런 부류라면, 포트폴리오 일부를 고위험 자산군으로 채워 보자. 그러나 거기에 투자하는 돈은 재미를 추구하는 여윳돈이어야 한다. 사실 나 역시 전체 포트폴리오에서 약 10%를 위험 자산군에 투자하고 있다. 여기에는 내가 소비자의 입장에서 좋아하고 잘 아는 기업(주주가치를 높여 주는 고객 서비스에 주력하는 아마존과 같은)의 주식, 내가 관심 있게 지켜보는 산업을 따라가는 펀드(의료산업을 추적하는 인덱스 펀드를 보유하고 있다), 그리고 비즈니스를 막 시작한 비상장 스타트업에 개인 자격으로 하는 엔젤 투자(이러한 엔젤 투자 제안을 가끔 받는다. 그건 실리콘밸리에서 일한 경험 덕분에 스타트업을 설립해서 가족과 지인들로부터 초기 투자금을 유치하려는 친구들이 많기 때문이다)가 있다. 이들 모두 위험 수준이 높은 투자처다. 나는 여기에 잃어도 그만인 여윳돈을 재미 삼아 투자한다. 그래도 아주 높은 수익률을 올릴 가능성은 언제나 있다. 포트폴리오를 구성하고도 남는 자금이 있다면, 자신이 좋아하는 대상에 조금씩 신중하게 투자해 보는 것도 좋다.

내 직관과는 달랐던 29만 7,754달러의 교훈

아버지들은 대개 열다섯 살 아들에게 운전이나 면도기 사용법을 가르친다. 그런데 우리 아버지는 내게 로스 IRA를 만들라고 말씀하셨다. 물론 열다섯은 로스 계좌를 개설하기에 너무 이른 나이다. 그래서 나는 아버지와 함께 E-트레이드라는 곳에 가서 부모 명의로 자녀 계좌를 만들었다. 당시 고등학생이었던 나는 피자 가게 직원과 축구 심판, 인터넷 회사 영업 사원으로 일하면서 벌었던 몇천 달러를 어디에 투자할지 고민하고 있었다. 그 시절 꼬마 갱스터 라밋에게 투자는 정말로 흥분되는 일이었다. 나는 다음과 같은 작업에 착수했다.

- 어떤 종목이 크게 올랐거나 떨어졌는지 살펴보기(당시 나는 이렇게 생각했다. '고위험=고수익. 아직 어리니까 고수익을 위해 얼마든지 고위험을 버틸 수 있다.')
- 기술주에 집중하기(나는 기술을 잘 아니까.)
- 〈인더스트리 스탠더드 Industry Standard〉 같은 잡지 읽기. 닷컴 시절 초기에는 수백 쪽에 달하는 광고면에서 다양한 기업을 접할 수 있었다.
- 그 무렵에는 투자란 곧 개별 주식을 고르는 일이라고 생각했기에, 결국 세 종목의 주식을 샀다.

가장 먼저 나는 광통신 기업인 JDS 유니페이즈 Uniphase 주식을 샀다. 그러나 그 주식은 결국 휴지 조각이 되고 말았다. 다음으로 초창기 검색엔진 기업인 익사이트 Excite 주식을 샀다. 이 회사는 합병 후 익사이트앳홈 Excite@Home 으로 이름이 바뀌었고, 결국 파산하고 말았다. 마지막으로 약 1만 1,000달러를 가지고 아마존이라고 하는 소기업의 주식을 샀다. 그리고 그 돈은 29만 7,754달러로 성장했다. 그런 나를 자랑스러워해야 할까? 아니다. 비록 이긴 것처럼 보여도, 내 직관과는 반대되는 교훈을 얻어야 했다. 그 교훈은 뭘까?

피상적인 교훈: 아마존을 골랐다니 똑똑하군!

진정한 교훈: 위 교훈은 완전히 잘못된 것이다. 당신도 그렇게 생각했다면, 다음에 주목하자. 내가 성공하거나 실패한 이유를 이해하는 것이 무엇보다 중요하다. 나는 아마존에 투자해서 성공했다. 그러나 그건 내가 훌륭한 투자자여서가 아니었다. 그저 운이 좋았기 때문이었다. 아마존은 한 세대에 한 번 나오기도 힘든 기업이었다.

피상적인 교훈: 차세대 아마존만 고르면 부자가 될 수 있다.

진정한 교훈: 투자는 개별 주식을 고르는 일이 아니다. 연구 결과는 경험 많은 포트폴리오 매니저들조차 시장 평균을 이기지 못한다는 사실을 보여 준다. 내가 100개의 주식을 골라서 투자했다면, 시장 전체를 따라잡지 못했을 것이다. 아마존을 선택한 건 순전히 운이었다. 실제로 나는 장기적인 저비용 투자로 더 많은 수익을 올렸다.

피상적인 교훈: 주식을 잘 고르는 게 무엇보다 중요하다.

진정한 교훈: 투자를 일찍 시작하는 게 무엇보다 중요하다. 나는 너무나도 운 좋게 일찍 투자를 독려해 준 아버지가 있었다. 당신에게도 그런 아버지가 있다면 그야말로 행운이다. 그러나 어쩌면 돈에 대해서는 잘 모르는 부모 밑에서 자랐을 수도 있다. 혹은 최근까지도 투자는 곧 주식을 고르는 일이라고 믿었을지 모른다. 충분히 이해한다. 우리 모두 서로 다른 지점에서 출발하기 때문이다. 마찬가지로 우리 아버지는 내게 데드리프트를 할 때 코어에 집중하라는

가르침은 주지 않았다. 어쨌든 우리는 주어진 조건에서 시작할 수밖에 없다. 그래도 당신은 이 책을 읽고 있다. 지금부터라도 투자를 시작해서 얼마든지 공격적으로 나아갈 수 있다.

6주 차 플랜

1. **자신의 투자 스타일 파악하기(30분)**: 자신이 TDF처럼 단순한 투자 방식을 원하는지, 아니면 인덱스 펀드를 직접 선택해서 통제력(그리고 복잡성)을 높이고 싶은지 판단하자. 나는 85% 법칙의 관점에서 TDF를 추천한다.

2. **투자 상품 검색하기(3시간~일주일)**: TDF로 결정했다면, 뱅가드나 T. 로우프라이스, 슈왑에서 펀드를 검색하자. 몇 시간 정도면 된다. 반면 자신이 직접 포트폴리오를 구성해보기로 했다면, 더 많은 시간이 필요하다(그리고 각각의 펀드가 요구하는 최소 투자금을 충족하려면 더 많은 돈이 필요하다). 여기서 스웬슨 모형을 근간으로 삼자. 그리고 어떤 펀드를 지금 사고 어떤 펀드를 나중에 살지 먼저 고민하자. 또한 자산 배분 방식을 결정했다면, 뱅가드와 같은 운용사 사이트에서 제공하는 펀드 검색 기능을 활용하자.('뱅가드 펀드 검색기Vanguard fund screener'로 검색해 보자.)

3. **펀드 매수(1시간~일주일)**: TDF는 쉽게 살 수 있다. 먼저 돈을 투자 계좌에 넣는다. (401k를 활용하고 있다면, 급여에서 그 계좌로 이체가 이뤄지도록 이미 설정해 뒀을 것이다. 로스 IRA라면, 5장에서 살펴봤듯이 계좌에 먼

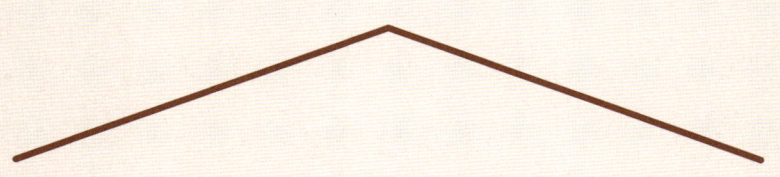

저 돈을 넣어 둬야 한다. 투자를 시작하기 위한 자금이 부족하다면, 먼저 저축 목표를 세우고 첫 번째 펀드를 사기 위한 돈을 모으자) 투자금을 마련했다면, 투자 계좌에 이체하고 계정에 로그인해서 종목 코드를 입력하면 끝이다. 개별 인덱스 펀드를 사려면, 일반적으로 한 번에 하나씩 매수해야 한다. 그리고 다음 펀드 매수하기 위한 투자금을 마련하는 과정을 반복하자.

당신은 이제 진정한 투자자가 되었다. 그리고 6주 프로그램의 마지막 단계에 도달했다. 신용카드와 은행 계좌를 최적화하고 투자를 시작했다. 나아가 자동화 시스템을 구축해서 아무런 수고를 들이지 않고도 자동으로 돌아가게 계좌들을 연결해 놨다. 이제 얼마 남지 않았다. 다음 장에서는 포트폴리오를 관리하고 키워 나가는 방법을 살펴볼 것이다. 다음으로 마지막 장에서는 돈과 삶 전반에 관한 여러 가지 질문을 다뤄 볼 생각이다. 그래도 지금까지 이 책을 읽어 왔다면 가장 힘든 부분을 넘긴 셈이다.

우리나라에서는 이렇게 하세요

by 서대리

기본적으로 한국인들은 책에 나온 미국 금융사 펀드를 매수하기 어렵다. 그렇기에 일반 주식계좌나 연금계좌, 퇴직연금계좌에서 비슷한 상품을 투자해야 한다. 한국 자산운용사 상품을 투자할 수 있는데, 미국 상품과 거의 똑같은 상품이 있으니 너무 걱정할 필요 없다.

· **TDF 펀드**: 자산운용사별로 TDF 펀드를 판매하고 있다. 이용 중인 증권사 앱에 접속해서 TDF라고 검색하면 다양한 상품을 확인할 수 있다. 'TDF2045', 'TDF2055' 등 숫자가 뒤에 붙는데, 숫자는 은퇴 시점이라 보면 된다. TDF2045는 2045년에 은퇴한다는 가정으로 다양한 자산을 투자하는 펀드라는 뜻이다. 숫자가 클수록 은퇴까지 시간적 여유가 많아 공격적 투자 자산인 주식 비중이 높은 특성이 있다.

· **인덱스 펀드**: S&P 500이나 나스닥 지수를 따라가는 인덱스 펀드도 한국 증권사에서 투자할 수 있다. 요즘에는 펀드 상품 대신 펀드를 주식처럼 거래할 수 있는 ETF 투자가 대세다. S&P 500 ETF

를 예로 들면, 미국 시장에 상장되어 있는 뱅가드의 VOO가 대표적이다. 한국인들도 일반 주식계좌에서 뱅가드의 VOO를 투자할 수 있다. 하지만 연금계좌나 퇴직연금계좌에서는 미국에 상장된 주식을 투자할 수 없다.

대신 한국 자산운용사가 만든 S&P 500 ETF를 매수할 수 있다. 절세계좌 투자에 관심 있는 사람이라면 TIGER 미국S&P500, KODEX 미국S&P500 같은 상품을 들어 봤을 것이다. 이런 ETF들이 한국 자산운용사들이 관리하는 S&P 500 ETF다. 참고로 ETF 이름에 TIGER가 있으면 미래에셋자산운용, KODEX는 삼성자산운용에서 관리하는 상품이다. 자산운용사마다 관리하는 ETF를 쉽게 확인할 수 있도록 브랜드 이름을 붙였다고 생각하면 편하다.

한국인들은 나스닥 100 지수를 추종하는 ETF도 많이 투자한다. 미국 주식시장에서는 QQQ, QQQM이라는 종목코드로 상장되어 있다. 한국 자산운용사 상품으로는 TIGER 미국나스닥100, KODEX 미국나스닥100 등이 있다.

책에서는 수수료를 강조하고 있다. 미래 수익률은 예측 불가능하지만 수수료는 나의 노력으로 줄일 수 있는 만큼 기본적으로 수수료가 낮은 상품을 찾아 투자해야 한다. 국내 상장 S&P 500, 나스닥 100 ETF를 다양한 자산운용사에서 운용하고 있는 만큼 ETF마다 수수료(비용)도 조금씩 다르다.

국내상장 ETF 수수료는 ETF CHECK www.etfcheck.co.kr라는 웹사이트에서 간단하게 비교할 수 있다. [메뉴] - [ETF 비교]에서 원하는 ETF를 선택하면 수수료뿐만 아니라 구성 종목, 과거 성과 등 다양한 정보를 쉽게 확인할 수 있으니 국내상장 ETF 투자를 계획 중이라면 이 사이트를 적극 이용하자.

	기본정보	구성종목		차트
종목교체	TIGER 미국S&P500	KODEX 미국S&P500	ACE 미국S&P500	RISE 미국S&P500
배당				
연간 배당률	1.05%	0.74%	1.03%	1.12%
연간 배당이력	4번	2번	4번	4번
최근배당	58원 2025.07.30	104원 2025.07.30	58원 2025.07.30	55원 2025.09.29
월배당	×	×	×	×
수수료(연)				
총보수	0.0068%	0.0062%	0.0047%	0.0047%
TER	0.0700%	0.0800%	0.0700%	0.0800%
실비용	0.1073%	0.1406%	0.0978%	0.1392%

ETF CHECK에서 확인할 수 있는 국내상장 S&P 500 ETF 비교 항목

특히 최근에는 국내 ETF 시장 내 경쟁이 워낙 치열해 인기 많은 상품은 대부분 최저보수를 유지 중이다. 그래서 0.001% 수준의 작은 비용 차이까지 신경을 쓸 필요는 없다. 어떤 ETF를 모으기로 정했다면, 그 다음부터는 매수를 자동화해서 모으는 데 집중하자.

8장

₩100,000,000

시스템을 유지하고 키워 나가자

재정 시스템을 관리하고
최적화하는 법

이번 8장이 아주 짧다는 사실을 눈치챈 독자도 있을 것이다. 그 이유는 85% 법칙을 기반으로 개인 재정에서 가장 중요한 부분을 이미 완성했기 때문이다. 지금까지 신용카드와 은행 계좌, 지출, 투자를 모두 다뤘다. 그리고 풍요로운 삶이 무엇을 의미하는지 신중한 고민을 바탕으로 우리가 정말로 좋아하는 일에 시간을 쓰도록 해주는 자동 시스템도 완성했다. 대단한 일을 해냈다. 특히 사람들 대부분 아직도 매달 날아오는 고지서를 처리하느라 씨름하고 있다는 사실을 떠올린다면, 더 대단하다. 진심으로 축하한다. 하지만 투자에 진심이고 자신의 재정 상태를 좀 더 개선하고 싶다면, 이번 장은 바로 당신을 위한 이야기가 될 것이다. 여기서는 개인의 재정 시스템을 관리하도록 도움을 주는 몇 가지 주제를 말하고자 한다. 그리고 투자를 좀 더 최적화하는 방법도 알아볼 것이다. 그래도 명심하자. 이번 장은 보너스 팁이다. 그러니 꼭 필요하다고 생각하지 않는다면, 이번 장에는 굳이 신경 쓰지 않아도 괜찮다.

더 많은 걸 원하는 진정한 이유는 뭘까?

나는 최고가 되어야 한다고 배웠다. 남들보다 더 열심히 공부하고, 더 오래 일하고, 더 좋은 성과를 내야 한다고 말이다. 이러한 가르침은 여러 가지 측면에서 큰 도움이 되었다. 그러나 나는 왜 열심히 해야 하는지에 대한 고민 없이 무작정 최고만 되려는 접근법의 어두운 측면도 동시에 알고 있다. 이 책을 계속 읽기에 앞서, 더 많이 노력해야 할 이유는 무엇일지 자신에게 물어보자. 1만 달러를 더 벌기 위해서인가? 혹은 풍요로운 삶을 살아가기 위해서인가?

사람들은 재정적인 차원에서 '이만하면 충분하지 않을까?'라고 묻지 말고 무조건 '더, 더, 더 많이' 노력하라고 조언한다. 이러한 생각은 애초에 왜 그렇게 노력해야 하는지 묻지 않은 상태에서 목표로 자리 잡는다. 그런 노력 끝에 거둔 결실을 누리게 될 때는 과연 언제일까?

지금까지 나는 많은 이가 이러한 삶의 여정을 따라가는 모습을 목격했다. 처음에는 자신의 재정 상태를 개선하기로 결심했다가(좋다), 생활 습관을 바꾸면서 저축을 시작하고(역시 좋다), 다음으로 저축을 계속하다가 점차 공격적으로 움직이고(그렇게 좋지만은 않다),

결국에는 '스프레드시트 속의 삶'에 빠져서 오늘은 자산이 얼마나 늘었는지 매일 점검한다(아주 나쁘다). 그들은 애초에 왜 이 게임에 뛰어들었는지 잊어버린 채 그저 게임 그 자체에만 몰두한다.

하지만 스프레드시트에 갇힌 삶을 원하는 사람은 없다. 우리의 삶은 자산 배분을 조정하거나 몬테카를로 시뮬레이션으로 투자하는 것보다 더 소중하다. 당신은 게임 초반에 승리를 거뒀다. 그러니 이제는 게임을 더 하려는 '이유'를 생각해 봐야 할 때다. 그 대답이 '매년 호화로운 휴가를 즐기고 일등석을 타고 여행하기 위해서'라면, 그것도 좋다. 그리고 '앞으로 3년간 열심히 저축해서 꿈꿔 왔던 동네로 이사할 거야'라도 좋다. 지금부터는 그런 목표를 더 빨리 달성하는 구체적인 방법을 보여 주고자 한다.

이를 위해 내가 '하늘에서 땅으로 내려오기'라고 부르는 훈련법을 소개하고자 한다. 사람들에게 "왜 돈을 더 많이 벌고 싶은가요?"라고 물으면, 대부분 '자유'나 '안전'을 꼽는다. 좋다. 하지만 나는 당신이 여기서 한 걸음 더 들어가길 원한다. 고차원적이고 추상적인 비전으로는 우리가 기대하는 것만큼 강력한 동기를 자신에게 부여하지 못하기 때문이다. 현실적이고 구체적인 비전, 다시 말해 땅 위의 목표야말로 진정한 동기로 작용할 수 있다.

1만 달러를 더 벌려고 하는 구체적인 이유가 있다면, 그리고 그 이유를 하늘 위가 아니라 땅에서 찾을 수 있다면, 뭐라고 설명하겠는가? 당신이 생각하는 현실적인 동기란 무엇인가? 뭔가 고상한 대답을 내놓을 수도 있다. 그러나 나는 10분 정도 산책하면서 당신을 가장 흥분시키는 일이 뭔지 떠올려 보기를 권한다. 그 대답은 우리가 생각하는 것보다 훨씬 더 단순할 때가 많다.

예를 들어, 지하철로 땀을 흘리며 퇴근하기보다 택시를 타고 편안하게 집에 오길 바란다거나, 혹은 친구와 글램핑 여행을 떠나고 싶은 소망도 동기가 될 수 있다. 내가 예전에 간직했던 한 가지 현실적인 동기는 레스토랑에서 애피타이저도 함께 주문하는 것이었다. 그리고 이 책을 쓰면서 내가 품었던 현실적인 동기는 재테크와 관련해 받는 똑같은 질문에 대해 농담을 섞어 가면서 재미있게 대답하는 것이었다. 그만큼 단순했다.

자. 그렇다면 당신이 앞으로 1,000달러나 1만 달러, 혹은 2만 5,000달러를 벌려고 하는 이유는 무엇인가? 대답을 하늘 위에서 찾지 말자. 절대적으로 솔직하게, 그리고 지극히 현실적으로 답해 보자.

이제 왜 더 많은 걸 원하는지 분명히 이해했다면, 목표를 달성하기 위한 몇 가지 구체적인 방법을 보여 주고자 한다.

시스템에 연료를 주입하라

지난 장에서는 투자 상품을 선택하고 자동으로 돌아가도록 시스템을 구축하는 법을 살펴봤다. 자동 시스템은 그 자체로 훌륭하다. 그런데 시스템이 작동하려면 연료가 필요하다. 그리고 그 연료는 다름 아닌 돈이다. 다시 말해, 우리가 얼마나 많은 돈을 넣는지에 따라 시스템의 위력은 달라진다.

앞서 85% 법칙을 실행하는 방법에 대해 알아봤다. 투자를 시작하는 것은 가장 힘들면서도 중요한 단계다. 처음에는 한 달에 100달러를 투자하는 것으로도 충분하다. 중요한 것은 시스템에 연료를 얼마나 주입하는가다. 많이 넣을수록 많이 나오기 때문이다.

바로 여기서 목적의 중요성이 모습을 드러낸다. 예를 들어, 재정 독립으로 일찍 은퇴하는 파이어족의 삶을 원한다면, 더 많이 저축하고 더 공격적으로 투자해야 한다. 그러나 맨해튼과 같은 곳에서 여유롭게 살고 싶다면, 칵테일 바와 배달 음식(나 역시 너무도 익숙한)을 마음껏 즐기기 위한 넉넉한 지출 계획을 스스로 허락해야 한다.

물론 가장 좋은 것은 두 가지 모두를 추구하는 삶이다. 즉, 공격적으로 투자하면서도 만족스러운 풍요의 삶을 누리는 것이다. 하지만 이를 뒷받침할 계획만 있다면(그리고 목표와 더불어 충분한 소득만 있다면), 얼마든지 가능하다. 그래도 기억해야 할 것이 있다. 그건 일찍 투자를 시작하는 게 중요한 것처럼 재정 시스템에 최대한 많은 연료를 주입해야 한다는 점이다.

> 저축을 자동화한 덕분에 신용카드 빚을 갚으면서 꽤 많은 돈을 모을 수 있었습니다. 그리고 그 돈으로 결혼식 비용도 치렀고, 주택시장이 바닥을 쳤을 때 샌디에이고에 집도 장만할 수 있었죠. 또한 25만 달러였던 집값이 70만 달러로 뛰었습니다. 게다가 주택담보대출 이자율도 아주 낮아서 인기 높은 아름다운 마을에서 스트레스 없이 자유롭게 살아가고 있습니다.
> — 앨리사, 34세

이렇게 한번 상상해 보자. 1달러를 넣으면 5달러가 나오는 마법의 기계가 있다면? 그러면 틀림없이 최대한 많은 돈을 넣을 것이다! 투자가 바로 그런 기계다. 다만 시간이 좀 걸릴 뿐이다. 오늘 투자한 돈의 가치는 내일 더 높아질 것이다.

내 삶은 얼마나 부유해질까?

수익률이 8%일 때, 매달 넣는 돈은 얼마로 불어날까?

투자금	매달 100달러 투자	매달 500달러 투자	매달 1,000달러 투자
5년 후	7,347달러	3만 6,738달러	7만 3,476달러
10년 후	1만 8,294달러	9만 1,473달러	18만 2,946달러
25년 후	9만 5,102달러	47만 5,513달러	95만 1,026달러

※ 편한 계산을 위해 세금은 고려하지 않았다.

내 조언에만 만족하지 말자. 투자 계산기 프로그램을 사용해 수익률을 8%로 가정하고, 매달 넣는 투자금을 조정해 보자. 어쩌면 지금 넣는 돈으로는 기대보다 성장이 느리다는 생각이 들지 모른다. 그렇다면 100달러나 200달러씩 조금씩 높여 보자. 결과가 크게 달라지는 모습을 확인할 수 있을 것이다.

4장에서는 의식적인 소비 계획을 설명하면서 소득의 일정 비중을 저축과 투자에 할당해야 한다고 말했다. 우리의 첫 번째 목표는 그 비중을 채우는 것이었다. 그러나 이제는 한 걸음 더 나아가 최대한 많이 저축하고 투자해야 한다. 나도 안다. 이렇게 따져 묻는 독자도 있을 것이다. "더 투자하라고? 여기서 어떻게 더 짜내라고!"

나는 당신을 좌절시키려는 게 아니다. 오히려 그 반대다. 복리 효과는 엄청나므로 지금 조금 더 넣으면 나중에 훨씬 많이 돌려받을 수 있다(어마어마한 금액으로). 계산해 보면 이러한 사실을 쉽게 확인할 수 있다. 이제 앞서 세운 의식적인 소비 계획으로 돌아가서 돈을 더 짜낼 구석이 없는지 살펴보자. 의식적인 소비 계획의 힘을 극대화하려면, 자동차나 주택 구입과 같은 중요한 순간에 치열하게 가격 협상을 시도해야 한다(9장 참조). 그리고 줄일 수 있는 비용을 최대한 줄여야 한다. 연봉 협상을 시도하거나 급여 조건이 더 좋은 직장으로 옮기는 방법도 고려해야 한다. 어떤 방법을 선택하든 매달 시스템에 최대한 많은 돈을 넣어야 한다는 사실이 중요하다. 이를 실천하기에 가장 좋은 시점은 바로 지금이며, 시스템에 더 많은 돈을 집어넣을수록 목표에 더 빨리 도달할 수 있다는 사실을 명심하자.

투자 리밸런싱

자산 배분을 직접 하기로 택했다면, 리밸런싱 작업을 주기적으로 해야 한다. 이는 내가 TDF를 그토록 열정적으로 추천하는 이유다. 그건 TDF가 리밸런싱 작업을 모두 알아서 해주기 때문이다(정말로 다행스럽게도 TDF를 선택했다면, 이 부분은 건너뛰어도 된다). 그렇지 않다면 리밸런싱 작업과 관련해서 몇 가지를 알아 둘 게 있다. 포트폴리오를 다각화했을 때, 해외 주식 등 특정 자산의 비중이 다른 자산들보다 크게 높을 수 있다. 그러므로 자산 배분을 목표에 따라 유지하기 위해서는 1년에 한 번은 리밸런싱 작업을 해야 한다. 그래야 해외 주식이 포트폴리오에서 차지하는 비중을 계획했던 대로 유지할 수 있다. 투자 포트폴리오를 뒷마당이라고 생각해보자. 원래는 애호박을 뒷마당 면적의 15% 정도로 키우려고 했는데 어쩌다 보니 30%가 되었다면, 애호박 면적을 줄여서 토지의 활용 형태를 새롭게 조정해야 한다. 아니면 뒷마당 전체 면적을 넓혀서 애호박 비중이 15%로 다시 돌아가게 만들어야 한다. 잠깐, 나도 알고 있다. 개인 재정에 관한 이야기를 하다가 뜬금없이 유기농 정원 이야기라니. 다시 본론으로 돌아가자.

이제 스웬슨 모형을 기반으로 자산을 배분한다고 치자.

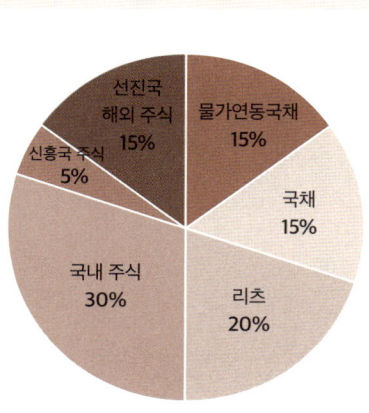

목표 포트폴리오

어떤 해에 미국 주식이 50% 올랐다고 해보자(계산을 간단하기 위해 다른 자산은 그대로라고 가정하자). 그러면 미국 주식이 전체 포트폴리오에서 차지하는 비중이 갑자기 커지면서 자산 배분이 흐트러진다.

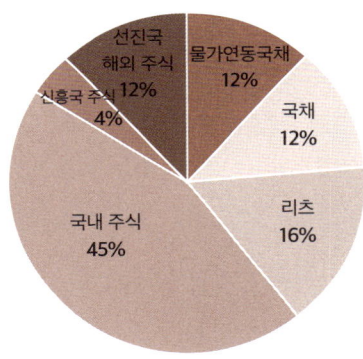

물론 특정 자산이 좋은 성과를 올리는 건 반가운 일이다. 그러나 그럴 때 자산 배분 현황을 점검해서 특정 자산의 비중이 지나치게 커지거나 작아지지 않도록 조정해야 한다. 바로 이와 같은 포트폴리오 리밸런싱 작업으로 자산 배분을 적절한 형태로 유지해서 포트폴리오가 특정 시장의 변동성에 취약해지지 않도록 보호할 수 있다.

리밸런싱 작업을 위한 최고의 방법은 자산 배분이 다시 원상태로 돌아올 때까지 다른 자산에 더 많은 돈을 집어넣는 것이다. 그렇다면 구체적으로 어떻게 해야 할까? 현재 미국 주식이 포트폴리오에서 45%를 차지하고 있지만 원래 30%로 의도했다면, 미국 주식에 돈을 넣는 것을 일시적으로 중단하고 그 금액만큼 나머지 자산에 균등하게 배분하자. 이를 위해 투자 계좌에서 특정 펀드로 돈이 자동으로 흘러가는 자동이체 기능을 중단해야 한다. 먼저 투자 계좌로 들어가서 초기의 자산 배분 형태에서 크게 벗어난 펀드를 찾고, 이 펀드에 대한 자동이체를 중단하자(자동이체는 언제든 다시 시작할 수 있으니 걱정할 필요 없다). 다시 말해, 자산 배분이 목표로 했던 형태로 회복될 때까지 기대보다 더 좋은 성과를 올린 자산에 대한 투자를 멈추고 포트폴리오의 다른 부분에 대한 투자를 늘리는 방식이다.

참고로 리밸런싱을 위한 또 다른 방법도 있다. 그것은 높은 성과를 올린 자산을 매도해서 그 돈을 다른 자산들에 투자하는 방식으로 원래 자산 배분 형태를 유지하는 것이다. 그러나 거래 수수료가 발생하고 서류 작업이 필요하며, 무엇보다 다시 고민해야 하므로 추천하지 않는다. 포트폴리오 리밸런싱 작업을 마무리했다면, 중단했던 자동이체가 다시 시작되도록 달력 앱에 알림 설정을 하는 것도 잊지 말자.

마찬가지로 특정 펀드가 손실을 본 경우에도 자산 배분은 흐트러진다. 이 경우에는 포트폴리오가 원래 형태로 돌아올 때까지 다른 자산에 대한 투자를 멈추고 손실을 기록한 자산에 더 많이 투자하자. 만약 TDF에 투자했다면, 펀드가 이 모든 작업을 알아서 자동으로 처리해 준다. 내가 TDF를 좋아하는 또 하나의 이유다.

세금 걱정은 이제 그만

세금을 바라보는 관점은 저마다 다르다. 그래서 정치적으로 민감한 논란의 주제이기도 하다. 나는 세금과 관련해서 중요한 사실 한 가지를 깨달았다. 그건 사람들이 세금에 대해 25년간 품어 왔던 믿음이 잘못되었다는 지적을 무척 싫어한다는 것이다.

그러니 세금에 대한 나의 여섯 가지 생각을 밝히는 과정에서 몇몇 사람들은 크게 분노할지 모른다. 뭐 그래도 괜찮다. 우리는 세금에 대해 제대로 알아야 한다. 그리고 얼마나 많은 이들이 아무 생각 없이 틀에 박힌 이야기를 앵무새처럼 따라 하는지도 알아야 한다.

진실 1: 세금 환급을 부정적으로 보지만, 그렇지 않다

오해: 세금 환급 제도는 결국 정부에게 무이자로 돈을 빌려주는 것이므로 나쁜 것이다.

진실: 세금 환급을 받지 않았더라면 틀림없이 그 돈을 다 썼을 것이다. 연구 결과는 세금 환급금을 매달 소액으로 월급에 포함해서 지급할 경우, 대부분 소비로 사용된다는 사실을 보여 준다. 반면 한꺼번에 받는 세금 환급금은 저축하거나 빚을 갚는 데 사용된다.

놀라운 사실: 정치인들은 환급과 관련해 쉽게 결정을 내리지 못한다. 세금 환급금을 조금씩 정기적으로 지급하면 대부분 그 돈을 쓰기 때문에 경제에 활기를 불어넣을 수 있지만 국민이 소득 상승을 체감하지 못하므로 정치인들은 공을 인정받지 못한다. 반면 세

금 환급금을 한 번에 큰 금액으로 지급하면 정부는 공을 인정받지만, 저축이나 부채 상환으로 쓰이므로 경제를 자극하지 못한다.

진실 2: 미국은 '세계에서 가장 세율이 높은 나라'가 아니다

오해: 미국은 세계에서 가장 세율이 높다.

진실: 전혀 사실이 아니다.

놀라운 사실: 이처럼 기본적인 정보조차 왜곡되는 경우가 많다. 이러한 상황에서 어떻게 세금 정책과 관련해서 국민의 합의를 끌어낼 수 있겠는가? 만약 당신이 세금 덕후라서 30쪽에 달하는 음모론이나 유튜브 영상을 내 메일로 보내려고 한다면, 굳이 그럴 필요 없다. 내 말이 옳다.

진실 3: 세금을 내느니 돈을 적게 버는 게 더 낫다고 착각한다

오해: 소득이 높아지면 세율 구간이 올라가서 세금을 더 많이 내기 때문에 실수령액은 오히려 줄어든다.

진실: 부디 3분만 시간을 내서 '한계 세율 구간'이라고 하는 개념을 공부해 보자. 소득이 높아져서 세율 구간이 올라가도 새로운 세율이 적용되는 부분은 '소득 전체'가 아니라 '한계 소득', 다시 말해 더 높은 세율 구간에 해당하는 소득뿐이다. '크리스티'라는 사람이 내 웹사이트에 남긴 글을 소개한다.

> 몇 년 동안이나 연봉 인상을 거부한 사람들이 주변에 좀 있어요. 소득이 높아지면 새로운 세율 구간이 적용되어 실수령액이 더 낮아질 거라고 믿기 때문이죠. 사실은 그렇지 않다고 설명해 주려고 하면 버럭 화를 내죠. 지금 와서 자신의 믿음이 틀렸다는 사실을 알게 되면, 그동안 자신이 어리석었다는 사실을 인정해야 하니까요. 또한 병원에 갈 때마다 자기 부담금으로 3,000달러씩 내야 한다고 믿는 사람도 있어요. 공제 방식이 어떻게 돌아가는지 설명하려고 하면 짜증을 내면서 아예 들으려고도 하지 않습니다. 그는 자신의 건강에 관해 항상 불평을 늘어놓으면서도 병원엔 가질 않아요. 3,000달러씩 부담할 여유가 없다고 말이죠. 그리고는 오바마케어 때문에 자기 인생이 망가졌다며 사람들에게 떠들고 다니죠.
>
> — 크리스티

놀라운 사실: 그렇게 믿는 사람은 세율이 실제로 어떻게 적용되는지 알아보기 위해 평생 5분도 투자하지 않는다. 그러다 어느 시점부터 잘못된 생각이 확고한 믿음으로 자리 잡게 되면 더 이상 자신이 틀렸다는 사실을 인정하지도, 진실을 받아들이지도 않는다.

진실 4: 세금이 실제로 어떻게 쓰이는지 모르면서 화를 낸다

오해: 해외 원조에 어마어마한 세금을 쓴다.

진실: 미국인들이 내는 연방 세금 100달러 중 해외 원조로 들어

가는 돈은 1달러 정도에 불과하다. 생각보다 훨씬 작은 규모다.

놀라운 사실: 사람들은 그들이 낸 세금이 어떻게 쓰이는지 잘 알지 못한다. 그러면서도 이렇게 말한다. "세금을 이러저러한 곳에만 쓴다면 난 얼마든지 낼 수 있어." 고마운 말이다. 그러나 민주주의 사회에서 세금 사용처는 그리 쉽게 결정되지 않는다.

진실 5: 부자들이 세금을 피하려고 제도상 허점을 악용한다

오해: 부자들이 악용할 수 있는 다양한 허점이 존재한다.

진실: 나도 이러한 허점의 존재를 알고 있다. 물론 투자 계좌를 활용해서 세금 효율성을 높이거나 세금 우대 계좌를 최대한 활용하는 것처럼 합법적인 절세 방법이 있기는 하지만, 흔히들 생각하는 것만큼 그렇게 많지는 않다. 게다가 일반적으로 이러한 허점을 이용할 수 있는 집단은 자본 이득으로 엄청난 돈을 버는 슈퍼리치들뿐이다(일반 직장인은 물론, 변호사나 은행가와 같은 고소득 전문가도 이 집단에 포함되지 않는다).

놀라운 사실: 슈퍼리치만이 활용할 수 있는, 그래서 일반인에게는 잘 알려지지 않은 몇 가지 편법이 존재한다. 만약 억대 연봉자라면, 내 웹사이트에서 고급 개인 재무 강의를 들어보는 것도 좋다.

진실 6: 정치 성향 때문에 세금을 공정하게 바라보지 못한다

오해: 사람들은 세금에 대한 자기 생각이 합리적이고 정당하다

고 믿는다. 당신도 예외는 아니다.

진실: 개인의 심리적 성향은 정보의 출처와 함께 세금을 바라보는 관점에 큰 영향을 미친다. 〈사이콜로지 투데이Psychology Today〉의 어느 기사는 이렇게 지적했다. "어떤 유형의 거래에 세금을 부과해야 하는지를 놓고 사람들의 생각은 저마다 다르다. 사람들은 세법이 자기 생각과 일치하기를 기대한다. 그러나 그렇지 않을 때, 사람들은 과세가 부당하다고 느낀다." 한 가지 제안을 하고 싶다. 다음에 세금에 대해 불평, 불만을 늘어놓는 사람을 만나면 이렇게 물어보자. "세금을 못마땅하게 여기시는군요. 그렇다면 세금으로 얻는 혜택에 대해서는 어떻게 생각하시나요?" 이 질문은 두 가지 기능을 한다. 첫째, 대화의 방향을 세금이 그들에게서 뭔가를 빼앗아 간다는 두려움 기반의 인식에서 민주주의 사회의 일원으로 살기 위해 치러야 하는 대가라는 인식으로 전환된다. 둘째, 상대가 합리적인 대화를 나눌 수 있는 사람인지 즉각 확인할 수 있게 해준다(만약 상대가 "도로도 다 민영화해야 해요"라거나 "모든 세금은 결국 도둑질입니다"라고 대답한다면, 조용히 일어나서 자리를 뜨자).

사람들은 세금 이야기만 나오면 갖가지 말도 안 되는 억측을 늘어놓는다. 그런 말들을 객관적으로 바라보고 비판적으로 분석하자. 그리고 자신의 이성으로 판단하자. 세금에 대한 내 생각은 이렇다. 나는 기꺼이 세금을 낸다. 물론 세금 우대 계좌처럼 합법적인 절세 방안은 모두 활용하지만, 그래도 내가 낸 세금이 사회 전반의 안녕에 기여하는 사실을 이해한다. 또한 돈은 언제든 더 많이 벌 수 있다고 생각하므로, 의사결정을 내리는 과정에서 세금을 주요한 기준으로 삼지는 않는다. 마지막으로, 세금에 대한 불만이 쌓인다면 해외로 나가서 차를 한번 몰아 보자. 인프라에서 차이가 느껴지지 않는가? 그러니 불평을 멈추고 세금을 성실히 납부하면서 사회의 일원으로 기여하자.

세금은 85% 법칙을 적용할 수 있는 대표적인 분야다(잠깐 복습하자면, 85% 법칙이란 중요한 선택으로 대부분을 '충분히 만족스럽게' 처리하고 나서 삶을 누린다는 뜻이다). 세금과 관련해서 85% 법칙을 적용한다는 말은 세금 이연 계좌(자세한 설명은 다음에)를 최대한 활용한다는 뜻이다. 그렇게 해서 매년 세금으로 수천 달러를 아낄 수 있다.

개인 재무 분야를 파고들면, 세금으로부터 자기 돈을 지켜 준다는 온갖 말도 안 되는 방법을 만나게 된다. 나도 전문가에게 높은 수수료를 지불하며 세금을 아끼기 위한 다양한 방법을 연구해 봤다. 그러나 대부분 헛소리에 불과했다.

물론 억대 연봉을 받는다면 몇 가지 절세 방안이 있기는 하다. 하지만 진정한 절세 효과를 누릴 수 있는 이들은 투자로 매년 수백만 달러를 벌어들이는 '갑부들'뿐이다. 그러니 세금의 경우 85% 법칙을 활용하면서 자산을 늘려 나가는 방식에 집중하자.

투자 및 세금과 관련해서 꼭 알아 둬야 할 사항

401k나 로스 IRA와 같은 세금 이연 계좌를 최대한 활용해서 투자하자. 세제 혜택이 있는 은퇴 계좌를 사용하면 많은 이익을 얻을 수 있다. 예를 들어, 401k에 넣은 돈은 오랜 세월이 흘러 인출할 때까지 과세되지 않는다. 그리고 로스 IRA를 통해 투자하면 수익에

대해 세금을 전혀 물지 않아도 된다. 더 중요한 점은 세금 효율적인 펀드를 고르거나 연말 배당을 피하려고 매도 시점을 선택하는 등 수고를 들일 필요가 없다는 것이다. 이처럼 세금 혜택이 있는 은퇴 계좌에 투자하면 세금과 관련해 다양한 번거로움을 피할 수 있다.

세금 혜택이 있는 은퇴 계좌를 활용해서 투자한다는 말은 곧 85% 법칙을 실현한다는 뜻이다. 한번 정해 놓고 인생을 즐기자.

매년 점검해야 할 사항들

자동화된 재테크 시스템을 관리하려면 노력이 필요하다. 나는 매년 몇 시간을 들여 시스템을 점검하고 필요한 개선 사항은 없는지 확인한다. 예를 들어, 필요하지 않은 구독 서비스에 가입해 있는 것은 아닌지, 혹은 새로운 단기 목표에 따라 의식적인 소비 계획을 수정해야 할지 살핀다. 이러한 노력을 위해 1년에 한 번이라도 시간을 내자. 새해를 힘차게 시작하기 위해 12월에 하기를 추천한다. 아래에서 설명하는 단계를 따라 실행해 보자.

의식적인 소비 계획 점검하기(3시간): 아래의 일반적인 지침을 기준으로 꼼꼼하게 점검해 보자. 지금 당신의 돈이 이렇게 흘러가고 있다면, 풍요로운 삶을 위한 '빅 윈'을 일궈 냈다는 뜻이다.

- 고정비(50~60%)

- 투자(10%)
- 저축(5~10%)
- 죄책감 없는 소비(20~35%)
- 현재 구독 서비스 점검(필요 없는 구독은 해지하자)
- 케이블이나 인터넷 서비스 요금을 재협상하자.
- 지출 계획을 재검토하자. 여전히 유효한가? 공격적으로 저축하고 있는가?
- 고정비가 지나치게 높다면 저렴한 지역으로 이사 가는 방안도 고려(남는 방을 에어비앤비에 올리거나 소득을 높이는 방법도 함께)
- 투자 비중이 10%에 못 미친다면, 다른 곳에서 돈을 끌어오자. 일반적으로 죄책감 없는 소비가 그 대상이 된다. 그 돈을 투자에 추가로 할당하자.

각종 요금 협상하기(2시간): 적극적으로 요청하면, 의외로 많은 기업이 프로모션 요금을 적용해 주거나 정기 요금을 인하해 준다.
- 휴대전화 요금
- 자동차 보험료
- 케이블 및 인터넷 요금
- 은행 수수료

투자 점검(2시간)
- 401k에 최대 한도로 납부하고 있는지 확인하자. 그리고 실제로 투자가 잘 이뤄지고 있는지 점검하자. 또한 올바른 펀드에

투자되고 있는지도 다시 살펴보자.
- 로스 IRA에 최대 한도로 납부하고 있는지 확인하자. 마찬가지로 실제로 투자가 이뤄지고 있는지(돈이 잠자고 있는 것은 아닌지) 점검하자. 또한 올바른 펀드에 투자되고 있는지 살펴보자.
- 세금 우대 계좌를 최대한 활용하자.

부채 점검 (2시간)
- 부채 상환 계획을 다시 들여다보자. 상환이 제대로 진행되고 있는가? 좀 더 빨리 상환하는 방법이 있는가?
- 신용 보고서와 신용 점수를 확인하자.
- 신용카드 연이율을 재협상하자.

신용카드 점검 (1시간)
- 신용카드 포인트를 사용할 계획을 세우기(어떤 포인트는 유효기간이 있으니 확인하자. 자신이 쌓은 것이니 즐거운 마음으로 쓰자!)
- 카드사에 전화해서 아직 받지 못한 혜택이 있는지 물어보자.
- 혹시 불필요한 수수료를 내는 것은 아닌지 확인하자. 그런 수수료가 있다면, 면제를 요구하자.

더 많이 벌기 (지속적인 과제)
- 연봉 협상하기 (244쪽 참조)
- 부업으로 수입 올리기 (아이디어는 내 웹사이트를 참고해도 좋다.)

그 밖의 점검 사항

- 세입자 보험이나 생명 보험 등 꼭 필요한 보험에 가입되어 있는지 확인하자.
- 부양가족이 있다면 유언장을 작성해 보자.

매도할 때 신중해야 하는 이유

나는 지금까지도 투자 자산을 매도한 적이 한 번도 없다. 왜 그럴까? 그건 장기적으로 투자하기 때문이다. 그런데 지금도 나는 매도와 관련해서 자주 질문을 받는다. 일반적으로 미국에서 투자 자산을 매도하면, 매년 4월 15일쯤 세금을 낸다. 미국 정부는 장기 투자를 장려하기 위한 이런 장치를 마련해 놨다. 그래서 보유기간이 1년 미만인 투자 자산을 팔 경우, 일반적으로 25~35%에 달하는 소득세를 물어야 한다. 예를 들어 주식을 사서 1만 달러 수익을 올렸는데 9개월 만에 섣불리 팔 경우, 실제로 손에 쥘 수 있는 돈은 7,500달러에 불과하다.

투자 자산을 1년 넘게 보유할 때는 양도소득세만 내면 되는데, 이는 소득세보다 훨씬 낮다. 9개월 만에 팔아서 25% 소득세를 낸 경우와 비교해 보자. 만약 1년 넘게 보유한 뒤 매도했다면, 자본이득세로 15%만 물면 된다. 다시 말해, 7,500달러가 아니라 8,500달러를 실제로 손에 쥐게 된다(투자 수익이 1만 달러가 아니라 10만 달러나 50만 달러, 혹은 100만 달러라면 어떨까? 이 책에서 소개한 시스템에 따라 저축하고 투자했다면, 현실적으로 얼마든지 그런 수익을 올릴 수 있다). 이는 투자 자산을 장기 보유해서 얻을 수 있는 중요한 절세 효과를 보여준다.

그런데 한 가지 중요한 점이 있다. 세금 혜택이 있는 은퇴 계좌로 투자했다면, 매도한 해에 세금을 낼 필요가 없다. 예를 들어, 세금 이연 계좌인 401k로 투자했다면, 세월이 한참 흘러 그 돈을 인출하는 시점에 세금을 낸다. 반면 로스 IRA는 이미 세금을 낸 돈으로 투자하므로 인출 시 세금을 내지 않는다.

애초에 올바른 투자를 선택했다면, 장기로 보유하지 않을 이유가 어디 있겠는가? 6장에서는 투자의 시점을 예측하는 것은 불가능하다는 사실을 알아봤다. 그리고 3장에서는 장기 보유 방식이 자주 거래하는 방식보다 훨씬 더 높은 수익률을 올린다는 사실을 살펴봤다. 게다가 세금까지 고려한다면, 단기 매도는 손실의 가능성이 더 크다. 이는 개별 주식을 매입하기보다 TDF나 인덱스 펀드를 활용해서 세금 효율적인 단순한 형태의 포트폴리오를 설계해야 하는 또 하나의 이유이기도 하다. 물론 애초에 올바른 투자를 선택했다는 가정하에 말이다. 결론은 간단하다. 은퇴 계좌를 통해서 투자하고 장기간 보유하자.

매도 시점 파악하기

당신이 지금 젊다면, 투자 자산을 매도해야 할 이유는 다음 세

가지뿐이다. 첫째, 급하게 돈이 필요할 때. 둘째, 투자를 잘못해서 시장 수익률을 계속 밑돌고 있을 때. 그리고 셋째, 투자 목표를 달성했을 때.

급하게 돈이 필요할 때

급하게 돈을 마련해야 한다면, 다음 순서에 따르자.

① 2장에서 다뤘던 저축 계좌에서 인출하기.
② 추가 수입 올리기. 우버 기사로 뛰거나, 안 입는 옷을 팔거나, 개인 과외를 할 수도 있다. 단기간에 많은 돈을 벌기는 힘들지만, 안 쓰는 물건을 팔아서 돈을 마련하는 방법은 심리적인 차원에서도 의미가 있다. 즉, 자신이 문제 상황에 얼마나 진지하게 접근하고 있는지를 자기 자신과 가족에게 보여 줄 수 있다(주변의 도움을 받는 데 유리하다).
③ 가족에게 돈을 빌릴 수 있을지 물어보기. 그러나 관계가 틀어질 위험이 있다면 좋은 선택이 아니다.
④ 은퇴 계좌에서 인출하기. 로스 IRA에 납입한 원금은 언제든 페널티를 물지 않고 인출이 가능하다. 그러나 장기적으로 복리 효과가 크게 준다. 401k의 경우에는 '경제적 어려움'에 해당하는 경우에 페널티를 물지 않고 인출이 가능하다. 일반적으로 의료비와 주택 마련, 등록금, 압류 방지, 장례 비용 등이 이러한 어려움에 해당한다. 그래도 조기 인출 수수료를 물게 될 가능성이 있다. 401k에서 인출해야 할 경우, 인사팀 담당

자와 꼭 상의하자. 하지만 페널티와 세금을 고려한다면, 은퇴 계좌에서 인출하여 돈을 마련하는 방법은 가급적 피하자.

⑤ 신용카드는 최후의 수단으로서만 활용하기. 이 점은 아무리 강조해도 지나치지 않다. 높은 이자를 물게 될 가능성이 크니 절박한 상황이 아니라면 카드는 선택하지 말자.

남들이 하지 않는 10년 계획 세우기

나는 재테크 시스템을 최적화하고 나서 "다음은 뭐죠?"라고 묻는 메일을 받을 때마다 뿌듯한 마음이 든다. 이 질문에 대한 내 대답은 이렇다. 자신보다 나이가 다섯 살, 혹은 열 살 더 많은 사람에게 좀 더 일찍 했었더라면 좋았을 일이 무엇인지 물어보라는 것이다. 그러면 아마도 다음 세 가지 대답을 듣게 될 것이다.

1. **비상금 만들기**: 비상금은 실직이나 질병, 사고, 혹은 갑작스럽게 닥친 불운한 일에 대비하기 위한 또 하나의 저축 목표다. 특히 주택담보대출이 있거나 부양가족이 있다면 재정적 안정을 위해 꼭 필요하다. 비상금을 만들기 위해서는 추가적인 저축 목표를 세우고 다른 목표와 같은 방식으로 돈을 넣어야 한다. 결론적으로 말해서, 비상금 항목에는 6~12개월 치 생활비가 들어 있어야 한다(여기에는 주택담보대출 및 기타 대출 상환금, 식비, 교통비, 세금, 선물

을 비롯하여 예상 가능한 지출이 포함된다).

2. **보험**: 나이가 들면서 위험으로부터 자신을 지킬 다양한 유형의 보험에 관한 관심이 높아진다. 대표적으로 주택 보험(화재나 홍수, 지진에 대비한)과 생명 보험이 있다. 주택을 소유하고 있다면 주택 보험은 꼭 필요하다. 그러나 젊고 독신이라면 생명 보험까지는 필요 없다. 무엇보다 통계적으로 젊은 사람의 사망률은 아주 낮기 때문이다. 그리고 생명 보험은 배우자나 자녀와 같은 부양가족이 있을 때 의미가 있다. 이 책에서는 실질적으로 보험을 다루지 않지만, 관심이 있다면 부모님이나 친구들과 이야기를 나눠보고 인터넷에서 '생명 보험'으로 검색해서 다양한 종류를 살펴보자. 지금 당장 여러 가지 보험에 가입할 필요는 없다. 다만 보험이 필요할 때 바로 가입할 수 있도록 저축해 둘 필요는 있다. 마지막으로 주의할 점은 보험 설계사(혹은 보험에 대해 잘 모르는 부모님)가 무슨 이야기를 하든 간에 보험은 투자 상품이 아니라는 사실이다. 보험은 화재나 가족의 갑작스러운 죽음과 같은 위험에 대한 보호 장치로 생각해야 한다.

3. **자녀 교육**: 자녀가 있든 없든 간에 첫 번째 목표는 자신의 재정 상태를 안정화하는 것이다. 빚이 있는 상태에서 자녀 교육을 위해 저축하려는 사람들을 온라인에서 만날 때마다 의아한 생각이 든다. 굳이 왜? 먼저 빚을 갚은 뒤 은퇴를 위해 돈을 모아야 한다. 그리고 다음으로 자녀 걱정을 해야 한다. 로스 IRA가 훌륭한 은퇴 계좌라면, 세금 혜택이 높은 교육 저축 플랜인 529는 훌륭한 자녀 교육 계좌다. 자녀가 있고(혹은 가질 계획이 있고) 여유 자금

이 있다면, 529 계좌에 돈을 넣어 두자.

지금 젊다면 앞으로 10년 동안 이러한 문제를 놓고 고민하게 되는 순간이 필연적으로 찾아올 것이다. 이를 대비하는 최고의 방법은 자신보다 나이와 경험이 많은 성공한 사람들과 이야기를 나누는 것이다. 이를 통해 앞으로 10년간의 계획을 세우는 과정에서 소중한 조언과 좀 더 나은 안목을 얻게 될 것이다.

투자 실적이 계속해서 저조하다면

하나, 혹은 그 이상의 인덱스 펀드에 투자했다면 신경 쓰지 않아도 괜찮다. 시장 전체의 실적을 따라가는 중이기 때문이다. 간단하게 말해서, 자신이 보유한 '전체 시장 인덱스 펀드'가 하락하고 있다면, 그건 시장 전반이 떨어지고 있다는 뜻이다. 만약 앞으로 시장이 회복할 거라 믿는다면, 더 싼 값에 살 수 있는 기회다. 다시 말해 매도 시점이 아니라, 투자를 그대로 이어 나가면서 가격이 하락한 주식을 사들일 수 있는 시점인 것이다.

실적이 장기간 저조한 투자를 매도해야 할 시점을 파악하려면 이론적인 이해가 필요하다. 자신이 보유한 주식이 35%나 떨어졌다면, 어떻게 해야 할까? 충격을 받은 당신은 이렇게 말할지 모른다. "라밋, 이 주식은 안 되겠어요! 더 떨어지기 전에 팔아야겠어요!"

그러나 너무 서두르지는 말자. 결정에 앞서 전반적인 상황을 살펴봐야 한다. 예를 들어 그 주식이 소비재 관련 종목이라면, 소비재 산업 분야의 다른 주식들의 상황은 어떤지 들여다볼 필요가 있다.

주식이 포함된 산업 전체를 둘러봐야 해당 산업이 전반적으로 하락하고 있는지 알 수 있다. 즉, 자신이 보유한 주식이 문제인지 판단할 수 있다. 만약 산업 내 다른 주식들도 실적이 좋지 않다면, 산업 전반의 미래를 생각해 봐야 한다. 그리고 주식의 부진한 실적도 이러한 차원에서 이해해야 한다. 주가가 떨어졌다고 곧바로 매도해야 하는 것은 아니다. 모든 산업은 때로 부침을 겪는다. 지금 그 산업에서 무슨 일이 벌어지고 있는지 들여다보자. 아직 시장 경쟁력이 있는가? 혹시 다른 경쟁 산업이 대체하려는 것은 아닌가? 반면 그 산업이 주기적인 침체를 겪는 것으로 판단했다면, 투자를 그대로 유지하면서 정기적인 매수를 이어가야 한다. 하지만 향후 회복이 힘들 거라 판단한다면, 매도가 올바른 선택일 것이다.

만약 산업 내 다른 주식들을 올랐는데 자신이 보유한 주식만 떨어졌다면, 매도를 고려해야 할 때다. 그렇게 매도를 결정했다면, 절차는 간단하다. 투자 계좌에 로그인해서 매도를 희망하는 주식을 선택하고 '매도' 버튼을 클릭하면 된다. 은퇴 계좌가 아닌 일반 계좌에서 매도하는 경우라면, '세금 손실 수확tax-loss harvesting'(투자 손실로 자본 이득을 상쇄하는 전략)처럼 여러 가지 방법을 고려할 수 있다. 하지만 대부분 세제 혜택이 있는 은퇴 계좌로 투자를 시작하기 때문에, 이러한 방법에 관해서는 특별히 다루지 않겠다. 또한 나는 이렇게 매도할 일이 거의 없다는 점을 강조하고 싶다. 그건 특정 주식을 골라서 투자하는 경우가 거의 없기 때문이다. TDF을 선택했거나 인덱스 펀드로 포트폴리오를 구성했다면, 매도를 판단해야 할 일이 거의 없다. 내 조언은 이렇다. 복잡하게 스트레스받지 말고 더 중요한 일에 집중하자.

투자 목표를 달성했다면

'매수 후 보유'는 장기 투자를 위한 훌륭한 전략이다. 많은 이가 중단기 목표를 세우고 투자하기도 한다. 그들은 이렇게 말한다. "그동안 꿈꾼 태국 여행을 위해 투자하고 싶어요. 당장 떠날 건 아니라서 지금은 그냥 매달 100달러씩 투자 계좌에 넣고 있어요." 여기서 명심해야 할 점이 있다. 그건 5년 이하의 단계 계획이라면, 저축 계좌를 이용해서 저축 계획을 세우는 편이 더 낫다는 사실이다. 하지만 장기 목표를 세우고 투자해서 결국 달성한 경우라면, 두 번 고민하지 말고 매도하자. 투자로 이미 성공을 거뒀으니, 그 돈을 가지고 원래 생각했던 일을 하자.

이제 마지막 장만 남겨 두고 있다. 지금까지 오랫동안 수천 통의 메일과 블로그 댓글을 통해 많은 이들이 궁금해했던 공통적인 주제를 다뤘다. 다음 장에서는 돈과 인간관계, 자동차 구매와 첫 주택 장만을 비롯하여 재정적인 측면에서 일상적으로 접하게 되는 다양한 문제를 자세히 살펴보자. 드디어 마지막 장이다. 함께하자.

9장

₩100,000,000

풍요로운 삶을 찾아라

인간관계와 결혼, 자동차 및 생애 최초
주택 마련을 위한 재정 계획

아내인 캐스(당시엔 여자친구)와 나누던 대화가 아직도 생생히 기억에 남아 있다. 추수감사절 전날에 우리 두 사람은 자녀, 결혼, 돈과 같은 중요한 문제를 놓고 함께 이야기했다. 누차 말했듯이 나는 시스템을 사랑하는 사람이라 그날도 안건을 미리 생각해 두었다.

- 자녀는 몇 명 낳을 것인지
- 언제 결혼할지
- 아이들의 이름
- 결혼식
- 어디서 살지
- 라이프 스타일(누가 일할 것인지)

　대화의 첫 번째 주제는 약혼이었다. 우리 두 사람은 몇 년 동안 연애했고, 캐스는 결혼할 준비가 되어 있었다. 실제로 그녀는 이렇게 말했다. "내년 1분기에는 약혼하고 싶어."

그때 나는 캐스가 내 인생의 연인이라고 확신했다. 재무에서나 쓸 '분기'라는 단어를 우리 관계에서 사용하는 걸 보고서 말이다. 그날 우리는 자녀는 몇 명 낳을 건지, 누가 일할 것인지, 어디서 살 것인지, 어떤 라이프 스타일을 추구할 것인지에 관해 다양한 이야기를 나눴다. 그렇게 대화가 끝나갈 무렵, 나는 심호흡을 하고서는 오랫동안 고민해 왔던 이야기를 꺼냈다. "한 가지 더 논의할 게 있어. '혼전계약서'라는 걸 작성했으면 좋겠어."

이에 관한 자세한 이야기는 좀 있다가 하도록 하겠다. 나는 이 책에서 돈에 관한 이야기를 했다. 나는 돈이 풍요로운 삶을 위한 작지만 중요한 부분이라고 믿는다. 그렇다면 돈을 제외한 나머지는 어떨까? 내가 캐스와 함께했던 것처럼 사랑과 돈에 관해 쉽지 않은 이야기를 나누는 것에 대해서는 어떻게 생각하는가? 그리고 주택 구매나 연봉 협상에 관한 문제에 대해서는? 혹은 재테크 시스템을 자동화하고 난 뒤 해야 할 일에 대해서는?

풍요로운 삶은 스프레드시트 바깥에서 펼쳐진다. 우리는 자칫 온라인 계산기나 자산 배분 문제에 쉽게 파묻히게 된다. 하지만 내 조언을 따라 재정을 자동화한 독자라면, 어느 정도 성과를 거두었을 것이다. 이미 게임에서 이긴 것이다. 그렇다면 여유를 갖고 끈기를 발휘해서 시스템을 계속 키우면 된다.

풍요로운 삶을 위한 과제는 복리 수익 계산이 아니라, 자신이 원하는 라이프 스타일을 설계하는 일이다. 아이를 가질 것인가? 매년 두 달씩 여행을 떠날 생각인가? 부모님께 자신을 보러 오라고 항공권을 보낼 것인가? 40대에 은퇴하기 위해 저축을 더 늘릴 것인가?
나는 캐스와 함께 6주간의 신혼여행을 즐기는 가운데 케냐의 한 사파리 숙소에서 이 글을 쓰고 있다. 그동안 꿈꾼 이번 일정의 초반에는 이탈리아에 머물면서 우리 부모님들을 초청해 함께 여행하고 추억을 쌓았다. 영원히 잊지 못할 풍요로운 삶의 경험일 것이다.

내게 풍요로운 삶이란 자유를 뜻한다. 매일 돈 걱정을 하지 않아도 되고, 마음껏 여행을 즐기면서 좋아하는 일을 할 수 있는 그런 삶 말이다. 그리고 좋아하는 것에 마음 편히 돈을 쓰는 삶이다. 다시 말해 택시를 탈지, 레스토랑에서 어떤 메뉴를 주문할지, 혹은 집을 살 형편이 되는지 고민하지 않는 그런 삶이다.

물론 그건 내가 생각하는 풍요로운 삶이다. 아마도 당신은 나와 다른 풍요로운 삶을 꿈꾸고 있을 것이다. 그렇다면 이제 당신이 추구하는 풍요로운 삶을 설계해 보자.

학자금 대출: 상환과 투자 중 무엇이 먼저일까?

미 연방준비제도 보고서에 따르면, 대학을 졸업한 사람들은 평균 3만 5,000달러 정도 학자금 대출을 지고 있는 것으로 나타났다. 그들은 아마도 학자금 대출이 풍요로운 삶을 가로막고 있다고 느낄 것이다. 그런데 놀라운 사실은 바로 그 학자금 대출이 재정적으로 훌륭한 선택일 수 있다는 점이다.

통계 자료를 보면, 대졸자의 소득이 고졸자보다 훨씬 높다는 사실을 알 수 있다(전공에 따른 평균 연봉에 대한 조사는 당신에게 맡긴다). 학자금 대출은 '악'이라느니 대학에 가지 말라느니 하는 전문가의 이야기는 흘려듣자. 이미 1장에서 학자금 대출을 상환하는 방법에 관해 이야기를 했다. 그런데 내가 매번 듣는 또 하나의 질문이 있다. "학자금 대출을 먼저 갚는 게 좋을까요, 아니면 투자를 먼저 시작해야 할까요?"

투자 vs. 학자금 대출 상환

학자금 대출을 갚기 위해 매달 500달러나 1,000달러를 마련해야 하는 상황에서 투자를 일찍 시작하라는 조언은 가슴에 잘 와닿지 않을 것이다. 그러나 투자냐 상환이냐를 놓고 세 가지 접근법에 주목할 필요가 있다.

- 최소 상환금만 내면서 투자에 집중하기.
- 최대한 상환에 집중하고 상환을 모두 끝낸 뒤에 투자를 시작하기.
- 50 대 50 혼합 방식을 활용해 절반의 돈으로 대출을 상환하고(최소 상환금 이상으로), 나머지 절반으로 투자하기.

기술적인 관점에서 볼 때, 이자율을 기준으로 판단하는 게 좋다. 학자금 대출 이자율이 2% 정도로 아주 낮다면, 당연히 첫 번째 방식이 좋다. 다시 말해, 학자금 대출을 최대한 천천히 상환하면서 투자에 집중하는 게 낫다. 저비용 펀드에 투자하면 평균 8% 수익률을 올릴 수 있기 때문이다.

하지만 내가 여기서 '기술적인 관점'이라는 표현을 썼다는 점에 주목하자. 그건 사람들이 돈 관리에서 항상 합리적인 방식만을 선택하지는 않기 때문이다. 어떤 이들은 부채가 있으면 마음이 불안해서 최대한 빨리 빚부터 갚으려고 한다. 당신도 빚 때문에 밤잠을 설치는 유형이라면, 두 번째 방식에 주목하자. 그래도 심리적인 안정을 얻는 대신에 성장 가능성은 포기해야 한다는 점을 유념하자.

그래서 나는 세 번째 방식을 추천하는 편이다. 요즘 학자금 대출 이자율은 주식시장에서 기대할 수 있는 수익률과 비슷하다. 그러므로 솔직히 말해서 어느 방식을 선택하든 별 차이는 없다. 다른 조건이 같다면 동일 기간 투자로 벌어들이는 수익이랑 학자금 대출로 내는 이자랑 비슷하기에, 어떤 방식을 선택해도 큰 차이는 없다. 하지만 고려할 두 가지가 있다. 그건 복리 효과와 은퇴 계좌의 세금 혜택이다. 20대나 30대 초반에 투자를 시작하면 엄청난 복리 효과를 누릴 수 있다. 반면 늦게 시작하면 그런 효과를 따라잡기 힘들다. 다음으로 401k나 로스 IRA 같은 은퇴 계좌에 투자할 경우, 세금 혜택을 얻을 수 있다. 이런 이유로 세 번째 혼합 방식을 권한다. 다시 말해, 소득 중 일부는 대출을 상환하고, 나머지 일부는 투자하라는 것이다. 여기서 상환과 투자의 비중은 개인의 위험 감수 성향에 달렸다. 단순한 방식을 선호한다면, 50대 50을 선택하자. 그러나 좀 더 공격적인 성향이라면, 투자 비중을 높이자.

쓸데없는 조언은 무시하자

이제 우리는 개인 재정에서 기본적으로 알아야 할 내용을 모두 숙지했다. 지금부터는 돈의 세상이 얼마나 많은 '소음'으로 가득한지 알아보자. 예를 들어, 삼촌은 '요즘 뜨는 주식에 관한 정보'를 이야기한다. 그리고 돈을 관리해 준다고 주장하는 수많은 앱이 우후죽순 생기고 있다. 또한 어떤 친구는 당신이 정체 모를 기이한 절세 전략을 사용하지 않는다며 비웃는다(그러나 당신을 재정적으로 비난하는 그 친구의 통장에는 아마도 젤리 한 봉지를 살 돈도 있지 않을 거다).

조언은 누구나 할 수 있다. 그리고 돈을 관리하는 방식은 사람마다 제각각이다. 물론 어떤 사람은 돈에 관해 많은 걸 알고 있고, 다른 사람은 조금 안다. 어쨌든 모두가 당신에게 조언하려 든다. 하지만 그런 조언을 듣다 보면, 다른 사람들은 대체 어떻게 재테크를 하고 있는지 궁금해지는 순간이 문득 찾아온다. 그리고 당신이 이미 재테크를 잘하고 있다는 사실을 깨닫게 되면, 그들은 좀 이상하게 행동하기 시작한다. 예를 들어, 왜 당신처럼 하지 않았는지 핑계를 대거나 당신의 노력을 애써 깎아내리려고 든다.

"어떻게 할 엄두가 나지 않아서…."
"은퇴라고? 하하! 난 평생 일해야 해."
"나도 너처럼 저축할 형편이 되면 좋으련만…."

15년간 이런 핑계를 들을 때마다 항상 하고 싶은 이야기가 있었다. 상상 속 내 대답을 소개한다.

라밋의 상상: 재정 상태도 엉망이고 빚에 허덕이는 사람이 내게 다가와 지금 하는 걸 모두 중단하고 말도 안 되는 곳에 투자하라고 말한다.

나의 대답: 태국 파파야샐러드를 먹다가 포크를 내려놓고 냅킨으로 입을 닦으며 그를 바라본다. 그리고 머리부터 발끝까지 찬찬히 훑으면서 대꾸한다. "왜 제가 당신 이야기를 들어야 하죠?" 갑자기 음악이 멈추면서 레스토랑에 있던 손님들 모두 박수를 친다. 셰프가 내게 다가와 악수를 청하면서 디저트를 공짜로 준다.

사실 나는 이런 말도 안 되는 조언을 몇 년 동안 듣고 나서야 무슨 상황인지 이해하게 되었다. 당신이 재테크를 제대로 시작하게 되면, 주변 사람들도 그 사실을 알아챌 것이다. (당신은 아마도 돈 이야기를 자주 하게 될 것이다. 이런 말이 있다. "상대가 채식주의자인지 어떻게 알 수 있을까? 걱정할 필요 없다. 채식주의자들은 언제나 먼저 정체를 밝히니까." 재테크도 마찬가지다. 돈에 관해 어떻게 이야기하는지, 그리고 누구와 이야기하는지 주의를 기울이자.) 재테크를 제대로 하기 시작하면, 주변 사람과의 관계 패턴에 변화가 생기고 당신을 어색해할 수도 있다. 그러나 웃으면서 넘기자. 주변 사람들이 당신의 변화된 모습에 적응하게 되면, 그런 반응도 점차 사라질 테니 말이다.

그런데 이쯤 되면 또 다른 소음이 들리기 시작한다. 그건 인터넷 세상의 혼란스러운 조언들이다. 이 책에서 설명한 시스템에 점차 익숙해지기 시작할 때, 독자들은 투자나 개인 재정과 관련해서 더 많은 정보를 찾게 되고 그러다 보면 언젠가 레딧이나 투자 포럼을 만나게 된다. 그때부터 익명의 사용자들로부터 고수의 기술을 사용하라는 수많은 조언을 마주친다.

"세금 손실 수확이 무엇보다 중요하다!"
"잠깐, 캡티브 보험이 아직 없다고?"
"인덱스 펀드를 아직도 믿고 있다니. 순진하긴. 애플이 하늘 높이 치솟을 게 뻔한데도."

그래도 깨달은 교훈 있다면, 그건 주변 사람에게 동정심을 느끼라는 것이다. 불과 몇 주 전만 해도 당신 역시 돈에 대해 별로 아는 게 없었다는 사실을 명심하자. 재테크 책을 사서 읽을 마음의 준비를 하기까지 참으로 오랜 시간이 걸렸다. 지금은 자동화나 IRA와 같은 용어를 이해했다고 해도, 몇 주 전에는 아니었다. 지금부터 당신이 해야 할 일은 다른 사람들을 위한 모범 사례가 되는 것이다. 사람들이 조언을 구할 때, 이 책에서 배운 내용을 기꺼이 들려주자.

수많은 잡음은 무시해라. 그리고 투자는 극적이거나 도파민을 추구하는 활동이 아님을 명심하자. 투자는 체계적이고 차분한 일이다. 마치 잔디가 자라는 걸 지켜보는 것처럼 지루하다(그래도 지루한 투자를 통해 누리게 될 풍요로운 삶은 충분히 흥미진진할 것이다).

투자 계좌는 한 달에 한 번만 들여다봐도 된다. 그게 전부다. 지금 자산 배분을 정하고 그에 따라 투자를 이어가고 있다면, 앞으로도 계속 그렇게 하자. 당신은 지금 장기 투자를 하고 있다. 언젠가 뒤돌아보면, 일상적인 변화는 사소한 일처럼 느껴질 것이다. 그리고 사실이 그렇다.

그래도 더 많은 정보를 알고 싶다면, 그것 역시 좋다. 그렇게 하라. 다만 균형 잡힌 시각을 잃지 말자. 모두가 저마다의 관점으로 바라보고 있으며, 장기 투자에는 어떠한 속임수나 편법도 통하지 않는다는 점을 명심하자. 인덱스 펀드는 초보자를 위한 것(절대 그렇지 않다)이라는 게시글을 100번 넘게 읽고 나면, 자신이 그런 조언을 하는 사람보다 더 많이 알고 있다는 사실을 깨닫게 될 것이다. 그때가 바로 마법의 순간이다. 이제 스프레드시트 안에 갇혀 살거나, 의미 없는 숫자를 계속 만지작거리거나, 혹은 레딧 게시판에 끊임없이 올라오는 재테크 관련 게시글 읽기를 중단하자. 대신에 재정과 관련해서 한 달에 90분도 안 되는 시간만 쓰면서, 스프레드시트에서 벗어나 풍요로운 삶을 살아가고 자신에게 정말로 중요한 일을 하자.

부모님이 빚으로 어려움을 겪고 있다면

부모님이 경제적 어려움을 겪는 사실을 알게 되면 정말 힘들다. 그러나 부모님들은 웬만해서 먼저 그런 이야기를 꺼내거나 인정하려 하지 않는다. (수많은 독자와의 경험에 비추어 볼 때, 당신의 부모님도 아마 먼저 도움을 요청하지는 않을 것이다.) 다만 "요즘 사정이 좀 좋지 않네"라는 식으로 넌지시 말할 뿐이다.

부모님과 돈 이야기를 하는 것은 인생에서 가장 힘든 순간이 될 수 있다. 그렇지만 꼭 넘어야 할 산이다. 일반적으로 부모는 수십 년간 자녀를 키우면서 재정적으로 특정한 패턴을 만들었고, 그 패턴은 좀처럼 변하지 않는다. 돈 문제는 아마도 부모님보다 당신이 먼저 꺼낼 가능성이 크다. 그래도 당신에게는 이 책이라는 좋은 핑곗거리가 있다. 가령 이런 식으로 말이다. "요즘 재테크 책을 읽고 있어요. 그동안 몰랐던 걸 많이 배우게 되더라고요. 어머니는 재테크를 어떻게 배우셨어요?"

이제 그동안 닫혀 있던 대화의 물꼬가 어떻게 터지는지 지켜보자. 부모님이 빚을 지고 있다면, 가족 관계에서 힘든 문제로 작용할 수 있다. 여기서 당신이 해야 할 일은 부모님의 문제를 해결하기 위해 개인 재정에 관한 해결책을 제시하는 게 아니다. 대신에 많이 질문하고 귀 기울여 듣는 것이다. 그리고 부모님이 정말로 도움을 원하는지, 그리고 도움을 받을 마음의 준비가 되어 있는지 신중하게 판단해야 한다. 부모님이 도움을 원한다면, 오히려 잘된 일이다. 당신은 곧바로 도움을 줄 수 있다. 하지만 그러길 원치 않는다면, 쉽지 않겠지만 부모님의 선택을 존중해야 한다. 비록 상황이 점점 더 어려워진다고 하더라도 말이다.

내 경험상, 조심스럽고 공감적인 태도로 돈 문제에 관해 이야기를 시작할 때, 가족은 마음을 연다. 상황은 저마다 다르겠지만, 그래도 도움이 될 만한 몇 가지 질문을 소개한다(항상 명심하자. 부드럽게 말하자. 돈 문제를 주제로 이야기하길 좋아하는 가족은 없다. 특히 자신이 힘든 상황에 처해 있다는 사실을 자녀에게 털어놔야 한다면 말이다).

- 재테크는 어디서 배우셨나요?
- 마법의 지팡이로 재정 상황을 바꿀 수 있다면, 어떻게 하시겠어요?(부모님이 꿈을 이야기하도록 해보자. "복권에 당첨되면 좋겠어"라고 말한다면 맞장구를 치자. 복권 당첨이 어떤 의미가 있을지, 당첨되면 무엇을 하고 싶은지 물어보자. 그리고 좀 더 현실적인 질문으로 넘어가자. "복권 당첨이 안 된다면, 앞으로 5년 뒤 삶이 어떤 모습이었으면 좋겠어요?" 그러면 부모님들 대부분 현실적인 꿈에 관한 이야기를 시작할 것이다.)
- 지금 수입에서 몇 %를 저축하고 있나요?(대부분 잘 모른다. 지적하기보다 편안하게 이야기하자.)
- 은행 계좌나 신용카드에 수수료를 내고 있나요?
- 신용카드 리볼빙 서비스를 얼마나 받고 있나요? 이런 질문도 던지자. 매달 전액을 결제하지 않는 이유가 뭘까요? 어떻게 하다가 결제를 연기하게 되었나요?
- 투자를 하고 계신가요? 투자 상품은 어떻게 골랐나요?
- 펀드를 갖고 계신가요? 수수료는 얼마인가요?
- 401k는 한도만큼 납부하고 계신가요? 적어도 회사 지원을 최대한 받을 만큼은 돈을 넣고 있나요?
- 로스 IRA와 같은 다른 퇴직 계좌는 어떤가요?

부모님은 아마도 당신의 질문에 모두 대답하지는 못하실 것이다. 그래도 귀 기울여 듣자. 나는 여기서도 85% 법칙을 권한다. 즉, 부모님의 재정 상태를 개선하기 위해 시도해 볼 수 있는 한두 가지 중요한 해결책을 찾자. 가령 저축 계좌에 자동이체를 설정하거나 신용카드 빚을 집중적으로 갚아서 소소한 성취감을 느끼도록 도움을 줄 수 있다. 당신이 재테크에 대해 잘 모르고 생각만 해도 머리가 아팠던 때를 추억해 보자. 이제 당신이 그동안 배운 내용으로 부모님께 도움을 드린다면, 작은 변화로 큰 차이를 만들어 낼 수 있을 것이다.

내 재정 상태를 부모님이나 친구에게 말해야 할까?

몇 년 전부터 나는 부모님과 재테크 이야기를 해야겠다는 생각이 들었다. 이제 내 회사는 꽤 규모가 커졌고 예전에 상상했던 것보다 훨씬 더 재정적으로 안정되었다. 부모님이 요즘 사업은 어떠냐고 물어보시면, 항상 잘 되고 있다고 하면서 대충 넘어갔다. 그러나 최근에는 매출 규모만 말씀드려도 내 비즈니스 상황을 어느 정도 설명할 수 있겠다는 생각이 들었다. 나는 내 친구 크리스에게 전화를 걸어 조언을 구했다. "부모님께 정확하게 말씀을 드려야 할까?"

작가인 크리스는 나와 비슷한 환경에서 자랐다. 그래서 내가 무슨 이야기를 하든 간에 금방 이해했다. 크리스는 이렇게 물었다. "왜 말씀드리려는 건데?" 나는 부모님이 정말로 궁금해하시는 부분에 대해 분명하게 대답을 드려야 할 것 같다고 말했다. 실제로 우리 부모님은 내가 경제적으로 잘 헤쳐 나가고 있는지, 미국으로 이민을 온 게 올바른 선택이었는지, 혹은 그들을 자랑스럽게 생각하는지 궁금해하셨다.

그래도 좀 신경이 쓰였다. 내가 이룬 성공에 대해 구체적으로 이야기하고 나면 부모님과의 관계가 달라질 수도 있겠다는 걱정이 들었기 때문이었다. 나는 이렇게 말했다. "관계가 좀 어색해질 수도 있을 것 같아." 이민자 부모를 둔 사람이라면 아마도 그 감정을 쉽게 이해할 수 있을 것이다. 물론 크리스는 누구보다 그런 내 마음을 잘 알았다. 그건 그도 검소한 아시아계 부모 밑에서 성장했고, 경제적으로 대단히 큰 성공을 거뒀기 때문이었다.

어쨌든 나는 부모님께 잘해 나가고 있다는 사실을 말씀드리고 싶었다. 부모님이 내 인생을 위해 많은 준비를 했고, 큰 가르침을 베풀어 줬으며, 그래서 이제 더 이상 걱정할 필요가 없다고 말하고 싶었던 거다. 나는 구체적인 숫자를 보여드리자고 생각했지만, 크리스는 그 외에도 아주 다양한 방법이 있다고 설명했다. 그냥 사업이 잘 돼 가고 있다고 해도 좋고, 비즈니스를 키워 나갈 만큼 강한 인내력을 길러 주셔서 감사하다는 마음을 전해도 좋다고 했다. 아니면 부모님과 함께 의미 있는 시간을 보내는 방법도 있었다.

크리스의 생각이 맞았다. 덕분에 나는 비록 선의이기는 했지만, 내가 잘 지낸다는 말을 전하기 위해 구체적인 숫자까지 들먹일 필요는 없다는 사실을 깨달았다. 사실 우리 부모님은 내 통장에 얼마가 들어 있는지 별로 관심이 없다(그보다는 결혼 생활은 어떤지, 자녀는 언제 가질 것인지 궁금해하셨다. 두 분 다 인도인이니 당연한 이야기지만!).

그리고 나서 부모님을 만났을 때, 두 분은 언제나 그렇듯 요즘 어떻게 지내는지 물었다. 나는 꿈꿨던 비즈니스를 이끌게 되어서 너무 행복한 삶을 살아가고 있다고 말씀드렸다. 그리고 그 과정에서 다음과 같은 사실을 깨닫게 되었다.

- 경제적으로 성공하고 나면, 다른 사람과의 관계가 달라지기 시작한다. 우리는 이러한 사실에 항상 유의해야 한다(예를 들어, 나는 저녁 식사나 휴가 여행에 각자 지출할 수 있는 여력이 다르다는 사실에 특히 신경을 쓴다. 그래서 친구들과 함께 외식할 때면, 언제나 모두가 부담 없이 이용할 수 있는 레스토랑을 선택한다. 내가 가장 조심하는 부분은 친구가 경제적으로 부담을 느끼는 상황이다).
- 구체적인 숫자를 언급하고 싶은 생각이 들 때가 있다. 대화의 상대가 배우자나 가까운 친구, 혹은 가족이라면, 괜찮다. 그러나 그 밖의 사람이라면 한번 생각할 필요가 있다. 자신이 잘 지내고 있다는 사실을 알리기 위해서인가? 아니면 은근히 자랑하고 싶어서인가? 다른 방식으로 이야기할 수는 없을까? 기억하자. 뜬금없이 구체적인 숫자를 거론하는 것은 나쁜 선택일 수 있다. 비록 선의였다고 해도, 연소득이 6만 달러인 사람에게 지금 100만 달러(혹은 더 큰) 규모의 포트폴리오를 만들고 있다고 말하는 것은 자신의 안전과 행복을 전하는 게 아니라 오만함을 드러내는 행동일 것이다.

자신에게 중요한 사람과
돈에 관한 이야기 나누기

내가 꿈꾸는 게 하나 있다. 그건 부부나 연인이 처음으로 돈에 관한 이야기를 나누는 TV 프로그램에서 진행자를 맡는 것이다. 여기서 나는 두 사람의 갈등을 중재하는 역할은 하지 않을 것이다. 다만 뒤에 앉아서 아주 민감한 질문들("돈과 관련해 상대에게 아직 털어놓지 않은 비밀이 있습니까?")로 스튜디오의 분위기를 달아오르게 할 것이다. 그리고 이마에 식은땀을 흘리면서 말을 더듬는 출연자들의 모습을 살사 소스에 칩을 찍어 먹으면서 지켜볼 생각이다.

연인과 재테크와 관련해 가벼운 이야기는 아마도 나눈 적이 있을 것이다. 그러나 진지한 관계로 접어들었다면, 가령 동거나 결혼으로 살림을 합쳤다면, 돈과 재정 목표에 관해 서로 이야기를 나누는 것이 무엇보다 중요하다. 반려자와 함께 돈 이야기를 하는 게 좀 어색하게 느껴질 수 있지만, 장담하건대 고통스러운 일은 아닐 것이다. 평범한 조언이기는 하지만, 어떤 질문을 해야 할지 고민하고 차분함을 유지할 수 있다면 대화를 계기로 더 가까워질 것이다. 구체적인 전략보다 더 중요한 것은 대화를 시작하는 태도다. 여기서 핵심은 상대를 평가하지 말고 여러 가지 질문을 던지는 것이다. 몇 가지 사례를 소개한다.

- 요즘 재테크에 관해서 많이 고민하고 있어. 함께 의견을 나누는 게 도움이 될 것 같은데. 어떻게 생각해?

- 재테크에 관해 어떻게 생각해? 어떤 사람은 월세로 더 많이 쓰고 다른 사람은 저축에 더 많이 쓰잖아. 나는 외식에 좀 많이 쓰는 것 같아. 돈 관리에 관해서 전반적인 생각을 듣고 싶어(일반적인 이야기로 시작해서 사례를 제시하고, 다음으로 자신의 취약점을 털어놨다는 사실에 주목하자. 자신의 재정적인 약점을 드러내 보이는 것은 대화를 시작하는 좋은 출발점이다).
- 마법의 지팡이가 있다면 돈으로 뭘 하고 싶어? 나는 401k로 투자해야 한다는 사실은 알고 있는데, 솔직히 말해서 아직 필요한 서류도 작성하지 못했어(자신의 약점을 드러내는 또 다른 사례다. 물론 사실이어야 한다).
- 어떻게 함께 돈을 쓰면 좋을까? 바꿨으면 좋겠다고 생각한 부분이 있어?(이러한 질문을 통해 어떻게 생활비를 분담할지, 어떻게 공동의 목표를 위해 저축할지, 혹은 어떤 즐거운 일에 돈을 쓸지 등 다양한 이야기를 시작할 수 있다.)

여기서 주의할 점은 이 대화가 다양한 투자 옵션을 분석하거나 예전에 했어야만 했던 일을 아쉬워하는 자리가 아니라는 사실이다. 이 대화의 목적은 재테크가 두 사람 인생에서 아주 중요하며, 그래서 함께 협력해야 한다는 합의를 도출하는 것이다. 그게 전부다. 그러므로 반드시 긍정적인 분위기로 대화를 마무리하자.

빅 미팅

빅 미팅Big Meeting이란 두 사람이 각자의 재정 상태를 투명하게 공개하고 협력을 다짐하는 중요한 시간을 말한다. 그렇다고 뭔가 대단히 특별한 자리는 아니다. 다만 몇 주 동안 함께 나눈 이야기의 끝을 맺는 시간일 뿐이다. 빅 미팅을 위해서는 사전에 4~5시간의 준비가 필요하다. 각자 다음 사항을 준비하자.

- 계좌 종류와 잔액 목록
- 부채와 이자율 목록
- 매달 지출 내역
- 총소득
- 빌려준 돈
- 단기 및 장기 재정 목표

나도 아내와 함께 재테크 이야기를 나눈 적이 있다. 그때 우리는 큰 그림으로부터 시작했다. 즉, 가장 먼저 얼마를 벌고 얼마를 저축하는지 이야기를 나눴다. 그리고 이후 몇 달에 걸쳐 여러 계좌를 살펴보면서 돈에 대한 각자의 태도를 깊이 들여다봤다(계좌를 살펴보는 데는 별로 시간이 걸리지 않는다. 그러나 돈에 대한 서로의 태도를 이해하기 위해서는 오랜 시간이 필요하다). 빅 미팅을 하게 되면, 일단 목표에 관한 이야기부터 시작해야 한다. 재정적인 관점에서 무엇을 원하는가? 어떤 라이프 스타일을 꿈꾸는가? 내년 휴가는 어떻게 보낼 생각인가? 부모님께 경제적 지원을 드려야 할까?

다음으로 월별 지출 내역을 살펴본다. 사실 이는 좀 민감한 대화 주제다. 개인의 재테크 방식에 대해 평가받고 싶어 하는 사람은 없으니까 말이다. 그래도 마음을 열고 대화를 시작하자. 먼저 자신의 상황을 공개하고 난 뒤에 이렇게 묻자. "여기서 개선해야 할 부분이 있을까?" 그리고 다음으로 파트너의 상황으로 넘어가자.

돈에 대한 태도와 관련해서도 시간을 갖고 함께 이야기를 나누자. 돈을 어떻게 바라보는가? 수입보다 지출이 높은가? 그렇다면 그 이유는 무엇인가? 부모님은 돈에 대해 어떤 말씀을 하셨나? 부모님은 돈을 어떻게 관리하셨나?

여기서 가장 중요한 목표는 돈에 관한 대화를 일상화하는 것이다. 그러므로 최대한 가볍게 시작하자. 그리고 두 번째 목표는 함께 재테크를 하기 위한 근간을 마련하는 일이다. 다시 말해, 각자 저축과 투자를 이어 나가면서 부채를 상환(부채가 있다면)하는 시스템을 만들어야 한다. 무엇보다 이 책에서 설명한 시스템을 반려자와 함께한다면 더 좋을 것이다. 대신에 공동 계좌를 만드는 것과 같은 복잡한 과제는 나중에 해도 충분하다!

중요한 대화를 시작했다면, 이제 흐름을 이어 나가자. 이를 위해 연말 여행과 같은 몇 가지 장단기 저축 목표를 함께 세우자. 이 단계에서는 비교적 규모가 큰 구매를 위한 계획은 세우지 않는 게 좋다. 다만 한두 가지 저축 목표를 세우고 매달 자동이체 방식으로 저축하자. 다음으로 장기적인 차원에서 돈을 바라보는 태도를 함께 조율해 나가는 노력이 필요하다. 목표('주택 계약금을 마련하기 위해 3만 달러 모으기')를 함께 세우는 과정에서 두 사람은 협력을 위한 의지를 다지게 된다.

두 사람 사이에 소득 격차가 클 때

배우자나 연인과 함께 생활비를 분담하기로 했다면 아마도 일상적인 비용을 어떻게 처리할지 고민하게 될 것이다. 그런데 한쪽의 소득이 다른 쪽보다 훨씬 클 때 문제가 발생한다. 생활비를 분담할 때, 다음 몇 가지 방법을 활용할 수 있다.

가장 먼저 직관에 따라 반반으로 균등하게 부담하는 방법이다. 그런데 소득이 낮은 쪽에게도 이 방법이 공정할까? 소득이 낮은 쪽은 소득 대비 더 큰 비중을 부담해야 하며, 이로 인한 불만과 더불어 심각한 재정 문제가 발생할 위험이 있다. 그렇다면 수즈 오먼이 제시한 방법은 어떨까? 수즈는 소득을 기준으로 비용을 분담하는 방식을 권한다. 예를 들어, 월세가 3,000달러인데 당신의 소득이 더 높다면 다음과 같이 비용을 나눌 수 있다.

소득에 따른 비용 분담		
	당신	배우자
월수입	5,000달러	4,000달러
월세 분담액	1,680달러	1,320달러
	(5,000÷9,000=56%)	(4,000÷9,000=44%)

또 다른 방법도 있다. 소득에 따라 가구 공동 계좌에 입금하고, 그 돈으로 생활비를 충당하는 것이다. 혹은 한쪽이 식료품비를, 그

리고 다른 한쪽이 월세를 담당하는 방법도 있다. 여기서 핵심은 대화를 통해 서로 공정하다고 생각하는 합의에 도달하는 것이다(반반만이 공정한 것은 아니라는 사실을 명심하자). 그리고 6~12개월마다 시간을 갖고 기존의 합의가 여전히 두 사람에게 공정한지 점검하자.

배우자가 무분별하게 소비할 때

내가 결혼한 독자들한테서 가장 자주 듣는 불평은 이런 것이다. "라밋, 제 남편은 게임에 너무 돈을 많이 써요. 그렇게 해서 어떻게 돈을 모으겠어요? 제가 뭐라고 해도 남편은 못 들은 척 다음 날 또 다른 게임을 사 오더라고요."

해결책은 대화의 차원을 개인이 아니라 공동으로 높이는 것이다. 어떤 물건에 돈을 쓰지 말라고 계속해서 잔소리할 경우, 반려인은 결국 짜증을 내면서 외면하는 식으로 대응할 것이다. 사람들은 자신의 소비 행동에 비판받는 것을 끔찍이 싫어한다. 그러므로 계속해서 개인의 문제로 몰아가면 해결책을 찾을 수 없다.

대신, 문제를 단순화하자. 예를 들어, 디저트에 너무 많은 돈을 쓴다고 지적하기보다 채소와 단백질의 섭취를 늘리는 식으로 합의를 끌어내 보자. 4장에서는 휴가나 크리스마스 선물을 준비하기 위해, 혹은 자동차처럼 규모가 큰 구매를 위해 얼마나 많은 돈을 모아야 하는지 살펴봤다. 똑같은 방식으로 공동의 저축 목표를 달성하려면 매달 얼마나 저축해야 할지를 놓고 대화를 나누자. 그리고 두 사람이 합의할 수 있는 저축 목표도 세우자.

그렇게 했다면, 다음에 소비를 놓고 의견 충돌이 생겼을 때, 개인의 문제에서 벗어나 공동의 계획에 집중할 수 있다. 종이에 적은 목표를 꺼내 들면(상대를 비난할 목적이 아니라), 파트너는 아마도 방어적으로 대응하지 않을 것이다. 비싼 저녁을 먹었거나 항공권을 직항으로 끊는 바람에 추가 비용이 발생한 상황에 대해 따지는 게 아니기 때문이다. 물론 저축이나 투자 목표에 대해 각자 접근법이 다르다는 사실은 명심해야 한다. 예를 들어, 당신은 유기농 식품에 대한 지출을 우선시하는 반면, 파트너는 여행을 더 중요하게 생각할 수 있다. 그래도 공동의 목표를 세웠다면, 이를 달성하기 위한 접근법에서는 좀 유연한 태도를 가질 필요가 있다. 개인의 문제가 아니라 공동의 계획에 집중하게 되면, 상대를 향한 판단에서 물러나 계획에 따른 소비에 다시 주목한다. 바로 이러한 방식으로 우리는 실질적인 재정 관리를 할 수 있다.

왜 결혼식에 위선적인가?

이 책의 초판이 출간되고 난 뒤, 나는 미국 전역을 돌면서 북토크를 진행했다. 뉴욕과 샌프란시스코, 솔트레이크시티 등 여러 도시를 거치면서 많은 독자를 만났다. 그중에서 특히 포틀랜드에서 만났던 한 젊은 여성이 기억에 남는다. 강연이 끝난 뒤 그녀는 나를 찾아와서 이렇게 말했다. "결혼식에 관한 조언을 주셔서 감사하다는 말씀을 드리고 싶어요."

나는 무척이나 기뻤다. 그녀는 결혼 준비를 위해 하위 저축 계좌를 만들었고 매달 자동이체로 저축하고 있다고 했다. 직접 그런 말을 들으니 매우 신이 났다. 나는 내 조언을 실제로 실행에 옮겼다는 사람을 만나면 너무나 반갑다. 나는 그녀에게 짧은 영상으로 본인의 이야기를 들려줄 수 있을지 물었다. 그런데 순간 좀 불편해하는 기색이 느껴졌다. 나는 솔직한 생각을 물었다. 그녀는 고개를 떨구더니 이렇게 말했다. "사실 아직 약혼도 못 했거든요."

한번 생각해 보자. 그녀는 아직 약혼도 하지 않은 상태에서 결혼 준비를 위해 저축하는 게 좀 이상하게 보일 거라고 걱정했다. 사람들의 시선이 신경 쓰인 것이다. 하지만 나는 그 점이 더 마음에 들었다. 내가 정말로 이상하게 생각하는 건 앞으로 큰 비용이 발생할 거라는 사실을 뻔히 알면서도 아무런 대비도 하지 않는 것이다. 즉, 개인의 재정 상황에 큰 영향을 미치게 될 사건을 알면서도 아무 계획도 세우지 않는 태도다. 그러나 이런 사건이야말로 '빅 윈'을 거둘 수 있는 절호의 기회다.

자, 이제 마음의 준비를 하자. 지금부터 결혼식 준비에 대한 내 생각을 털어놓을 작정이기 때문이다. 아마도 많은 이들은 내 생각을 좀 이상하게 느낄 것이다. 그래도 괜찮다. 내가 정말로 원하는 것은 우리 모두 다 함께 풍요로운 삶을 설계하는 일이기 때문이다.

물론 당신도 간소한 결혼식을 원한다고 말할 것이다

어느 날 밖에서 친구들을 만나고 있는데 누나로부터 약혼했다는 전화가 왔다. 나는 그 자리에서 바로 샴페인을 주문해서 친구들과 함께 축하의 마음을 나눴다. 그런데 얼마 후 또 다른 누나도 결혼한다는 소식을 알렸다. 이번에도 샴페인으로 축하했다. 그런데 두 누나 모두 동부 해안과 서부 해안 지역에서 각각 두 번씩 결혼식을 올릴 계획이라고 했다. 다시 말해, 몇 달 간격으로 나는 총 네 번의 인도 결혼식에 참석하게 되었다. 아, 대체 이게 무슨 일이람.

이를 계기로 나는 결혼 문화에 대해 고민하기 시작했다. 미국인의 평균 결혼식 비용은 대략 3만 5,000달러다. 월스트리트저널의 한 기사는 그 비용에 대해 '미국 가구 중위 연소득의 절반을 훌쩍 넘는 수준'이라고 꼬집었다. 여기서 잠깐. 눈을 굴리며 상황을 파악하기에 앞서 한번 생각해 보자. 사람들은 이렇게 쉽게 말한다. "그건 결혼식이 그저 또 하나의 특별한 하루라는 사실을 몰라서 그런 겁니다. 결혼식 때문에 빚더미에 올라앉을 필요는 없죠."

하지만 정작 결혼식이 자기 일이 되면, 모든 걸 완벽하게 하고 싶어진다. 당신도 그럴 것이다. 솔직히 나도 그랬다. 결혼식은 나를 위한 특별한 날이다. 그러니 왜 줄기가 긴 장미와 필레미뇽 메뉴를 선택하고 싶은 욕심이 생기지 않겠는가? 이 이야기의 목적은 초호화 결혼식을 선택한 사람들을 비난하려는 게 아니다. 오히려 그 반대다. 결혼식에 3만 5,000달러를 쓰는 사람들도 불과 몇 년 전에는 당신처럼 말했을 것이다. "그냥 결혼식일 뿐이야. 그 하루 때문에 빚을 진다는 건 말도 안 되는 소리지."

그러나 그 특별한 하루를 위한 비용은 원래 계획했던 것보다 조금씩 늘어나다가 결국 감당할 수 있는 수준에 이르게 된다. 하지만 그 하루가 완벽하길 바라는 소망에는 아무런 잘못이 없다. 그러니 그 욕망을 인정하고, 결혼식을 준비하기 위한 계획을 세우자.

그래서 어떻게 하라고?

결혼식에 그렇게 많은 돈이 들어간다는 사실을 알았다면, 이제 어떻게 해야 할까? 내가 보기에, 세 가지 선택지가 있다.

비용을 대폭 줄인 간소한 결혼식: 좋은 생각이다. 그러나 솔직히 말해서, 사람은 대부분 그렇게 자제력이 높지 않다. 그건 사람들의 성향을 비난하려는 게 아니라, 통계적으로 그렇다는 말이다. 대부분 어찌어찌하다가 수만 달러짜리 결혼식을 치르게 된다.

아무런 준비 없이 닥쳐서 해결하기: 가장 보편적인 방식이다. 얼마 전 8개월간 결혼 준비에 바빴던 사람을 만났다. 그도 결국 아주 호화스러운 결혼식을 올렸다. 결혼하고 몇 달이 지난 지금, 그녀는 결혼식으로 생긴 빚을 어떻게 갚아야 할지 남편과 함께 고민하고 있다. 당신도 그랬다면, 큰 실수를 저지른 것이다. 물론 당신만의 문제는 아니다. 대부분 그렇게 한다.

현실을 받아들이고 미리 준비하기: 세 가지 방식 중 무엇을 선택하겠느냐고 물으면, 모두 이 방식을 고른다. 그런데 약혼 여부를 떠나서 결혼식 준비를 위해 한 달에 얼마씩 저축하고 있느냐고 물어보면, 대부분 얼버무리거나 입을 닫는다. 다시 한번 말하지만, 나는 이처럼 어색한 순간이 무척이나 즐겁다.

주변을 둘러보면 유용한 정보를 구할 수 있다. 앞서 결혼식 비용이 대략 3만 5,000달러라는 사실을 살펴봤다. 그 말은 즉, 빚을 지지 않고 결혼식을 치르려면 꽤 많이 저축해야 한다. 아직 약혼하지 않았다고 해도 마찬가지다.

놀라운 결혼식 계산법

나는 결혼식 예산을 줄이고자 어떤 요소가 가장 확실한 영향을 미치는지 시뮬레이션을 한번 해봤다. 솔직히 말해서, 하객 수를 줄이면 최종 비용을 가장 크게 줄일 수 있다고 예상했었다. 하지만 그건 오판이었다. 하객 수를 많이 줄여도 비용은 기대했던 것만큼 줄어들지 않았다. 다음 도표에서 확인할 수 있듯이, 하객 수를 50%나 줄여도 실제 비용은 25%밖에 줄어들지 않았다.

결혼식 비용을 줄이기 위해 내가 들었던 최고의 조언은 식장 비용이나 식사 비용을 흥정하는 것과 함께 고정비를 낮추라는 것이었다. 예를 들어, 내 친구는 결혼식 촬영을 위해 사진가를 필리핀에서 데려왔다. 돈이 더 많이 들 거라 생각하겠지만, 항공료까지 포함해도 무려 4,000달러를 아꼈다고 했다. 그리고 내 누나는 청첩장 디자인과 인쇄를 인도에서 했다. 미국에서 했다면 그보다 훨씬 더 많은 돈이 들었을 것이다.

결혼식 비용 예시		
가변 비용	하객 150명 기준	하객 75명 기준
오픈바/1인당	20달러	20달러
점심/1인당	30달러	30달러
피로연/1인당	120달러	120달러
합계	2만 5,500달러	1만 2,750달러
고정 비용	하객 150명 기준	하객 75명 기준
DJ	1,000달러	1,000달러
사진가	4,000달러	4,000달러
대여:테이블, 의자, 리넨	1,500달러	1,250달러
꽃장식	750달러	750달러
하객 숙소	750달러	750달러
청첩장	1,000달러	750달러
리허설 디너	1,500달러	1,500달러
신혼여행	5,000달러	5,000달러
웨딩드레스	800달러	800달러
리무진 서비스	750달러	750달러
결혼반지	5,000달러	5,000달러
들러리 선물	4,000달러	4,000달러
기타	2,000달러	2,000달러
합계	2만 8,050달러	2만 7,400달러
총합	5만 3,550달러	4만 150달러

혼전계약서를 꼭 써야 할까?

얼마 전 내 친구는 '혼전계약서의 밤'이라는 행사를 열었다. 그날 그는 여러 명의 자산가를 초청해서 혼전계약서에 관한 다양한 생각을 듣고자 했다. 그 행사에 많은 독신 및 기혼자가 참석했고, 또한 자주 등장하는 질문에 대답해 줄 변호사도 함께 자리했다. 그런데 초대한 이들 중 유독 한 사람만이 참석을 거부했다고 했다.

그는 이렇게 답변을 보냈다. "친구, 그런 모임에는 절대 가지 않을 거야." 그는 몇 년 전 결혼했고, 혼전계약서를 작성한 경험도 있었다. 내 친구가 이유를 묻자, 그는 이렇게 대답했다. "상상해 봐. 사랑하는 사람과 함께 변호사를 찾아가서 몇 달 동안 계속해서 이야기를 나눠야 해. 그것도 이혼한 뒤 어떻게 상황을 정리할지에 관한 문서를 작성하기 위해서 말이야. 평생 최악의 경험이었어."

내 경우는 최악은 아니었지만, 나도 혼전계약서를 작성하는 몇 달 동안 캐스와 재정적인 부분에 관해 이야기를 나누면서 힘든 시간을 보냈다. 사실 진지하게 연애하기 전만 해도 내가 혼전계약서를 쓰리라고는 상상조차 하지 못했다. 주변에 쓴 사람도 없었고, 내게 필요하리라 생각한 적도 없었다. 특히 '만약을 대비한 계획'이라는 점이 마음에 들지 않았다. 그래도 결국에는 생각을 바꾸게 되었다. 나는 아내와 함께 혼전계약서에 서명했다. 그 몇 달 동안 조사하고, 오랜 시간 논의하고, 수만 달러의 수수료를 변호사에게 지불하고 나서 내가 깨달은 바는 다음과 같다.

무엇보다 내가 궁금했던 건 이것이었다. 혼전계약서가 필요한 사람들은 대체 누굴까? 대중문화에서 그게 필요한 부류는 유명인과 비즈니스 거물, 그리고 부유한 상속자뿐이었다. 나는 그중 어디에도 해당하지 않았다.

그래도 계속 공부했고, 자산과 부채에서 두 사람의 균형이 크게 어긋나지 않는 한, 혹은 기업체를 소유하고 있다거나 상속받을 막대한 자산이 있지 않은 한 대부분 필요 없다는 사실을 확인했다. 다시 말해, 99%에게는 필요 없는 것이었다. 그리고 영화나 TV 드라마에 등장하는 혼전계약서는 대부분 한쪽(부자)이 다른 한쪽을 재정적으로 구속하기 위한 목적으로 사용되었다. 그러나 현실에서 혼전계약서는 결혼 기간은 물론, 결혼 전에 축적한 자산 및 이혼 후 남은 자산에 대한 처리 방식을 담은 서류였다.

물론 나는 사업체를 소유하고 있어서 재정적인 관점에서 볼 때 혼전계약서가 필요한 경우에 해당했다. 그러나 혼전계약서는 오로지 돈에 관한 것만은 아니었다. 개인의 '정체성'에 관한 것이기도 했다. 과연 나는 혼전계약서가 필요한 부류일까? 이런 의문이 들었을 때, 나는 아버지께 전화를 걸어 인도에서도 그런 계약서를 쓰는 사람이 있는지 물었다. 사실 아버지라면 절대 반대하실 거라 예상했다. 그전까지 아버지와 혼전계약서에 관해 이야기를 나눈 적은 없었지만, 돈 문제와 관련해서 관대하신 분이라 내가 그런 계약서를 쓴다는 생각을 탐탁치 않게 여기실 게 분명했다. 그러나 아버지의 반응은 놀라웠다. "음. 꼭 필요할 것 같지는 않다만, 그런 걸 쓰는 사람들의 생각도 이해할 수 있을 것 같구나." 돌이켜보건대, 그때 내가 아버지께 전화를 건 것은 "말도 안 돼! 인도인들은 절대 그런 걸 쓰지 않아"라는 대답을 듣고 혼전계약서를 포기하려고 했던 것 같다. 그러나 아버지의 뜻밖의 반응에 마음이 더 심란해졌다. 내가 캐스와 진지한 관계로 발전했다고 했을 때, 놀랍게도 친구들, 특히 사업가 친구들은 이렇게 말했다. "그러면 혼전계약서를 써야겠네?"

이후로 좀 더 본격적으로 알아보기 시작했다. 다음으로 내가 깨달았던 바는 혼전계약서에 관한 정확한 정보를 쉽게 구할 수가 없다는 것이었다. 예를 들어, 계약서 샘플을 찾으려 했지만 발견할 수 없었다. 관련 정보라고 해봐야 레딧 게시판에 익명의 사용자가 올려놓은 것들뿐이었고, 대부분 사실과 맞지 않았다. 결국 혼전계약서는 원래 부자들을 위한 개별적인 법률 합의서라서 누구도 그것을 어떻게 작성하는지 공개하려 하지 않는다는 사실을 알게 되었다. 그래서 온라인에 올라온 정보는 일단 의심을 해봐야 했다.

우리는 삶의 다양한 영역에서 미리 계획을 세운다. 투자하거나, 집을 장만하거나, 어디서 살지 선택하거나, 혹은 연봉협상을 앞두고 계획을 세운다. 그런데 이상하게도 결혼을 대비해서 계획을 세우면 낭만이 없다는 핀잔을 듣는다. 이혼한 어떤 친구는 이렇게 털어놨다. "처음에는 혼전계약서를 쓸 거라고는 생각하지 못했어. 그래도 어쨌든 작성해서 다행이었지."

이후 나는 몇 달 동안 공부했고, 직접 사업체를 운영하면서 큰 자산을 관리하고 있었기에 혼전계약서가 필요하다고 결론을 내렸다. 결혼이란 사랑하는 사람을 만나 평생 함께하는 것이다. 동시에 재정적인 측면에서 중요한 법적 계약을 맺는 일이기도 하다. 나는 결혼에 따른 다양한 재정적 상황에 대해 미리 계획을 세우고 싶었다. 그래서 많이 공부하고 여러 전문가와 이야기를 나눴다. 그리고 평생 가장 중요한 재정적인 결정인 결혼에 대해서도 계획을 세우기로 결심했다. 한 친구는 이렇게 말했다. "우리는 가장 좋은 때에 가장 나쁜 때를 대비해서 혼전계약서를 작성했어."

그렇다면 어떻게 이야기를 꺼내야 할까? 온라인 정보들 대부분이 문제를 파트너에게 꺼내는 방법에 관한 것이었다. 대부분의 조언은 변호사 핑계를 대라는 것이다. 나는 그렇게 하기 싫어서 이렇게 했다.

먼저 캐스와 함께 우리의 미래에 관해 이야기를 나눴다. 결혼과 자녀, 돈, 그리고 일에 관한 이야기를 나눴다. 그리고 이렇게 이야기를 꺼냈다. "그런데 따로 논의를 나눴으면 하는 게 있어. 내겐 정말로 중요한 문제라서 말이야. 결혼 전에 혼전계약서에 대해 함께 이야기를 나누고 작성했으면 해."

캐스는 한 번도 생각한 적이 없었다는 듯 살짝 망설이는 눈빛으로 이렇게 말했다. "그랬구나. 지금 이해하려고 노력하는 중이야."

그날 우리는 많은 이야기를 나눴고, 나는 '왜' 혼전계약서를 쓰려고 하는지 자세히 설명했다.

- **이 결혼이 평생 간다는 확신을 전했다**: "당신을 사랑해. 결혼해서 평생을 함께하리라고 생각하니 너무 행복해."
- **왜 이런 이야기를 꺼냈는지 솔직하게 설명했다**: "올바른 선택과 행운 덕분에 꽤 많은 자산을 모은 상태에서 결혼하게 되었어. 물론 혼전계약서를 사용할 일은 절대 없을 테지만, 그래도 지

금까지 모은 자산을 지키는 일이 내겐 아주 중요하거든."
- **결혼이란 하나의 팀이 되는 거라는 생각을 전했다:** "결혼하면 우리는 하나의 팀이 되는 거야. 서로를 돌보는 관계인 거지."
- **라이프 스타일을 특히 강조했다:** "우리는 비슷한 환경에서 자랐어. 어머니 두 분 모두 선생님이지. 넌 내가 어디에 돈을 쓰는지도 잘 알고 있어. 스포츠카나 고급 바에 돈을 낭비하지 않는다는 사실을 알지. 나는 기본적으로 우리가 행복한 삶을 누리는 데 돈을 쓸 거야.(좋아하는 물건도 좀 사겠지만) 너와 함께, 그리고 가족과 함께 이러한 라이프 스타일을 누리고 싶어."
- **그래도 혼전계약서를 작성하고 싶다는 뜻을 분명히 밝혔다:** "지금까지 비즈니스와 투자로 일군 성과를 무척 자랑스럽게 생각해. 이혼이라는 최악의 상황이 닥쳐도 지금의 자산만큼은 꼭 지키고 싶어."

다음에 주목하자.

- 이야기를 시작하면서 그녀를 사랑하며 평생을 함께하고 싶다는 사실을 강조했다.
- 전적으로 내 의지에 따른 것이라는 점을 분명히 했다. 변호사나 회계사 등 다른 사람의 조언 때문이 아니라는 것이었다. 혼전계약서는 내가 생각한 것이며, 내게 중요한 것이었다.
- 내가 혼전계약서를 원하는 이유를 설명하는 데 대부분의 시간을 할애했다(계약서 내용이나 돈이 아니라).

캐스는 마음을 열고 자신도 좀 더 알아보겠다고 했다. 그렇게 혼전계약서에 관한 몇 달간의 대화가 시작되었다. 우리는 돈이 우리에게 어떤 의미인지 얘기를 주고받으면서 왜 내가 혼전계약서를 원하는지에 관해 다시 한번 논의했다. 그리고 돈 문제에 관해서는 실제로 특정 금액이 우리에게 무엇을 의미하는지 생각을 주고받았다.

그러던 어느 날 캐스는 이런 말을 했다. "내 재정 상황에 대해서는 솔직하게 다 말했어. 그런데 당신의 상황에 대해서는 별로 아는 게 없어서 마음이 좀 불편해."

나는 내 구체적인 재정 상황에 대해서는 캐스에게 하나도 말하지 않았다. 사실 내 재정 상황을 정확하게 알고 있는 사람은 재무 담당자와 회계사뿐이었다. 분명 나의 큰 실수였다. 그래서 그날 나는 내 정확한 재정 상태를 정리해서 공유했다. 다음으로 우리는 여행 이야기를 나눴다. 나는 고급 호텔을 원하는데 캐스는 여행 경비를 아끼고 싶어 한다면?

그리고 각자의 비즈니스에 관해서도 이야기를 나눴다. 나는 오랫동안 비즈니스를 운영해 왔던 반면, 캐스는 이제 막 시작한 단계였다. 캐스가 매달 소득 목표를 달성하지 못한다면? 혹은 목표를 달성하지 못할 때가 3개월 연속으로 이어진다면? 아니면 내 소득이 줄어든다면?

또한 위험과 안전에 관해서도 이야기했다. 돈에 대해 어떻게 느끼는지? 안전함을 느끼려면 통장에 얼마가 들어 있어야 하는지? 위험을 회피하는 성향인지? 장담하건대, 당신의 반려인은 위험 및 안전과 관련해서 당신과 아주 다른 생각을 가지고 있을 것이다. 실제로 한번 확인해 보자.

지금 와서 하는 말이지만, 나는 청혼하기 6개월 전에 이런 대화를 시작했어야 했다. 내 재정 상황에 관해, 그리고 돈이 각자에게 무엇을 의미하는지 더 일찍 대화를 나눠야 했다. 내게 돈이란 노력과 행운의 결과였다. 동시에 풍요로운 삶을 함께 설계해 나가기 위한 기회였다.

나는 15년 동안, 특히 자산이 많이 늘어난 이후로 돈에 대해 고민해 왔다. 그러나 캐스는 그렇지 않았다. 나는 사소한 지출에 대해 신경 쓰지 않았다. 재무팀이 알아서 분류하고 꼼꼼이 챙길 것이라고 기대했기 때문이었다. 그러나 캐스의 생각은 달랐다.

그전부터 돈과 관련된 이야기를 조금씩 주기적으로 나눴더라면 더 좋았을 것이다. 캐스에게 재정에 관한 내 선택을 그냥 알려 주는 게 아니라, 그 선택에 대해 캐스의 생각도 물어봤어야 했다. 가령 이런 식으로 말해야 했다. "재무 담당자에게 세금을 선납하라고 전화하려는 중이야. 내가 그렇게 결정한 이유는 이래." 그리고 이렇게 말해야 했다. "무엇에 돈을 써야 할지, 무엇에 쓰지 말아야 할지 어떻게 결정해? 내 기준은 이렇거든." 만약 예전부터 그렇게 해왔더라면, 돈 문제를 갑자기 꺼내서 캐스를 놀라게 하는 일은 없었을 것이다. 또 하나의 일상적인 대화였을 것이다.

그렇게 몇 달이 흐르면서 상황은 점점 힘들어졌다. 나는 서운함이 들었고, 캐스는 자신의 감정을 제대로 이해받지 못한다고 느꼈다. 나아질 기미가 보이지 않았다. 그러나 그때 캐스가 다른 사람의 도움을 받아보자는 아이디어를 냈다. 곧바로 나도 동의했다. 그리고 돈과 관련된 미묘한 감정적인 문제를 해결해 줄 상담사를 만났다. 돈에 대한 소망과 두려움, 그리고 자부심에 관한 이야기를 나누게 해줄 새로운 기회를 찾았다고 상상해 보자. 실제로 우리 두 사람에겐 정말로 많은 도움이 되었다. 좀 더 일찍 도움을 찾았더라면 하는 아쉬움이 들 정도였다. 재정 문제를 전문으로 상담하는 전문가가 있다는 말을 듣기도 했지만, 우리에겐 시간이 없었고 그래서 옐프Yelp 통해 상담사를 찾았다.

돌이켜 보건대, 나는 각자의 변호사를 조율하는 방법에 대해서도 깊은 대화를 나눴어야 했다. 내 변호사는 당연하게도 모든 상황에 대비해 나를 보호하려 들었고, 캐스의 변호사는 그녀를 보호하려 했다. 하지만 정작 중요한 과제는 자신이 주도적으로 변호사를 이끌어 나가는 것이다. 그렇지 않으면, 두 사람 다 각자의 변호사에 휘둘리게 될 것이다.

혼전계약서에는 이혼할 경우에 어떻게 할 것인지에 관한 내용이 담긴다. 결혼 전 자산(결혼하기 전에 모은 돈)은 어떻게 할 것인가? 집을 샀다면? 누가 나갈 것인가? 얼마나 빨리 나가야 할 것인가? 1년 만에 이혼하게 된다면? 혹은 20년 후에 하게 된다면? 자녀는?

모두 까다로운 문제다. 결혼 전과 결혼 후 계약 사항 및 수정 사항 등 고려해야 할 것들이 많다. 이처럼 복잡한 문제들을 간단하게 처리하는 방법은 없다. 그래서 변호사의 도움을 받아야 한다.

결론적으로 말해서, 우리 두 사람은 서로 만족하는 계약서를 작성해서 서명했다. 계약서를 작성하면서 누구도 그 이야기를 공개적으로 하지 않는다는 사실에 놀랐다. 혼전계약서에 관한 논의는 우리 사회에서 절대적인 금기였다. 그러나 친구나 상담사와 개인적으로 이야기를 나누면서 의외로 많은 이가 혼전계약서를 작성한다는 사실을 알 수 있었다. 나는 이 문제를 공론화하고 싶다. 그리고 당신도 파트너와 솔직하게 이야기를 나눠 보라고 말하고 싶다.

혼전계약서를 작성하는 동안, 나는 우리가 돈에 대해 어떻게 생각하는지 더 많이 배우게 되었다. 물론 우리 둘 다 그 계약서를 다시 꺼내 볼 일이 없기를 간절히 바라는 마음이다.

일과 돈

돈을 더 많이 모으는 방법은 기본적으로 두 가지다. 더 벌거나, 아니면 덜 쓰는 거다. 물론 덜 쓰는 것도 중요하지만, 나는 개인적으로 더 버는 게 훨씬 흥미로운 방법이라고 생각한다. 소득 대부분은 일에서 비롯되므로 직장을 최대한 활용하는 노력이 무엇보다 중요하다. 실제로 직장을 옮기면서 연봉을 협상하는 전략이 소득을 높이기 위한 가장 빠르고 합법적인 방법이다. 연봉협상은 우리가 생각하는 것보다 훨씬 더 중요하다. 협상한 연봉은 새 직장에서 받는 보수의 출발점이자 향후 연봉협상의 기준이 된다. 다시 말해, 협상 과정에서 연봉을 1,000달러나 2,000달러를 더 높였다면, 이후 경력에서 그보다 몇 배 더 많은 소득을 올리게 될 것이다. 지금부터는 연봉협상으로 수천 달러 소득을 올리는 방법에 대해 알아보자.

연봉 협상법

4장에서는 현재 다니는 직장에서 연봉을 높이는 방법에 대해 알아봤다. 그러나 연봉협상을 위한 최고의 기회는 새로운 직장으로 옮길 때다. 간단한 준비 작업만으로 강력한 무기를 장착할 수 있다. 10분간의 짧은 대화로 5,000달러, 혹은 1만 달러를 더 벌 수 있다. 실제로 내 유튜브 영상이나 강의, 혹은 아래에서 소개하는 대본으로 연습한 수천 명이 연봉협상에서 성공을 거뒀다.

연봉협상을 사람들에게 직접 가르칠 때면, 나는 채용 담당자의 역할을 맡아 면접 과정에서 나올 법한 여러 가지 까다로운 질문을 던진다. 그렇게 4~5시간 훈련을 마치고 나면, 사람들은 지치고 스트레스를 받지만 그 훈련을 거치고 난 이들은 평균적으로 6,000달러 정도 더 높은 연봉을 받는다. 내 웹사이트에 실제 연봉협상 영상과 협상 대본을 비롯하여 강의 프로그램을 올려놨다. 여기서는 그 중에서 가장 도움이 될 몇 가지를 소개하고자 한다.

연봉협상은 90%의 태도와 10%의 전략으로 이뤄진다. 사람들 대부분 연봉협상이 꼭 필요하다고 생각하지 않는다. 그들은 상사에게 무례하다는 인상을 줄까 봐, 혹은 기업이 자신의 제안을 거절할까 봐 걱정한다. 하지만 그런 일은 잘 일어나지 않는다. 기업이 당신을 채용하기 위해 이미 5,000달러에 달하는 돈을 들였기 때문이다. 당신이 연봉협상을 시작했다면, 그건 자신이 평균적인 직원 이상의 가치가 있다는 사실을 조직에 분명하게 전달한 것이다. 당신은 평균적인 직원인가? 아니라면 왜 평균적인 연봉에 만족하는가?

협상의 기본은 아주 간단하다

1. 아무도 당신에게 신경 쓰지 않는다는 사실을 명심하자

신입사원들 대부분 나와 면접을 진행하면서 자신이 얼마를 받고 싶은지 이야기한다. 그러나 솔직하게 말하자면, 채용 결정권자로서 나는 직원이 얼마를 받고 싶어 하는지 관심이 없다. 개인적으로 말해서, 누가 내 방에 들어올 때마다 문어세비체(라임이나 레몬즙에 절인 해산물 요리-옮긴이)를 사 들고 왔으면 하는 바람이다. 그렇다면 어떻게 해야 할까? 연봉협상을 할 때, 이것만은 기억하자. 상사가 신경 쓰는 건 단 두 가지다. 당신이 자기 이미지를 얼마나 더 돋보이게 할 것인가? 그리고 얼마나 회사의 발전에 기여할 것인가?

협상 전략: 연봉 인상을 요구할 때, 기업이 얻게 될 이익을 보여주자. 기업이 지불해야 할 비용에 초점을 맞추지 말자. 대신에 자신이 얼마만큼의 가치를 돌려줄 수 있는지에 집중하다. 자신이 100만 달러를 기업에 벌어다 줄 프로젝트에 기여할 수 있다면, 그 점을 강조하자. 그리고 자신의 업무와 기업의 전략 목표를 연결 지어서 상사의 존재감을 어떻게 더 높일 수 있는지 설명하자. 특히 상사가 믿고 맡길 수 있는 든든한 직원으로서 그의 업무적 부담을 크게 덜어줄 수 있다는 사실을 부각하자. 또한 기업이 자신에게 주는 연봉보다 더 많은 수익을 벌어들일 수 있다는 사실과 더불어 기업이 목표를 달성하는 과정에서 자신이 어떤 기여를 할 수 있는지에 집중하자. 그리고 다음 표현을 꼭 활용하자. "조직과 제가 모두 만족할 수 있는 합당한 수준을 찾아봤으면 합니다."

2. 다른 기업의 스카웃 제안을 활용하자

연봉을 높이기 위해 활용할 수 있는 가장 효과적인 방법이다. 당신이 다른 기업으로부터 스카웃 제안을 받았다면, 조직은 당신의 경쟁력을 새로운 시선으로 바라볼 것이다. 모든 기업은 인기 있는 인재를 선호한다.

협상 전략: 여러 기업과 채용 면접을 동시에 진행하자. 그래서 각각의 면접마다 다른 기업으로부터도 채용 제안을 받았다는 사실을 알리자. 그렇다고 제안받은 연봉까지 밝힐 필요는 없다. 최상의 시나리오에서 기업들은 당신을 놓고 채용 전쟁을 벌일 것이며, 당신은 그저 다국적 기업들이 자신을 놓고 경쟁하는 장면을 즐겁게 지켜보면 된다.

3. 준비하자 (99%가 하지 않는)

희망 연봉을 그냥 툭 던지지 말자. 먼저 기업 연봉에 관한 정보를 제공하는 사이트에 들어가서 해당 직급의 중간 연봉을 파악하자. 다음으로 가능하다면 조직 내 다른 사람(최근 조직을 떠난 사람이면 더 좋다. 더 솔직하게 알려 줄 것이다)을 만나서 자신이 생각하는 직급의 연봉 수준을 물어보자. 마지막으로 중요한 것은 목표 달성을 위한 전략을 들고서 협상장에 들어가는 것이다.

협상 전략: 사실 협상의 대부분은 회의실 밖에서 이뤄진다. 지인들에게 연락해서, 자신이 받고 싶은 연봉은 얼마인지, 현실적으로 가능한 수준은 어느 정도인지, 어느 정도면 받아들일 것인지 이야기를 나눠 보자. 돈 이야기만 하지는 말자. 자신이 입사해서 실행에

옮기려는 프로젝트 계획을 문서로 작성해서 채용 담당자에게 전달하자. 얼마나 많은 사람이 이러한 계획 없이 협상에 임하는지 알고 있는가? 이런 시도만으로 2,000~5,000달러를 더 받을 수 있다. 또한 자신이 희망하는 연봉은 물론, 회사에서 맡게 될 역할을 놓고서도 협상을 벌일 수 있다.

4. 협상 과정에서 쓸 수 있는 카드를 미리 만들어 놓자

채용 면접을 앞두고, 협상 과정을 유리하게 이끌 수 있는 전략을 머릿속에 넣어 두자. 개인의 경쟁력에 대해 생각하고, 면접관에게 이를 제시해서 강한 인상을 남길 방법을 고민하자. 예를 들어, 나는 면접 과정에서 종종 이렇게 묻는다. "당신이 맡게 될 자리에서 탁월한 성과를 올리려면 어떤 자질이 필요하다고 생각합니까?" 이 질문에 지원자가 "숫자를 기준으로 사고하는 능력입니다"라고 답한다면, 나는 이렇게 대화를 이어 나간다. "좋은 지적입니다. 지향하는 바가 우리와 비슷한 것 같군요. 사실 지난번에는 다양한 분석 도구를 활용하는 제품을 출시했었는데…."

협상 전략: 면접 과정에서 흔히 나오는 질문에 대답하기 위해, 스스로 내세울 수 있는 성공 사례와 경쟁력을 목록으로 만들어 놓자. 이 목록에는 다음과 같은 것들이 들어갈 수 있다.

- 자신의 핵심 경쟁력을 잘 보여 주는 지금까지 성공 사례
- 대화가 매끄럽게 흘러가지 않을 때를 대비한 여러 가지 질문 ("업무 중에서 가장 마음에 드시는 부분이 뭐지요?")

5. 연봉 이야기에만 머무르지 말자

상여금과 스톡옵션, 탄력근무제, 직무 교육과 같은 사항에 대한 논의도 잊지 말자. 휴가나 직함에 대해서도 협상하자. 다만 스타트업은 업무 분위기를 흐린다는 이유로 휴가 제도에 대한 협상은 달갑게 생각하지 않으니, 이 점은 고려하자. 반면 스톡옵션에 대해서는 대단히 적극적이다. 최고 성과자일수록 개인의 목표와 기업의 목표를 일치시키려는 경향이 강하다는 사실을 알기 때문이다.

협상 전략: 이렇게 제안하자. "보상 패키지에 관해 이야기를 나눴으면 합니다." 보상 패키지란 연봉을 비롯하여 회사가 제공하는 모든 혜택을 포함한 프로그램을 말한다. 그리고 패키지에 들어 있는 모든 요소를 최대한 활용하자. 다시 말해, 하나를 포기했다면 다른 하나를 요구하자. 전략적인 차원에서 자신이 정말로 중요하지 않게 생각하는 요소는 과감하게 포기하자. 이러한 방식으로 양측 모두 만족할 수 있는 합의에 도달할 수 있다.

6. 대립적인 태도가 아니라 협력적인 태도로 임하자

본격적으로 연봉을 협상하는 단계에 도달했다면, 기업도 당신을 원하고 당신도 기업을 원한다는 뜻이다. 이제 어떻게 마무리 지을지 파악해야 한다. 협상은 당신이 더 많은 걸 요구하고 기업은 어떻게든 덜 주려고 버티는 대결이 아니다. 서로 만족할 수 있는 공정한 보상 패키지를 마련하기 위한 협력적인 해결책을 발견하는 자리다. 그러므로 먼저 자신의 태도를 점검하자. 자신감을 느끼되 오만하지 말고, 서로에게 도움이 되는 합의점을 적극적으로 찾자.

협상 전략: 이렇게 말하자. "합의점에 거의 도달한 것 같군요… 어떻게 마무리하면 좋을지 생각해 봤으면 합니다."

7. 미소를 잃지 말자

그냥 하는 말이 아니다. 미소는 협상에서 가장 효과적인 전략 중 하나다. 그리고 상대의 경계심을 허물어뜨려서 긴장된 분위기를 풀고 자신의 인간적인 모습을 드러내는 방법이다. 과거에 나는 미소 짓는 법을 배우고 나서 많은 장학금을 받는 데 성공했다.

협상 전략: 미소를 짓자. 정말로 중요하다.

8. 친구와 함께 협상 훈련을 하자

좀 이상하게 들리겠지만, 협상 훈련은 우리가 생각하는 것보다 훨씬 더 많은 도움을 준다. 큰 소리로 대답하는 연습을 하다 보면, 자신의 실력이 얼마나 빨리 느는지 놀랄 것이다. 그러나 협상 훈련을 하는 사람은 거의 없다. 어색하기 때문이다. 하지만 이런 훈련으로 1만 달러를 더 벌 수 있다면, 그 정도 어색함은 참아야 할 것이다. 내 친구는 협상 훈련을 전혀 하지 못했고 결국 면접관들 앞에서 그만 얼어붙고 말았다. 그 친구는 나중에 우울한 표정으로 나를 찾아와 아무런 협상 시도도 하지 못했던 자신을 원망했다. 내가 무슨 말로 위로할 수 있었겠는가? 실제로 많은 이들이 협상 훈련을 하지 않아서 평균 5,000~1만 달러를 손해 보고 있다.

협상 전략: 가장 직설적이고 경험 많은 친구에게 연락해서 자신을 압박하는 역할을 맡아 달라고 부탁하자. 친구와 롤플레이를 하

면서 웃지 말자. 실제 협상이라고 생각하자. 영상으로 촬영할 수 있다면 더 좋다. 영상 촬영으로 얼마나 많은 걸 배울 수 있는지 알게 된다면 놀랄 것이다. 그 과정이 좀 우습게 보일 수도 있지만, 이러한 노력으로 연봉을 높이고, 능숙하고 프로다운 모습으로 미래의 상사에게 신뢰를 얻을 수 있다는 점을 명심하자.

9. 협상이 제대로 진행되지 않으면, 한발 물러서자

면접관이 입장을 굽히지 않는 경우도 있다. 그렇다면 포기할 마음의 준비를 하거나, 기대보다 낮은 연봉을 받아들여야 한다. 연봉을 낮춰 그 자리를 받아들이기로 했다면, 다음에 협상할 여지를 반드시 남겨 두도록 하자. 가능하면 문서로 확답을 받아 두자.

협상 전략: 이렇게 말해보자. "제가 요구하는 기준을 맞춰 주실 수 없다는 점은 이해합니다. 그렇다면 좋은 성과를 올릴 경우, 6개월 후 다시 연봉협상의 기회를 주셨으면 합니다. 공정한 방법이 아닐까요?"(면접관의 동의를 끌어낸다) "좋습니다. 말씀하신 내용을 문서로 작성하고 함께 시작해 봅시다."

연봉협상에서 '절대로' 하면 안 되는 다섯 가지

1. 현재 연봉을 공개하지 말 것

당신이 현재 받는 연봉을 알고 싶어 하는 이유는 뭘까? 그건 분명하다. 현재 연봉 금액보다 조금만 더 높여서 주려고 하기 때문이다. 그런 질문을 받는다면 이렇게 답하고 넘어가자. "모두가 만족할 만한 금액에 합의할 수 있을 거로 기대합니다." 그래도 계속 묻는다면 이렇게 받아치자. "현재 연봉을 말씀드리기는 곤란합니다. 제가 답변드릴 다른 안건은 없을까요?"(참고: 리크루트 기업 직원들이 주로 이런 질문을 한다. 계속 질문한다면, 실제 채용 면접에서 이야기하고 싶다는 뜻을 밝히자. 그러면 담당 직원도 기회를 놓치고 싶지 않기 때문에 그냥 넘어갈 것이다. 그래도 끝까지 요구한다면, 일단 밝히되 나중에 다시 협상할 수 있다는 사실을 명심하자) 그리고 뉴욕에서는 현재 연봉을 묻는 것이 법으로 금지되어 있다.

2. 먼저 제안하지 말 것

그건 기업 측이 해야 할 일이다. 면접관이 먼저 희망 연봉을 물어보면, 미소를 지으며 이렇게 답하자. "먼저 제안해 주시면 좋겠습니다. 모두 만족할 수 있는 수준은 어느 정도일까요?"

3. 채용 제안을 받은 다른 기업의 이름은 밝히지 말 것

면접관이 그 기업의 이름을 물어본다면, 다음과 같이 일반적인 사실만 밝히자. "온라인 소비자 제품에 주력하는 IT 기업입니다." 만약 기업의 이름을 밝힐 경우, 면접관은 당신이 거기로는 가지 않을 거로 생각할 것이다. 그리고 그 기업의 단점을 지적하기 시작할 것이다(아마 나도 그럴 거다). 그런 지적에 반박하기는 쉽지 않다. 나아가 연봉협상을 하기보다 자신의 기업에 들어오는 게 얼마나 더 이익인지 강조하려 들 것이다. 그러니 다른 기업의 이름은 절대 밝히지 말자.

4. "네, 아니오"로 답할 수 있는 질문은 던지지 말 것

가령 이렇게 묻지 말자. "5만 달러를 제안해 주셨군요. 혹시 5만 5,000달러는 힘드실까요?" 대신에 이렇게 묻자. "5만 달러도 좋은 기준인 듯합니다. 기본적인 생각은 비슷한 것 같군요. 그런데 5만 5,000달러로 합의하려면 어떤 방법이 있을까요?"

5. 거짓말을 하지 말 것

다른 기업의 채용 제안을 받지도 않았는데 받았다고 거짓말하지 말자. 그리고 현재 연봉을 부풀리지 말자. 또한 자신의 능력 밖의 일을 약속하지 말자. 협상에는 반드시 신뢰 있는 태도로 임하자.

고가의 물건을 살 때 수천 달러를 아끼는 법

값비싼 물건을 구매할 때야말로 돈을 절약할 수 있는 중요한 기회다. 동시에 외식할 때 콜라를 주문하지 않았다며 자랑하면서 가구나 자동차, 집처럼 큰돈이 들어갈 때는 수천 달러를 쉽게 낭비하는 무분별한 친구들의 코를 납작하게 눌러줄 기회다. 중요한 구매를 앞두고 우리는 많은 돈을 절약할 수 있다. 가령 자동차를 사면서

2,000달러, 혹은 집을 장만하면서 4만 달러를 한 번에 아낄 수 있다. 이러한 성과는 사소한 구매에서 돈을 아끼려는 노력을 무색하게 만든다. 그런데 많은 사람이 중요한 구매 상황에서 중대한 실수를 쉽게 저지른다. 여러 매장을 돌아보지 않거나 영업 사원의 말에 넘어가 낭패를 보기도 한다. 그중 최악은 바가지를 쓰고도 좋은 거래였다고 만족하는 것이다. 절대 그런 사람이 되지 말자.

자동차 구매에 대한 새로운 시각

많은 사람이 옷이나 외식에는 그렇게 돈을 아끼려 하면서도, 정작 자동차처럼 규모가 큰 소비를 할 때는 잘못된 판단으로 그동안의 노력을 허사로 만들어 버린다. 나는 그런 모습을 보면 참으로 이상한 느낌을 받는다.

지금 처음으로 얘기하건대, 자동차 구매에서 가장 중요한 판단 기준은 브랜드나 연비가 아니다. 재정적인 관점에서 볼 때 가장 중요한 기준은 얼마나 오래 탈 것인가다. 세상에서 가장 좋은 조건으로 차를 샀다고 해도, 4년 만에 팔면 큰 손해를 입는다. 대신에 자신의 경제적 여건을 살피고, 신뢰할 만한 차를 선택하고 잘 관리하면서 최대한 오래 탄다면, 큰 이익을 본 셈이다. 그렇다. 자동차는 10년 이상 타야 한다. 그래야 할부가 끝나고 실질적인 절약이 시작되기 때문이다. 차량을 잘 관리하면 오랫동안 큰돈을 아낄 수 있다. 그리고 좋은 상태로 운행할 수 있다.

일반적으로 자동차 구매는 다음 네 단계로 이뤄진다. 예산을 정하고, 차량을 선택하고, 인도인처럼 협상하고, 잘 관리하는 것이다. 가장 먼저 자동차를 사는 게 자신의 소비 및 저축 우선순위(4장 참조)와 조화를 이루는지 스스로 물어보자. 중고 토요타 코롤라에 만족하고 남는 돈을 투자하기로 했다면, 좋은 결정이다. 반대로 BMW를 사랑하고 구매할 여력이 된다면, 그렇게 하자. 그것이 바로 의식적인 소비다.

자신이 정한 우선순위에 적합하다고 판단했다면, 의식적인 소비 계획을 들여다보고 자동차에 매달 얼마를 할당할 수 있는지 파악해야 한다. 이는 차량 유지를 위해 지출할 수 있는 최대 금액을 말한다. 물론 그것보다 적게 써야 한다(참고로, '매월 199달러'라는 광고 문구에 현혹되지 말자. 처음 몇 달만 해당되는 사기성 행사일 것이다).

자동차를 유지하는 데는 여러 다양한 비용이 든다. 예를 들어 매달 자동차에 총 500달러를 할당하기로 결정했다면, 자동차 할부금으로는 매달 200~250달러를 산정해야 한다. (샌프란시스코에 살았을 때는 자동차 할부금으로 매달 350.75달러를 냈다. 여기에 보험료와 기름값, 유지관리비에다가 월주차비 200달러까지 포함하니 약 1,000달러가 들었다.) 자동차 할부금으로 매달 200달러를 낸다면, 5년간 1만 2,000달러가 자동차비로 나가게 된다. 이는 사람들이 감당할 수 있다고 생각하는 기준에 비해 아주 낮은 금액이다. 하지만 총비용은 이를 훌쩍 넘어선다.

좋은 차를 사자

부디 좋은 차를 선택하자. 객관적으로 나쁜 차도 분명히 있다. 그런 차는 절대로 사서는 안 된다. 그런데 안타깝게도 내가 아는 많은 사람이 자동차 영업소에 들렀다가 외관에 꽂혀서 덜컥 계약하고 만다. 하지만 오늘 하루만 운전하려고 차를 사는 게 아니라는 사실을 명심해야 한다. 앞으로 10년 넘게 몰아야 한다. 혹은 아주 값비싼 차를 사는 친구도 있다. 그들 중 몇몇은 차를 정말로 사랑해서 매일 운전이 즐겁다고 말한다. 하지만 다른 친구들은 흥분감이 사라지고 나면 그저 출퇴근 도구일 뿐이라고 말한다. 그것도 매일 후회하게 되는 사치스러운 도구라고 말이다.

첫째, 예산안에 들어오는 차만 살펴야 한다. 그러면 아주 많은 차가 자동 탈락할 것이다. 예산을 벗어나는 차는 아예 쳐다보지도 말자. 둘째, 좋은 차를 골라야 한다. 이렇게 말하는 사람도 있다. "라밋, 사람마다 좋은 차의 기준이 다르잖아요? 어떤 사람에겐 쓰레기 같은 차도 다른 사람에겐 보물 같은 차가 될 수 있으니까요." 그런데 아는가? 정말로 좋은 차의 조건을 말해 줄 수 있는 사람이 있다. 바로 나다. 다음 조건을 충족시키는 차가 정말 좋은 차다.

- **신뢰성**: 무엇보다 고장이 적은 것을 중요시한다. 삶에는 돈 나갈 구석이 이미 너무 많으므로, 시간과 돈을 잡아 먹는 품질 문제는 최대한 피하고자 한다.

- **자신이 정말로 좋아하는 차**: 자신이 사랑하는 대상에 의식적으

로 소비하라는 말을 강조했다. 특히 나는 장시간 차를 몰기 때문에 운전이 즐거운 차를 고르려고 한다. 그리고 고장 문제로 걱정하지 않아야 한다는 점도 중요하게 생각한다.

- **중고차 가치**: 내 친구는 아큐라를 2만 달러에 샀다. 그런데 7년 정도 몰고 나서 50%나 받고 팔았다. 오래된 중고차를 아주 좋은 조건에 판매했다. 자신이 지금 몰고 있는 자동차의 중고차 가격을 알고 싶다면, 중고차 사이트에 들어가서 5년, 7년, 10년 후 중고 시세를 확인해 보자. 일반적으로 자동차의 감가상각 속도는 대단히 빠르다. 하지만 몇몇 자동차(특히 토요타나 혼다)는 중고차 가격이 꽤 오랫동안 높게 유지된다는 사실을 알면 놀랄 것이다.

- **보험료**: 보험료에서는 새 차와 중고차의 차이가 그리 크지 않다. 하지만 조금의 차이라도(매달 50달러처럼) 몇 년이 흐르면 큰 금액이 될 수 있다.

- **연비**: 운전을 오래 한다면 특히 중요하게 고려해야 할 요소다. 자동차의 장기적인 가치를 판단할 때 중요하게 여겨야 한다.

- **초기 납부금**: 대단히 중요한 요소다. 현금이 넉넉하지 않다면 중고차가 더 매력적인 선택지가 될 수 있다. 더 적은 초기 납부금으로 살 수 있기 때문이다. 만약 초기 납부금 없이 새 차

를 산다면, 엄청난 이자를 물게 된다.

- **할부 이자율**: 자동차 할부에 적용되는 이자율은 신용 점수에 따라 다르다. 여러 분야에서 좋은 신용 점수를 얻었다면, 할부 이자율은 꽤 낮을 것이다. 특히 장기 할부에서 더 중요하다. 또한 자동차 영업점마다 할부 조건이 다르다. 딜러가 마지막 순간에 할부 조건을 변경하려 든다면, 망설이지 말고 돌아서 나오자. 그건 딜러들의 흔한 수법이다.

차를 구매할 때 해야 할 일과 하지 말아야 할 일

해야 할 일

- 차량 소유에 들어가는 총비용을 계산하자: 이 말은 차량을 보유하는 동안 지출하게 될 전체 비용을 파악하라는 의미다. 그 비용은 개인의 재정에 중대한 영향을 미칠 수 있다. 찻값과 할부 이자 외에도, 유지관리비, 유류비, 보험료, 잔존 가치 등이 여기에 포함된다. 이처럼 보이지 않는 비용이 얼마나 발생할지 알고 있어야 더 안정적으로 저축할 수 있다. 그리고 갑작스럽게 600달러 수리비가 나와도 당황하지 않을 수 있다.
- 10년 이상 탈 수 있는 차를 선택하자: 차를 고르는 기준은 멋진 디자인이 아니다. 외관의 매력이 시들고 나서도 할부금은 계속 내야

하기 때문이다. 장기적인 관점에서 가치를 극대화하자.

하지 말아야 할 일

- 리스: 리스는 대부분 당신이 아니라 딜러에게 좋다. 그래도 두 가지 예외가 있다. 그건 신형 자동차를 타는 걸 너무 좋아해서 기꺼이 많은 돈을 지불할 용의가 있는 사람, 그리고 세금 혜택을 받으려는 사업가다. 그러나 이 책을 읽는 이들에게 리스는 대부분 좋지 않은 선택이다. 차를 사서 장기 보유하는 게 훨씬 이득이다. 몇 년 전에 나온 기사에 따르면, 혼다 어코드와 같은 일반적인 세단을 사는 것이 5년 기준으로 리스보다 4,597달러 더 저렴하다고 한다. 나도 토요타 신형 캠리를 가지고 똑같이 계산을 했는데, 6년 기준으로 소유가 리스보다 6,000달러 더 저렴하다는 사실을 확인했다. 물론 보유 기간이 더 길어지면 차이도 더 벌어진다.
- 7년 안에 차를 팔기: 할부가 끝나고 최대한 오래 타야 절약이 시작된다. 그러나 사람들 대부분 너무 일찍 차를 판다. 관리를 잘하면서 최대한 오래 타는 게 가장 경제적인 방법이다.
- 무조건 중고차를 사야 한다는 생각: 자신에게 맞는 좋은 새 차를 선택해서 오랫동안 탄다면, 그게 더 경제적일 수 있다.
- 예산을 초과해서 차를 사기: 차량 구매 시 현실적인 예산을 세우고 절대 넘기지 말자. 돈 나갈 구멍은 언제든 생기기 마련이다. 매달 자동차 할부금을 내느라 생활에 어려움을 겪어서는 곤란하다.

협상으로 자동차 딜러 이기기

지금까지 많은 협상의 장면을 봐왔다. 우리 아버지는 자동차 딜러와 며칠씩 줄다리기 협상을 벌이기도 했다. 자동차 영업소에서 아버지와 함께 아침을 먹었던 적도 있었다. 자동차 딜러와는 가차 없이 협상해야 한다. 나는 사람들이 최악의 구매 결정을 내리는 모습을 자동차 영업소에서 가장 많이 봤다. 혹시 협상에 자신이 없거든 잘하는 사람과 함께 가자. 가능하면 자동차는 연말에 사는 게 좋다. 딜러들이 판매 할당량을 채우기 위해 안달이 나 있기 때문이다. 그만큼 협상은 쉽다. 딜러의 간절함이 곧 당신의 기회다.

또한 자동차 구매 정보를 제공하는 사이트도 꼭 확인하자. 협상을 위한 무기를 갖추게 될 것이다. 이런 사이트의 서비스는 유료로도 받을 만한 가치가 있다. 당신이 고려하는 차종에 관한 맞춤형 보고서도 받을 수 있으니 말이다. 이를 통해 해당 차종의 딜러가와 더불어 잘 공개되지 않는 '딜러 리베이트'도 알 수 있다. 나는 이런 사이트의 도움으로 한 달간 시장을 조사하고 구매 계획을 세워서 딜러가보다 무려 2,000달러나 싸게 차를 살 수 있었다. 게다가 이 사이트는 소파에 편안하게 앉아서 협상하는 방법까지 구체적으로 알려준다. 영업소를 직접 방문하는 일은 협상이 마무리 단계에 이르렀을 때 하면 된다.

실제로 나는 이런 식으로 자동차를 구매했다. 우선 딜러들이 어떻게든 세일즈 목표를 달성하려고 안간힘을 쓰는 12월 말에 자동차를 계약하기로 결정했다. 다음으로 딜러들 17명에게 연락해서 내가 원하는 차종과 구체적인 옵션 정보를 알려줬다. 그 과정에서 2주 안에 차를 살 준비가 되어 있으며, 딜러 마진에 대해 잘 알고 있으니 최저가를 제시하는 쪽과 계약하겠다고 말했다. 모든 제안을 받고, 나는 다시 딜러들에게 연락해서 지금까지 받은 최저가보다 더 낮은 가격을 제시할 수 있는지 물었다. 그때부터 딜러들의 가격 전쟁이 시작되었다. 그렇게 자동차 가격이 뚝뚝 떨어지는 광경을 지켜보는 건 참으로 짜릿했다.

최종적으로 딜러가보다 2,000달러 낮은 가격을 제시한 팰로앨토 영업소 딜러를 선택했다. 그때까지 나는 누군가 그 가격에 그 차량을 샀다는 말을 들어 보지 못했다. 여러 영업소를 돌아다니느라 시간 낭비를 할 필요도 없었다. 그리고 신뢰가 가지 않는 영업사원을 만날 필요도 없었다. 내가 한 일이라고는 최저가를 제시한 딜러를 찾아가는 것뿐이었다.

최대 구매 항목: 집 장만하기

"1년에 10만 달러를 벌고 싶으세요?"라고 물으면 누구나 고개를 끄덕인다. 게다가 일주일에 열 시간만 투자하면 된다고 하면, 모두가 적극적으로 관심을 보일 것이다. 그런데 인생 최대의 구매를 할 때는 왜 그만큼 시간을 투자하지 않을까? 99%의 사람이 하지 않는 조사에 시간을 투자하면, 주택담보대출을 받는 기간에 걸쳐 수만 달러를 아낄 수 있다.

주택 구매는 다른 어떤 구매보다 복잡하고 중요하다. 그래서 사전에 모든 사항을 숙지해야 한다. 말 그대로 모든 사항을 알아야 한다. 집을 산다는 건 바나나 리퍼블릭 매장에서 바지 한 벌을 사는 게 아니다. 수십만 달러짜리 집을 살 때, 많은 이들이 흔히 저지르는 실수에 대해 아주 잘 알고 있어야 한다. 그리고 일반적인 부동산 용어는 물론, 최고의 거래를 위해 밀고 당기는 법도 알아야 한다. 또한 무엇보다 집은 투자 수단이 아니라 자신이 거주할 공간이라는 사실을 명심해야 한다.

스프레드시트에 숫자 몇 개를 집어넣는 수고조차 들이지 않고 집을 산다면, 그건 정말로 어리석은 짓이다. 몇 시간 공부로 30년 만기 주택담보대출을 갚는 동안 7만 5,000달러, 혹은 12만 5,000달러를 아낄 수 있다면, 그건 분명히 시간을 투자할 가치가 있는 일이다. 지금부터는 집을 살 때 꼭 알아 둬야 할 사항을 짚어보고, 집을 구매할 때까지 몇 달 동안(적게는 3개월에서 많게는 12개월) 준비해야 할 일을 살펴보도록 하자. 여기서 모든 내용을 다룰 수는 없지만, 그래도 기본적인 것부터 시작해 보자.

집은 어떤 사람들이 사야 할까?

미국인들은 어릴 적부터 아메리칸드림이란 주택을 사고, 두세 명의 아이를 낳고, 은퇴해서 노후를 맞이하는 것이라고 배우며 자라난다. 실제로 내 친구들 몇몇은 대학을 졸업하자마자 집부터 사려고 했다. 그런데 소비 계획도 401k도 없이 집을 산다고? 나이가 어린 지인들에게 왜 집을 사고 싶어 하는지 물어보면, 그들은 그저 멍한 눈빛으로 나를 바라본다. 그리고는 이렇게 대답한다. "좋은 투자잖아요." 그러면 한 대 쥐어박고 싶은 마음이 불쑥 든다.

일반적으로 집은 좋은 투자처가 아니다. 이 이야기는 잠시 후에 하도록 하고, 다시 본론으로 돌아가자. 무엇보다 우리는 재정적으로 충분히 합리적인 선택일 때만 집을 사야 한다. 예전에는 그 기준이 이랬다. 집값이 연봉의 2.5배를 넘어서는 안 되고, 적어도 집값의 20%는 현금으로 마련해야 하며, 매달 발생하는 비용(대출 상환과 유지관리비, 보험 및 세금 등)이 월 소득의 30%를 넘지 않아야 한다. 예를 들어, 연봉이 세전 기준으로 5만 달러라면, 집값은 12만 5,000달러 이하이고, 2만 5,000달러를 현금으로 마련해야 하며, 매달 발생하는 비용은 1,250달러를 넘어서는 안 된다. 그렇다. 지금 이 기준을 충족시키려면 오자크 같은 시골에 살아야 한다.

요즘 상황은 많이 달라졌다. 하지만 그렇다고 해서 연봉의 스무 배에 달하는 집을 대출에만 의존해서 사는 어리석은 선택을 정당화할 수는 없다. 물론 예전 기준을 조금 완화할 수는 있겠지만, 형편에 맞지 않는 집을 산다면 큰 대가를 치르게 될 것이다.

분명하게 답해 보자. 집값의 20%를 현금으로 마련할 여력이 되는가? 그게 아니라면, 저축 목표를 세우고 그 목표를 달성할 때까지 주택 장만은 미뤄두자. 그리고 20%를 마련했다고 해도, 매달 들어가는 비용을 감당할 수 있을지 계산해 봐야 한다. 어쩌면 이렇게 생각할지 모른다. "지금 아파트 월세로 1,000달러를 내고 있으니, 매달 1,000달러 정도는 얼마든지 감당할 수 있어!" 그러나 그건 착각이다.

무엇보다 지금 임대로 거주하는 집보다 더 좋은 집을 사려고 할 것이다. 그렇다면 매달 들어가는 비용은 더 커질 것이다. 다음으로 집을 사면 재산세와 보험료, 유지관리비도 내야 하므로, 월세로 살 때보다 매달 몇백 달러가 추가로 발생하게 된다. 가령 차고 문이 망가지거나 변기를 수리해야 한다면, 거기에 들어가는 돈은 집주인이 아니라 당신의 주머니에서 나간다. 게다가 집수리는 말도 안 되게 비싸다. 그러므로 대출 상환금이 월세랑 같다고 해도, 실제로 나가는 비용은 40~50% 더 높게 잡아야 한다. 이런 비용까지 모두 고려하면, 집과 관련해서 매달 나가는 돈은 아마도 1,500달러 정도일 것이다.

결론적으로 말해서, 현금을 충분히 마련하지 못하고 매달 총비용을 감당하기 힘들다면, 저축 목표를 먼저 세우고 매달 목표를 꾸준히 달성할 수 있다는 확신이 설 때까지 주택 장만은 미루자.

다음으로 고려해야 할 사항이 있다. 예산 범위 안에서 집을 살펴보고 있는가? 안타깝게도 많은 이가 최대한 큰 집에 살고 싶어 한다. 물론 당신의 부모님은 지금 큰 집에 살고 있을지 모른다. 그러나 부모님이 현재 집에 살기까지 아마도 30~40년 세월이 걸렸을 것이다. 자금이 충분치 않다면, '스타터 하우스 starter house'로 시작하자. 여기에 '스타터'라는 이름이 붙은 것은 타협을 어느 정도 해야 하지만, 그래도 처음 집을 장만하기에 조건이 좋기 때문이다. 스타터 하우스에는 원하는 만큼 방이 없을 것이다. 그리고 위치도 별로 좋지 않을 것이다. 그러나 매달 들어가는 비용을 감당하면서 장기적으로 자산을 모으기에 좋은 출발점이 될 것이다.

마지막으로 생각해야 할 부분이 있다. 최소한 10년간 거주할 것인가? 집을 산다는 것은 한곳에 오래 머무를 계획이라는 뜻이다. 어떤 이들은 5년도 충분하다고 말하지만, 더 오래 거주할수록 더 많은 돈을 모을 수 있다. 여기에는 몇 가지 이유가 있다. 미국에서 부동산 중개인을 통해서 집을 구매할 경우, 일반적으로 매매가의 6%에 달하는 큰돈을 수수료로 내야 한다. 그런데 몇 년만 거주할 경우, 10~20년 장기 거주에 비해 수수료 비용이 크게 다가올 수밖에 없다. 그리고 이사 비용도 발생한다. 또한 거래 조건에 따라 많은 세금을 부담해야 한다. 결론적으로 말해서, 10년 이상 거주할 계획일 때만 집을 사자.

이 시점에서 나는 주택 구매가 모두에게 당연히 거쳐야 할 단계는 아니라는 사실을 강조하고 싶다. 많은 사람이 무리해서 집을 산다. 집을 사게 되면 라이프 스타일이 완전히 바뀐다. 가령 매달 대출금을 상환해야 한다. 연체할 경우, 집도 잃고 신용 점수도 망가진다. 이러한 변화는 직장 선택과 위험 감수에도 영향을 미친다. 예를 들어, 실직으로 대출금을 갚지 못할 상황에 대비하여 6개월 치 비상금을 항상 마련해 놔야 한다. 결론적으로, 집주인으로 책임을 다할 준비가 되었는지 확인해야 한다.

물론 주택 구매에는 분명한 이점이 있다. 그리고 내가 항상 언급하듯 미국 가구 대부분 평생에 한 번 집을 산다. 비용을 감당할 여력이 있고 한곳에 오래 머무를 생각이라면, 집을 사는 것은 가족을 부양하면서 자산을 키울 수 있는 중요한 기회를 잡는 것이다.

진실: 부동산은 대부분 좋은 투자처가 아니다

집은 많은 미국인에게 최대의 재테크 수단이며 동시에 가장 많은 돈을 잃는 곳이기도 하다. 부동산 중개인(그리고 주택 소유자 대부분)들은 이런 이야기를 달가워하지 않겠지만, 사실 부동산은 미국 사회에서 과대 평가된 투자 자산이다. 무엇보다 주택은 거주 공간이다. 그것도 아주 값비싼 공간이다. 그리고 투자는 그다음이다.

투자 대상으로 바라볼 때, 사실 주택의 수익률은 평범한 수준에 불과하다. 첫째, 리스크 문제가 있다. 집이 투자 자산 중 가장 큰 비중을 차지하고 있다면, 포트폴리오 다각화가 분명히 제대로 이뤄져 있지 않을 것이다. 가령 주택담보대출로 인해 매달 2,000달러씩 내고 있다면, 6,000달러를 다른 자산에 투자해서 위험을 분산하고 있을까? 물론 아닐 것이다. 다음으로 둘째, 조사 결과는 부동산이 개인 투자자에게 아주 낮은 수익률밖에 제공하지 못한다는 사실을 객관적으로 보여 준다. 예일대 경제학자 로버트 쉴러Robert Shiller는 1915~2015년에 걸쳐 주택 가격이 매년 평균 0.6%밖에 오르지 못했다는 사실을 확인했다.

말도 안 된다고 생각하겠지만, 엄연한 사실이다. 사람들은 수익이 나지 않는 데도 돈을 번다고 자신을 속이고 있다. 누가 25만 달러에 집을 사서 20년 후 40만 달러에 팔았다면, 이렇게 생각할 것이다. "놀랍군! 15만 달러나 벌었어!" 그러나 그건 재산세와 관리유지비는 물론, 그 돈을 주식시장에 투자할 수 있었던 기회비용은 하나도 고려하지 않은 것이다. 진실은 이렇다. 주식시장에 대한 투자는 장기적으로 부동산 투자를 가뿐히 넘어선다. 이러한 점에서 임대가 더 나은 대안일 수 있다. 나도 임대를 선택했다!

그렇다고 집을 사는 게 항상 나쁜 선택이라는 말은 아니다(사실 나도 '미래 주택 계약금'이라는 이름으로 하위 저축 계좌를 만들어뒀다. 언젠가는 집을 살 계획이라). 그러나 집을 사는 목적은 투자가 아니라 거주여야 한다. 그리고 다른 구매와 마찬가지로 집을 산 뒤 최대한 오래 보유해야 한다. 또한 철저하게 조사하고 협상해야 한다. 마지막으로, 다른 대안(나처럼 임대로)도 있다는 사실을 명심해야 한다.

소유 vs. 임대: 숫자의 놀라운 진실

왜 임대가 실제로 현명한 선택일 수 있는지 보여 주고자 한다. 뉴욕이나 샌프란시스코처럼 땅값이 비싼 지역에 사는 경우라면 더욱 그렇다. 가장 먼저, 임대료는 자산으로 쌓이지 않기 때문에 '그냥 사라지는 돈'이라는 생각부터 버릴 필요가 있다. 개인 재정과 관련해서 이처럼 진부한 소리를 또 듣는다면, 경계하자. 사실이 아니기 때문이다. 이를 실제 숫자로 확인해 보자. 집을 소유하는 데 드는 총비용은 집값보다 훨씬 높다. 잠시 아래 도표를 들여다보자.

다음 도표에서 주택 가격은 22만 달러였지만, 총비용은 50만 달러 넘게 더 들어갔다. 게다가 여기에는 이사와 리모델링 비용, 그리고 예전 집을 팔 때 드는 부동산 수수료는 포함되지 않았다. 이런 비용도 합치면 수만 달러에 이른다.

다음 도표 속 숫자에 이의를 제기하려는 독자도 있을 것이다. 그렇다면 한번 직접 계산해 보자. 여기서 내가 강조하고 싶은 것은 눈에 보이지 않는 비용까지 모두 고려해야 한다는 점이다.

30년간 집을 보유할 때 드는 비용	
구매 가격(일반 단독주택)	22만 달러
계약금(10%)	2만 2,000달러
취득 부대 비용	1만 1,000달러
주택담보대출 보험(대출금의 0.5%인 82.50달러를 76회 납부)	6,270달러
이자(연 4.5%)	161만 3,165달러
세금 및 보험료(연 3,400달러)	10만 2,000달러
유지보수비(연 2,200달러)	6만 6,000달러
주요 수리 및 보수	20만 달러
총비용	77만 8,408달러

※ 참고: 이자율은 변동된다. 이자 비용은 mortgagecalculator.org에서 계산할 수 있다.

반면에 임대를 선택하면, 주택 구매와 소유에 따른 온갖 비용을 내지 않아도 된다. 가령 대출금 상환으로 나가는 현금을 자유롭게 쓸 수 있다. 여기서 핵심은 그 돈으로 투자를 할 수 있다는 사실이다. 그 돈을 그냥 내버려 둔다면(혹은 더 나쁘게 다 쓴다면), 차라리 집을 사서 강제로라도 아끼는 게 더 낫다. 하지만 이 책을 지금까지 읽은 독자라면, 임대를 선택해서 매달 생기는 여윳돈을 틀림없이 투자할 것이다.

물론 주택 소유와 마찬가지로 임대 역시 모두를 위한 정답은 아니다. 결정은 개인이 처한 상황에 달렸다.

집주인 되기: 주택 구매 요령

개인 재정에 관한 여러 부분과 마찬가지로, 주택 구매에도 특별한 비밀은 없다. 다만 많은 이들이 그러하듯 주택 구매에 따르는 전체 비용을 제대로 파악하지 못한 상태로 인생 최대의 구매를 결정하는 실수를 저지르지 말자. 나는 자산 배분에서는 공격적이지만, 부동산만큼은 보수적이다. 그래서 나는 20%의 현금, 30년 고정금리 주택담보대출, 그리고 매달 총비용이 세전 소득의 30%를 넘겨서는 안 된다는 것처럼 일반적으로 검증된 원칙을 꼭 지키라고 당부한다. 이런 원칙을 지키기 어렵다면, 저축하면서 좀 더 기다리자. 잘못된 판단으로 집을 살 때, 향후 많은 어려움을 겪게 될 것이다. 그리고 대출금을 갚는 동안 고통은 점점 더 커질 것이다. 그런 사태가 벌어지게 놔두지 말자. 그동안 재정적으로 들인 모든 노력이 한순간에 물거품으로 돌아갈 수 있으니 말이다.

주택을 구매하는 과정에서 올바른 결정을 내린다면 재정적으로 유리한 위치를 확보할 수 있다. 집에 매달 들어가는 다양한 비용을 효과적으로 관리하면서 대출금 상환과 투자, 휴가, TV 구매 등 자신이 원하는 곳에 자유롭게 지출할 수 있다.

지금부터는 올바른 의사결정을 위해 알아 둬야 할 것을 살펴보도록 하자.

1. 신용 점수 확인하기

신용 점수가 높을수록 주택담보대출 이자율은 낮아진다. 신용 점수가 낮다면, 점수를 올릴 때까지 주택 구매를 미루는 게 낫다. 신용 점수가 높으면, 전체 이자 비용은 물론 매달 내야 할 금액도 낮아진다.

2. 초기 납입금 마련을 위해 최대한 많이 저축하자

일반적으로 미국에서는 주택 가격의 20%를 초기 납입금으로 낸다. 20%에 해당하는 금액을 아직 마련하지 못했다면, 주택담보대출 보험PMI에 가입해야 한다. 이는 상환금을 매달 납부하지 못할 경우를 대비하는 보험이다. 주택담보대출 보험료는 대출금의 0.5~1%에 연간 수수료를 합친 금액이다. 더 많은 돈을 초기 납입금으로 낼수록 보험료는 줄어든다. 아직 초기 납입금으로 집값의 10%에 해당하는 자금도 마련하지 못했다면, 집을 살 생각은 일단 접자. 10%도 장만하지 못했는데, 어떻게 대출 상환금에다가 유지관리비, 세금, 보험료, 가구, 리모델링 등 온갖 비용을 감당하겠는가? 이제 충분한 이해가 됐으리라. 먼저 초기 납입금 마련을 위해 저축 목표를 세우자. 그리고 목표를 달성할 때까지는 집을 살 생각은 하지 말자.

주택 소유를 둘러싼 미신

부동산은 항상 오른다(혹은 집값은 10년마다 두 배로 된다)는 말은 사실이 아니다. 인플레이션과 세금, 그리고 주택 소유에 따른 여러 비용을 모두 고려하면 주택의 순수한 가치는 그리 많이 오르지 않는다. 집값이 올라서 가치가 증가한 것처럼 보이지만, 우리는 그 이면까지 들여다봐야 한다.

레버리지로 수익을 높일 수 있다: 주택 소유자들은 레버리지 효과를 부동산의 핵심 장점으로 꼽는다. 예를 들어, 2만 달러를 초기 납입금으로 내고 10만 달러짜리 집을 샀는데 집값이 12만 달러로 오르면 실제로 돈이 두 배로 불어난 것이라는 말이다. 그러나 안타깝게도 집값이 떨어지면 레버리지는 반대로 작용하게 된다. 그리고 집값이 10% 떨어질 경우, 단지 자산의 10%만 잃는 게 아니다. 중개 수수료 6%와 취득 부대 비용, 새로 산 가구 등 여러 가지 비용을 모두 합치면, 손실은 20%에 이른다.

주택담보대출 이자는 세금 공제 대상이라 돈을 절약할 수 있다: 이 주장에는 신중하게 접근할 필요가 있다. 물론 세금 공제는 도움이 된다. 그러나 사람들은 주택을 사지 않았다면 애초에 이자 비용도 발생하지 않았을 거라는 사실을 간과하고 있다. 나아가 유지 관리와 리모델링, 보험료 등 각종 비용까지 추가로 발생한다. 게다가 2018년 미국 세법 개정으로 세금 공제 혜택도 크게 줄었다.

3. 주택 구매에 들어가는 총비용을 계산해 보자

자동차나 스마트폰을 사러 갔다가 광고에서 본 것보다 훨씬 더 비싸서 놀란 적이 있는가? 나도 그런 경험이 있다. 그래도 이미 마음을 정하고 간 터라 대부분 그냥 구매하고 말았다. 하지만 주택 구매는 규모의 측면에서 차원이 다르다. 조금의 차이가 장기적으로 큰 부담으로 이어진다. 가령 예상하지 못한 100달러 비용이 매달 추가로 발생할 거라는 걸 알았다고 해서 과연 계약을 취소할까? 아마도 아닐 것이다. 그러나 이처럼 사소한 차이도 대출을 갚는 내내 쌓이면 3만 6,000달러가 된다. 게다가 그 돈으로 투자할 수 있었던 기회비용도 고려해야 한다. 또한 매매가의 2~5%에 달하는 취득 비용도 생각해야 한다. 가령 20만 달러짜리 집을 사면 취득 부대 비용으로 1만 달러가 든다. 이러한 모든 비용을 합한 전체 비용이 세전 연봉의 세 배가 넘지 않아야 한다는 사실을 명심하자(다른 부채가 없다면, 좀 더 유연하게 기준을 적용해도 좋다). 그리고 보험료와 세금, 유지 관리비, 리모델링 비용도 빼놓지 말자. 이 모든 이야기에 현기증이 난다면, 그건 아직 집을 사기 위한 조사를 충분히 하지 않았다는 말이다. 그렇다면 부모님이나 다른 주택 소유자에게 예상치 못했던 비용을 물어보자. 혹은 '집을 살 때 예상치 못한 비용'으로 검색해 봐도 좋다.

4. 장기적이고 보수적으로 대출을 선택하자

나는 30년 만기 고정 금리 대출을 추천한다. 그렇다. 15년 만기에 비해 이자로 더 많은 돈을 내야 한다. 그러나 30년 동안 천천히 갚을 수 있고, 아니면 원하는 만큼 빨리 상환할 수 있다는 점에서 유연성이 더 높다. 하지만 조기 상환은 굳이 권하지 않는다. 〈컨슈머 리포트〉는 예전에 한 기사에서 매달 100달러의 여윳돈으로 주택담보대출을 상환하는 경우, 그리고 8% 수익률의 인덱스 펀드에 투자하는 경우를 비교해 봤다. 20년을 기간으로 시뮬레이션했을 때, 인덱스 펀드에 투자하는 쪽에 100% 더 나은 것으로 드러났다. 그 기사는 이렇게 결론을 내렸다. "주택을 오래 보유할수록 대출은 조기 상환하지 않는 쪽이 더 유리하다."

5. 다양한 혜택을 놓치지 말자

미국 정부는 생애 최초로 주택을 구입하는 경우에 여러 가지 혜택을 제공한다. 그리고 주 정부와 지방 정부도 최초 구입자를 대상으로 다양한 혜택을 제공한다. 미국 주택도시개발부 홈페이지에서 지역별 혜택을 확인해 볼 수 있다. 이러한 혜택은 자세히 살펴볼 만한 충분한 가치가 있다. 마지막으로, 지역 신용조합이나 동문회, 혹은 교원 단체 등 자신이 속한 여러 조직에서 제공하는 혜택도 꼼꼼히 살펴보자. 어쩌면 특별 금리 대상일지 모르니 말이다.

6. 온라인 서비스로 비교 견적을 내자

미국인이라면 질로우^{zillow.com}와 같은 사이트를 들어봤을 것이다. 미국 전역에 걸쳐 주택 가격에 관한 풍부한 데이터를 구할 수 있다. 그리고 레드핀^{Redfin.com}이나 트룰리아^{Trulia.com}와 같은 사이트에서는 실제 세금 내역이나 동네 리뷰 등 주택 구매와 관련된 유용한 정보 얻을 수 있다. 주택 보험은 인슈어 insure.com와 같은 사이트에서 비교 견적을 확인할 수 있다. 또한 가입한 자동차 보험사에 전화해 주택 보험을 함께 가입하면 할인 혜택이 있는지 확인하자.

큰 지출에 대비하기

지금까지 결혼식 준비, 자동차 및 주택 구매와 관련해서 살펴봤다. 그런데 그 외에도 사람들이 좀처럼 계획을 세우지 않는 중요한 지출 분야가 많이 있다. 자녀를 갖는 것도 그중 하나다! 문제는 앞서 살펴봤듯이 미리 계획하지 않으면 결국에는 더 큰 비용을 지불하게 된다는 점이다. 그래도 다행스러운 소식이 있다. 그건 우리가 살아가면서 만나게 될 주요 지출들 대부분 얼마든지 예상하고 준비할 수 있다는 거다.

1. 객관적으로 바라보고 있지 않다는 사실을 인정하자

이 책을 지금까지 읽었다면(그리고 내가 제시한 조언을 절반이라도 받아들였다면), 아마도 지금쯤 95%의 사람들보다 재정을 더 잘 관리하고 있을 것이다. 그래도 당신은 여전히 인간이다. 안타깝게도 결혼식은 예상했던 것보다 훨씬 더 돈이 많이 들 것이다. 그리고 주택 구매에는 계산했던 것보다 더 많은 돈이 들어갈 것이다. 그런데도 이러한 현실을 외면하는 건 최악의 접근법이다. 마음을 다잡고 자리에 앉아서 앞으로 10년 동안 발생하게 될 주요 지출에 얼마만큼의 돈이 들어갈 것인지 구체적인 계획을 세워보자. 냅킨에 적어도 괜찮다. 완벽할 필요는 없으니 20분만 투자해서 예상해 보자.

2. 자동 저축 계획을 세우자

중요한 지출을 예상해서 예산을 짜라는 조언은 아마도 대부분 그냥 흘려들을 것이다. 그래서 나는 더 간편하게 자동 저축 계획을 세울 것을 권한다. 예를 들어, 앞으로 결혼식에 3만 5,000달러, 자동차 구매에 2만 달러, 첫째 아이의 2년 양육비로 2만 달러, 그리고 주택 마련을 위한 초기 납입금(지역마다 다르다)이 발생할 것으로 예상했다고 해보자. 다음으로 얼마를 저축해야 할지 계산해 보자. 현재 25세이며 3년 안에 결혼하고 차를 살 계획이라면, 매달 약 1,550달러(55,000÷36개월)를 저축해야 한다. 그렇다. 한 달에 무려 1,000달러 넘게 저축해야 한다는 말이다. 쉽지 않을 것이다. 그러나 지금이라도 이러한 현실을 아는 게 낫다. 자신에게 물어보자. 매달 300달러는 저축할 수 있을까? 가능하다고 생각한다면, 어쨌든 지난달보다 300달러는 더 발전할 수 있는 여지가 있는 셈이다.

3. 우선순위를 정하자

우선순위는 제일 중요한 기준이다. 앞서 말했듯이 결혼식을 치르거나 생애 최초로 집을 살 때, 최고를 원하게 되는 것은 인간의 본성이다. 우리는 현실적인 관점에서 이러한 본성을 인정해야 한다. 동시에 모든 것을 최고로 할 수 없다는 사실도 인정해야 한다. 결혼식에 참석한 하객들에게 필레 미뇽이나 오픈바를 제공하고 싶은가? 혹은 뒷마당이 있거나 학군 좋은 집을 사고 싶은가? 이를 위한 비용을 모두 적어 본다면, 예산에서 무엇을 빼고 무엇을 넣을지 정확히 알 수 있을 것이다. 그러나 적어보지 않으면, 무엇을 타협해야 할지 알 수 없다. 그래서 많은 이들이 빚더미에 앉고 마는 것이다.

중요하지 않다고 판단한 것들은 얻거나, 빌리거나, 아니면 과감하게 절약하자. 가령 결혼식에서 장소가 중요하다고 결정했다면, 식장에는 과감하게 돈을 쓰자. 대신에 의자나 식기, 꽃장식에는 최대한 아끼자. 그리고 목돈이 들어가는 구매에서는 최대한 협상하자. 그리고 이를 위해 계획을 미리 세운다면, 시간은 당신 편이 될 것이다.

사회에 환원하기: 일상적인 목표를 넘어서

사람들 대부분 일상적인 돈 문제에 신경 쓰느라 평생 그 이상을 넘어서지 못한다. 아, 어쩌자고 300달러짜리 재킷을 샀을까? 젠장, 구독을 취소한 줄 알았더니 아니었군. 여기까지 이 책을 읽었다면, 지금쯤 이러한 기본적인 질문의 단계는 넘어섰을 것이다. 당신의 계좌들은 서로 연동되어 자동으로 돌아가고 있을 것이다. 그리고 매달 얼마나 소비하고 저축해야 할지 정확히 알고 있을 것이다. 문제가 발생하더라도 비용을 줄여야 할지, 소득을 높여야 할지, 혹은 라이프스타일을 바꿔야 할지 자신의 시스템을 보고 금방 파악할 수 있을 것이다. 그렇게 모든 준비가 되어 있을 것이다.

그렇다면 이제 자신의 목표를 일상적인 수준에서 한 단계 더 높여야 할 때다. 대부분 온갖 돈 문제에 시달리는 바람에 부자가 될 거라는 꿈조차 못 꾸지만("빚이나 어서 갚았으면 좋겠어"), 이제 당신은 정말로 원하는 일에 도전하는 원대한 목표를 세울 수 있게 되었다.

나는 공동체가 발전할 수 있도록 기여하는 것이 풍요로운 삶의 일부라고 믿는다. 가령 무료 급식소에서 자원봉사를 하거나 청소년 멘토링 프로그램에 참여할 수 있다. 사회에 기여한다고 해서 꼭 부자일 필요는 없다. 100달러 기부로도 도움을 줄 수 있다. 펜슬오브프로미스Pencils of Promise나 키바kiva.org와 같은 단체를 통해서 가난한 개발도상국에 도움을 줄 수 있다. (나는 '부자 되는 법을 가르쳐 드립니다' 커뮤니티를 통해 30만 달러를 모금해서 펜슬오브프로미스에 기부했고, 이를 대단히 자랑스럽게 생각한다. 우리의 기부로 전 세계 빈곤 아동을 위해 13개의 학교를 설립할 수 있었다.) 혹은 자신이 졸업한 고등학교나 지역 도서관, 환경 단체 등 개인적으로 가치 있게 여기는 곳에 기부할 수 있다. 혹은 돈이 없다면 시간을 기부할 수 있다. 때로는 시간이 돈보다 더 가치 있다.

자, 생각해 보자. 우리는 기부 활동을 위해서도 이 책에서 소개한 원칙을 활용할 수 있다. 즉, 가장 간단한 방법은 그냥 시작해 보는 거다. 먼저 지원하고 싶은 단체나 자원봉사자로 활동하고픈 조직을 선택하자. 부자가 아니어도 얼마든지 기부할 수 있다. 돈이 많지 않아도 얼마든지 투자할 수 있는 것과 마찬가지다.

여기서 핵심은 많은 이들이 아직 하지 못한 개인 재정 시스템을 구축하는 것이다. 시스템을 완성했다면, 일상적인 어려움을 넘어서 더욱 숭고한 목표를 세울 준비가 된 것이다. 작년 한 해를 돌아볼 때, 타인을 위해 한 일 중 가장 자랑스러운 것은 무엇인가? 그리고 올해는 어떤 일을 할 계획인가?

내가 이 책을 쓰면서 바란 한 가지 소망이 있다면, 당신이 의식적인 소비의 대가가 되어서 그 기술로 주변 사람을 도와주는 것이다. 도움이 필요한 아이들에게 멘토가 되거나, 장학금을 주거나, 혹은 친구들이 돈 관리를 제대로 하도록 도와줄 수 있다. 이제 당신은 단기 목표를 위해 돈을 관리하는 단계를 넘어서, 이제 전략적인 자산관리로 부자 되는 법을 모색하고 있다. 그리고 그렇게 일군 부를 다른 사람과 함께 나누는 방법도 고민하고 있다.

자신과 우리 모두를 위한 풍요로운 삶

이 책이 그 목표를 달성했다면, 마지막 이야기는 당신이 펼쳐나갈 풍요로운 삶의 시작이 될 것이다. 우리는 풍요로운 삶이 단지 돈에 관한 이야기만은 아니라는 사실을 안다. 그리고 주변 사람들 대부분 돈에 대한 나름의 생각은 있지만, 제대로 관리하지는 못하고 있다는 사실도 안다. 또한 의식적인 소비는 아주 즐거운 일이라는 것도 안다(특히 자동화 시스템을 구축했다면). 당신은 이제 돈이 어떻게 흘러가는지 이해한다. 그런데 아직 한 가지가 더 남았다. 그건 부유해지는 법을 아는 것만으로는 충분하지 않다는 사실이다. 풍요로운 삶은 아이비리그를 졸업하거나 복권에 당첨된 사람만이 누릴 수 있는 특별한 선물이 아니다. 누구든 풍요로운 삶을 누릴 수 있다. 이를 위해 우리가 해야 할 일은 진정한 풍요로움이 자신에게 무엇을 의미하는지 질문을 던지는 것이다. 당신은 이제 깨달았다. 풍요로운 삶에서 돈은 작지만 중요한 부분이라는 사실을. 그리고 진정한 삶은 스프레드시트 밖에 있다는 것을. 또한 자신만의 풍요로운 삶을 설계하기 위해 어떻게 돈을 활용해야 하는지를 말이다.

한 가지 부탁이 있다. 당신의 친구들도 각자 풍요로운 삶을 추구하도록 내 이야기를 전해 줄 수 있을까? 풍요로운 삶은 자기 돈을 잘 관리하는 것으로 시작된다. 그리고 주변의 다른 사람들도 각자 돈을 잘 관리하도록 도움을 주는 것으로 완성된다.

나아가 더 많은 돈을 벌 수 있도록 몇 가지 보너스 자료도 마련했으니, 다음 링크에서 확인해 보자. iwillteachyoutoberich.com/bonus

그리고 마지막으로 하나 더. 이 책으로 깨달음을 얻었다면, 그 이야기를 내게 알려 주면 좋겠다(ramit.sethi@iwillteachyoutoberich.com). 당신의 이야기를 기다리겠다.

우리나라에서는 이렇게 하세요

by 서대리

집값만 있으면 내 집 마련을 할 수 있다고 생각하면 오산이다. 집을 구매할 때 부과되는 세금뿐만 아니라 공인중개사 수수료, 대출을 받았다면 매월 발생할 원리금 상환액 등 추가로 발생하는 비용이 참으로 많다. 미국과 한국의 제도가 조금씩 다르기에 한국에서 처음 내 집 마련을 할 때 드는 비용을 예시로 들어 보겠다.

매매가 6억 원 상당의 아파트를 구입하기로 결심하고, 4억 원을 대출받는다고 가정해 보자. 우선 6억 원 아파트 구입과 동시에 취등록세가 나온다. 매매가 6억 원이면 1.1%에 해당하는 660만 원을 세금으로 내야 한다(6억 원×1.1%). 그리고 공인중개사를 끼고 거래했다면 당연히 중개수수료도 지불해야 한다. 아파트 매매가에 따라 상한이 다른데 6억 원인 경우, 지방세 포함해서 최대 0.44%로 264만 원에 해당한다.

매매가에 따른 취등록세율(1주택 기준)
- 6억 원 이하: 1.1%
- 6~9억 원: 2.2%
- 9억 원 초과: 3.3%

즉, 아파트값 6억 원에 세금과 수수료 924만 원이 추가로 필요하다. 여기에 이사비용과 필요에 따라 가전과 가구도 구매할 수 있고 등기를 치는 과정에서 법무사 고용 비용도 나올 수 있다. 국민주택채권 매도 비용과 소유권이전등기에 필요한 인지세도 발생한다. 못해도 최소 1,500만 원은 생각해야 한다.

여기서 끝이 아니다. 만약 4억 원을 대출받았다면 금리와 대출 기간에 따라 앞으로 매월 원리금을 상환해야 한다. 4억 원을 금리 4%로 30년 동안 원리금균등방식으로 상환한다면 매월 은행에 내야 하는 돈은 190만 9,661원이다. 30년 동안 원금 4억 원, 이자 2억 8,747만 8,025원으로 총 갚아야 하는 돈은 6억 8,747만 8,026원이 된다. 대출 금액, 상환 기간, 금리, 상환 방법 등에 따라 매월 납부해야 하는 원리금이 달라진다. 네이버에서 '대출계산기'라고 검색하면 조건에 따라 원리금이 얼만지 쉽게 계산해 볼 수 있으니 내 집 마련을 계획 중이라면 적극 활용하자.

아파트 재산세도 매년 나온다. 기본적으로 1년 치 재산세를 7월과 9월 총 2회에 나눠서 내는데 나라에서 정한 공시가격을 기준으로 재산세가 부과된다. 당연히 보유 중인 아파트 가격이 오를수록 내야 할 재산세도 증가한다. 매매가 6억 원 아파트라면 1년 재산세는 대략 89만 2,000원이다(2025년 기준). 이 역시, 서울시ETAX 웹사이트에서 누구나 계산해 볼 수 있다.

　옆의 QR 코드로 접속해 현재 보유 중인 집 시가표준액만 입력하면 자동으로 재산세가 계산된다. 여기서 많은 사람이 헷갈리는 시가표준액과 아파트 현재 매매가는 다른 개념이다. 시가표준액은 보통 실거래가의 60~70% 수준이라 보면 된다. 아파트의 경우, 국토교통부에서 공동주택가격을 확인하면 된다. 이 값을 시가표준액에 입력하고 사이트 맨 아래 '계산하기' 버튼을 누르면 된다. 재산세는 기본적으로 집에 부과되는 세금뿐만 아니라 도시지역분(과세표준×0.14%), 지방교육세(재산세×20%)까지 함께 부과되니 이 부분도 참고로 알아 두면 좋다.

감사의 글

누구도 혼자서 책을 쓸 수는 없다. 이 책 역시 소중한 데이터를 찾아낸 조사원들, 내가 글을 쓰느라 틀어박혀 있을 때 회사 운영을 맡아 준 팀원들, 돈에 관한 다양한 이야기를 들려준 독자들, 나를 응원해 준 가족들, 그리고 끝까지 힘써 준 편집자와 디자이너 팀 모두의 도움이 있었기에 세상에 나올 수 있었다. 마지막으로, 지금의 모습으로 이 책을 만들어준 모든 분께 고마움을 전하고 싶다.

내가 떠올릴 수 있는 모든 주제에 관한 정보를 찾아낸, 언제나 웃는 얼굴의 크리스 닐에게 감사드린다. 팰리세이드허드슨파이낸셜 그룹의 공인재무설계사 에릭 미어만과 폴 제이컵스는 최종 팩트체크 작업에 참여해 줬다. 그리고 이 책의 초판에서 자료 조사를 맡아줬던 제프 쿠오에게 특별한 감사의 마음을 전한다.

워크먼 퍼블리싱의 애나 쿠퍼버그, 올랜도 아디오, 모이라 케리건, 레베카 칼라일, 라시아 몬데지어에게도 감사드린다. 그리고 전화로 부드럽게 원고를 독촉하는 탁월한 기술의 소유자인 내 오랜 편집자, 마소트 헤레라에게도 큰 감사를 드린다.

우리 가족인 프랍과 닐람 세티, 로이와 트리샤, 나지나, 이브라힘, 라치, 하지, 니키, 카를로스, 그리고 모든 아이들에게 감사한 마음을 전한다. 정말로 훌륭한 롤모델이 되어줘서 너무나 고맙다.

인내와 도덕, 그리고 성실함의 가치를 가르쳐준 멘토와 스승님께도 큰 감사를 전한다. 그리고 온갖 신기한 돈 이야기를 끊임없이 들려줬던 친구들에게도 감사하다고 말하고 싶다. 내 에이전트인 리사 디모나에게도 고마움을 전한다. 우리는 여기서도 함께했다! 무한한 인내심으로 항상 나를 지지해준 아내 캐스에게도 고맙다.

마지막으로 이번 출간으로 나를 알게 된 새로운 독자들에게 고마운 마음을 전한다. 부디 이 책이 풍요로운 삶을 열어가는 데 도움이 되었으면 하는 바람이다.

옮긴이 **박세연**

서울대학교에서 원예학을, 고려대학교 철학을 공부하고 글로벌 IT 기업에서 마케터와 브랜드 매니저로 일했다. 《나는 AI와 공부한다》, 《어떻게 민주주의는 무너지는가》, 《의미의 시대》 등 100여 권의 책을 우리말로 옮겼다.

나만 몰랐던 1억 모으는 법

1판 1쇄 인쇄 2025년 10월 23일
1판 1쇄 발행 2025년 11월 10일

지은이 라밋 세티
옮긴이 박세연
감수 서대리

발행인 양원석 **편집장** 김건희 **책임편집** 서수빈
디자인 신자용, 김미선 **영업마케팅** 조아라, 박소정, 김유진, 원하경, 정민지

펴낸 곳 ㈜알에이치코리아
주소 서울시 금천구 가산디지털2로 53, 20층(가산동, 한라시그마밸리)
편집문의 02-6443-8903 **도서문의** 02-6443-8800
홈페이지 http://rhk.co.kr
등록 2004년 1월 15일 제2-3726호

ISBN 978-89-255-7303-8 (03320)

※ 이 책은 ㈜알에이치코리아가 저작권자와의 계약에 따라 발행한 것이므로 본사의 서면 허락 없이는 어떠한 형태나 수단으로도 이 책의 내용을 이용하지 못합니다.
※ 잘못된 책은 구입하신 서점에서 바꾸어 드립니다.
※ 책값은 뒤표지에 있습니다.